행복한 삶을 위한 인문학

지은이 강수돌
초판 1쇄 발행 2015년 11월 25일 | 초판 3쇄 발행 2017년 3월 30일
펴낸이 송성호 | 펴낸곳 이상북스
녹취 및 정리 강한울 | 캘리그래피(408쪽) 강수돌
책임편집 김영미 | 표지디자인 정은경디자인
출판등록 제313-2009-7호(2009년 1월 13일) | 주소 서울특별시 마포구 성산동 245-9 102호
이메일 beditor@hanmail.net | 전화 02-6082-2562 | 팩스 02-3144-2562
ISBN 978-89-93690-33-0 03300

강수돌

행복한 삶을 위한 인문학

이상북스

행복하지 않은 현실, 결코 당신 탓이 아닙니다
그리고 당신은 혼자가 아닙니다!

요즘 "살맛 난다!"고 말하는 사람을 주변에서 보신 적 있으세요? 오히려 "세상살이, 정말 힘들다"고 한탄하는 사람이 더 많지요?

어느 종교에서는 인생을 '고난의 바다'라고도 하지요. 우리가 엄마 뱃속에서 태어나는 것도 힘든 일이요, 한 생명을 잉태하고 낳아서 기르는 것도 힘든 일이지요. 하지만 우리를 살아가게 하는 것은, 힘든 고비를 조금만 참고 이기면 고생한 보람을 느낀다는 점이지요. 그렇습니다. 인생의 묘미는 고생과 더불어 보람을 느낄 때의 기쁨, 바로 그것입니다.

그런데 요즘 우리 생활을 돌아보면, 고생은 실컷 하는데 도대체 '끝'이 보이지 않는다는 게 문제인 것 같습니다. 물론 인생이란 게 쭉 고생하다가 한꺼번에 보람이 찾아와 계속 장밋빛 유토피아가 열리는 식으로 가는 건 아닙니다. 오히려 작은 고생과 작은 보람, 또 다른 고생과 또 다른 보람… 이런 식으로 작고 큰 매듭들이 부단히 이어지는 대나무와 비슷합니다. 그리고 그 대나무는 부드럽게 흔들리긴 하지만 웬만한 바람이 불어도 결코 꺾이진 않지요. 인생의 대나무 역시 그렇게 생명력이 깁니다. 아무리 예쁜 꽃도 '흔들리며 핀다'고 하지 않던가요? 외유내강입니다.

그러니 미래의 희망이 잘 보이지 않는다고 느끼는 당신, 부디 좌절하지 마십시오. 따지고 보면 캄캄할 정도로 절망적인 현실은 결코 당신 '탓'이 아닙니다. 세상을 이토록 끝없는 터널처럼 만든 자들은 따로 있습니다. 멀리는 일본 제국주의 세력과 그들에게 아부하여 호의호식한 친일매판 세력, 해방 아닌 해방 후엔 미국이라는 강대국에 빌붙어 정치경제적 기득권을 독차지한 세력, 또 군사 쿠데타로 권력을 장악해 노동자·농민·여성·청년·서민을 모두 구렁텅이에 빠뜨린 세력, 그리고 민주화 이후에도 역시 자본과 권력의 본질을 꿰뚫어보지 못하고 그들과 적절히 타협하는 식으로 기득권 체제를 더욱 단단하게 만든 세력들이 바로 그들입니다. 바로 이들이 잘못된 구조를 만들었습니다. 이들은 역사의 죄인입니다. 이들 탓에 우리 삶이 절망적으로 변했습니다. 고생해도 보람을 찾기 어려운 현실이 된 게 바로 이들 탓이라는 말입니다.

그러나 그렇다고 해서 우리에게 아무 '책임'도 없다는 말은 아닙니다. 사실 어떤 상황이라도 한 사회 속에 사는 시민이라면 각자 일말의 책임이 있는 법이지요. 그것은 우선 우리가 바로 선거를 통해 그들을 뽑았기 때문입니다. 또 설사 당신이 그들을 직접 지지하지 않았어도 일말의 책임이 있는 건 마찬가지입니다. 선거 국면에서 사악한 자들이 권력을 잡지 못하게 미리 막지 못한 책임도 있는 것입니다. 나아가 진짜로 멸사봉공하려는 훌륭한 사람을 뽑지 못하고 그들을 잘 지켜주지 못한 것도 모두 우리의 책임 범위에 들어간다고 할 수 있습니다. 이런 책임은 법률적 책임은 아니지만 인간적 책임에 속합니다. 이렇게 말하는 저 역시 이런 인간적 책임을 느낍니다. 좀더 생각해 보면, 일시적이고 주기적인 선거 국면을 넘어 일상생활 과정 속에서 우리가 정말로 대안적인 삶의 구조를 실험하고 요구하고 실천하지 못한 점도 있지 않나 반성이 됩니다. 그래서 우리 모두가 지금의 사태에 대해 일말의 책임감을 느껴야 합니다. 비록 직접적 죄인은 아니지만 간접적 책임을 느껴야 한다는 말입니다.

그러나 당신은 결코 혼자가 아닙니다. 우리 각자가 '나 홀로'가 아니란 사실 자체가 큰 힘을 줍니다. 그렇습니다. 지금 우리 현실이 척박하고 절망적이긴 하지만 분명 주범들이 따로 있다는 사실, 나아가 나 홀로가 아니라 우리 모두에게 공동의 책임이 있다는 사실이 어느 정도 위안이 됩니다. 그러나 이런 위안만으로는 사태가 개선되지 않습니다.

현재의 상황을 보다 인간적인 방향으로 바꾸어나가는 것을 '사회

운동'이라고 한다면, 우리는 위안을 넘어 왕성한 사회운동을 해나가야 합니다. 이 운동의 주체는 농민, 노동자, 여성, 청년 등 모든 사회 구성원, 아직도 양심과 책임감을 잃지 않은 모든 시민, 여전히 굴복하지 않고 포기하지 않은 모든 민초들입니다. 탐욕에 눈이 먼 기득권 세력이 아니라면 당신은 여전히 사회운동의 주체가 될 수 있습니다. 그런데 이 사회운동이 힘차게 나가려면 크게 두 가지 조건이 필요합니다.

첫째, 우리가 자신도 모르는 사이에 '내면화'해 버린 기득권층의 논리를 훌훌 털어내야 합니다. 예컨대 공부만 열심히 하고 일만 죽도록 하면 출세하고 성공한다는 논리, 저 위에 있는 부자들의 그릇에 물이 가득 차면 그 물이 흘러내려 가난한 이들과 온 세상이 모두 혜택을 보게 된다는 논리, 우리나라가 조금만 더 노력하면 선진국이 되어 편하게 살 수 있다는 논리 따위가 대표적인 기득권층의 논리입니다.

갓난아이들은 이런 논리를 모릅니다. 처음 들으면 낯설지요. 그러나 유치원부터 초 · 중 · 고등, 그리고 대학 교육을 받는 가운데 우리는 세뇌를 넘어 동경하다가 내면화 단계에 이릅니다. 일단 내면화가 되고 나면 자식들에게도 대를 이어 가르칩니다. 기득권층, 즉 지배층 입장에서는 이제 그런 논리를 총칼로 강제할 필요가 없으니 더욱 편하게 통치할 수 있습니다. 내면화의 결과입니다.

둘째, 우리가 자신도 모르는 사이에 참여하고 있는 경쟁과 분열의 현실을 과감하게 극복해야 합니다. 지금 우리는 마치 사막의 모래알처럼 푸석푸석 흩어져 살고 있습니다. 일례로, 한국이 중국 등 세계 각국과 경쟁해야 한다고 보거나 한국 자동차 기업이 독일 자동차 기업을 이겨야 한다고 보는 입장, 우리 회사가 경쟁 회사를 이겨야 한다고 보는 태도가 바로 그런 것입니다. 이런 태도는 이미 유치원이나 학교에서부터 체계적으로 길러집니다. 즉, 기득권 논리를 내면화한 결과가 경쟁과 분열로 나타납니다. 원래는 아이들이 가진 잠재력을 키워내면서도 인간으로서 가져야 할 기본 양심과 소양을 일깨워야 하는데, 학교나 언론, 사회는 그런 일에 별 관심이 없습니다. 오로지 남과 비교해 '1등' 하는 데만 신경을 곤두세웁니다. 그러는 사이에 저질 경쟁이 되어버리고 말았습니다. 무엇을 위해 하는 게임인지 모르고 그냥 1등만 하면 최고라고 생각합니다.

기업도 마찬가집니다. 시민들이 인간답게 사는 데 필요한 물품이나 서비스가 뭔지 생각하면서 그런 걸 잘 만들어 적정 가격에 팔아야 하는데, 오직 경쟁 기업보다 더 싸게 더 많이 팔면 성공이라는 식으로 행동합니다. 그리고 우리들은 그런 경쟁과 분열의 논리를 자연스럽게 내면화한 결과 이렇게 말합니다. "충성스럽게 일하지 않으면 우리 기업이 위태로워진다." 또는 "우리가 너무 단결해서 투쟁하면 한국 경제가 망한다."

그러나 인간다운 삶을 영위하는 데 도움이 되지 않는 기업이나 국가의 행위는 결코 우리가 원하는 것이 아닙니다. 그래서 경쟁과 분열을 넘어 연대와 협동의 원리로 정치 · 경제 · 사회 · 문화 · 교육 · 종교를 모두 재구성해야 합니다. 이것이 '삶의 질' 중심 구조조정입니다. 기득권층이 말하는 '경쟁력' 중심 구조조정과는 전혀 다른 방향입니다. 이렇게 삶의 질을 높이는 방향으로 온 사회를 바꿔나갈 때, 비로소 우리는 희망을 이야기할 수 있습니다. 그래야 행복한 삶이 가능합니다.

그런데 '행복한 삶'은 미래의 희망이기도 하지만 현재의 과정이기도 해야 합니다. 그렇습니다. 인생의 묘미는 과거를 제대로 기억하고, 미래를 진지하게 조망하면서도, 현재를 재미있고도 의미 있게 사는 과정에 있습니다. 그렇지요. 인생은 결코 결과나 높이가 아니라 과정과 느낌입니다. 고생하는 것도, 보람을 느끼는 것도 과정의 소중한 일부입니다. 바로 그 과정에 당신과 제가 함께 손잡고 걷는다면 가시밭길조차 행복하겠지요.

이 책《행복한 삶을 위한 인문학》은 바로 우리가 그런 길을 걷는 과정에서 작은 길잡이가 되려 합니다. 저에게 '인문학'이란 '어떻게 살 것인가' 하는 질문을 던지는 것이며, 결국 인간과 사회와 역사에 대한 깊은 통찰을 뜻합니다.

먼저 1, 2강에서는 우리의 일상생활을 들여다보며 정말로 '잘 산다는 것'의 의미가 무엇인지, 우리가 계속 이렇게 살아도 되는 건지 돌아보려고 합니다. 기본부터 되짚어보자는 것이지요.

그 다음 3강부터 6강까지는 우리 생활의 근간을 이루는 자녀양육과 관련된 교육 문제와, 우리가 매일 하는 '일'에 대해 사회 · 경제 · 정치적 차원에서 살펴볼 것입니다. 무엇이 어디서부터 잘못되어 아이들 키우며 일하며 사는 우리의 일상이 이렇게 고달프고 희망은 저 멀리에 있는 것처럼 느껴지는지 현실을 면밀히 살펴볼 것입니다. 문제를 알아야 해법도 보이는 법이니까요.

그리고 7강부터 10강까지에서는 '별을 노래하는 마음[農心]'으로 돌아가 우리 먹거리에 대한 중요성을 '농촌' '농사' '농심'을 중심으로 톺아볼 것입니다. 그와 더불어 에너지 문제, 또 요즘 한창 관심을 끄는 협동조합의 원리를 공부하고, 궁극적으로는 우리가 홀로 불안하게 살 것이 아니라 더불어 행복하게 살기 위해 '공동체'로 돌아가야 한다고, 적어도 '공동체' 정신을 살려야 한다고 대단원을 정리했습니다.

그러나 이 모든 것은 가장 먼저 '자기 성찰'로부터 시작될 것입니다. 그래서 11강과 12강에서는 독서와 소통을 통해 우리 자신을 깊이 돌아보자고 제안합니다. 그리고 마지막 13강에서는, 존재를 넘어 영혼까지 무한경쟁과 신자유주의 사회경제 분위기에 잠식당한 이 땅의 민초들에게 어찌 보면 과감한 제안을 하는 제 자신의 삶과 교육에 대해 자세히 풀어놓았습니다.

이렇게 이 책에 수록된 13개 강의는 제가 최근 전국 곳곳에서 행한 이런저런 방식의 인문학 강의를 녹취하고 풀어 정리한 것입니다. 이책을 통해 제 강의를 생생하게 다시 들을 수 있습니다. 책 전체를 관통하는 세 정신은 초지일관(初志一貫), 외유내강(外柔內剛), 그리고 지행합일(知行合一)입니다.

이 책의 기획과 구성은 출판사 이상북스의 송성호 대표와 제가 함께 했고, 녹취를 정리하는 데는 청년 한올 군이 고생했습니다.

우리 모두의 행복을 위하여, 이 책을 소중한 당신에게 드립니다.

2015년 늦가을, 조치원 서당골에서

강수돌

차례

제1강: 인생 내비게이션
어떻게 살아야 행복할까

우리 모두는 한 번밖에 없는 인생을 멋지게 살 필요가 있습니다. 그런 의미에서 '일류 인생'을 살아 보자고 화두를 던집니다. 일류 인생을 살기 위해선 어떻게 살아야 될까요? 저는 세 가지를 강조합니다. 첫째, 꿈입니다. 내 꿈을 찾아야 됩니다. 잘할 수 있는 것, 하고 싶은 것, 의미 있는 것 중에서 찾으면 됩니다. 굳이 서두를 필요는 없고 하루하루를 자신이 주인공이 되어 살다 보면 자기만의 꿈이 보이기 시작합니다. 물론 꿈을 정할 때는 나 혼자만 잘살기 위한 꿈보다는 사회에 보탬이 되는 꿈을 꾸어야죠.

두 번째 키워드는 그 꿈을 이루기 위해 실력을 쌓아야 한다는 겁니다. 꿈은 있는데 잠만 자면서 정말 꿈만 꾼다면 꿈으로 끝납니다.

자기의 꿈을 실현하는 데 필요한 실력을 키우기 위해 일류대 진학을 목표로 할 수도 있지만 꼭 일류 대학이 아니어도 괜찮습니다. 우리 머릿속에 일류 대학은 이미 SKY로 정해져 있지요. 그러나 우리나라 대학들을 쭉 살펴보면 일류 스승들은 전국에 흩어져 있습니다. 다행히 선생님들은 전국 평준화되어 있습니다. 어쨌든 실력을 키우는 과정은 필요한데, 그것을 꼭 일류 대학 진학에 국한시킬 필요는 없습니다. 일류 대학에 가도 좋은 선생님 있고 나쁜 선생님 있고, 일류 대학 아니어도 얼마든지 좋은 선생님이 있을 수 있습니다. 그러나 어쨌든 실력을 키울 필요는 있습니다.

세 번째 키워드는 꿈에 맞게 실력을 키운 다음 사회 헌신을 해야 한다는 것입니다. 나 혼자 잘 먹고 잘살기 위해서보다는 어떻게 하면 내가 가진 실력을 이 사회에 빛과 소금이 되도록 써볼까 고심하는 것이 필요합니다. 제가 2005년부터 2010년까지 5년 동안 마을 이장을 했는데, 지금까지 배우고 나름대로 세상을 알아온 지식이나 기술, 경험을 주민들과 함께 마을을 지키는 데 써보자는 생각이었지요. 그런 마음으로 임했기 때문에 5년 동안 힘들어도 봉사할 수 있었습니다. 이 5년간의 이장 생활에 대한 것은 《나부터 마을 혁명》(산지니, 2010)이라는 책으로 엮여 나왔지요. 이장을 한다고 무슨 떡고물이 크게 나온 것도 아니에요. 이장에게 주어지는 한 달 20만 원의 수고비 같은 게 있는데, 그것 노리고 이장했던 게 아니라는 거죠. 실은 주민들 경조사비나 식사비로 더 많이 나갔지요.

여기서 이런 이야기를 하는 이유는, 우리가 꿈을 꾸고 실력을 쌓고 사회 헌신을 하는 인생을 어떤 생각과 철학으로 꾸려가야 멋진 인생이 될까 하는 고민에 도움을 주기 위해서입니다. 특히 우리가 어려서부터 공부하고 어른이 되어 열심히 일하는 이유도 잘 따져서 어떤 삶이 '좋은 삶'인지 정리해 볼 필요가 있습니다.

사람들이 열심히 사는 이유가 뭘까요? 그렇죠. '행복'하게 살기 위해서입니다. 키워드는 행복인데, 행복과 경제적 풍요와의 관계를 중심으로 어떻게 살아야 좀더 행복해질 수 있을까, 나 개인뿐만 아니라 우리 사회를 어떻게 바라보고 현실을 어떻게 고쳐야 제대로 갈까, 이런 고민을 해보자는 것입니다. 그래야 '인생 내비게이션'이 분명해지거든요.

행복의 조건

우리가 '잘 산다'라고 할 때, 제일 먼저 무엇이 떠오르나요? 그렇지요. 돈입니다. 돈이 떠오르는 것을 부정할 순 없어요. 그러나 돈만 있으면 잘 살아질까요? 어떻습니까? 뭘 보면 아닌 걸 알까요? 드라마를 보면 또 뉴스를 보면, 알 수 있습니다. 특히 TV 드라마를 보면 어때요? 주인공들 다 잘생겼죠? 부자죠? 부모님 빵빵하죠? 집 멋있죠? 그럼에도 불구하고 행복하지 않은 경우가 많죠? 돈 많고 집 좋아도 불행할 수 있다는 걸 보여주기 위해 수많은 작가들이 엄청 노력하고 있어요. 핵심은 뭘까요? 사람이 사람을 존중하고 서로 사랑하며 살아야 행복하다, 이런 이야기를 하려고 그 엄청난 돈과 시간을 들이는 것 아닐까요? 맞나요?

그렇다고 돈이 전혀 필요 없다는 말은 아닙니다. 당장 친구를 만나기 위해서도 차비와 용돈이 있어야 합니다. 다만 돈이 몇백 억 몇십 억이 필요할까요? 아닙니다. 우리가 살아가는 데는 그렇게 많은 돈이 필요하지 않습니다. 일상생활을 해 나가는 데 당연히 돈이 필요하지만, 행복하게 살려면 적당한 돈 외에 다른 것이 필요합니다. 그래서 '잘 산다는 것'을 달리 말하면 갑부로 사는 게 아니라 행복하게 사는 것이라고 할 수 있습니다.

그러면 행복한 삶에 필요한 것이 돈 외에 또 뭐가 있을까요? 사랑과 건강. 그래요. 아무리 돈이 많아도 평생 앓다가 죽는다면, 그런 삶은 누구도 바라지 않을 겁니다. 또 하고 싶은 일을 즐겁게 해야지요. 나름 삶의 목표도 있어야 합니다. 또 친구는 어때요? 좋은 친구, 슬픔과 기쁨을 나눌 수 있는 친구가 필요합니다. 넓은 의미에서는 가족과 배우자, 연인도 친구에 포함시킬 수 있겠네요. 또 일을 통해 보람이나 가치를 느끼는 것도 매우 중요합니다.

제가 학자의 길을 택한 건 약 30년 전입니다. 1984년, 대학 4학년 때입니다. 대학을 1년 늦게 들어갔어요. 당시엔 재수가 없었다고 생각했지만 지금 생각해 보면 재수가 좋았어요. 왜냐, 재수 생활을 하던 그 1년간이 제 삶의 숙성 과정이자 제대로 철이 드는 과정이었다는 생각이 들기 때문에 저는 재수가 좋았다고 생각합니다. 그 이전에는 실패를 몰랐어요. 언제나 시험도 잘 보고 승승장구했는데 대학 입시에 낙방하니 처음엔 절망감이 컸지요.

그런데 긴 인생을 보았을 때 인생에는 실패와 실수가 연속으로 이어집니다. 늘 성공하는 게 아니라 실패할 수도 있다, 실패가 끝이 아니라 또 다른 시작의 계기가 되는구나, 또 누군가 성공하면 누구는 탈락의 쓴맛을 보는구나, 경쟁이란 게 이토록 무서운 것이구나, 이런 것들을 체득했습니다. 그런 걸 비교적 일찍 깨달은 거죠. 그 과정이 마치 장독에서 된장 익듯 숙성되는 과정이었다고 생각합니다. 그렇습니다. 행복한 삶에는 이 모든 요소들이 다 필요합니다.

돈벌이 경제와 살림살이 경제

그런데 돈벌이 경제는 돈만 많이 벌면 행복해진다고 합니다. TV 광고를 보세요. 돈만 많이 벌면 집도 사고, 차도 사고, 배우자도 사고… 온갖 가지 다 사서 최고 멋있는 인생이 될 것 같습니다. 그런데 그렇게 해서 정말 행복할까요? 아닙니다. 핵심을 이야기하면, 자기 내면이 평화롭고 안정되어 있으면 외형, 즉 겉으로 보이는 모습에 크게 신경 쓰지 않습니다. 내면이 공허할수록 외양에 더 신경을 많이 쓰는 것이 인간 사회에서 하나의 법칙이죠.

이제 돈벌이 경제와 살림살이 경제를 대비해서 봅시다. 원래 경제란 말은 경세제민(經世濟民)의 약자입니다. 경세제민은 세상을 잘 다스려 백성을 구제한다는 말이고요. 그런데 백성을 구제한다는 건 결국 백성들의 살림살이가 행복해지도록 만든다는 것이죠.

그런데 잘 생각해 보세요. 직장에 가서 돈을 많이 버는 것까지는 좋은데, 바로 그것 때문에 저녁 늦게야 집에 돌아오면 가족끼리 대화할 시간도 없고 같이 밥 먹기도 힘듭니다. 심한 경우 건강을 잃기도 하지요. 여기서 건강은 육체적 건강뿐만 아니라 정신적 건강까지 포함해요. 한국 사람들은 몸 건강에는 제법 신경을 쓰는데 정신 건강에는 신경을 잘 못 씁니다. 마음이 우울하거나 뒤틀려 있거나 분노로 충만해 있으면 모두 정신적으로 건강하지 못한 거예요. 정신적으로 건강한 사람이라면 어떤 모습을 많이 보일까요? 웃음이죠. 표정이 밝아요. 자연스럽고 편안하고 환합니다.

사실 돈벌이에만 신경을 쓰다 보면 늘 시간이 없고 가족들과도 대화를 나눌 수가 없어 마음이 병들기 쉽습니다. 여유가 없어요. 가족 공동체, 이웃 공동체를 제대로 만날 시간이 없으니 공동체가 깨지기 쉽습니다. 또 다른 경우엔, 내가 일하는 회사에서 나오는 오폐수가 우리 마을 지하수를 오염시키거나 공기를 오염시킬 수도 있습니다. 돈벌이 경제의 산물입니다.

반면 살림살이 경제라는 관점은 우리의 몸과 마음의 건강, 사람과 사람 사이의 공동체적 관계나 사람과 자연의 조화로운 생태적 관계까지 챙기는 입장입니다. 살리는 겁니다. 살림살이라는 게 단순히 집안 일만 뜻하는 게 아니죠. 진짜로 가족을 살리고 사람을 살리고 자연을 살려내는 일을 해야 올바른 경제가 된다는 뜻이 '살림살이'라는 말 안에 숨어 있는 거예요. 그래서 깊이 생각하지 않고 일반적인 돈벌이 경제에만 몰두하면, 살림이 아니라 죽임의 경제가 된다는 사실을 우리가 명심해야 합니다. 이 진리를 우리가 공유해야 해요. 앞으로 경영이나 경제가 대안적으로 가려면 죽임의 경제를 경계하면서도 사람과 자연을 제대로 살려내는 살림의 경제를 해야 된다고 봅니다.

예를 들어 디자인을 좋아하는 사람을 생각해 봅시다. 그 사람이 어떻게 하면 디자인을 해서 최고 연봉을 받을까를 고민하며 미래를 꿈꾸는 게 아니라, 어떻게 하면 우리 도시를 제대로 디자인해서 한 아이가 태어나 노인이 될 때까지 걸어 다니거나 유모차를 밀고 다니거나 아무 불편함 없이 행복하게 살아가게 할 수 있을까, 이런 꿈을 꾸는 게 살림살이 경제의 꿈입니다. 또 학자가 된다고 하면, 정치인들의 잘못된 사업계획에 엉터리 자문이라도 해주고 떡고물을 받아먹을 것인가를 고민하는 게 아니라, 어떻게 하면 제대로 된 학자가 되어 우리 사회에 희망의 빛을 줄 수 있을까를 고민해야겠지요.

우리 사회엔 좋은 점도 많지만 고쳐야 할 점도 많습니다. 대표적인 것이 사회 양극화 해소와 자연 보존, 공동체 발전, 원자력 대신 자연 에너지 개발 문제 같은 것들입니다. 이런 문제를 어떻게 고쳐서 사람들에게 희망적인 미래를 만들어 볼까, 이런 연구를 하는 학자가 되는 것이 살림살이 경제에 도움이 되겠지요. 그리고 바로 이런 것들이 우리에게 필요한 '사회적 꿈'입니다.

경제적인 풍요와 소득의 관계

다음으로 경제적인 풍요와 소득의 관계입니다. 대체로 우리는 돈을 많이 벌수록 행복해질 것이라고 생각합니다. 실제로도 어느 정도는 그게 맞아요. 그런데 이상하게 어느 시점을 지나면 더 이상 행복감이 올라가지 않는다는 거죠. 바로 이걸 약 40년 전인 1974년에 리처드 이스털린$^{Richard\ A.\ Easterlin}$이라는 미국 교수가 발견했습니다. 그래서 '이스털린의 역설(Easterlin's Paradox)'이라고 합니다. 소득 수준이 올라가면 행복감도 증가하지만, 일정한 소득 수준을 지나면 더 이상 행복감이 증가하지 않는 역설을 말한 것입니다. 이것은 어느 한 나라만 조사한 게 아니라 자본주의 국가와 공산주의 국가를 모두 포함해, 흥미롭게도 경제 체제를 막론하고 소득 수준과 행복도가 쭉 같이 올라가다가 어느 시점 다음부터는 더 이상 올라가지 않고 수평으로 달리는 그런 모양을 보인다는 걸 이스털린 교수는 발견했습니다. 굉장히 흥미로운 발견입니다.

그런데 이 분은 이게 '왜' 그렇게 되는가에 대해서는 자세한 설명을 하지 않았습니다. 그래서 제가 그 공백을 메우기 위해 고민을 해 보았어요. 결국 '삶의 질' 때문에 그렇겠다는 생각이 들었습니다. 이건 제 가설인데, 즉 소득으로 표현되는 삶의 양이 증가할수록 행복감이 올라가지만, 그건 먹고사는 문제가 해소될 때까지만 그렇고, 그 이상은 삶의 양이 올라가더라도 삶의 질이 떨어지면 행복감이 정체하거나 오히려 하락할 수 있다는 얘기죠.

그러면 여기서 '삶의 질'은 무엇을 말할까요? 예를 들어, 돈은 많이 버는데 가족과 대화할 시간도 없고 건강을 망치면 어떻게 될까요? 불행합니다. 또 동료나 친구와 심하게 갈등하고 싸워 보세요. 얼마나 속이 상해요. '어려운 상황에 빠져도 아무도 나를 돌아보지 않아.' 이렇게 생각되면 인생이 허무해지죠. 그래서 이제 진짜 행복하려면 소득과 같은 삶의 양뿐만 아니라 다른 요소, 특히 삶의 질을 높여야 한다는 결론이 나옵니다.

탐욕의 경제

이제 은행 이야기를 잠깐 해볼까요? 은행은 참 신기하게도 우리에게 이자를 줍니다. 은행은 사업체입니까, 자선단체입니까? 사업체죠. 그런데 이자를 주다니 신기하지 않아요? 제가 1968년 초등학교 1학년 때부터 5원, 10원, 50원… 이렇게 잔돈을 꾸준히 저축해서 나중에 졸업할 때 한꺼번에 몇만 원을 찾은 기억이 있어요. 그때 정말 신기하고 고맙기도 하고 그랬어요. 나중에 알고 보니, 그렇게 수많은 어린이들과 어른들이 저축을 해야 그 돈이 모여서 나라 경제 발전에 쓰인다고 하더라고요.

그러면 은행은 뭔가요? 돈을 모아서 나라의 경제 발전을 위한 자금만 모아주고 끝인가요? 아니죠. 은행도 사업체이니 뭔가 수익을 얻어야죠. 그런데 도대체 어디서 수익이 나오기에 우리에게 이자까지 줄까요? 은행이 기업들에게 돈을 빌려줄 때 더 많은 이자를 받기 때문입니다. 이렇게 은행이 저축을 한 우리에게 주는 것도 이자고, 대출을 해준 기업에게 받는 것도 이자죠. 이자를 영어로 인터레스트 (interest)라고 하는데, 돈에 인터레스트가 붙는다는 게 정말 인터레스팅(interesting)하죠. 흥미롭습니다. 그런데 이 이자란 게 왜 붙을까요? 그건 은행이 우리가 저축한 돈을 활용해 더 많은 돈을 벌 수 있었기 때문에 그 일부를 이자로 주는 것입니다. 돈벌이 사업입니다. 얼핏 보면 은행도 좋고 우리도 좋습니다.

그런데 여기서 신기한 점이 또 하나 있습니다. 은행은 돈을 빌려줄 때 모두 현찰로 주지 않고 통장에 숫자만 기입하거나 수표 같은 걸로 줍니다. 그래서 은행은 보유한 돈보다 열 배 이상을 빌려줄 수 있어요. 원래 은행의 기원은 황금 보관소라고 합니다. 사람들이 가진 황금을 보관해 주는 대신 영수증을 주었는데, 이게 달러 내지 수표의 기원인 거죠. 그런데 모든 사람들이 한꺼번에 황금을 다 찾아갈 일이 별로 없으니 보관소 주인이 급하게 돈이 필요하다는 사람들에게 종이돈을 빌려주기 시작합니다. 은행 대출의 기원이죠. 종이에 숫자만 기록한 걸 빌려간 사람은 월 얼마씩 실제 돈으로 갚아야 해요. 그렇게 은행은 황금을 1만 달러치만 갖고 있어도 그 열 배가 넘는 10만 달러 이상의 화폐를 발행해 여기저기 이자 놀이를 하게 되었어요. 이걸 그럴듯하게 '신용창조'라고 하죠. 그러니 은행은 가만히 앉아 돈을 법니다.

또 은행은 다른 걸로도 돈을 벌어요. 예를 들면 가정이나 기업에 돈을 빌려주되, 혹시 못 받을 경우를 대비해 담보라는 걸 잡습니다. 일종의 보증이죠. 대체로 건물이나 땅 같은 걸 담보로 잡는데, 만일 돈을 빌려간 사람이 갚지 못하면 은행은 그 건물이나 땅을 자기 것으로 만들거나 경매로 넘겨 돈을 와장창 챙깁니다.

은행은 자체적으로도 여러 사업에 투자해 직접 이윤을 얻거나 배당금을 받기도 합니다. 물론 은행이 좋은 일에 안전하게 투자하면 좋은데, 위험성이 높거나 투기성이 강한 것에 투자하는 일도 많지요. 아파트를 지어서는 안 되는 곳에 함부로 사업을 추진하거나 거기에 투자하기도 합니다. 또 전쟁 무기를 만드는 공장에 투자하거나 아프리카에서 원주민을 쫓아내고 광산을 개발하는 데 투자하기도 해요. 우리가 쓰는 휴대폰에도 콜탄이라는 광물이 들어가는데, 그 콜탄을 캐는 사업에 전자 기업들이 투자하고 있어요. 우리나라 기업도 투자를 해요. 그런데 개발을 하면서 현지 주민들과 평화롭게 계약을 해서 잘 하면 좋은데, 사람들을 마구 쫓아내고 저항하면 죽이기도 한다고 합니다. 그래서 나온 대안적인 개념이 윤리적인 투자, 사회책임 투자입니다. 투자를 해서 돈을 벌더라도 인간 존중과 자연 보호를 생각하며 하라는 것이지요.

그런데 문제는 우리가 저축한 돈이 어디에 쓰이는지 막상 우리는 잘 모른다는 점입니다. 은행이 스스로 잘 하거나 아니면 은행을 제대로 모니터할 수 있어야 하는데, 이것도 잘 안 되는 게 현실입니다.

여기서 은행 및 기업과 관련해 하나만 더 이야기하고 넘어가겠습니다. 대개 건강한 경제라면 실물경제와 화폐경제가 서로 잘 맞물려 돌아가야 합니다. 다시 말해, 사람들이 인간답게 살아가는 데 필요한 물품이나 서비스를 교환하는 데 쓰이는 만큼 화폐가 돌아다녀야 한다는 것이죠. 그런데 오늘날 경제는 이 둘이 따로 놀아요. 지금도 온 세상에는 하루에만 약 5조 달러의 엄청난 돈이 돌아다니는데, 그중 정작 실물경제, 즉 수출이나 수입과 같은 물품의 거래에 쓰이는 것은 5퍼센트도 되지 않는다고 합니다. 나머지 95퍼센트 이상은 '돈 놓고 돈 먹는' 투기성 경제라는 것이죠. 이런 걸 '카지노 자본주의'라고도 합니다. 바로 이게 2008년 리먼 브라더스 사태와 같은 세계금융위기를 낳은 장본인입니다. 쉽게 말해 필요의 경제가 아니라 탐욕의 경제 때문에 이 세상이 이상해지는 것입니다.

뒤틀린 세상

같은 맥락에서 1940년대에《거대한 전환*The Great Transformation*》
(길, 2009)이라는 책을 낸 경제인류학자 칼 폴라니^{Karl Polanyi}를 잠시 살펴
봅시다. 그가 이런 이야기를 합니다. 열심히 일하고 열심히 살면 행
복해져야 하는데, 지금 세상이 그렇지 않다고요. 이유는 상품이 되어
서는 안 될 것이 상품이 되다 보니 그렇게 뒤틀린 것이라고 합니다.
세 가지가 핵심인데, 바로 토지, 노동, 화폐입니다.

토지는 대체로 농지나 공유지(산·강·바다), 집 등인데, 오늘날에
는 이걸 모두 '부동산'이라고 합니다. 많은 사람들이 아파트 건설이
나 부동산 중개업으로 먹고삽니다. 원래는 사람들이 토지에 겸손하
게 깃들어 살았는데, 지금은 이걸 돈벌이 사업으로 맘껏 이용해 먹고
있어요. 이제 문제죠. 원래 토지, 지구는 우리 인간에게 어머니 같은
존재입니다. 지구 전체가 어머니예요. 〈인터스텔라Interstellar〉나 〈그
래비티Gravity〉 같은 영화를 보면 지구가 우리 모두의 어머니라는 말
이 실감납니다. 우리가 어머니 뱃속에서 태어난 것처럼 인류가 지구
라는 어머니의 은혜로 살아가고 있어요. 그래서 땅과 흙, 공기와 물
모두 함부로 해선 안 됩니다. 그런데 함부로 파괴하고 오염시키고 돈
이 되면 뭐든 마구 팔아먹고… 이래서 큰일이죠.

노동도 그렇습니다. 원래는 사람(인격체)이 살아가는 과정 자체가
노동이고 활동입니다. 그런데 이 활동이 이제는 돈을 벌기 위해 노동

력이라는 상품을 팔아 (취업을 해서) 노동을 하는 것으로 변신했습니다. 오늘날 우리가 다 공부를 하는데, 결국은 내 노동력을 잘 팔려고 공부하는 것입니다. 뒤틀린 것이죠. 원래는 인격을 도야하고 꿈도 키워 세상의 진리를 깨우치는 게 공부인데, 이제는 오직 취업, 즉 시장에 자신을 팔기 위해 공부를 합니다. 이른바 일류대를 나오면 비교적 잘 팔려 나가죠. 이걸 우리는 취업이 잘된다고 하지요. 상품성이 있다는 말이에요. 대개 '스펙'이란 말을 쓰는데, 스펙이란 말은 스페시피케이션(specification), 즉 물건의 특성을 말합니다. 그래서 저는 우리 대학생들에게 '스펙 쌓는다'는 말을 쓰지 말자고 해요. 우리가 어디 물건입니까? 자신을 물건처럼 팔아먹으려고 공부하는 게 아니잖아요? 우리는 모두 자기 인생의 주인공인데, 왜 스스로를 물건 취급하느냐는 거죠. 이게 뒤틀린 우리 현실입니다. 당연히 바로 잡아야 합니다.

그런데 곰곰 생각해 보면, 오늘날은 노동력만 파는 게 아니라 정말 팔아서는 안 되는 것도 팝니다. 끔찍하게도 사람의 장기도 함부로 팔다 보니, 살인도 일어나잖아요. 심지어 사랑도 팝니다. 말세죠. 1588-XXXX번 돌리면 '사랑의 대화'를 30분 동안 속삭여준다는 광고까지 나오고 있습니다. 전봇대에 많이 써놨죠. 돈만 되면 뭐든 사고팔려고 하다 보니, 이제 우리의 몸과 마음, 영혼까지 팔아넘기고 있습니다. 정말 세상이 뒤틀린 거죠.

앞에서 잠깐 언급했지만, 원래 돈이라는 것은 물품을 교환하기 위해 가치를 재거나 그 양을 측정해 서로 편하게 거래하도록 돕는 역할을 했습니다. 그런데 이제는 화폐가 '돈 놓고 돈 먹기' 식의 투자와 투기를 통해 엉터리로 돈을 버는 일이 많아요. 이제 사람들은 돈 때문에 웃고 웁니다. 그놈의 돈만 없으면 참 좋은데…. 사실은 지금 온 나라가 빚더미예요. 다른 나라들도 마찬가지고요. 온 세상이 일종의 신용불량자가 되어가는 중이지요.

행복은 가까이에 있다

이제 조금 더 재밌는 얘기를 해볼까요? '노인과 관광객' 이야기가 있습니다. 어느 부자 나라에서 온 젊은 관광객이 가난한 나라의 시골 어촌에 여행을 갔어요. 경치도 좋고 평화로워요. 해변을 쭉 둘러보는데 어느 어부 노인이 자고 있는 모습이 보여요. 허름한 옷을 입고 있지만 백사장 한 곁에서 너무나 평화롭게 낮잠을 자고 있는 거예요. 그래서 살짝 사진을 찍는데 그만 노인이 깨어났습니다. 청년이 말을 겁니다.

"아이고, 어르신 죄송합니다. 주무시는 모습이 너무 좋아서 사진 몇 장 찍었습니다. 그런데 어르신, 고기는 언제 잡으세요?"

노인이 부스스 일어나며 말해요.

"새벽녘에 벌써 잡아 왔구먼."

"아, 그러면 또 한 번 나가실 수 있겠네요."

"또 잡아서 뭐하게?"

"당연히 돈을 많이 벌죠."

"그래서?"

"그러면 저 낡아 빠진 배도 새 걸로 바꿀 수 있잖아요."

"새 걸로 바꿔서 뭐하게?"

"그럼 훨씬 더 많은 고기를 잡을 수 있잖아요."

"그래서?"

"냉동 공장도 짓고 떼돈을 벌 수 있잖아요."

"떼돈 벌어 뭐하게?"

"그럼 저 언덕 위에 별장을 짓고 편안히 살 수 있잖아요."

이 말에 노인이 대답하죠.

"글쎄, 난 그렇게 안 해도 옛날부터 이렇게 편안히 잘살고 있다네."

정말 멋지죠? 이게 원래 독일의 노벨상 수상 작가 하인리히 뵐
Heinrich Böll 의 작품입니다.

이 이야기를 듣고 어떤 생각이 듭니까? 그렇습니다. 행복은 가까
이에 있습니다. 물론 우리가 무조건 그 노인처럼 살아야 한다는 말은
아닙니다. 행복은 가까이에 있고 탐욕과 욕심을 버리면 더 행복하게
살 수 있다는 얘기입니다. 사실 우리가 인간답게 사는 데 필요한 돈
은 그렇게 많지 않을 수도 있습니다. 조금 과장해서 말해, 하루에 1억
원이 필요할까요? 아닙니다.

구체적인 실천

그럼 우리는 어떻게 살아야 행복해질까요? 먼저 저는 우리의 잃어버린 공동체를 찾아야 한다고 생각합니다. 우리 어르신들은 농어촌에서 공동체로 살아오셨거든요. 우리도 두레, 품앗이, 계에 대해 어렴풋이나마 알고 있습니다. 두레는 일정한 팀을 이뤄 같이 일을 하는 겁니다. 오늘은 이집 일, 내일은 저집 일, 이렇게 청장년들이 모여서 같이 일을 하는 거죠. 힘들어도 같이 하면 재미있습니다. 일하다 새참도 같이 먹고 낮잠도 좀 자고, 농악놀이도 하고 춤도 추고 노래도 부르고… 일이 끝나면 막걸리도 한잔 하고요. 품앗이는 일대일이죠. 어제는 네가 날 도와줬으니 오늘은 내가 널 도와준다는 개념입니다.

오늘날 개념으로 품앗이를 하며 그것을 지역화폐, 녹색화폐, 마을화폐, 대안화폐 등의 용어로 부릅니다. 대전에는 한밭레츠라는 것이 있고, 과천에 가면 과천품앗이라는 지역화폐 개념이 있습니다. 시민들이 각자 가진 재주를 서로 나누는 거예요. 아무 재주가 없는 사람도 시간은 있잖아요. 남의 아이를 돌봐주거나 집을 봐주거나 청소 정도는 할 수 있지요. 근데 또 내가 그만큼 도와주면 나도 그만큼 도움을 받을 수 있어요. 집수리라든지 페인트칠이라든지, 그림을 배운다든지, 이런 걸 돈 없이도 해결하는 거죠. 도움의 내용을 맞교환하니까요. 우리가 상부상조하는 시스템을 만들면 화폐 없이도 상당히 많은 문제가 해결됩니다. 현대판 품앗이가 오늘날에도 존재합니다.

이런 공동체가 많이 구축되고 서로 인정어린 마을, 우애로운 친구 관계가 싹트면 이게 곧 복지 시스템이 된다고 봅니다. 국가가 해주는 복지도 일정 정도 필요하지만, 그런데 잘 생각해 보세요. 아이들이 아프면 이웃집 어른이 약초를 캐와서 "이거 삶아 먹이면 배가 나을 거예요"라고 도와주던 것이 오늘날로 말하면 의료보험제도입니다. 옛날 어른들이 읍내 장보러 갈 적에 이웃집 사람에게, "우리 집 좀 봐줘요"라고 했던 것이 오늘날 보안 시스템이에요. 그 다음, 동네 아이들이 지나가면 동네 어르신들이 '인사 잘해야지. 인사는 이렇게 하는 거란다. 또, 말은 이렇게 하는 거야'라며 코치해 주는 게 오늘날로 보면 공교육 시스템입니다. 그러니 그렇게 마을 복지가 잘될수록 돈이 적게 들고 주민들 사이에 인정도 많아지고 살기가 좋아진다는 말입니다.

공정무역 초콜릿이나 공정무역 커피는 조금 비쌉니다. 왜 공정무역이 비쌉니까? 그걸 만드는 현지 생산자들에게 조금 더 많은 혜택이 돌아가도록 하기 때문입니다. 몇 해 전에 라오스에 다녀온 일이 있습니다. 일종의 '공정여행'이었어요. 일반 여행사보다 여행경비를 조금 더 지불했습니다. 대신 강제 쇼핑이 없습니다. 둘째, 현지 숙소를 이용합니다. 그래서 부자 나라에서 투자한 숙소가 아닌 현지 주민들이 운영하는 민박이나 게스트하우스에 묵습니다. 고스란히 현지인들에게 수입이 돌아가겠지요. 그 다음 현지 주민들과 교류가 가능합니다. 현지에서 전통적으로 옷감 짜는 모습도 보고, 그걸로 천연염색도 해보고요. 체험학습을 하는 거죠. 심지어 탁발하는 스님들께 공양하는 것까지 우리가 체험해 볼 수 있어요. 결국 공정여행으로 현지인의 수입에도 보탬을 주고 색다른 문화를 직접 몸으로 느껴보는 겁니다. 서로 좋지요. 서로 기분이 좋으니 공정여행을 갔다 오고 나면 돈 아깝다는 생각이 안 듭니다.

최근에 강조하는 착한 소비, 착한 세계화가 바로 이런 것입니다. 우리가 세상을 한꺼번에 바꿀 순 없으니 지역화폐, 품앗이, 상부상조, 공정무역, 공정여행과 같은 대안적인 경제활동을 많이 만들어나가다 보면 뭔가 새로운 변화들이 가능하지 않을까 하는 생각을 해봅니다.

특히 국제 무역이 모두 자유무역으로 변하고 있는데, 실은 잘 따져봐야 합니다. 이 부분은 조금 까다롭습니다. 지금 우리나라가 체결한 자유무역협정이 최근 15개 이상으로 늘었습니다. 미국, 칠레, 유럽, 중국 등등. 최근엔 베트남까지 포함되었습니다. 그런데 자유무역을 하면 누가 이득을 볼까요? 솔직히 말하면, 양쪽 나라의 대기업들과 금융자본이 이득을 봅니다. 우리나라는 자동차 회사, 휴대폰이나 컴퓨터 회사가 돈을 벌지요. 두 나라 다 손해를 보거나 힘들어지는 사람은 어떤 사람들일까요? 일차로 농민들입니다. 부자 나라는 기계화를 한 대농들과 비행기로 농약을 치는 농업 회사들만 돈을 벌지요. 다음으로는 중소 영세기업들이 힘들어집니다. 수출 회사에 하청으로 들어가 먹고는 살지만 갈수록 피를 말리지요. 생산단가를 낮춰야 하니까요. 그 다음에 노동자들도 힘들어요. 그것도 작은 회사 노동자나 비정규직일수록 힘듭니다. 여성들과 이주 노동자들이 가장 힘든 축에 속해요.

한편 우리가 자유무역을 한답시고 농업을 경시하면 식량 자급률이 떨어집니다. 맨날 해외에서 사먹다 보면 가격은 결국 어떻게 될까요? 올라가죠. 돈을 더 주게 되는데, 그렇다면 안전한 식품이 들어올까요? 유전자조작식품(GMO)이나 농약, 방부제 섞인 식품이 많이 들어옵니다. 좋을 리가 없어요. 그 다음 더 중요한 것이 식량안보입니다. 중국이나 미국이 돈을 아무리 많이 줘도 식량을 안 판다고 하면 우리는 손에 돈을 들고 굶어야 될지도 모릅니다. 대통령과 장관들, 위정자들은 이걸 알아야 해요.

마지막으로 우리 농어촌을 생각해 봅시다. 방학이나 휴가 때 자연 풍광 좋은 들이나 바다로 가고 싶습니까, 아니면 서울의 63빌딩 안으로 가고 싶습니까? 당연히 자연입니다. 들과 산, 바다에 잠자리가 날아다니고, 황금 들판, 개구리 울음소리, 풀벌레 소리… 이 모두가 우리 마음을 정화시켜 주는 치유 능력이 있어요. 그래서 농어촌이 망가지는 것은 이 모든 측면에서 아주 큰 문제입니다. 자유무역을 할수록 농어촌이 망가집니다. 이렇게 되면 안 된다는 겁니다. 먼저 농업과 공업과 서비스업이 균형을 잡아야 되고, 그 다음 돈이 된다는 이유로 무조건 육성하는 게 아니라, 인간 공동체나 자연 생태계를 해치지 않는지, 경영을 올바로 하는지 등을 점검하면서 영역별로 균형을 잡아 나가야 합니다.

자유무역에 대한 대안 사례 중 대표적인 것이 남미의 쿠바, 베네수엘라, 볼리비아가 민중무역협정을 맺은 것입니다. 자유무역협정은 FTA인데 민중무역협정은 PTA라고 합니다. 뭐가 다를까요? 어떻게 하면 다른 나라로부터 이득을 취할 것인가가 자유무역의 목표라면, 민중무역의 목표는 어떻게 하면 내 이웃나라, 형제자매 나라에게 도움을 줄 것인가를 생각합니다. 쿠바는 의료가 발달해서 의대생도 많고 의사도 많으니 자원봉사로 이웃나라의 아픈 사람들을 치료해 주거나, 그쪽 학생들을 장학생으로 불러 저렴하게 공부를 시켜 자기 나라에 가서 아픈 사람들을 치료해 주도록 합니다. 베네수엘라는 석유가 많이 납니다. 그래서 이웃나라에 값싸게 석유를 주고, 볼리비아는 콩이나 탄화수소 같은 자원이 많아서 이를 또 값싸게 주며 서로 형제자매처럼 돕고 삽니다.

간디 선생은 "주변이 어둡다고 투덜대지 말고 네가 먼저 촛불을 켜라"고 했습니다. 내가 먼저 촛불을 켜자, '나부터' 실천이 중요하다는 말입니다. 그리고 간디 선생은 또 인도의 장래를 위해 70만 개의 마을 공화국이 필요하다고 했습니다. 이 말은 어마어마한 권력을 가진 한 명의 대통령이 나와서 나라를 잘 다스리는 것보다 작은 마을들이 제 각기 자립적·자치적·자율적으로 운영되는 게 중요하다는 것입니다. 그렇게 되면 마을공화국 주민들도 책임감을 갖고 참여해 삶의 주인으로 살아갈 수 있지요.

학교도 그래요. 가장 좋은 학교는 교장·교감 선생님은 상징적으로만 있고, 일반 선생님들과 학생들이 주체적이고 능동적으로 참여하는 것입니다. 학급에서는 반장이나 부반장, 학생들이 자치적으로 서로 소통하고 민주적으로 잘 돌아가면, 선생님이나 교장·교감 선생님의 입김이 많이 안 들어갑니다. 그런 학급이 좋은 학급이고, 행복한 학교입니다. 가정도 마찬가지입니다.

그 다음 정규직과 비정규직으로 나뉘는 현실이 저는 무척 고통스럽습니다. 이에 대한 대안은 정규직 기준으로 노동시간을 단축해서 일자리를 나누는 방법, 그리고 농어촌으로, 땅의 경제로 돌아가는 것, 이것밖에 없는 것 같습니다. 사실 오늘날 경제는 땅으로부터 너무 벗어난 경제가 되어 실업문제가 생기는 것입니다. 땅은 어머니 같은 존재기 때문에 인간을 다 받아줍니다. 그리고 땅의 논리를 무시하면서 기술이 너무 심하게 발전하다 보니 사람이 거의 필요 없는 공장들이 많이 생겼습니다. 이게 기술발전의 역설입니다. 좀 잘 살아보려고 기술을 발전시켰는데, 너무 많이 발전해서 사람을 밀어내는 거죠. 휴대폰도 너무 발전하다 보니 좋은 점도 있지만 나쁜 점도 많지 않습니까? 역설적입니다.

여기에 우리가 지혜롭게 대처하려면, 지금부터라도 우리가 어떻게 해야 더불어 행복해질 수 있을까, 이런 것을 끊임없이 토론하고 실험하고 고민해야 합니다.

절약의 경제, 나눔의 경제

경제라는 말은 영어로 '이코노미(economy)'라고 하는데, '이코노미컬(economical)' 하면 무슨 뜻일까요? '절약이 되는'입니다. 그래서 저는 모든 경제생활에는 절약이 기본이라고 봅니다. 절약의 경제라고 할까요? 물 한 방울, 종이 한 장도 아껴 써야 합니다. 그렇다고 인색해지면 안 되죠. 친구가 필요하다면 줄 수도 있어야죠. 또 공중 화장실이나 공공건물에 가서도 내 것 아니라고 함부로 쓰는 게 아니라 늘 아껴야 해요. 이게 올바른 절약입니다.

다음으로 나눔의 경제가 필요합니다. '아나바다' 장터 아시죠? 아껴 쓰고, 나눠 쓰고, 바꿔 쓰고, 다시 쓰는 거죠. 요즘은 '공유 경제'라는 것도 있지요. 친구들끼리 자동차도 나눠 쓰고, 취업 인터뷰할 때 양복 같은 옷도 빌려 입습니다. 또 낯선 사람끼리 큰 집을 나눠 쓰기도 합니다. 서울의 광진구 도서관에서는 옥상에 공동체 텃밭도 하더군요. 수확물이 생기면 모두 모여 같이 밥도 나눠 먹습니다. 이런 게 공동체 경제고 공유 경제입니다. 특히 요즘 같은 실업 시대에는 일자리를 나누는 것이 필요합니다. 비정규직만 늘리는 게 아니라 정규직 일자리의 노동 시간을 단축해서 한 사람 일자리를 두세 사람 정규직으로 늘리는 거죠. 물론 다른 변화들도 필요하지만 기본 개념은 그렇게 가야 한다고 생각합니다.

또 지역화폐나 품앗이 같은 것에 참여할 필요가 있습니다. 공정무역이나 공정여행도 좋습니다. 협동조합이나 대안적인 경제 실천을 하는 단체나 모임을 찾아가 참여해 보기도 하고, 몸이 따르지 않으면 후원금이라도 내야지요. 하다못해 온라인으로 지지와 격려도 하고 아이디어도 보탤 수 있습니다.

요즘 가장 중요한 부분은 역시 유기농 농업이라고 봅니다. 유기농 농민들과 도시의 소비자들이 형제자매 관계로 서로 연결되는 것이 매우 중요합니다. 단순히 협동조합이나 생협 같은 데에만 의존할 것이 아니라 모든 시민들이 관심을 갖고 참여하고 서로 도와야 할 것 같아요. 그렇게 되면 서로가 서로를 살리는 살림의 경제가 될 것입니다.

이런 개인적 · 개별적 실천 외에 사회적 실천도 필요합니다. 앞에서도 말했지만, 농어촌 공동체도 만들어야 하고, 유기 농업을 체계적으로 육성해 식량자급률도 높여야 합니다. 마을 공화국도 만들고, 노동시간 단축도 이뤄 실업 문제, 일자리 문제도 해결해야지요. 주거, 교육, 의료, 노후 등 한 아이가 태어나 노인이 될 때까지 행복하게 살 수 있는 사회적 여건들을 함께 만들어야 합니다. 세계적으로 자유무역 대신 민중무역을 한다면 세계 전체가 더 좋아지겠지요. 더 이상 무한경쟁을 하지 않아도 되고요.

또 우리가 사는 지역을 둘러보고 훌륭한 일을 하는 시민단체가 있으면 최소한 회원이 되거나 회원이 되지는 않더라도 감사하다는 격려의 말 한 마디를 건네는 것도 중요합니다. 여건이 되면 한 달에

5000원이라도 좋습니다. 1000원씩이라도 100명이 후원하면 큰 돈이 되고, 1000명이 후원하면 더 큰 돈이 되겠지요. 이런 식으로 보다 많은 사람들이 참여하게 되면 사회도 경제도 살린다고 믿습니다.

물론 당장은 국회의원이나 시장, 군수, 대통령 같은 사람들을 제대로 잘 뽑는 것도 중요합니다. 하지만 길게 보면 누가 지도자가 되든, 사람 사는 삶의 구조를 잘 만드는 것, 시스템을 잘 설계하고 만들어 후손들에게 물려주는 것, 이것이 진짜 우리 모두의 공통 과제입니다. 그래서 앞에서 말한 개인적 · 사회적 실천이 중요한 것입니다.

우리가 실천을 하더라도 어떤 개념으로 실천을 하느냐가 중요하다는 말을 끝으로 하고 싶습니다. 그래서 지금 우리가 어떤 꿈을 꾸는가에 따라서 우리 인생의 집이 달라지고, 결국 우리 사회 전체의 집이 달라진다는 말을 하고 싶어요. 예를 들어 봅시다. 사람 열 명을 모아 놓고 1억 원씩 주고 집을 하나씩 지어 보라고 합니다. 어떤 집을 짓고 싶습니까? 동일하게 1억 원을 받았는데도 나중에 보면 사람마다 집이 달라요. 어떤 사람은 시멘트 집, 어떤 이는 벽돌집, 또 어떤 이는 나무집, 흙집… 이렇게 모양이 다 다릅니다. 똑같은 돈 1억으로 왜 지은 집이 다르냐, 그것은 그 사람들 머릿속 디자인이 달랐기 때문입니다. 그래서 '인생의 디자인'을 잘해야 한다는 것입니다. '인생 내비게이션'도 같은 취지입니다.

우리들 각자 인생의 집, 그리고 우리 사회라는 전체의 집도 우리가 어떤 개념으로 접근하는가에 따라 얼마든 달라질 수 있습니다. 우선은 내 마음속에 어떤 그림을 그리느냐가 중요하단 말이지요. 그 다음에 사회적인 그림도 잘 그려내야 합니다. 한 아이가 태어나 청년이 되고 노인이 될 때까지 인간답게 살기 위해서는 사회 구조가 어떻게 되어야 할까, 하는 고민이 담긴 디자인이 나와야 한다는 것이지요. 그래야 우리 모두가 인간답게 잘 살 수 있거든요.

우리 모두 각자 멋진 인생의 그림도 그리고, 또 사람답게 살 수 있는 사회의 밑그림도 열심히 같이 그리며 '나부터' 할 수 있는 실천을 하나씩 해 나가 봅시다. 그게 진짜 잘사는 길입니다. 오늘부터 자동차 내비게이션만 켜지 말고, '인생 내비게이션'을 제대로 켜고 살아 나가자고 제안합니다.

제2강: '살림'의 경제철학
불안과 두려움을 넘어

겉으로 잘 드러나진 않지만 삶에서 우리를 가장 많이 괴롭히는 게 바로 두려움입니다. 그 중에서도 '먹고 사는 것'에 대한 두려움이 가장 큰 것 같습니다. 우리 아이들이나 청년들, 특히 요즘 대학생들, 그리고 직장인들, 또 연세 많은 어르신에 이르기까지 모두 근심과 걱정, 불안감에서 자유롭지 못합니다. 딱 꼬집어 말하긴 어렵지만 어딘지 모르게 뭔가 불안하고 두려운 거죠. 오늘보다 내일을 생각하면 더 걱정이 앞서고 불안해요. 삶이 편안하고 매끄럽게 흐르면 우리 내면이 저절로 기쁘고 행복한 느낌이 와야 하는데, 그렇지 않습니다. 이상하게 뭔가 계속 우리를 짓누르는 것 같은 느낌, 갈수록 불안해지고 걱정이 앞서는 느낌입니다.

약 50년 전에 비해 지금 우리는 몇 배나 잘살게 되었을까요? 일단 수치상으로만 보면 50년 전에 비해 300배 이상 잘살게 되었습니다. 60년대 초에 1인당 국민소득이 80불 정도였다가 지금은 2만 5000불 수준이니까요. 문제는 우리가 물질적으로 부유해진 만큼 마음도 행복해졌냐는 겁니다. 50년 전에 비해 30배라도 행복해졌을까요? 아마도 우리 사회 구성원 중 90퍼센트 이상은 오히려 스트레스가 30배쯤 늘었다고 생각할 것 같습니다. 10퍼센트 정도의 상류층이야 출세나 성공을 해서 좋고, 땅값 올라서 좋고, 부모 재산 통째로 물려받아 좋고 뭐 그럴 수도 있겠지요. 물론 그것도 실은 잘 따져봐야 합니다. 출세한 사람이나 벼락부자가 된 사람들, 겉보기와 달리 그리 행복하지 않은 경우가 많거든요. 예컨대 로또에서 1등 당첨된 사람들치고 행복해진 사람이 별로 없다고 하잖아요. 이런 문제는 별도로 놓고 보더라도 그간의 경제성장에도 불구하고 90퍼센트 이상의 사람들이 행복하지 않다면, 문제 아닐까요?

오죽하면 신나게 뛰놀아야 할 초등학생이 아빠보다 노는 시간이 적다며 자살을 했을까요? 좀 오래전 일입니다만, 그게 우리 현실입니다. 그 초등학생 아이가 마음먹고 이틀 동안 계산을 해보니, 아빠가 회사 가서 일하는 시간보다 자기가 여러 학원을 뺑뺑이 돌며 공부해야 하는 시간이 더 길다, 이런 세상 살기가 겁난다, 이러면서 자살을 해버린 거죠. 정말 안타까운 일입니다. 그 부모가 아이기 불행해지는 걸 바랐겠어요? 전혀 아니죠. 오히려 행복해지라고 한 일인데,

결과는 거꾸로 나온 거죠.

전국에서 초·중·고생이 1년 동안 몇 명이나 자살할까요? 놀라지 마세요. 10대 청소년 자살 숫자가 300명이나 됩니다. 일요일 빼면 거의 매일 한 명이 자살하는 거예요. 이거 뭔가 크게 잘못된 거죠. 50년 전보다 300배 부자가 된 나라에서 왜 이런 일이 생길까요?

사실 어른들도 마찬가지입니다. 방세를 못 내서 자살하고, 해고당해 자살하고, 해고될까 봐 자살하고, 비정규직으로 서러워서 자살하고, 노인은 외로워서 자살하고… 누군가 우리나라를 '자살공화국'이라고 하기도 했지요. 우리나라의 자살률은 세계 최고 수준입니다.

이 모든 일에 바로 근심과 걱정, 불안과 두려움이 연관되었다고 봅니다. 그래서 이런 두려움을 넘어 행복한 살림살이를 만들어나가는 게 중요하지 않을까, 이런 걸 만들려면 우리는 어떻게 해야 할까, 이런 내용을 함께 고민해 보자는 겁니다.

일상에서 기쁨 누리기

우리가 흔히 쓰는 '살림살이'란 말은 밥하고 빨래하고 설거지하고 아이 낳아 기르고… 이런 가사 노동을 뜻합니다. 그러나 예전에 김지하 시인이 책에서 말했듯, 살림살이란 집안 살림만이 아니라 가족을 비롯한 사람을 살리고 자연을 살리고 세상을 살린다는 뜻에서 '죽임'

이 아니라 '살림'입니다. 죽이는 게 아니라 살리는 것, 이런 적극적인 의미가 '살림'이라는 말에 들어 있는 거죠. 저도 거기서 힌트를 얻어 2009년에 《살림의 경제학》(인물과사상사)이란 책을 내기도 했습니다. 물론 아무리 그런 책을 써내도 여전히 우리 현실은 죽임의 경제로 가고 있는 것 같아 많이 씁쓸합니다. 그러나 최근 들어 더욱 활성화된 한살림을 비롯한 생협 운동이나 도서관 인문학 모임, 유기농업 운동, 대안교육 등과 같이 사람을 살리고 자연을 살리는 활동들이 있어 그나마 힘을 얻습니다. 또 제가 하는 이야기나 책이 그런 분들에게 힘이 되고 나름 바른 방향을 제시해 등대 역할을 하면 저도 좋지요.

살아 있음의 기쁨이란 게 뭘까요? 그렇지요. 아침 일찍 잠자리에서 눈을 떴는데, 사랑하는 가족이 옆에 있고 밖에서 새소리가 들립니다. 이때 "지금 이 순간이 참 좋구나" 하고 느낀다면 여러분은 살아 있음의 기쁨을 아는 것입니다. 또 방문을 열고 밖을 내다봅니다. 아직 지구가 망하지 않았구나, 하고 생각해 보면 이것도 행복한 거예요.

저는 기차 탈 일이 많은 편입니다. 그런데 기차에서도 찬찬히 들여다보면 살아 있음의 기쁨을 느낄 일이 참 많더라고요. 청춘남녀가 서로 좋아 어쩔 줄 모르는 장면, 어디론가 떠나면서 마음이 들뜬 여행객들, 엄마 아빠에게 어리광부리며 깔깔거리고 웃는 아이들, 창밖을 내다보며 사색에 잠긴 노신사, 옷을 잘 차려 입은 노숙녀… 이 모두가 살아 있음의 기쁨을 느끼게 해주는 사람들이죠. 반면 기차를 타면서도 무궁화호, 새마을호, KTX로 갈라지는 순간 누구는 특실에 타고 누구는 일반실에 타고, 누구는 자리를 차지하고 누구는 땅바닥에 앉거나 서서 가고… 처음부터 끝까지 스마트폰 게임을 하거나 드라마 같은 걸 보거나 SNS에 열중인 사람들, 내릴 때까지 연거푸 전화통화만 해대며 그것도 큰 목소리로 어떤 높은 사람에게 아부하며 자기 뜻을 관철시키려는 중년… 이런 모습들은 또 우리를 약간 우울하게 만듭니다.

살아 있음의 기쁨이 아니라 서글픔이라고 해야 할까요? 기술이 발달하고 우리 삶이 초스피드로 달릴수록 사람과 사람 사이에 대화가 없고 메시지만 남은 것 같습니다. 그리고 동시에 온 세상이 비즈니스 공간으로 변하고 있다는 생각이 문득 들더군요.

젊은 대학생들에게 저는 가끔 이런 이야기를 합니다.

"여러분보다는 선생님이 떠날 날이 더 가깝지 않느냐? 나는 이 세상을 하직할 적에 이렇게 말하고 싶다. 예를 들면, '얘들아, 그동안 너희와 참 행복하게 잘 살았다. 너희들도 나처럼 잘 살아라' 이렇게 말야."

약간 슬프기도 하고 안타깝지만 우리는 언젠가 마무리를 해야 하거든요. 그때 멋있고 행복하게 마무리하는 것도 필요하다는 생각이 듭니다. 막연하게 죽음을 생각하면 두렵지만, 오히려 끝이 있다는 것을 알고 준비를 해두면 두려움이 없어지는 거죠. 그리고 보니 두려움을 넘는 첫 번째 길은 일상적 삶의 과정을 기쁨과 살가움으로 느끼면서도 언젠가 아름답게 마무리해야 한다는 걸 늘 의식하는 게 아닌가 싶네요. 지금까지 우리 어르신들은 대부분 시간도 없이 떠나가시기에 바빴어요. 만약 시간이 남아서 뭔가 한 말씀 하신다면 주로 어떤 말을 하고 가시던가요? 많은 분들이 "얘들아, 절대로 나처럼 살지 말아라"라는 말을 남깁니다.

좀 이상하지 않습니까? 80평생을 살아놓고 그렇게 살지 말라니, 너무 황당하죠. 그러니 바로 오늘 여기서 우리가 살아가는 매순간을 제대로 잘 살아내는 것, 그래서 아이들에게 장황하게 말로 하지 않더라도 아이들이 '아, 나도 저렇게 부모님처럼 살아야겠다' 하는 마음이 저절로 우러나오게 살아야지요. 어른이 살아간 과정과 모습이 그 자체로 아이들에게 지표가 되고 등대가 되어야 하지 않겠습니까?

그렇다면 좀 제대로 잘 사는 게 무엇일까? 사실 나이를 막론하고 '잘 산다는 것'이 무엇인가에 대해서는 어찌 보면 상당히 쉬운 문제지만 또 어떻게 보면 어려운 문제이기도 합니다. 그러나 모든 문제는 우리의 현실 삶 속에서 출발해야 합니다. 그래서 무엇이 좋고 무엇이 문제고, 그래서 무엇을 어떻게 고쳐야 하나, 고치기 위해 우리는 어떤 방식으로 노력을 해야 하나, 이런 순서로 생각을 정리하면 길이 보이지 않을까 싶습니다.

밥상 살리기

밥상 이야기부터 해보겠습니다. 누구나 밥은 먹고 살아야 하니까요. '먹고' 산다는 말은 있지만, '안 먹고' 산다는 말은 안 하지요. 물론 때로는 단식이 필요하지만 기본은 먹고 사는 것입니다. 그런데 밥상에 무얼 차립니까? 밥을 차립니다. 밥만 먹나요? 당연히 반찬도 있죠. 반찬엔 콩이나 채소도 있고 생선과 육류도 있습니다. 그런 것들이 모두 어디서 옵니까? 땅에서 옵니다. 흙이나 물, 크게 보면 땅이지요. 그래서 바다, 강, 산, 들 모두가 살림살이의 기본입니다. 그렇다면 백성을 살리기 위해 나라 정책이 농업, 농사, 농촌, 농민, 어촌, 어민을 존중해야 되겠습니까, 말살시켜야 되겠습니까? 당연히 존중해야 합니다. 밥상을 건강하게 살리려면 존중하는 게 마땅합니다. 그런데 지난 50년 동안의 경제 개발이니 경제 성장이니 하는 정책들은 농촌, 농민, 농사, 농업, 어촌, 어민을 살려냈습니까? 죽였습니다. 이걸 바로 잡아야 합니다.

그런데 우리 보통 사람들이 어떤 생각을 가졌는지 한번 봅시다. 우선 밥상을 싸게 차리고 싶을까요, 비싸게 차리고 싶을까요? 가능하면 싸게 차리고 싶습니다. 같은 물건이라면 싸고도 편하게 구하려고 하지요. 그래서 밭을 일구거나 유기농 농민과 직거래를 하거나 한살림 같은 생협을 이용하기보다 대형 마트나 슈퍼로 달려갑니다. 거기는 우선은 훨씬 쌉니다. 그런데 그 '싸다'는 것을 우리가 좀 생각해

봐야 합니다.

　우리가 마트에 가서 카트를 밀고 한 바퀴 쭉 돌고 오면 웬만하면 10만 원이 넘습니다. 왜냐하면 '원 플러스 원'이 있거든요. 이거 정말 웃깁니다. 우리는 대개 마트에 '온 김에' 한꺼번에 많이 사면 기름도 절약하고 또 묶음으로 사면 더 싸다, 이런 식으로 생각하죠. '온 김에' 라는 말이 사람 잡습니다. 온 김에 이것저것 집어넣다 보면 10만 원, 15만 원을 예사로 넘어요. 충동구매, 속임수 구매가 많습니다. 그 사이 냉장고도 어차피 큰 걸로 사놓았으니 뭔가 한가득 채워놓아야 안심이 되는 것 같거든요. 뿌듯한 것 같기도 하고요. 냉장고니 냉동실이니 자꾸 커져만 가서 뭐든 집어넣기 좋으니 자꾸 집어넣습니다. 분명 무를 넣어놓았는데 한참 뒤 이게 무말랭이가 돼서 나오는 불상사가 생기기도 하죠. 어떤 것은 구석에 쳐 박혀 있어 있는 줄도 모르고 몇 달이 흘러갑니다. 그래서 나중에 유효기간이 지난 것을 쓰레기로 갖다 버리느라 또 고생합니다. 우리가 약간 미친 거죠. 돈 들이고 갖다 버리는 꼴이니까요. 하여간 이런 식으로 따져 봐도 사실은 싸지 않은데, 당장에는 한 개 값에 두 개를 준다니까 금방 속습니다. 그러니 싼 것 사러 마트에 안 가면 손해 보는 기분이 드는 거예요.

　또 살펴보면 마트의 물품들이 싸게 유통되는 과정에는 눈물겨운 이야기들이 있습니다. 〈카트〉라는 영화에도 나오지만 비정규직의 눈물과 한이 맺혀 있습니다. 인건비를 아낄 뿐, 사람을 아끼지 않기 때문이죠. 농산물의 경우에는 단가 후려치기를 하는 바람에 농민들도 죽을 맛입니다. 싸게 많이 소출해야 하니 농약만 팍팍 쳐댑니다. 나중에 누가 죽을지도 모르고 말이죠. 그런데 행정기관들은 그런 대형 매장을 유치하기 위해 굉장히 유치한 방법을 씁니다. "너희 세금 깎아줄 테니 제발 우리 동네로 와라. 일자리 좀 만들어주면 돼." 이런 식입니다. 그래서 길도 닦아주고 주차장 부지도 싸게 해줍니다. 사실 모두 우리 세금으로 지원되는 셈이지요. 농민과 중소기업 노동자, 매장의 비정규직 직원 등 모두 피해를 보는데, 또 소비자도 크게 보면 별로 좋은 일이 아닌데 무조건 가격이 싸고 많이 준다니까 미친 듯이 달려가는 거죠. 이 모든 게 사실은 우리가 좀 미쳐 돌아간다는 이야기가 아닐까요? 죽는 건지 사는 건지도 잘 모르고 말이지요.

그렇게 대형 마트 하나가 들어서면 그 동네 가게들이 하나둘 망해 갑니다. 재래시장이나 오일장 같은 것도 썰렁해지고, 그 사이에 수많은 사람들이 파산하고 빚쟁이가 됩니다. 어느 지역을 가나 골목길에 있는 가게들을 유심히 살펴보세요. 한 달이 멀다 하고 간판이 바뀌는 경우가 많습니다. 다 망해서 그런 거죠. 정년퇴직이나 명예퇴직을 한 사람들끼리 서로 '돈 날리기' 대회를 하는 셈입니다.

이제 주제를 좀 돌려보죠. 보통 말하는 유기농과 굳이 대비하자면 화학농이 있습니다. 관행농이라고 하면 좀 애매해요. 진짜 옛날의 관행농법은 오늘날 우리가 말하는 유기농이거든요. 그런데 최근 들어 수십 년 사이에 변해 버린 관행농법은 화학농법이 되고 말았어요. 그래서 화학농과 유기농으로 대비시켜 보자는 것입니다.

화학농법으로 살충제로 벌레를 죽여 벌레가 채소 잎을 하나도 못 먹게 하고 또 월남전에서 썼다고 하는 고엽제, 다른 말로 제초제로 풀을 노랗게 말려 죽여서 농작물을 생산하면 생산성이 아주 높아집니다. 그렇게 화학농법으로 농사를 지으면 한 평당 나오는 작물의 양이 많으니 값싸게 팔 수 있습니다. 또 GMO라는 것도 있습니다. 유전자조작식품인데, 유전자를 조작한다는 게 뭐예요? 사람으로 따지면 성형수술을 하는 거예요. 씨앗의 성질까지 바꾸는 것입니다. 무서운 거죠. 왜 농작물을 그렇게 합니까? 소비자들이 때깔 좋고 크고 달고 멋있게 보이는 걸 선호하니까요. 사실 '소비자'라는 말조차 잘못된 거죠. 왜 우리가 소비하고 소모하는 존재입니까? 생활하는 존재지. 그래서 생활인이란 말이 더 맞는 것 같은데, 일단은 대체로 그렇게 사용하니까 그렇게 불러 보죠. 결국 소비자가 싼 것만 찾고 크고 때깔 좋은 것만 찾으니 생산자도 이상하게 변해 버리는 거예요. 그래서 생산자와 소비자가 정신을 바짝 차리고 모두 깨어나야 하는 겁니다. 어떤 방향으로? 돈벌이가 아니라 살림살이로요.

그런데 혼자 고민하면 답도 안 나오고 괜스레 불안하고 두렵기만 합니다. 그렇다면 이런 걸 너도 나도 제대로 깨쳐 알아야 하고, 그렇게 각성한 사람들이 서로 손을 잡으면 든든해지지 않을까요? 바로 그게 '연대'입니다. 그래서 두려움을 넘는 두 번째 길은 깨어난 사람들이 서로 손을 잡는 것이라고 할 수 있습니다.

허구의 진면목 깨닫기

다음으로 우리 살림살이에서 또 중요한 게 무엇일까요? 아무래도 자녀교육을 빼놓을 수 없지요. 5000만 국민의 고민거립니다. 그래서 교육으로 먹고사는 사람도 참 많아요. 저도 그렇다고 할 수 있고요.

그러면 교육 시스템은 뭐가 문제죠? 대부분 우리가 다 아는 얘기입니다. 서열화가 문제고, 입시교육이 문제고, 경쟁이 문제입니다. 다 압니다. 그런데 문제는 아는 만큼 실천을 해야 하는데, 안 한다는 것입니다. 자기 아이가 반드시 특정 학교를 나와야 멋있을 것 같아요. 옆집 사람한테 자랑도 하고요. 사실 속은 '고르빈스키'들인데 말이죠. '고르빈스키'는 제가 만든 말로, 골빈 사람들을 가리킵니다. 겉으로 보기에는 어느 학교에 다니니 정말 훌륭한 것처럼 보이는 포장술, 이런 게 바로 우리 교육의 GMO인 거예요. 어찌 보면 우리 사회 전체가 유전공학적으로 조작되어 버린 것 같습니다. 그래서 저는 종종 우리의 '사회적 DNA'가 뒤틀려버렸다고 말합니다. 겉으로 보기에는 큼직하고 멋있지만 사실은 병들어 있는 거죠. 그런데 우리가 농약과 제초제를 뿌린 유전자조작식품을 가격이 싸다는 이유로, 달고 맛있고 보기 좋다는 이유로 10년, 20년, 30년 꾸준히 오래 먹다 보면 어떻게 될까요? 당연히 암과 같은 큰 병에 걸릴 확률이 높아집니다. 이런 것도 대부분은 다 압니다. 알면서도 거꾸로 가는 거죠. 그러니 제가 '고르빈스키'라고 하는 겁니다.

우리는 더 이상 고르빈스키가 되지 않아야 해요. 어떻게? 허상을 깨면 됩니다. 허상이 뭐냐, 눈에 잘 보이지 않는 사다리가 허상입니다. 우리 사회 속에 있는 사다리, 사람과 사람 사이에 있는 사다리 말이에요. 누구는 높고 누구는 낮고… 이런 사다리를 우리가 억지로 만들어놓고, 그 안에서 한 칸이라도 더 높이 올라가려고 발버둥 치다보니 갈수록 힘들어지고 더 많이 고르빈스키가 되는 거죠. 자기가 노력하다가 잘 안 되면 자식들을 채찍질합니다. "내가 죽을 똥을 싸면서라도 돈을 벌어 네 뒷받침을 할 테니 너는 딴 것 신경 쓰지 말고 오로지 공부만 해라. 그래서 저 사다리의 가장 높은 곳에 올라가라." 이런 식이지요. 이게 맞나요? 아니, 허상입니다. 그냥 사람 위에 사람 없고 사람 밑에 사람 없다, 우리 서로 잘 살자, 이렇게 살면 되는데 사다리를 만들어놓고는 경쟁을 하는 겁니다. 그러면 어떻게 될까요?

우선은 주변의 경쟁자들과 겨루어야 하니 내 마음부터 긴장되고 혹시라도 뒤처질까 봐 두렵습니다. 나만 떨어질까 봐 겁이 납니다. 이게 바로 탈락의 두려움, 배제의 두려움입니다. 좀더 잘하는 이들은 어떨까요? 그들은 그들대로 이제 조금 더 높은 곳으로 올라가려 하고, 더 올라가지 못할까 봐 안달하고 조급해합니다. 출세나 성공의 대열에서 낙오될까 두려운 거예요. 그리고 만일 성공하면 어떨까요? 성공한 순간, 그리고 당분간은 아주 좋아요. 황홀하죠. 그런데 시간이 좀 지나면 다시 불안해집니다. 왜요? 떨어질까 봐, 자기 자리를 유지하지 못할까 봐서요. 이걸 또다시 탈락의 두려움이라고 할 수도 있고, 기득권 상실의 두려움이라 할 수도 있겠네요.

사태가 이러니 허구적인 사다리 구조 안에서 마음 편하게 살 수 있는 사람은 거의 없습니다. 이게 우리 삶의 진실입니다. 그런데 사다리의 아래나 중간이나 꼭대기에서 모양은 다르지만 다양한 두려움을 느끼던 사람들이 이 허구의 진실을 꿰뚫어보기만 하면 이상하게도 두려움이 사라질 수 있습니다. 우리가 두려운 것은 자신이 뭔가 많이 가졌다고 느낄 때입니다. 그걸 잃을까 봐 두려운 것입니다. 하지만 특별히 더 얻을 것도 잃을 것도 없다면, 그래서 그냥 마음 편하게 자기 느낌에 충실하게, 그리고 다른 이들과 잘 나누면서 서로 도우며 산다고 생각하면, 그런 두려움이 싹 가십니다. 그래서, 두려움을 넘는 세 번째 방법은, 허구의 진면목을 꿰뚫어보고 기득권 경쟁을 하지 않는 것입니다. 서로 경쟁을 그만두고 협력하고 나누면서 사는 것, 앞서 말한 연대를 실천하는 것이죠.

그런 생각을 못하니까, 그저 아이들만 다그치며 100점만 받아 오라고 하는 거예요. 100점이 어디 쉬운가요? 또 100점 받아 오면 뭐라고 해요? "오늘 시험이 참 쉬웠던 모양이구나." 또는 "너희 반에서 몇 명이 100점 맞았니?"라고 합니다. 장기적인 안목을 가진 부모는 뭐라 할까요? "애, 중간고사는 별로 안 중요하단다. 오늘부터 기말고사 준비하렴." 참 친절한 부모입니다. 그런데 아이가 기말고사를 잘 보고 나면 또 뭐라고 합니까? "1학년은 별로 안 중요해. 2학년이 더 중요해."

제가 부모님들 앞에서 이런 얘기를 했더니 어느 어머니가 손을 번쩍 들더니 말하시더군요. "저는 또 다르게 말했네요. 반성이 돼요."

그래서 제가 물었지요. "어떻게 하셨는데요?"

"애가 100점 받았다고 들고 온 시험지로 아이 머리통을 탁 때리면서 '이렇게 잘할 수 있었으면서 왜 진작 100점을 못 받았니?'라고 했지요."

제발 이러시면 곤란합니다. 아이들이 무슨 죄가 있습니까? 사실 부모님들도 죄는 없어요, 일차적으로는. 왜냐하면 이 사회의 시스템이 눈에 안 보이게 치열하게 경쟁하도록 사다리를 만들어놓아서 그런 것이니까요. 그런데 우리가 사다리 안에서 경쟁하는 부분에서는 어느 정도 우리에게도 책임이 있어요. 경쟁을 내면화해 버린 책임이죠.

'너도 나도 다들 사다리 경쟁을 하니까 더 힘들어지는군. 흠, 니들끼리 잘해 봐라. 난 그런 거 안 해.'

이러면 그 사다리는 허물어집니다.

그러면 대안은 뭘까요? 굳이 높은 곳에 올라가지 않아도 사람답게 살 수 있는 새로운 시스템을 함께 만드는 거죠. 저는 그걸 '사다리 구조'와 비견되는 '원탁형 구조'라고 부릅니다.

좀 달리 말하면 사다리 속 경쟁은 두려움도 만들어내지만 열등감을 만들어내기도 합니다. 물론 극소수는 우월감을 느끼죠. 그러나 대부분은 열등감에 절어 살아요. 어른이 되어 그 열등감을 감추고 싶으니 아이들만 다그칩니다. '내가 죽을 고생해서 돈을 벌어다 주니 대신 자식아, 내 열등감을 좀 벗겨다오. 나도 기 좀 펴고 살자.' 이런 식입니다. 우리가 갖는 두려움은 곧 열등감 때문에 나온다고 할 수 있습니다. 결국 열등감을 극복하는 것, 그러려면 그냥 개인적으로 도를 닦는 게 아니라 아예 열등감을 만들어내지 않는 삶의 방식을 만드는 것이 두려움을 넘는 또 다른 길이라 할 수 있겠네요. 제가 말한 '원탁형 구조'입니다.

그러면 원탁형 구조가 뭐냐, 쉽게 말해 수직적 질서가 아니라 수평적 질서를 말하는 것입니다. 우리가 친구들과 빙 둘러앉아 밥을 먹듯이 그렇게 살아가는 구조를 만들자는 거죠. 구체적으로 말해 아이들이 어느 학교를 나오건 차별하지 않는 것입니다. 시인학교, 농부학교, 발명학교, 봉제학교, 건축학교, 학문학교, 무용학교, 뮤지컬학교 등 중·고교 때부터 자기 개성과 꿈에 따라 배우게 하는 거예요. 먼저 '시선의 폭력'부터 없애야겠지요. 그래요, 시선의 폭력이 정말 무섭습니다. 휘두르는 주먹보다 더 무섭습니다.

대학도 마찬가지입니다. 전국 대학을 동일하게 만들고 특정 대학이 가진 기득권을 없애야죠. 그래서 어느 학교를 나오나 자기 분야에서 일정한 실력만 되면 누구나 비슷하게 대접해 주는 구조, 이게 '원탁형 구조'랍니다. '사다리 구조'에서는 아래로 갈구고 위로 비비는 '갈-비의 법칙'이 작동합니다. 제가 붙인 이름이죠. 가정, 학교, 직장, 병원, 군대, 사회, 어디를 가나 '갈-비의 법칙'이 작동합니다. 그러나

'원탁형 구조'에서는 연대와 소통, 즉 '연-소의 법칙'이 작동하죠. 아래위가 없고 누구나 친구처럼, 누구나 이웃처럼, 누구나 자매처럼 서로 격려하고 위로하고 상부상조하며 사는 거예요. 연대와 소통으로 사는 것이 사람답게 사는 길입니다.

고양이 뽑는 쥐

그렇게 아이들에게 유기농 밥을 먹이고 하고 싶은 공부를 하게 하면서 즐겁게 키우면 아이들이 어떻게 될까요? 아이들은 더 이상 고르빈스키가 아니라 속이 '가득찬스키'들이 됩니다. 속이 알차게 영근 곡식처럼 자라는 거죠. 과일이나 곡식이 알차면 어떤 맛인지 잘 아실 겁니다. 겉보기에는 성형수술을 안 해서 유기농처럼 생겨도 속이 꽉 찬 사람이 진짜배기 아니겠어요?

그렇게 진짜배기 알짜로 자라야 나중에 뭔가 큰 일을 해도 제대로 합니다. 안 그러면 TV 정치 청문회에 나오는 사람들처럼 부정부패와 비리 덩어리들이 됩니다. 분명히 학교에서는 그렇게 안 배웠을 텐데 희한하게 좀 잘 나간다 하면 비리투성이가 됩니다. 그러니 제대로 된 사회구조를 만들 수 있나요? 아무리 호소하고 저항해 봐도 소용없습니다. 그래서 우리가 정신을 똑바로 차려야 합니다.

학교 선생님들에게 강의를 하러 가서 저는 이런 이야기를 합니다.

우리가 아이들을 국·영·수 박사로 만들려고 밤낮 노력해 오면서 지난 50년 동안 아이들에게 어떤 정치가를 뽑아야 내 인생은 물론 온 사회가 함께 좋아질지에 대해서는 가르친 적이 없지 않느냐고요. 이런 걸 반성 좀 하자고 말합니다. 시험 치려고 밤샘도 하며 공부했지만, 결국 우리는 대부분 우리를 괴롭히는 그런 사람들을 뽑고 마는 어리석은 사람들로 자랐어요. 도대체 지난 50년 동안 우리가 무얼 했기에 우리를 괴롭히는 놈을 뽑아놓고 잘 살아보겠다는 기대를 하는 것인지 질문이 필요합니다.

〈마우스콘신〉이라는 5분짜리 흑백영화가 있습니다. 쥐들의 마을에서 쥐들이 대통령을 뽑는데, 이상하게 고양이를 뽑는 거예요. 처음엔 하얀 고양이를 뽑아요. 아이고, 쥐들이 고양이에게 쫓겨 다니다가 인생 다 보내죠. 그리고 4년이 지나요. 이번엔 검은 고양이를 뽑았죠. 또 피를 흘리고 괴롭힘을 당합니다. 또 4년이 지나가요. 그런데 이번엔 얼룩고양이를…. 마지막에 어느 쥐가 분연히 일어나죠.

"쥐 여러분, 제발 다음엔 고양이가 아니라 우리 쥐 중에서 대통령을 뽑자고요!"

이 말에 모든 쥐들이 "옳소~"라고 외치며 쥐 죽은 듯이 영화가 조용히 끝납니다.

결론적으로 우리나라 교육은 쥐들이 고양이를 대표로 뽑는 어리석음을 가르치는 교육이 아닌가 하는 반성을 할 필요가 있습니다.

우리나라 교육의 또 다른 특징이 뭔지 아십니까? 모두 다 "교육은 백년지대계"라고 강조합니다. 그런데 문제는 그 말만 100년 동안 하고 있다는 거예요. 교육은 진짜 백년지대계로, 100년 동안 실천하면서 바꿔야 하는 거죠. 거슬러 올라가면 동학 시절 이후 지금까지 그 말만 하고 있는 거예요. 장기 비전이라고는 하나도 없이 맨날 입시제도만 요리조리 바꿉니다. 대학 서열화와 기득권 체제 자체를 바꾸어야 하는데 말이죠. 몸통은 안 건드리고 깃털만 뽑고 마는 식입니다.

파우스트 계약

이제 일반 직장으로 시선을 확장해 보지요. 기업이 처음에 만들어질 때 뭐라고 합니까? 일자리를 만들어내고, 소비자들의 수요에 부응하고, 지역을 발전시키고, 나라를 잘살게 만들겠다고 합니다. 그런데 실제로 기업들이 움직이고 있는 모습은 어때요? 고용창출? 이것도 실은 이중적인 면이 있어요. 고용창출을 하지만 일정 시점까지만이에요. 회사 돈벌이가 잘될 때까지만. 그래서 회사의 필요에 따라 사람을 함부로 잘라내기도 하지요.

그 다음, 고용창출이란 게 따지고 보면 사람의 운명을 회사의 운명에 종속시킨다는 것인데, 원래 사람은 '고용'되는 게 아니에요. 자기가 사는 거지. 주체적으로 자기가 필요한 것을 해결하기 위해 노력하는 게 살아가는 과정이에요. 그런데 이 자본주의 '돈벌이'란 것은 내가 남의 회사에 고용을 당해서 시키는 대로 일을 한다, 그래서 월급을 받아 그 돈으로 산다, 이런 거죠. 누군가 '임금 노예'라고 했는데, 좀 심한 말 같지만 따지고 보면 틀린 말도 아니에요. 시키는 대로 해야 하니 임금 받는 노예 맞죠. 그러니 고용창출이란 게 무조건 좋은 건 아니란 말입니다. 보다 근본적으로 보면 그렇습니다. 물론 당장에야 돈을 벌 기회가 생기니 사람들은 좋아합니다.

게다가 그 회사가 무엇을 만들어내는지엔 별 관심을 두지 않습니다. 회사가 잘 돌아가고 내 일자리가 위험하지만 않으면 좋다고 생각하지요. 그러나 그게 오래가지 않습니다. 자동차나 컴퓨터건 휴대폰이나 무기건 가방이나 옷이건… 이런 상품들이 얼마나 사람의 건강에 유익하고 자연을 포함한 생태계를 해치지 않는가라는 고민은 별로 하지 않지요. 대개 사람들의 고민은 '이런 상품들이 시장에서 얼마나 잘 팔리는가'입니다. 이것만 생각해요. 그리고 잘 팔리면 또 자꾸 만들어냅니다. 심지어 전쟁 무기나 해로운 것들까지도… 원자력 발전소도 마찬가지고요. 탐욕을 위해 영혼을 파는 '파우스트 계약'입니다.

그러다 보니 어떤 지경에까지 이르게 됩니까? 잘 팔린다고 무조건 자꾸 만들어냅니다. 한번 상상해 보세요. 자동차 공장에선 1분에 차 한 대씩 생산되거든요. 1분마다 차가 한 대씩 나오면 하루에 열 시간 잡고, 한 라인에서만 600대가 나옵니다. 라인이 열 개면 6000대. 그런 공장이 열 개면 6만 대가 나오는 거죠. 현재 한국 자동차 전체 생산량이 세계 5위권입니다. 한 20년 전만 해도 10위 권 바깥이었는데 지금 5위권 안에 들었어요. 소련과 동유럽이 무너지면서 시장 개척이 많이 됐습니다. 그런데 차를 일회용 컵 쓰듯이 쓰고 버립니까? 아닙니다. 차는 1분에 한 대꼴로 나옵니다. 잠만 자고 나면 산더미같이 쌓입니다. 이것을 팔아먹을 공간이 미국, 소련과 동유럽, 중국을 거의 다 채웠어요. 우리나라를 채운 지는 더 오래됐죠.

그 다음에 어떻게 해야겠습니까? 어디엘 가면 1분에 한 대꼴로 나오는 차를 팔아먹을 수가 있겠습니까? 두 가지 평화적인 방법이 있습니다. 첫 번째는 사람들이 차를 수시로 바꾸게 만들면 됩니다. "그 차, 유행에 뒤떨어져." 이렇게요. 또는 "왜 수준에 안 맞는 초라한 차를 몰고 다녀?" 이런 분위기를 확산시키는 거죠. 그런데 그렇게 직접적으로 말하면 좀 유치하니까 TV 광고에서 말합니다. "당신의 차가 당신의 품격을 말한다." 차가 곧 품격이 되는 거예요. 그러니 자기 품격이 올라가게 보이려면 고급 차를 사라는 식인 거죠. 저와 제 아내는 달랑 '모닝' 한 대로 사는데, 뭐 품격이 떨어지는 소리는 전혀 안 납니다. 저는 자동차를 사용하는 것 자체도 조금 죄스럽다고 느끼는 편입니다. 그래서 가능한 한 대중교통으로 이동하죠.

그런데 '당신의 차가 당신의 인격이고 품격이다'라는 말은 누가 만든 거죠? 이게 모두 광고홍보학과나 경영학과 졸업생들이 만들죠. 우리 교육이 이런 식이라는 거예요. 논 높이 줄 테니 우리 회사 와서 상품 많이 팔아 달라, 이런 주문에 넘어가는 거죠. 너나 할 것 없이 월급을 받기 위해 영혼을 파는 셈입니다. 독일의 문호 괴테가 60년에 걸쳐 쓴 《파우스트》에서 말했듯이, 사람들이 자기 욕망을 채우기 위해 영혼까지 파는 잘못된 계약을 하는 거예요. 이것이 근대 또는 현대 사회의 근본적인 특징입니다. 계약이라고 해서 그럴듯한 수평거래를 하지만, 사실은 자본에 종속되어 영혼을 배반하는 그런 식의 삶을 살게 되는 계약입니다. 임금 노예란 말도 결국은 파우스트 계약과 통하는 셈이지요.

그래서 저는 학생들을 가르치면서 제발 인간존중 경영, 지속가능 경영을 하자, 생태를 해치고 인간을 멸시하는 경영을 해서는 안 된다고 강조합니다. 그러면서 대학생들 스스로 '인적자원'이라든지 '스펙'이라는 말을 무비판적으로 받아들이지 말자고 합니다. 우리는 모두 자기 삶의 주인공으로 살아야 합니다. 스스로 삶의 주체요 인격체라는 관점을 가져야 합니다. 그리고 내가 소중한 만큼 다른 사람도 소중하다는 관점으로 살아야 합니다. 그래서 인간이나 자연의 생명력을 자본에게 갖다 바치는 중개자 내지 촉매자 역할을 그만두어야 한다고 강조합니다. 진심으로 바람직하고 옳다고 생각하는 방향으로 살아야 한다고 가르칩니다.

앞에서 차를 많이 파는 방법 첫 번째가 광고나 홍보를 통해 우리의 욕구를 조작하는 것이라고 했습니다. 사람의 시기심과 질투심을 이용하고 조장해서 더 많이 팔아먹는 거죠. 그럼 두 번째는요? 지구 안에서 아직 덜 개발된 지역이 있습니다. 예를 들면 베트남, 캄보디

아, 라오스, 중국의 오지 등 아직도 우리나라 1960~1970년대를 연상하게 하는 곳이 남아 있어요. 그곳으로 치고 들어가서 도로를 닦아준다, 학교를 세워준다, 이렇게 하는 거죠. 그렇게 학교를 세워서, 소비를 잘 하고, 이런 품격 있는 차를 타야 훌륭하다고 가르칩니다. 그렇게 시장을 억지로 만드는 것을 그럴듯하게 시장개척을 한다고 합니다.

알고 보면 경제발전이라는 게 이런 식이에요. 사람들로 하여금 수치심이나 열등감을 느끼게 해서 전통적인 삶의 방식을 버리게 합니다. 그래서 새로운 시장을 자꾸 만들어 더 많은 상품을 파는 겁니다. 이게 모두 경영전략이라고 하는 것들의 내용입니다.

전쟁

앞에서 언급한 두 방식을 평화적이라고 했지만, 사실 엄격하게 따지고 보면 평화가 아닙니다. 평화적인 방법처럼 보이지만 우리 고유의 인간성과 나름의 소박한 필요를 충족시키는 자연스러운 인간의 마음을 억지로 바꾸는 것이니 사실상의 폭력입니다.

그러면 아예 노골적으로 폭력적인 방식으로 상품을 더 많이 팔아먹는 방법은 무엇일까요? 바로 전쟁입니다. 전쟁은 합법적인 파괴잖아요. 부수고 나면 새로 짓는답시고 더 많이 팔아먹을 수 있지요. 그래서 한사코 전쟁의 꼬투리를 만들고, 그 꼬투리를 매개 삼아 군수물자를 팔아먹습니다. 실제로 전쟁이 나면 다리를 부수고 학교를 부수고 집을 부숴버립니다. 그러면 '재건' 사업이 시작되는 거예요.

평화학 연구자들은 이렇게 말합니다. "자본주의는 평화의 능력이 없다." 참으로 의미심장합니다. 자본주의가 위기에 몰리면 언제든 전쟁을 하기 때문이지요. 그리고 모양은 다르지만 이미 우리 일상에서도 전쟁이 진행 중입니다. 경제 전쟁.

지금 경제의 흐름은 우리의 필요에 걸맞지 않는 생산과 소비가 이루어지고, 그에 걸맞은 노동력 즉 인적자원을 길러 충성스러운 노동자와 소비자, 납세자를 만들어내는 가운데 사회 전체를 '세월호'처럼 가라앉게 만드는 잘못된 구조 안에 들어가버렸습니다. 바로 이것을 우리가 총체적으로 깨닫고 나부터 출발해 더불어 대안을 만들어낼 때, 비로소 우리의 불안과 걱정, 두려움은 사라지게 될 것입니다.

이 정도까지 깨우치는 게 진짜 공부입니다. 인문학이란 이렇게 세상살이 공부를 하는 것입니다. 그러는 가운데 우리가 사람과 자연을, 우리 모두를 살려내는 방향으로 의식적으로 노력하는 것, 그렇게 인식하고 작은 것부터 하나씩 실천해 나가는 것, 바로 이게 우리 모두의 숙제입니다. 이런 노력을 하지 않으면 나도 모르게 이 파괴의 흐름, 죽임의 세상에 공범이 되는 것입니다.

'사다리 구조'에서 '원탁형 구조'로

제가 어릴 때 어른들이 하시던 말씀 중에 "여러분은 자라서 훌륭한 사람이 돼야 된다"라는 말이 있었습니다. 그런데 제가 좀 커서 보니, 그 훌륭한 사람들이란 게 어떤 면에서는 대부분 '고급 사기꾼'이더라고요. 앞에서 말한 진정한 창조와 살림의 길이 아니라 파괴와 죽임의 흐름으로 가는 데 있어 좀 인정받고 돈과 권력을 많이 누리는 사람들 중에 바로 그런 고급 사기꾼이 많다는 거죠. 이런 이들을 옛날 어른들이 우리에게 '훌륭한 사람'이라고 표현했더라는 거죠. 엉터리입니다. 그런 잘못된 교육을 받다 보니, 오늘날 나라가 이 모양 이 꼴이 된 것 아닙니까. 그러니 지금부터라도 진짜 제대로 된 공부를 해야 합니다.

물론 공부를 해야 한다고 책만 보면 안 됩니다. 앞으로 우리가 자식이나 후배들을 어떻게 길러내야 됩니까? 저는 정직한 사람을 길러야 한다고 봅니다. 세상에 대해서 하늘을 우러러 정직한 사람, 더 중요하게는 자기 자신에게 정직한 사람을 길러내야 합니다. 자기기만은 정말 무서운 병입니다. 도둑들이 자기가 도둑이라고 안 하거든요.

자기기만을 하지 않고 자기 내면의 필요와 욕구와 느낌을 속이지 않는 사람, 이런 사람들이 많아지면 당연히 우리는 사다리 구조를 허물어내기 쉬워집니다. 그 허물어진 자리에 원탁형 구조를 새로 만들기도 쉬워지고요. 사실 사다리 구조에서는 끊임없이 우리 자신을 속여야 됩니다. 그 느낌과 감정 같은 것을 계속 속여야 그 시스템 안에서 잘 적응할 수 있고, 생존할 수 있고, 또 높이 출세할 수 있거든요. 이미 우리가 그런 틀에 갇혀 있습니다. 아무리 우리를 두렵게 만드는 질서가 있어도, 우리가 그런 진실을 알아버리면 더 이상 두렵지 않게 됩니다. 그러고 보니 두려움의 실체를 아는 것 또한 두려움을 넘는 길이기도 하네요.

우리나라 판·검사들 중 바른 소리 하는 사람들은 오래 못 버티고 사표 쓰고 나옵니다. 오히려 그런 분들이 오래 살아남아 높이 올라가서 전체의 물을 정화시켜야 사회가 바르게 돌아가는데, 제대로 된 사람을 자꾸 쫓아내는 구조입니다. 제대로 된 사람을 쫓아내는 시스템, 문제 있습니다.

물론 내가 나에게 정직하다고 해서 반드시 늘 올바르다고 할 수는 없습니다. 그렇기 때문에 우리는 서로 소통하고 대화하고, 그러는 가운데 양보하거나 절충하거나 하면서 아량이나 이해심 같은 부분도 같이 길러야 합니다. 그런데 바로 그런 공부, 내가 줏대를 세우고 스스로에게 정직해지고 다른 사람과 협동해서 살아갈 수 있는 그런 아량과 마음의 태도를 학교에서 길러줍니까? 아니에요! 옆 사람을 팔꿈치로 쳐내고 나만 올라가도록 만드는 그런 잘못된 게임을 하고 있습니다. 그리고 그렇게 잘하는 놈을 본받으라고 칭찬합니다. 결국 고급 사기꾼을 본받으라고 가르치는 거죠!

어렸을 때 들은 어른들 이야기 중에, "너는 아직 세상을 몰라" 이런 말도 있지요? 제가 나름대로 정직했었는지 뭔가 이상해서 "이건 아니잖아요" 하면 "아이고, 짜식 순진하기는… 아직 철도 안 들고 세상물정을 몰라서 그런 거야"라고 말하시더군요. 그런데 세상물정이라는 게 뭐죠? 제가 내린 결론은 이렇습니다. '철이 든다'는 게 따지고 보면 높은 놈한테 무릎 꿇고 아부하고 잘 보이고 적절한 때 뇌물 갖다 바치고 그래서 그 사람 눈 밖에 안 나도록 사는 것, 이런 걸 철 들은 것이고 세상물정을 아는 것이라고 말했구나, 그걸 그렇게 말했구나, 제가 뒤늦게 깨달은 거죠. 그래서 저는 더 이상 철이 안 들기로 결심했습니다. 무슨 말인지 공감하십니까?

다시 말하면, 우리가 일상적으로 느끼는 두려움의 근본 원인은 무엇일까요? 그것은 우리가 인간적 유대의 관계를 상실하고 분열과 경쟁 속에서 살기 때문입니다. 그런 분열과 경쟁을 부추기는 질서를 사다리 구조, 눈에 안 보이는 허구적인 질서라고 했습니다. 그것이 탈락과 배제의 두려움, 뒤처지는 것에 대한 두려움, 심지어 죽음의 두려움까지 조장합니다.

그러나 만일 우리가 그런 두려움의 뿌리를 파악하고 더 이상 분열과 경쟁을 하지 않고 오히려 연대와 협동, 소통과 우애로 살아간다면, 그야말로 살아 있음의 즐거움을 느끼며 행복하게 살 수 있을 것입니다. 그래서 밥상부터 바꾸고, 농어촌을 살리고, 학교와 교육을 바꾸고, 일터와 직장도 바꾸고, 경제 구조도 바꾸어내는 그런 집단적 실천이 필요합니다. 그런 새로운 구조를 저는 원탁형 구조라고 불렀습니다. 그 속에서는 더 이상 두려움을 조장하는 '갈-비의 법칙'이 아니라 행복감을 키워주는 '연-소의 법칙'이 작동한다고 했습니다.

그런 구조를 새로 만들기 위해 우리는 제대로 세상 공부도 해야 하고 서로 자주 만나야 합니다. 소모임에서 인문학 공부, 개방적 대화와 토론, 이런 게 늘 필요합니다. 그리고 정치가나 행정가를 뽑을 때 제대로 된 사람을 뽑아야 합니다. 쥐들의 마을에 고양이를 뽑아선 곤란합니다. 또 사람을 제대로 길러야 합니다. 시험점수는 100점이 아니어도 좋습니다. 사람 보는 눈이라도 제대로 키워야 해요. 더불어 행복하게 살 수 있는 대안적 구조와 전망에 대해 늘 같이 고민하고, 죽임이 아니라 살림의 세상을 만드는 실천을 해야죠. 이미 주변에 하고 계신 분들과 손을 맞잡기만 해도 됩니다. 이렇게 되면 우리네 살림살이도 더 이상 우울함과 스트레스가 아니라 즐거움과 행복감에 충만해지지 않을까 생각합니다.

제3강: 육아의 법칙
행복한 교육이 행복한 사회의 기초

아이가 자라는 모습을 보면 한편으로 귀엽기도 하지만 다른 편으로 걱정이 되기도 합니다. 도대체 우리를 괴롭히는 불안감과 두려움이 무엇인지, 어디서 오는 건지 제대로 살펴봅시다. 질병도 제대로 알면 극복하기 쉬운 것처럼, 무슨 문제든 피하기보다 제대로 한번 쳐다보면 돌파할 길이 보이기도 합니다.

사실 우리는, 아이들을 키워 돈과 권력을 누리는 기득권 동맹체에 들어가도록 만들 것인지, 아니면 자기 행복을 추구하며 이웃과 함께 행복하게 살아가도록 제대로 도울 것인지, 이걸 선택하는 갈림길에 놓인 것 같습니다. 이 부분에서 현명한 결단을 내리자는 게 제가 말하는 '교육혁명'의 핵심입니다.

우리 삶의 목적

가장 먼저 공유하고 싶은 것은 우리 삶의 목적에 대해서입니다. 우리가 책을 읽거나 강의를 듣고, 어떤 모임의 회원이 되기도 하고 또 아이를 낳고 기르는 궁극적인 목적은 무엇입니까? 그렇죠. '행복' 입니다. 삶의 목적은 단연코 행복입니다. 이것은 누구나 동의하는 바입니다. 그런데 누구나 행복하게 살기 위해 날마다 애쓰는데, 지금 행복하냐고 물어보면 답이 갈립니다. 행복한 사람과 불행한 사람, 이것도 저것도 아닌 사람.

누구나 행복하기를 바라지만, 그 행복을 찾는 방법도 사람마다 다릅니다. 앞에서 말한 것처럼 기득권 그룹에 들어가려고 발버둥치는 사람이 있는 반면, 자신의 꿈을 찾아 조금씩 나아가는 사람도 있습니다. 혼자서 행복을 추구하는 사람도 있지만, 다른 사람들, 특히 어려운 사람들과 더불어 뭔가 같이 하면서 행복을 찾는 사람도 있고요.

설문조사를 해보진 않았지만, 아마도 우리 중 70~80퍼센트 이상이 기득권층에 들어가면 행복하리라 생각하고 그것을 위해 애쓰며 사는 것 같습니다. 내가 성공하지 못했으면 자식이라도 성공시키기 위해 막 희생을 합니다. 그래서 대부분의 부모들이 자식 교육에 목을 매는 거죠. 어쩌면 이게 우리나라가 자랑하는 '높은 교육열'의 핵심이 아닐까요? 사회 정의라든지 인간 행복, 세계 평화와 같은 보편적인 가치를 추구하기보다 그저 자기 자신과 자기 가족만의 행복을 위한 소시민적 꿈을 이루고자 자신과 자식을 모두 닦달하는 게 그 실체죠.

그래서 우리가 지금까지 알고 있는 것들을 찬찬히 되돌아보고 톺아보는 작업을 하는 것이 진짜 공부랍니다. 그래야 삶의 진실이 좀 드러나지요. 그게 인문학 공부를 하는 이유이고요. 원래 인문학이란 삶의 본질을 추구하고 인간성을 탐구하는 것입니다. 이 강의도 결국은 교육을 매개로 우리 삶을 되돌아보는 것이고요.

내재적 동기부여

우리들 대부분이 자녀 교육을 잘 시켜 기득권층에 들어가도록 만들기를 원한다고 했는데, 어떻게 해야 성공할 수 있을까요? 그렇죠. 어릴 때부터 족쳐야 합니다. 언제부터요? 초등? 유치원? 요즘은 뱃속 아가 시절부터 해야 한다고 하더군요.

제가 고등학생 때는 선생님이나 선배들이 이렇게 말했어요. "얘들아, 너희가 원하는 대학에 가려면 고 1, 2 때는 좀 놀더라도 고 2 겨울방학 때부터는 죽었다 생각하고 1년은 열심히 해야 된다. 그러면 된다." 그런데 한 10년쯤 지나니까 사람들이 이렇게 말하더라고요. "이제는 중 1때부터 열심히 해야 돼." 그러다가 요즘은 어떻게 말하나요? "초등학교 아니면 유치원부터 해야 한다"고 합니다. 심지어 뱃속아기 때부터 '베이비 잉글리시' 교육을 한다고도 하더군요. 엄마도 고생이죠. 뱃속 아가에게 배를 톡톡 치며 물어요. "마이 베이비, 하우 아유 필링 투데이?" 아기가 배를 톡톡 차요. 그러면 알아듣는 줄 알고 좋아서 "오, 예스~ 예스~" 하며 기뻐하죠. 요약하면 갈수록 더 어린 시절부터 스트레스를 받는다는 거죠.

물론 영어도 필요하지만, 진짜 중요한 건 아이가 영어를 배우고 싶다는 마음이 들 때 해야 한다는 거예요. 무엇이든 자기가 절실히 하고 싶어야 재미도 있고 좀 힘들어도 이겨낼 깡 같은 것도 생기거든요.

게다가 바로 여기서 잘 생각해 보세요. 대학 하나 들어가기 위해 지난 몇십 년 사이 준비기간이 갈수록 앞당겨졌단 말이지요. 그래서 더 많이 성공하고 더 많이 행복해졌나요? 아니죠. 오히려 스트레스가 많아졌어요. 행복하려고 공부하는 건데, 이건 뭔가 잘못된 것 아닌가요?

또 그렇게 어릴 때부터 열심히 하면 아이가 나중에 좋은 대학에 가서 훌륭하게 살 것처럼 생각하는데, 과연 이게 맞는지도 좀 잘 따져봐야 합니다. 우선은 뱃속 아가에게 영어를 공부시키면 아이가 과연 행복할까요? 생각해 보세요. 저는 아이가 그때부터 스트레스를 느끼지 않을까 싶어요. 엄마도 힘들 것 같고요. 그런데 우리는 왜 이런 식으로 조급해할까요? 경쟁 때문이죠. 우리 아이는 남보다 조금이라도 빨리 교육을 시켜서 남들보다 앞서가게 해야지, 이런 생각이 사람 잡는 거예요.

서울에 '사교육 걱정 없는 세상'이란 시민단체가 있습니다. 저도 후원자고, 거기서 강의도 한 적이 있는데, 사교육이 교육을 망친다는 생각으로, 국회입법 운동, 선행교육방지 운동 같은 것을 하고 있습니다. 이 단체에서 영어교육 학자들도 참여해 〈아깝다, 영어 헛고생〉이란 제목의 소책자를 만들어 홍보하기도 했지요. 일단 제 경험을 나눠볼게요.

저는 영어 공부를 중학교 1학년 때 처음 했어요. 학교에서 가르치니까요. 그런데 실은 ABC도 모르고 중학교에 들어갔지요. 처음엔 도무지 무슨 말인지 알아들을 수도 없고 좀 헤맸어요. 그렇게 헤매면서도 중1 이후 꾸준히 공부하니까, 또 선생님이 하나씩 가르쳐주는 걸나름 열심히 익히니까 늘더라고요. 나중엔 영어 책도 읽게 되고, 논문도 보고, 번역도 하고, 요즘엔 대학에서 영어 강의도 하죠.

근데 독일어도 배우고, 고등학교 1~2학년 때는 불어도 배웠어요. 불어는 제2 외국어라고 학교의 방침이어서 배운 거였는데, 그 뒤로는 별로 쓰지 않으니 거의 까먹었어요. 그런데 독일어는 제가 공부를 계속해야겠다고 마음먹고 대학원 진학을 한 뒤 시작했어요. 1984년에 4학년 졸업을 앞두고 고민 끝에 내린 결정이었지요. 대학원 진학과 그뒤 독일 유학의 꿈을 갖게 되면서 독일어를 본격적으로 배우게 된 거죠. 처음엔 아베체데(ABCD)도 몰랐어요. 남산에 있는 독일문화원 어학 코스에 등록하고 3년 정도 비가 오나 눈이 오나 안 빠지고 다녔죠. 남대문시장 회현역에서 내려 30분 정도 언덕을 걸어 올라가면서 속으로 '내가 꼭 열심히 해서 독일 유학을 가고, 나중에 반드시 멋진 학자가 될 것이다' 이런 다짐을 한 거죠. 그렇게 공부를 다 마치고 돌아온 게 1994년이니, 그 뒤로 벌써 20년이 흘렀네요. 공부하기로 결심한 뒤로는 30년이 지났고요.

제가 제 자랑을 하려는 게 아니라, 영어든 독어든 자기가 필요를 느껴서 결심을 하는 게 중요하다는 말을 하고 싶어서예요. 부모나 선생이 시켜서 하는 공부는 재미가 없어요. 자기가 느껴야 해요. 자기가 필요를 느껴서 하겠다고 하면 그만큼 집중력이나 책임감도 생깁니다. 물론 하다가 포기할 수도 있지만, 대부분 끝까지 갑니다. 끝장을 보는 거죠, 자기와의 약속이니까.

우리 아이들도 그래요. 부모가 무조건 일찍부터 하면 좋다고 해서 하는 게 아니라, 예컨대 옆집에 누가 외국에서 이사를 와서 그 아이와 친구가 되고 싶다, 뭐 이런 동기가 생기면 아이가 먼저 하고 싶다고 하겠지요. 아니면 영어 책이 재미있어서 자꾸 읽고 싶어 한다든지, 그런 경우 기초부터 천천히 시키면 아이도 재미를 느끼고 또 그만큼 실력도 늘지요. 이걸 모티베이션, 동기부여라 하죠.

그런데 동기부여에도 두 가지가 있어요. 하나는 외재적 동기부여, 다른 하나는 내재적 동기부여예요. 외재적 동기부여는 돈이나 상품을 주는 거죠. 칭찬도 같은 것이고요. 자기 외부에서 누군가 무얼 해주니 그게 좋아서 하는 거죠. 반면, 내재적 동기부여는 그냥 좋아서 혹은 필요를 느끼거나 흥미를 느껴서 하는 거예요. 어떤 행위의 원동력이 자기 안에서 나오는 거죠. 둘 중 뭐가 더 중요할까요? 내재적 동기부여죠. 그런데 우리는 대개 외재적 동기부여를 주로 배웠고, 그러니 아이들에게도 외재적 동기만 주려고 해요. "이번에 100점 받아 오면 스마트폰 사줄게." 이런 식이죠.

100점 받아 오면 또 뭐라고 하죠? "다음에 전교 1등 하면 해외여행 보내줄게."

이런 식이에요. 외재적 동기부여는 갈수록 강도가 세져야 해요. 안 그러면 시시해지죠. 그러다가 아무 자극도 안 주면 어떻게 돼요? 돈이나 상을 받는 재미로 했는데, 영 재미가 없어지겠지요? 학술적으로도 이런 논문이 있어요. 누군가 외재적 동기부여에 너무 익숙해지면 나중엔 내재적 동기부여가 안 된다고요. 중요한 이야기입니다. 그러니까 우리 아이들 어릴 때부터 스티커 많이 붙이고 열 개 모으면 무슨 상품 주고, 이런 거 하지 말자고요. 당장은 좋은 것 같은데, 결국은 아이를 통제하는 방식에 불과해요. 그러다 보면 아이 스스로 느끼거나 생각하는 역량, 다시 말해 자율성이 자라지 못해요. 이게 우리 교육에서 아주 큰 문제입니다. 굉장히 중요한 부분이에요.

사실 선생님들도 대학 시절이나 시험 칠 때 이런 걸 다 배웁니다. 그러나 개념이나 이론일 뿐이지요. 실천을 해야 하는데 말입니다. 그래서 실제로 학교에 발령받아 나가면 무조건 시험을 보고 잘하는 아이에게 상을 줍니다. 이게 아예 고정된 프로그램이니까요. 깊이 생각할 여유도 없어요. 무조건 잘해야 하니까, 그래야 교장 선생님 체면도 서고, 출세도 하고…. 시험 치고 상 주고 하는 것 모두 외재적 동기부여입니다. 그러다 보니 아이들은 공부 자체에 대한 흥미를 느낄 수도 없고, 있었던 흥미마저 잃어버리죠. 이게 '교실 붕괴'의 근본 원인입니다.

그러니 이제 아이들과 대화를 나누고, 아이들이 여러 가지 경험을 하도록 보살피면서 스스로 하고 싶은 마음이 들게 하는 것, 기다려주면서 지켜보는 것, 여기에 집중해 봅시다. 내재적 동기부여가 아이와 부모를 진정으로 행복하게 해준다는 사실을 명심하자고요.

우리를 불안하게 하는 것들

그런데 문을 열고 밖에만 나가면 현실은 참 냉혹합니다. 언젠가 신문을 보았는데 '사교육 대리모'라는 제목이 붙었더라고요. 이게 뭔가 해서 봤지요. 서울 중의 서울이라고 하는 강남 대치동에 한 달에 1000만 원짜리 '사교육 대리모'가 있다는 것 아닙니까? 대리모는 대신 아이를 낳아주는 사람이죠? 그럼 사교육 대리모는 뭐냐, 내가 아이는 낳았는데 교육을 잘 시킬 자신이 없으니 대신 교육을 좀 시켜달라는 겁니다. 훌륭한 옆집 아줌마에게 맡기는 거죠. 그 아줌마는 어떤 아줌마일까요? 자기 아이를 특목고에 보냈거나 미국 동부 명문대라고 하는 아이비리그에 보낸 엄마들입니다. 그런 아줌마가 이제 돈 많은 집의 아이를, 그것도 네 살밖에 안 된 아이를 아침 여덟 시만 되면 차로 데려가요. 그리고 하루 종일 명품 교육을 시킨 뒤 저녁에 다시 데려다주는 거죠. 주말에도 해요. 주말에는 박물관이나 갤러리 같은 데 아이를 데리고 가서 아이 눈을 키워주고 리포트 비슷하게 뭔가 글이나 그림도 남기고 한대요. 놀랍죠?

제가 소설 쓰는 게 아닙니다. 신문에 난 거예요. 도대체 이 분의 한 달 월급이 얼마일까요? 1000만 원, 1년에 연봉 1억 원이 넘는 거죠. 아이 키우는 데 이 정도 돈을 지출한다면 아마 엄청난 부자겠죠? 아침 여덟 시에 아이를 데려가 저녁 무렵에 데려오니, 엄마는 참 편하겠죠? 아이는 낳기만 하고 소위 '전문가'가 대신 길러주는 겁니다. 그러려면 남편은 돈을 많이 벌어 와야겠지요? 그 정도 벌려면 노동자를 엄청 쪼아야겠죠? 그런 구조입니다. 공짜로 되는 건 하나도 없지요. 누군가는 희생해야 해요.

이제 질문이 필요합니다. 도대체 그렇게 하는 이유가 뭐냐는 것이에요. 왜 그럴까요? 선행교육이다, 베이비 잉글리시다, 사교육 대리모다, 이런 게 왜 필요한 걸까요? 불안해서 그런 거예요. 괜히. 그런데 따지고 보면 아무 근거가 없는 것도 아니에요.

부모는 아이 미래를 생각하면 걱정이 됩니다. 지금 힘들게 살거나 좀 유복하게 살거나 관계없이 누구나 미래를 생각하면 불안해요. 힘들게 사는 사람들은 내 아이만이라도 좀 덜 힘들게 살도록 만들어주고 싶다는 생각을 하게 되죠. 유복하게 사는 사람늘은 또 그들대로 '이렇게 살아 보니 참 좋네. 내 아이도 이렇게 살도록 만들어야지', 이런 식이지요. 그러니 가난한 이나 부유한 이나 중간층이나 모두가 두려움에 떨어요. 성공하지 못할 것에 대한 두려움, 뒤처지는 것에 대한 두려움, 힘들게 살 것에 대한 두려움. 그래서 아이 공부를 잘, 많이 시켜서 돈과 권력을 누리게 해야 한다는 강박증이 부모의 욕망이 되었습니다. 그래서 안달을 하고 남보다 서둘러야 하고 아이를 족치는 거죠, 사랑하기 때문에…. 그래요, 사랑이 핵심이에요. 하지만 사랑하기 때문에 아이가 돈을 잘 벌게 하기 위해서 지금부터 매우 '족쳐야' 한다고 생각해요. 상당히 이상한 논리죠? 사랑하는 마음은 옳지만, 그 방법은 잘못된 거죠.

중요한 포인트가 무엇입니까? 돈, 내가 돈 못 벌까 봐, 그래서 굶어 죽을까 봐 두려운 거예요. 실제로 2014년 2월, 생활고 때문에 송파 세 모녀 자살 사건도 있었지요. 참 안타까운 일입니다. 그 뒤로도 자살 사건은 많았습니다. 하루에만도 수십 명이라는데, 도대체 나라가 왜 이런 거죠? 돈이 문제네요. 그래서 아이들에게 돈 많이 벌려면 공부해라, 이런 논리로 접근합니다. 어른들이 그렇게 하기 전에 이미 아이들이 더 잘 알아요. 돈 없으면 기도 못 편다, 돈이 있어야 아이들에게 인정받고 어깨 펴고 살 수 있다, 이런 걸 말 안 해도 몸으로 알고 있지요.

돈 말고 또 우리를 불안하게 하고 두렵게 만드는 것이 뭐가 있을까요? 예컨대 일자리를 잃게 될지도 모른다는 두려움이죠. 뒤처질까 봐, 낙오될까 봐, 탈락할까 봐 두렵지요. 집도 있네요. 집은 한 채 사야 하고, 샀더라도 집값 떨어질까 봐 겁나기도 하고… 그러고 보니 우리 일상이 걱정투성이네요. 이 모든 걸 한 마디로 하면? 생계, 먹고 사는 것이 문제인 것입니다.

아니면 자신감이나 소속감을 걱정하세요? 어떤 소속감을 원하세요? 일류 대학 소속감? 일류 대학만 가면 한이 다 풀릴 것 같죠? 그 다음엔? 그렇죠. 일류 직장에 취업하면 좋겠습니다. 이왕이면 공무원, 그것도 고위 공무원. 그 다음엔 어떤 걱정이 있을까요? 이제 결혼이네요. 아이가 배우자를 잘 만나야겠지요? 어느 학교인가 학원에서 그런 말을 했다지요? 점수 몇 점에 따라 배우자의 미모가 달라진다고요. 사실 이런 것도 모두 외재적 동기부여의 일종입니다. 그런데 배우자의 얼굴이 중요할까요? 중요하지요. 그런데 살아보니 어때요? 실제로 얼굴만 보고 사는 건 아니지요? 얼굴도 중요하지만 살다보면 성격, 마음씨, 가치관, 자세, 태도… 이런 것들이 중요합니다. 껍데기가 아닌 내면이지요.

웬만한 주제가 다 나왔습니다. 원래 우리가 행복하게 살기 위해 결혼도 했고, 아이도 낳아 기르고, 또 공부도 하고 일도 하며 나름 열심히 사는데, 하나씩 따져보니 우리의 행복을 가로막고 우리를 불안하게 하는 다양한 요인들이 있습니다. 이런 요인들을 나라가 정책과 제도로 잘 고쳐줘야 하는데, 제대로 되는 일이 없습니다. 이 문제들을 하나씩 따져볼까요?

아이는 소유물이 아니라 하늘의 선물

이 부분에서 먼저 우리가 잘 생각해 봐야 될 게 있습니다. 집집마다 아기가 탄생했을 때 어땠나요? 기뻤어요, 슬펐어요? 기뻤습니다. 너무도 소중한 새로운 생명이 태어난 거잖아요. 그러니 아이가 무조건 사랑스럽지요. 그래서 아낌없는 사랑, 조건 없는 사랑을 해주는 게 부모의 역할입니다.

그럼 '조건 없는 사랑'은 어떻게 하는 걸까요? 우리가 아이의 기저귀를 갈아주며 이런 마음을 먹나요? '네가 다음에 판사나 검사, 교수가 된다는 전제 하에 이 기저귀를 갈아주마.'

아닙니다. 조건 없이 기저귀를 갈아주고, 먹여주고, 씻겨주며 정성껏 키웁니다. 이것이 굉장히 중요한 열쇠입니다. 조건 없는 사랑. 이 개념만 꼭 기억하고 일관되게 실천하면 자녀교육 문제는 거의 다 된 거나 마찬가지예요.

'조건 없는 사랑'을 베풀려면 아이들을 어떻게 바라봐야 할까요? 아이를 엄마 아빠가 사랑의 결실로 낳았죠. 그러면 아이는 부모의 소유물일까요? 이거 좀 미묘합니다. 이 부분이 중요해요. 결론은 '아니오'가 맞습니다. 부모가 노력해서, 사랑해서 아이를 낳았다고 해서 아이를 소유물로 여기면 아이를 물건 취급하는 거죠. 아이도 인격체잖아요. 그래서 저는 아이를 '하늘의 선물'로 봐야 한다고 생각합니다. 우주의 기운이 부모를 통해서 맺어진 거죠. 그러니 절대로 함부로 할 수 없어요. 소유물이 아니니까요. 시장에 가서 산 물건이라면 내가 맘대로 해도 됩니다. 하지만 아이는 그게 아니라는 거죠.

그러면 어떻게 살아야 하죠? 아이를 잘 다그쳐서 내가 못다 이룬 한을 시원하게 풀 수 있도록 만들어가야 할까요? 아니죠? 내가 너와 몇 년을 함께 살지는 모르지만, 어쨌든 참 귀한 인연이니 우리 함께 행복하게 잘 살아보자, 이렇게 해야지요. 그렇지 않습니까?

그런데 많은 부모들이 아이를 소유물로 생각합니다. 그래서 투자한 만큼 어떤 식으로든 충분히 본전을 뽑고 싶어 합니다. 그러면 아이도 어른도 모두 불행해집니다. 그런 시각이 바로 자본의 시각이거든요. 투자를 한 다음 더 많은 이윤을 뽑아가려는 게 자본의 본성이죠. 이 부분만 잘 정리되면, 반 이상 끝났어요. 정리하면, 아이를 소유물로 보는 건 자본의 시각, 아이를 하늘의 선물로 보는 건 사람의 시각 또는 생명의 시각이라는 겁니다. 잘 기억해 두세요.

그럼 하늘의 선물인 우리 아이들을 어떻게 키워야 할까요? 우선 아이에게 이렇게 말해야죠. "네가 우리 가정에 태어나줘서 정말 고맙구나. 함께 행복하게 잘 살아보자."

세상에 둘도 없는 인연, 얼마나 소중합니까. 날마다 껴안아주고 살갑게 얘기 나누고, 깔깔거리고 웃으며 산책도 하고, 그렇게 살아도 함께 할 시간이 그리 길지 않은데, 왜 그리 학교와 학원을 뺑뺑이 돌리면서 서로 얼굴 볼 시간도 없이 사는지 모르겠어요. 그렇게 살다가 막상 얼굴 맞대고 얘기 좀 나누려 하면 이제 세상을 떠나기 바쁜 거예요. 그게 인생이죠.

사실 부모는 아이를 위해 뭐든 다 해주고 싶습니다. 어떤 땐 대신 해줘서라도 아이 능력 이상으로 잘하도록 만들고 싶어 하지요. 그러나 그렇게 하면 진짜 아이의 실력이 늘 기회를 박탈하는 거예요. 그러지 마시고 그저 행복한 밥상을 차려 함께 먹으며 즐겁게 잘 살면 그게 곧 '좋은 삶'입니다. 그렇게 아이가 행복하게 자라면, 아이는 저절로 철도 들고 스스로 살아갈 힘이 충만해집니다. 부모가 미리 걱정하고 훈련시킨다고 될 일이 아니란 거죠. 여기서 꼭 기억해야 할 말은, "산 입에 거미줄 안 친다." 이 아홉 글자를 잊으면 안 됩니다.

지금 우리는 다들 고만고만하게 살죠. 이렇게 살도록 만들기 위해 우리 부모님들이 어릴 적부터 금융교육 시키고 주식교육 시키고 일류대 보내려고 뱃속부터 체계적으로 가르쳤나요? 아니에요. 그저 몸 건강하고 마음 건강하게 키워준 그 밑바탕 덕분에 어느 시점부터 스스로 길을 찾아가기 시작한 것 아닙니까? 그 다음부터 오히려 부모님 품에서 독립하고 싶었잖아요. 그래서 속으로 "이제는 간섭하지 마세요. 제 인생 제가 알아서 할게요." 이런 마음 아니었나요? 스무 살 내외가 되면 이런 생각을 많이 하죠.

그래서 오히려 부모가 아이 인생에 간섭을 안 하는 게 좋은 거예요. 부모가 아이에게 신경을 끄면, 부모의 행복감도 올라가고 아이도 자율적이 되고 생각도 좀더 깊어지며 잘 자랍니다. 그러니 이제 여행 좀 다니셔도 됩니다. 아이가 서서히 자립할 여지를 만들어주는 거죠.

여행 다닐 때도 규칙이 있어요. 처음에는 밥 준비 다 해놓고, "얘, 차려만 먹어" 하는 거죠. 두 번째 여행 갈 적에는, "네가 밥만 해봐" 하고요. 세 번째 갈 때는 "간단한 된장찌개 하나 정도는 끓일 수 있겠지? 이거 배워서 해봐." 이렇게 자꾸 자율성을 길러주면서 독립 준비를 시키는 겁니다. 사실 부모는 부모대로 인생의 황금기잖아요, 자기 인생의 황금기를 애 뒷바라지에 모두 바치진 마세요. 왜 인생을 초조와 긴장으로 사십니까? 아이를 멀찌감치 지켜보면서 아이는 아이대로, 부모는 부모대로 행복하게 살기만 하기에도 바쁜데 말이지요.

부모가 스스로 행복하게 사는 모습이 아이들에게는 정말 산 교육입니다. 그러니까 결론은 우리가 지금 이 순간부터라도 정말 잘 살아야 돼요. 이기적인 의미에서 잘 살자는 게 아니라, 아이에게 살아 있는 교육이 되기 위해서라도 멋있게 잘 살아야 된다는 말입니다.

조건 없는 사랑

앞에서 '조건 없는 사랑'을 강조했는데, 이게 왜 중요할까요? 아이를 존재 그 자체로 아무 조건 없이 사랑할 때 아이 내면에 자율성이 꿈틀거리기 시작합니다. 왜냐하면 사랑을 주되 조건부 사랑을 하면 아이는 사랑을 구걸해야 해요. 부모가 말하는 조건에 맞추어야 하니 눈치 보는 인간이 되고, 그래서 자율이 아니라 타율적인 사람이 되는 거죠. 공식처럼 말하면, 조건부 사랑은 타율성, 조건 없는 사랑은 자율성을 키운다, 이렇게 기억하면 됩니다. 물론 실천이 중요하지요.

아무 조건 없이 아이를 사랑한다는 게 뭘까요? 점수나 등수, 일류대, 이런 것에 신경을 꺼버린다는 거예요. 그냥 같이 밥 먹고 같이 공원에 산책 나가고 같이 도서관에 가서 책을 뒤적거려보고… 이런 거죠. 공원 벤치에 앉아 나무도 보고 새소리도 듣고, 그러다가 맛있는 것도 같이 먹고… 매순간 살아 있음의 기쁨, 함께 사는 것의 기쁨을 음미하며 사는 거죠. 아이와 맺은 소중한 인연에 감사하고, 아이와 함께 존재하는 것을 기뻐하는 삶이 조건 없는 사랑의 삶입니다.

도서관에 가서도 "이거 꼭 읽어야 돼! 유명 작가가 추천한 거야"라는 식으로 하면 안 됩니다. 그냥 책이 있는 공간에 데리고 가기만 하면 되는 거예요. "네가 관심 있는 거, 좋아하는 걸 읽어 봐라." 그렇게 말하고 지켜보다가 "뭐가 재있니?" 하고 물어볼 수도 있겠지요.

이렇게 아이의 자율성을 키워주다 보면 사춘기 지나면서부터 자기가 무얼 하고 싶은지 슬슬 꿈이 생기기 시작합니다. 어릴 때부터 점수로 내면을 뭉개지만 않는다면 내면이 잘 살아 움직이거든요. 반대로 많은 부모들이 "우리 애가 꿈이 없어 걱정이에요"라고 하는데, 실은 어릴 때부터 아이 내면을 억압해 왔으니 싹이 죽은 거예요. 마치 우리가 겨울에 운동장 잔디를 뭉개듯이 말이죠. 축구를 하거나 배드민턴을 많이 치면 잔디가 다 죽어버리죠? 아이의 꿈도 마찬가지입니다. 아이 내면이 자라기도 전에 부모의 욕구를 아이에게 투사해서 억지로 충족하려 하면 그렇게 됩니다.

그렇게 솟아날 싹 자체를 망가뜨린 뒤 어른들은 이렇게 말합니다. "아이가 하고 싶은 거 다 하도록 해주고 싶은데, 꿈을 물어보면 하고 싶은 게 없다고 해요. 꿈이 뭔지 몰라요. 그게 걱정이에요"라고 합니다. 왜 그렇죠? 이미 어린 싹을 망가뜨렸거든요. 어릴 때부터 '조건 없는 사랑'으로 함께 대화를 하며 살아야 하는 이유입니다. 오늘부터라도 그렇게 가시면 됩니다.

그런데 조건 없는 사랑을 베풀지 못하게 가로막은 게 무엇일까요? 부모의 가치관과 태도도 문제지만, 공교육 시스템이 문제입니다. 공교육의 제일 큰 문제가 재미가 없는 거죠. 재미없는 공부에다가 더 재미없는 시험, 또 두려운 성적, 성적보다 더 공포가 등수… 모두 소중한 보석 같은 우리 아이들을 극소수 10퍼센트도 안 되는 애들 빼고는 죄다 패배자로 만들어버려요. 그래서 저는 교장·교감 선생님들께 특강을 하게 되면 제발 시험 좀 없애자고 얘기합니다. 교육감을 만나도 그래요. 제발 공교육을 혁신해야 한다고, 시험을 줄이거나 없애고 아이들의 삶의 즐거움과 자율성을 높여주자고 얘기합니다.

이 분위기를 한 10년이고 100년이고 계속해서 우리가 진심으로 만들어가야 합니다. 그러니까 교육감 딱 하나 바뀐다고 될 일도 아니고, 우리 혼자 고민한다고 될 일도 아니에요. 우리 보통 사람들, 일반 시민들이 모두 같은 마음으로 뭉쳐야 돼요.

권력을 잡아서 우리가 우리 마음대로 해보자, 이런 게 아니라 진정으로 행복한 아이들, 진정으로 행복한 학교, 진정으로 행복한 사회를 만들기 위해 지금 여기서 실천하자는 거죠.

아이들에게 유산을 물려주고 싶은가요? 1억이나 10억을 물려주면 좋을까요, 아니면 1억이나 10억이 없더라도 모든 아이들이 행복하게 자라나 자기 일 하면서 자부심 갖고 살 수 있는 사회를 만들어 물려줄까요? 당연히 후자가 훨씬 보람 있겠지요. 물론 시간적으로는 전자가 더 빠를 수 있을지 모릅니다. 그러나 좀 오래 걸릴 걸 각오하면서 후자의 노력을 일단 시작해야 언젠가 꽃을 피울 수 있습니다. 씨앗 자체를 심지 않는다면 아무 꽃도 피지 않잖아요.

교육을 제대로 하려면 100년의 계획을 세워야 한다는 말도 있지요? 그런데 누군가는 이 말을 좀 달리 해석하더군요. 100년이 가도 사람은 잘 바뀌지 않는다. 그 정도로 사람 하나 제대로 만드는 게 오래 걸린다는 거죠. 인내심을 갖고 긴 안목으로 하나씩 해 나가야 할 것입니다.

그런 100년의 계획을 세운다면, 어떤 내용이 들어가야 할까요? 저는 그 내용 중 1번이 시험을 없애는 거라고 생각합니다. 아이들에게 시험은 공부의 즐거움이라기보다 공부의 공포 그 자체거든요. 만일 시험 없이 공부를 한다면 얼마나 재미있겠어요. 아이도 교사도 모두 재미있게 할 수 있어요. 하나씩 새롭게 알아가는 배움과 깨달음의 기쁨 그 자체를 느낄 수 있습니다.

그런데 이상하게도 우리 부모들 중에는 시험이 없으면 공부가 되겠느냐고 묻는 분들이 있습니다. 이런 분들을 위해 꼭 시험을 봐야 한다면, 저는 아이들에게 60점 내지 70점 기준만 주면 된다고 봅니다. 검정고시나 운전면허증 점수를 보세요. 60~70점만 넘으면 누구나 합격을 시키잖아요. 그 정도면 살아가는 데 큰 지장 없고, 차를 몰기 위해서도 그 정도면 된다는 논리죠. 그 이상 해내는 건 각자 살아가면서 노력하면 된다는 거예요. 굳이 다들 100점을 맞기 위해 죽어라 고생할 필요는 없다는 얘기예요.

한 걸음 더 나가, 아이들을 1등부터 꼴찌까지 줄 세울 필요는 더 없습니다. 바로 그것 때문에 우리가 얼마나 고통 받았습니까? 그래서 우리 모두 상처 받았지요. 어른이 되어 좀 잊어버렸지만 실은 우리 내면 깊은 곳에 트라우마로 남아 있습니다. 이제부터라도 그런 고통이나 상처 자체를 아이들에게 만들어주지 말아야 합니다.

많은 부모가 아이들이 국·영·수 등 모든 과목에서 100점 맞기를 바라며 아이들을 다그칩니다. 그렇게 하면 과연 아이들이 백점짜리 인생을 살까요? 그렇게 공부 잘해서 들어간 SKY대 출신 사람들이나, 엄청나게 고시 공부해서 성공한 판·검사들, 변호사, 의사, 외교관, 교사·교수, 이런 분들 중 과연 몇 퍼센트가 자기와 가족의 행복만이 아니라 온 사회의 행복을 위해 헌신하던가요?

몇 퍼센트 안 됩니다. 그러면 왜 우리가 그렇게 한사코 아이들에게 SKY대에 가라고 닦달을 합니까? 저는 두 가지라고 봅니다. 첫째,

그래야 먹고사는 게 좀 편해진다. 둘째, 그렇게 해야 내 가슴에 응어리로 남아 있는 열등감을 씻어낼 수 있다. 솔직히 말하면 바로 이것 아닌가요?

먹고사는 문제가 점점 어려워지는 건 사실입니다. 그런데 이걸 개인적으로 노력해서 성공과 출세를 통해 해결하는 방식은 기존의 질서를 바꾸지 못합니다. 물론 노력을 할 필요는 있지만 기존 질서의 변화를 늘 가슴에 품고 있어야 한다는 겁니다. 지금과 같은 '팔꿈치 사회', 즉 옆 사람을 밀쳐내야 내 생존이 보장되는 그런 사회가 아니라 각자 개성껏 배우고 일해도 먹고사는 데 별 지장이 없는 그런 사회 구조를 만들어야 비로소 누구나 마음 편하게 살 수 있다는 거죠. 사실 요즘은 SKY대 출신조차도 취업이 쉽지 않은 시대가 와버렸어요. 한국에서 가장 잘 나가는 축에 들어야 할 사법고시 합격자들조차 사법연수원에서 졸업할 때 절반 정도만 판·검사로 일자리가 배당된다는 뉴스가 나온 지도 꽤 되었습니다. 지금 그런 시점이 와버린 거예요. 갈수록 더 해요. 이걸 우리가 잘 알아야 합니다.

게다가 요즘 대법원이나 각종 판결이 나오는 걸 보세요. 얼마나 한심한 판결이 많습니까. 흔히 '법과 양심에 따라' 판결한다고 하지만, 법률에도 안 맞고 양심에도 안 맞는 판결이 많이 나옵니다. 우리 애들을 그런 판사 같은 사람으로 키우고 싶은가요? 아니죠? 오로지 공부만 해서, 오로지 점수만 따서, 남들이야 죽든 살든 나 몰라라 하는 사람을 길러내지 않는 것이 우리가 이 사회와 역사에 기여하는 일입니다. 물론 자기 행복도 찾아야지만, 더 중요하게는 온 사회에 작은 빛과 소금이 되려고 노력하는 사람, 이런 사람을 길러야 합니다. 부모와 교사, 당국이 다 같이 노력해야 하는 거예요. 사실 너무 위대한 사람을 기를 필요는 없어요. 저는 자기가 행복하면서 주변에 작은 행복이라도 만들기 위해 노력하는 사람을 우리 모두가 기르자고 약속을 하고 그렇게 간다면 우리 사회가 한 20년 뒤에는 훨씬 행복한 사회가 될 것 같아요.

열등감—자기 잇속만 챙기는 사회

다음은 열등감이 문제입니다. 한 교실에서 또는 한 학년에서 전체 아이들을 1등부터 꼴찌까지 줄을 세워 보세요. 기분 좋아 의기양양한 아이들은 상위 몇 퍼센트나 될까요? 10퍼센트 정도라고 하면, 그럼 나머지 90퍼센트는요? 짜증에서부터 열등감까지, 갈수록 수치심과 (때로는 부모에 대한) 죄책감까지 느끼게 되겠지요. 깡패가 약한 사람 때리는 것만 폭력이 아니에요. 이렇게 학교에서 일상으로 행해지는 줄 세우기, 그래서 아이들 마음에 상처를 남기는 게 저는 깡패의 폭력보다 더 지독하다고 생각합니다.

이제 그런 폭력을 그만하자는 얘깁니다. 왜 우리가 짧은 인생 동안 그렇게 살아야 합니까? 알콩달콩 재밌게 살아도 부족할 판인데 말이죠. 귀한 아이 낳아서 이렇게 다그치고 잡을 바에야 아예 낳지를 말든가요.

상위 10퍼센트는 어떨까요? 얘들은 열등감보다는 우월감에 절어 살지요. 그래서 공주병도 나오고 왕자병도 나오는 거예요. 너무 칭찬만 받다 보니 병이 드는 거죠. 그래서 다른 사람들이 '우와~' 하면서 높이 받들어주지 않으면 자존감이 팍팍 상하는 거예요. 또 얘들은 전혀 안 불안할까요? 얘들도 엄청 불안합니다. 왜요? 떨어질까 봐요. 잘하는 애들도 엄청 스트레스 받는다는 걸 알아야 합니다. 한편으로는 시기심, 질투심, 경쟁심에, 다른 편으로는 실수나 추락의 공포에 시달리죠. 제가 경험한 바이기도 합니다. 그러니 결론은 뭐죠? 시험도 점수도 문제지만, 등수를 매겨 한 줄로 세우는 건 잘하는 아이나 못하는 아이나 모두를 죽이는 일이라는 거예요. 그게 본질입니다.

그러니 모든 아이들이 마음의 병을 앓는 거죠. 친구들끼리 우정을 키우거나 배려심 같은 게 자라날 여지가 적어지는 거죠. 그 결과 폭력과 왕따, 무시, 멸시… 이런 문제도 생기고요. 결국 가정과 학교가 사랑으로 충만해야 하는데, 시험과 경쟁, 시기와 질투로 얼룩지다 보니 갈수록 아수라장이 됩니다. 바로 이런 문제를 부모와 교사, 당국이 모두 파악해 제도나 분위기를 제대로 바꾸어야 비로소 행복한 배움과 내면의 성장이 일어날 수 있습니다.

우리 사회가 1990년대 이후, 특히 1997년 'IMF 위기' 이후 갈수록 자기 잇속만 차리는 사회로 변모하고 있습니다. 인정이나 우애, 연대나 단결, 이런 가치가 아니라 오직 나의 이해득실만 따지는 사회로 가고 있는 거죠. 이 흐름을 온 사회가 나서서 돌려야 하는데, 이명박정부나 박근혜 정부는 말할 것도 없고, 김대중 정부나 노무현 정부와 같은 상대적 진보 정권조차 바꾸어내지 못했어요. 그것은 단순히 대통령의 문제가 아니라 전 사회적 가치관과 눈에 보이지 않는 힘의 관계들이 작동하고 있기 때문입니다. 가치관을 바꾸고 힘의 관계를 바꾸기 위해서라도 우리가 모여서 공부도 하고 토론도 하면서 살아 있는 배움을 얻어야 하는 거예요. 모이고 만나고 배우고 뭉쳐야지요. 이게 풀뿌리의 힘으로 승화되어야 비로소 사회 변화를 이야기할 수 있습니다.

그렇게 하지 못하다 보니, 우리 사회가 변해 가는 꼴이 갈수록 걱정이 되는 겁니다. 각자도생(各自圖生)이라고, 모두 자기 밥 그릇 챙기기에만 바쁜 사회는 희망이 없어요. 좌절과 절망의 연속이죠. 우리 각자가 사회적 연대감이나 사회 구조의 변화에 대한 열망 없이 오직 내 밥그릇만 챙기자는 식으로 갈수록 우리 사회라는 배는 서서히 가라앉을 수밖에 없습니다. 대한민국 전체가 '세월호'가 되는 셈이죠. 저는 우리 사회가 그 지경에 왔다고 봅니다.

오죽하면 사회 정의감에 불타야 할 대학생들마저 더 나은 사회를 만들기 위한 집단적 노력보다는 "우리는 차별에 찬성합니다"라는 말을 할까요? 내가 개고생을 해서 취업을 했으니 특권을 누리는 게 당연하다, 비정규직 같은 거 신경 쓸 일 없다, 이런 식이지요. 또 내가 노력해서 올라왔는데 무슨 소리냐, 특별대우 받는 게 무슨 잘못이야, 너희는 노력도 않고 능력도 부족하니 그 모양으로 사는 게 지당하다, 이런 식의 가치를 요즘 아이들이 품고 있다는 거예요. 예컨대 대학 내에서의 비정규직 투쟁을 보고, 저들이 임금 제때 받고 차별당하지 않는 것에는 서명을 해주지만, 임금을 올려달라는 것이면 내 등록금이 올라갈 테니 그건 반대다, 이런 식이라는 거죠.

적어도 대학생이라면, 힘들게 살아가는 노동자들의 처지도 헤아리고 연대하면서 당국에 대해 '반값 등록금' 약속 이행이라든지, 한 걸음 더 나가 무상교육 의제 같은 것에 관심을 가지고 치고 나가야죠. 그런데 이렇게 말하는 거예요. '당신들은 비정규직으로 들어왔으니 끝까지 비정규직으로 있어야 돼. 나는 정규직 자리에 들어가려고 스펙 쌓느라 이렇게 개고생 하는데, 내가 들어가려는 정규직 자리를 그저 투쟁으로 차지하려고 해?'

이런 식의 탈연대가 이뤄진 것이 솔직한 우리 현실이라는 겁니다. 그런데 이 아이들이 잘못입니까? 아니죠. 우리가 그렇게 키운 겁니다. 어릴 때부터 돈 많은 놈이 최고다, 너만 최고다, 남은 어찌 되건 일단 너만 안전하면 된다. 이렇게 키운 아이들이 자라서 이런 대학생이 되는 거예요. 그럼 이게 부모만 잘못이냐, 부모도 문제지만 근본적으로는 온 사회가 그렇게 파편화해 버린 거예요. 자기 밥그릇만 챙기는 것으로. IMF 이후 정리해고가 일상화되면서 더욱 심해졌지요.

믿을 놈 하나 없다, 내 밥그릇이 최고다, 이런 식으로요.

여기서 중요한 건 IMF 이전이나 이후에 '우리 사회가 나아갈 방향'에 대해 개방적인 토론 자체를 꾸준히 하지 않았다는 겁니다. 무조건 부자 되는 것, 내 자리 지키고 월급 더 받는 것, 이런 가치들에 매몰되다 보니 사회 전체가 가는 방향에 대한 논의가 생략되어 버렸습니다. 그 빈틈을 정치가나 자본가, IMF 같은 세력들이 치고 들어왔고, 결국은 '돈벌이' 경쟁만 최고로 여기는 사회로 점점 굳어지고 있는 겁니다.

이런 탈연대는 정말 우리 모두를 비참하게 합니다. 최근에 들은 얘긴데, 일선 학교에서 체육이나 영어를 기간제 교사로 가르치던 선생님들이 '우리도 오랫동안 일했으니 정식 교사 대우 해달라'고 요구를 한 모양이에요. 그 모습을 보고 기존 선생님들이 이렇게 반응하는 거죠. "내가 임명고시 친다고 5년 동안 개고생 했는데, 이 사람들은 염치도 없어. 재수, 삼수한 그 서러움이 얼만데, 이걸 공짜로 먹으려고 해?" 이런 식의 사고방식, 이게 탈연대라는 겁니다. 적어도 연대감에 대한 의식이라도 있다면 당국에게 '교원수급정책을 장기적 안목으로 전환하라'든지 '지옥 같은 임용고시 대신 교육철학과 실습경험 같은 잣대로 선발하라'는 식의 사회적 대안을 제시하고 연대하는 게 옳지요.

얼마 전 본 신문 만평에 이런 두 가지 그림이 나왔어요. 노숙자들이 있는 서울역 광장을 지나가는 한 어머니가 아이 손을 잡고 "얘야,

너 공부 열심히 해야 돼. 공부 열심히 안 하면 저 사람들처럼 된다"
하는 1번 그림이 있었고, 2번 그림은 아이 손을 잡고 가면서 "얘야,
공부 열심히 해서 저런 사람들도 인간답게 사는 세상 만들어야지?"
라고 말하는 그림이었죠. 우리는 어느 그림으로 가야 되겠습니까?
두 가지 다 아이에게 공부를 열심히 해야 한다고 은근히 강조한다는
점에서 문제가 있다는 지적도 있지만, 일단 '공부를 많이 하건 아니
건 모든 사람이 더불어 사는 세상을 만들어야 한다'는 차원에서 두
번째 그림으로 가야겠지요.

어쨌든 '저 사람도 우리가 같이 살아야 하는 사람이다'라는 인식
을 심어주는 교육이 바람직한 것입니다. 너는 저런 사람 안 되기 위해
열심히 공부하라는 것이 아니라, 다시 말해 '너 혼자 잘 먹고 잘 살아
야 된다'가 아니라 더불어 사는 세상에 대한 가치관이 필요하다는 말
입니다. 적어도 '사람'을 기르는 교육이라면 이렇게 가야 하지 않겠어
요? 바로 그런 교육이 필요한데, 이미 지난 수십 년 동안 그렇지 않은
교육이 계속되다 보니 이제 우리 의식도, 사회 구조도 그렇게 굳어져
버렸습니다. 지금부터라도 이런 의식과 가치관을 더불어 사는 방향
으로 바꾸고, 또 그렇게 가기 위해 전체 사회의 구조를 어떻게 바꾸는
게 좋을지, 다른 나라 가운데 우리에게 참고가 될 만한 나라가 있다면
어떤 점에서 본받아야 할지, 이런 걸 많이 공부해야 합니다.

이런 식의 생활 속 교육, 자존감과 더불어 협동심을 길러주는 교
육이 저는 교과서 교육보다 더 중요하다고 봅니다. 아이들과 함께 생

활하는 가운데 부모와 교사가 일상생활의 과정 속에서 자연스럽게 삶으로 가르치는 것이 저는 아이들에게 훨씬 깊은 감동과 기억으로 남을 것이라 생각해요. 이런 삶의 교육이야말로 아이들의 가치관 형성에 대단히 중요하다고 보는 거죠. 예컨대 두 명의 아이가 싸웠다 하더라도 꼭 누가 옳고 그르고를 따져서 하나는 벌을 주고 하나는 상을 주는 식이 아니라, 각자 자신의 잘못과 책임을 인정하게 하는 것, 조금씩 양보하거나 상대방을 이해할 줄 아는 능력을 길러주는 것, 그래서 더불어 산다는 개념, 내가 조금 손해를 볼 수도 있다는 개념, 내것을 좀 나눈다는 개념, 전체의 행복을 생각하자는 개념 같은 것을 하나씩 체득하게 해주는 거죠.

만약 이런 식의 교육이 잘 안 되고 그저 자기 이익과 권리만 찾는 교육을 시킨다면 세상은 정말 점점 더 삭막해지겠지요. 사실 남북한 간의 분단도 큰 문제지만, 그 이전에 우리 사회 안에서조차 사람들 사이 마음의 분단이 너무 커진 것 같습니다. 이런 마음의 분단이 큰 상태에서는 설사 남북한이 경계선을 허물고 통일을 한다고 해도 극심한 사회적 분열이 오지 않겠습니까? 결국 우리 한반도가 분단되어 60년 이상 서로 갈라져 살고 있지만, 따지고 보면 모두 사람 살자고 하는 일 아니겠어요? 그러니 누가 더 힘이 세니 누가 더 부자니 하는 경쟁보다, 서로 싸우지 말고 함께 인간다운 세상을 만들어보자, 이런 마음이 서로 통하면 평화통일은 시간문제라고 생각합니다. 단순히 갈라진 민족을 하나로 합친다는 개념보다 더 중요한 것은 통일 이후 우리가 사람과 사람 사이에 분열이나 차별 없이 얼마나 더불어 행복하게 살 시스템을 설계할 것인가 하는 문제라고 봅니다.

이런 맥락에서 행복하고 건강한 사회경제 시스템을 건설하기 위해서라도 저는 교육이 올바로 서야 한다고 봅니다. 그러므로 가정교육과 학교교육이 이런 거시적이고 역사적인 안목을 가질 필요가 있다고 봅니다. 저는 이렇게 통일도 상층부 간의 형식적 회담보다 풀뿌리 민초들이 이런 논의를 왕성하게 해나가는 것, 다시 말해 어떤 식의 통일이 되어 서로 상처나 부작용 없이 더불어 행복한 삶을 꾸려낼 수 있을까 하는 차원에서 남한 식도 북한 식도 아닌, 말 그대로 '제3의 길'로 평화통일을 이루는 것이 가장 바람직하다고 봅니다. 물론 시간은 좀 걸리겠지만, 나중에 '차라리 통일 이전이 더 나았다'는 식의 후회를 하지 않기 위해서라도 서두르지 말고 하나씩 찬찬히 토론하고 마침내 전 국민적으로 의견 수렴을 잘 이뤄내는 것이 옳다고 봅니다.

그래서 우리의 따뜻한 마음부터 지켜내는 일이 저는 급선무라고 보고, 여기서 가장 핵심이 되는 용어가 '조건 없는 사랑'이라는 점을 재차 강조하고 싶습니다. 이 조건 없는 사랑이 충분할 때 아이들은 내면의 안정감도 느끼고 자율성도 키울 수 있습니다. 아이가 아무리 어려도 다 느낀다고 해요. 만일 부모가 조건 없는 사랑을 듬뿍 베풀면, 아이는 '아, 내가 이 세상에 태어나길 참 잘했구나. 우리 엄마 아빠는 나를 정말 사랑해 줘. 참 고마운 일이야. 아, 행복해.' 그러면서 방긋 웃겠지요. 이렇게 안정감을 느끼는 아이는 자기 심신이 말하는 바에 정직하게 반응하면서 욕구나 필요를 건강하게 충족시키는 방법을 배워 나가겠지요. 예컨대 배가 고프다, 응가 했으니 기저귀 좀 갈아달라, 추우니 뭔가 좀 덮어달라, 무서우니 안아달라, 이런 요구를 할 때마다 부모는 거절하지 말고 잘 수용해야 하는 거죠. 그러면 아이가 억지를 쓰며 울거나 똥고집을 피는 일은 별로 없을 거예요.

그렇게 부모와 아이의 자연스런 소통 및 사랑이 담긴 대화가 부단히 이뤄지는 가운데 아이가 조금씩 성장하면 아이는 놀랍게도 잘 자랍니다. 내면의 만족과 평화를 얻기 때문에 삶이 즐겁고 행복해지기 때문이죠. 그렇게 자기가 행복한 상태라면 주변 사람을 바라보는 눈도 따뜻해지겠죠? 그러니까 결국 아이가 다른 사람을 사랑할 수 있는 기초는 부모가 아이에게 베푸는 '조건 없는 사랑'입니다. 그래야 아이들 내면에서 자존감과 더불어 협동심이 충실히 자랍니다.

더불어 행복

지금까지의 내용을 압축적으로 정리하면 다음과 같습니다.

서로 사랑하는 두 사람이 만나 자연스런 사랑의 결실로 아기를 잉태한다. 아기는 사랑의 결실이자 하늘의 선물이고, 부모는 아이에게 아무 조건 없는 사랑을 베푼다. 아이는 사랑을 머금고 자란다. 아이 내면이 평화롭고 만족스럽다. 아이의 자율성과 자존감이 무럭무럭

자란다. 아이는 자기를 사랑한다. 자기 사랑의 힘은 주변 친구 등 관계를 맺는 타자에 대한 사랑으로 확장된다. 그렇게 서로 사랑하고 존중하는 두 사람이 만나 또 사랑을 하고 사랑의 결실을 맺는다. 개인 간의 사랑을 넘어 이웃, 마을, 지역, 사회에 대한 사랑으로 확장될 때, 사회 시스템의 건전한 발전을 위해 헌신할 수 있게 된다. 그리하여 개인 행복과 사회 행복이 증진된다. 결국 이런 식으로 온 사회가 조금씩 더 행복한 방향으로 발전한다.

이렇게 정리하고 보니, 마치 대입 시험에서 종합 정리하는 것 같네요. 실은 대입보다 중요한 게 바로 이런 삶의 공부가 아니겠어요?

지금까지 주로 개인적 차원에서 아이를 보는 눈, 인생을 보는 눈, 교육을 보는 눈, 학교를 보는 눈에 대한 이야기를 했다면, 이제 마지막으로는 사회를 보는 눈에 대해 정리를 해야 할 것 같습니다. 내가 아무리 우리 아이를 잘 키워도 세상 자체가 험하게 흘러간다면 아무 소용이 없습니다. 그래서 사회 전체가 좀 제대로 돌아가야 합니다.

그러면 전체 사회를 어떤 식으로 운영하면 바람직한 교육이 가능해질까요? 저는 무엇보다 아이들이 덜 경쟁적인 방식, 즉 더 많이 협동하는 방식으로 커야 한다고 봅니다. 그러기 위해 학교와 가정만이 아니라 온 사회가 협동하고 연대해야 한다고 생각해요. 일례로, 취업자와 실업자, 젊은이와 노인, 장애인과 비장애인, 내국인과 외국인, 여성과 남성, 잘 나가는 사람과 뭔가 뒤처진 사람… 이 모든 사람들이 마음의 벽을 허물고 같은 인간이란 관점에서 '더불어 행복'을 추구해야 한다고 보는 거죠.

스웨덴, 덴마크, 노르웨이, 핀란드 같은 나라들, 또 독일이나 프랑스 같은 나라들이 본받을 점이 많다고 보고요. 아시아에서는 부탄 같은 나라도 상당히 시사적이라고 봅니다. 그 나라는 입헌군주국으로 아직 왕이 있긴 하지만 이미 40년 전부터 국민총생산(GNP)이 아니라 국민총행복(GNH)을 국정 지표로 갖고 있거든요. 남미 같은 경우는 쿠바나 볼리비아, 베네수엘라, 코스타리카, 아르헨티나 같은 나라들이 우리보다 물질적으로는 뒤처졌을지 몰라도 더불어 행복을 추구하는 점에서는 앞서간다고 할 수 있습니다.

이런 나라들에 관심을 가지고 부단히 배울 필요가 있어요. 인터넷 검색을 하거나 도서관에서 관련된 책을 찾아보면 쉽게 접할 수 있습니다. 그런 나라를 보면서 우리 자신을 반성하고 새롭게 도약할 수 있는 길을 토론해 가다 보면 희망의 빛이 보일 것이라고 확신합니다.

그 나라들의 공통된 특징을 추린다면, 행복한 교육이 행복한 사회의 기초라는 점, 내 월급의 일부를 기꺼이 내서 온 사회의 주거 · 의료 · 교육 · 노후 문제 같은 것을 사회 공공성 차원에서 같이 해결하면 더불어 행복한 사회가 된다고 믿는다는 점, 그런 식으로 '세대 간의 연대'가 이뤄지고 있는 점, 나 홀로 잘살기보다 더불어 행복한 것을 지향한다는 점 등을 말할 수 있겠지요.

그런데 우리 사회는 '돈이 없어서 복지를 못하는 게 아니라 도둑놈이 많아서 복지를 못한다'는 농담이 있습니다. 이게 실은 일말의 진실을 담고 있다고 생각합니다. 지금 우리나라엔 도둑놈이 참 많아요. 그러나 그 도둑조차도 누군가의 아들이고 누군가의 딸이고 누군가의 친구, 선·후배가 되기도 하지요. 멀리 있는 게 아니란 말입니다. 경우에 따라서는 우리 가족 안에 있을 수도 있어요. 우리 자신을 포함해서요. 그래서 깊은 성찰이 필요한 거예요. 남에게 손가락질하기 전에 나는 어떻게 살고 있나를 생각해 보아야지요.

결과적으로 우리는 아이들이 학교를 졸업한 뒤 하고 싶은 일을 해도 먹고사는 데 별 지장이 없도록 사회경제 시스템을 다시 설계할 필요가 있습니다. 지금은 그놈의 생계 때문에 별 의미도 없는 일에 평생을 다 바치잖아요. 하기야 요즘엔 이류사, 삼팔선, 사오정, 오륙도… 이런 말들이 유행일 정도니 40대 넘기기도 쉽지는 않습니다. 젊은 친구들은 힘겹게 취업시험 치고 들어가 1~2년 만에 도무지 못 견디겠다고 팡팡 튀어 나오기도 하지만 말입니다. 갈수록 노동력 사용 기한도 짧아지는 거예요. 일반 상품의 수명이 짧아지는 것처럼 말이에요. 인간의 노동력도 일회용품 취급을 당하는 거죠. 그래서 이것도 바꾸어야 해요. 사람 귀한 줄 아는 사회경제 시스템이 되도록 만들어야지요.

이런 변화를 이루려면 아래로부터의 변화와 위로부터의 변화가 잘 맞물려야 한다고 봅니다. 아래로부터의 변화는 우리 스스로 공부하고 토론하면서 풀뿌리가 사회 분위기를 60퍼센트 이상 바꾸어 나가는 가운데 저절로 이뤄진다는 개념이죠. 반면, 위로부터의 변화는 누군가 멋진 교육감이 되고 멋진 교장·교감이 되어 학교교육 시스템 전반을 바꾸는 것입니다. 더 크게 보면 교육부 장관이나 대통령이 건강하고 올바른 철학을 가지고 사회경제 시스템은 물론 교육 시스템까지 재설계해 나가는 것까지 포함하는 얘깁니다. 그런데 지금 정치 분위기에서 그 누가 우리가 바라는 변화를 이뤄주겠습니까?

제가 강조하는 건, 바로 우리 풀뿌리 민초밖에 없다, 이겁니다. 물론 정치적 힘을 발휘하기 위해서는 정당, 특히 진보와 민주를 지향하는 정당이 필요합니다. 그러나 그런 정당이 힘을 받기 위해서라도 풀뿌리가 부단히 공부하고 깨치면서 뭉치는 것이 중요합니다. 누군가 그랬지요. 세상의 희망은 깨어난 시민들의 연대라고요. 참 맞는 말입니다. 그런 연대는 지역의 작은 마을 도서관이나 인문학 강좌, 독서토론 같은 모임, 나아가 촛불시위처럼 광장에서 외치고 뭉치는 거리의 정치, 온라인에서의 소통과 토론 등 다양한 방식 속에서 이뤄질 수 있습니다. 그런 과정에 적극적으로 참여하면서 함께 더 나은 세상을 위해 꿈을 꾸어야겠지요.

천천히 가더라도 행복한 걸음으로 마음이 맞는 이웃과 함께 하면 아무리 험한 장애물들이 놓여 있어도 즐겁지 않을까요? 그런 마음으로 발은 땅에 잘 딛되 눈은 보다 넓게 보다 멀리 바라보면서 더불어 행복한 세상을 함께 만들어 가야죠. 그래서 아이들이 행복하게 자랄 수 있는 세상을 물려주고 싶습니다. 고맙습니다.

자율성과 연대성을 기르는 교육

제 전공 분야는 기업경영 중에서도 사람 문제를 연구합니다. 많은 사람들이 경영학을 공부하지만, 경영학이 뭐하는 학문이냐고 물으면 요약을 잘 하지 못해요. 그래서 간단히 소개를 할까 합니다.

경영학은 기본적으로 기업을 연구하는 것인데, 기업의 가장 기본적인 역할은 생산하고 파는 것입니다. 그래서 '생산'과 관계된 영역이 있고 '판매'와 관련된 마케팅이라는 분야가 있습니다. 생산을 하려다 보니 품질이나 공정, 공급망이나 유통 등과 연결이 됩니다. 마케팅은 소비자의 심리나 행동, 그리고 각종 마케팅과 관계된 상표라든지 온갖 제품 배치에까지 이릅니다. 그런데 이런 기본적인 생산과 유통 및 판매에서 가장 중요한 것이 사람과 돈입니다. 그래서 돈을 다루는 '재무' 분야가 있고 사람을 다루는 '인사' 분야가 있는데, 이게 바로 제 연구영역입니다.

사람 다루는 영역에도 세부적으로 인사, 조직, 노사 분야가 있는데, 제가 노사관계 전공을 하다 보니 이미 장성한 사람들이 기업에 들어와서 하는 노동만 연구해서는 안 될 것 같다는 생각이 들었습니다. 저는 처음 대학 경영학과에 입학했을 때나 그 이후 대학원 과정에서나 '어떻게 하면 사람들이 즐겁게 일하고 행복하게 살 수 있는 길을 안내할까'에 대해 배우고 싶었어요. 그런데 대학에서는 주로 '어떻게 하면 사람들을 절묘하게 다뤄 보다 많은 돈을 벌어볼 것인가' 하는 관점, 즉 사람을 대상화하고 도구화하는 걸 가르쳤어요. 그래서 '이건 아니다' 싶어 제 자신의 깃발을 꽂기로 하고 '돈벌이' 경영이 아닌 '살림살이' 경영을 공부하기로 결심했지요. 그 이후 지금까지 꼬박 30년 세월이 흘렀습니다.

저는 이 30년 동안 그 고민을 계속하는 중입니다. 아직도 100퍼센트 완벽한 답을 찾은 건 아니지만 어렴풋이 길은 보이는 것 같아요. 그래서 이제 그 보이는 길에 대해 제 나름대로 책이나 글 또는 강의로 풀어내 '공부해서 남 주는' 일을 하고 있습니다. 여기에서는, 부모나 아이가 모두 행복해지는, 더불어 교육혁명에 대해 10가지 키워드를 중심으로 말씀을 드리겠습니다.

뒤틀림—균형 잡기

첫 번째 키워드는 '뒤틀림'이란 말입니다. 흔히 요가나 명상의 기본은 우리가 평소 쓰는 몸이 뒤틀린 것을 바로잡는 것이라고 합니다. 균형을 잡는 것이지요. 이 강의나 글도 평소 우리가 살아가는 방식에서 틀어진 부분을 바로잡자는 것입니다.

제 아내가 초등학교 교사를 25년 하고 명예퇴직을 했습니다. 그 이전에는 교사로서 자부심도 있었고 아이들을 만나면 잘 통하는 느낌이 있었다고 했죠. 그런데 2010년 무렵부터 뭔가 흐르지 않는다, 벽과 마주하는 것 같다, 이런 이야기를 하더니 결국 명퇴를 한 것이죠. 한편으론 교장 · 교감과의 관계도 있지만 다른 한편으론 아이들과의 관계에서 '내가 교육을 하는 것 같지 않다'는 생각이 들더라는 거죠. 지금 일선에 계신 선생님들도 어렴풋이 그런 부분을 느끼지 않을까 싶습니다. 결국 우리 교육을 보면 교사나 교장만 바뀐다고 될 일은 아닌 거 같아요. 학부모도 있고 또 사회 시스템도 있습니다.

특히 우리 사회의 시스템을 크게 보면 수직적인 질서로 짜여 있습니다. 공부를 잘해야 높이 올라가는 게임이고, 높이 올라가야 떡고물을 많이 누리는 게임을 하고 있어요. 그 게임 안에서 자유로울 수 있는 사람은 거의 없죠. 자유로워지려면 그 게임 자체에서 해탈해 버려야 해요. 예컨대 나는 이런 질서 속에서 경쟁하지 않으리라, 전혀 다른 원리로 살아가리라, 이런 결심이 필요해요.

제가 어떻게 하면 사람들이 즐거워질 수 있을까, 어떻게 하면 사람들이 행복하게 살 수 있을까 하는 질문을 던지며 '돈벌이' 경영이 아니라 '살림살이' 경영을 공부해야겠다고 결심했던 것처럼, 패러다임이 완전히 달라져야 해요.

그런 자기 질문을 30년 간 하다 보니 저는 결국 이런 생각에 이르렀습니다. 말하자면, 어릴 때부터 아이들이 자라는 과정에서부터 노인이 돼 돌아가시기 전까지 삶의 구조나 틀 자체가 바뀌지 않으면 안 된다는 결론에 이르게 되었습니다. 그런데 대개 이런 사회구조나 틀을 강조할 때 위험한 구석이 생기는데, 그것은 '아, 내 책임이 아니로구나' '휴~ 좀 안심이 된다' '나 자신보다 저 구조가 문제야' '저 구조가 바뀔 때까지 나는 별로 할 일이 없어'… 이런 방향으로 갈 위험성이 있다는 것입니다. 아이들끼리 다툴 때도 그렇고 어른들끼리 다툴 때도 잘 보면, 전체적 맥락 속에서 내게 있는 일말의 책임 또는 우리가 가진 공동의 책임을 생각하기보다 "네가 문제야!" "너 때문에 그랬어!" "네가 먼저 그랬잖아!"라고 말하면 답이 안 나오잖습니까. 그런데 누군가 먼저 "내가 잘못한 거 같아, 미안해" 하면 "나도 미안해!" 하며 서로 풀리기 시작합니다.

교육문제를 생각할 때에도 그와 비슷한 흐름의 논리가 가능하다는 이야기입니다. 그러니까 사람들의 행위가 분명히 구조와 다른 차원이 있지만, 다른 차원이 있다고 해서 사람의 태도와 행위가 처음부터 끝까지 면책되는 것은 아니라는 말입니다. 다시 말해, '잘못된 구조를 지탱하고 지속시키는 데 나도 일말의 역할을 하고 있지나 않나' 하고 스스로 질문하기 시작하면서부터 이 구조가 바뀔 가능성이 생기는 거죠. 그래서 배움이 일어나려면 낯선 것을 두려워하지도 말아야 하고 더불어 끊임없이 질문을 던져야 합니다. 이게 뒤틀림을 바로잡는 지름길입니다.

대학에서 연구할 때조차 마찬가지고, 대학이 아니라고 해도 모든 탐구와 공부에는 질문이 기본입니다. "'왜?'라는 질문을 다섯 번만 해봐라, 그러면 아마도 진리 내지 진리 비슷한 것에 도달할 것이다"라는 말도 있죠. '왜 그런가?'를 끊임없이 질문해 보라는 거죠.

아이 인생은 아이의 것, 내 인생은 내 것

두 번째 키워드는 '아이 인생은 아이의 것, 내 인생은 내 것'이란 말입니다. 먼저, 부모는 자녀를 제 '소유물'로 여기지 말아야 합니다. 아이는 '하늘의 선물'이다, 그러니 이 소중한 보배와 함께 잘 살아야지, 이렇게 생각하면 됩니다. 한마디로 '조건 없는 사랑'이죠.

아이를 잘 키운다는 건 뭘까요? 절대 내 마음대로 하면 안 됩니다. 소유물이 아니니까요. 오히려 이 아이가 중심을 잡고 잘 서도록 내가 살아 있는 동안 잘 도와줘야지, 이렇게 가야지요. 우리가 착각하는 것 중 하나가, 내가 아이를 '위해' 어릴 적부터 숙제도 대신 해주고, 시험도 대신 쳐주고 싶고, 방학 과제도 대신 해주고 싶고, 무슨 대회엘 나가는데 작품도 대신 해주고 싶고, 심하게 말하면 결혼도 대신 해주고 싶고, 애 장례식까지 다 치러주고 죽어야 내 마음이 편안할 것 같은 정도의 마음입니다. 아이를 사랑한다는 이름으로요. 그러나 이건 아이를 소유물로 보는 겁니다.

아이를 하늘의 선물로 보고 아이 인생을 존중하면 둘 다 행복해집니다. 아이에게 좋은 책을 소개할 수는 있지만 강요할 필요는 없고, 도서관에 데려갈 수는 있지만 굳이 특정한 책을 찍어 읽도록 강제할 필요는 없어요. 자연스럽게 놀다 보면 스스로 책을 고르게 됩니다. 대화하는 가운데 좋은 책을 가려내는 눈도 키울 것이고요. 만일 아이가 책을 골라달라 하면 골라주세요. 그래서 부모도 공부를 해야 합니다. 무엇이 좋은 것이고 무엇이 필요한지 알기 위해서죠.

가정에서는 '백년지대계'는 아니지만 '십년지대계'를 세워 아이들에게 차곡차곡 스스로 할 수 있는 능력을 키워줘야 합니다. 우리가 아이를 죽을 때까지 보살펴줄 수 없는 게 자연의 이치기 때문이에요. 그렇다면 우리가 없더라도 이 아이가 스스로 해나갈 의지와 역량을 우리가 살아 있는 동안에 길러줘야죠. 사랑하기에 '모두' 대신 해주는 순간, 아이의 자립심과 독립성은 훼손됩니다. 아이는 내 소유물이 아니라 하늘의 선물이고, 아이 인생은 아이 것, 내 인생은 내 것입니다. 이것만 잘 실천해도 부모-자녀 관계는 상당히 행복해집니다.

부모 입장에서 보면, 왜 황금 같은 내 인생의 시기를 아이를 위해 모두 바쳐야 하나, 하고 약간 이기적으로 볼 필요가 있어요. 모든 걸 희생하고 바치는 순간 자기도 모르게 '보상심리'가 생기기 때문이죠. 그러면 아이의 성취도 결과에 따라 아이가 배신자가 되기도 하고 효자가 되기도 합니다. 결국은 부모-자녀 관계에서 '효자-배신자 프레임'을 떠나야 합니다. 그래서 아이에게 '각자 인생을 제대로 살자. 다만 우리는 따로 가면서도 같이 살아가는 존재다. 그러니 내가 도와줄 수 있는 만큼 도와줄게'라고 얘기하고 그만큼만 하셔도 충분합니다.

여기서 아이에겐 경제적 지지와 정서적 지지가 필요해요. 경제적 지지는 형편 닿는 만큼 하면서 사회적으로 공교육, 무상교육 등의 시스템을 바꿔 경제적 부담을 줄이는 데도 같이 신경써야 합니다. 정서적 지지는 마음의 지지니까 돈이 안 들어요. 무한한 지지가 가능하죠. 그런데 우리나라 부모들은 정서적 지지는 하지 않고, 경제적 지지는 빚을 내서라도 해주려는 마음이죠. 거꾸로 하니 정말 힘든 인생이 되는 거예요. 그러지 말고 '얘야, 네 인생 네 것이니까 우리가 마음으로 후원할게 얼마든지 해봐. 근데 얘야, 우리 집 형편은 요 정도란다'라고 솔직히 말하면 됩니다. 그러면 아이가 '걱정하지 마세요, 제가 막노동을 뛰어서라도 해결해 볼게요' 또는 '열심히 해서 장학금 타볼게요' 한다는 것이죠. 물론 더 길게는 교육비가 따로 들지 않는 사회를 만들겠다는 사회적 꿈을 두루 공유해야겠지요. 여기서 꼭 기억해 둬야 할 것은, '인생은 속도나 높이가 아니라 과정과 느낌'이라는 말입니다.

공부, 나를 알고 사회를 알아가기

세 번째 키워드는 '공부(工夫)'입니다. 사실 '공부' 하면 머리가 좀 아프죠. 괜히 잠도 오고요. 그러나 하나밖에 없는 내 인생, 정말 멋지게 살아보자, 이런 관점에서 스스로 제대로 살아보기 위해 필요를 느껴 하는 공부는 정말 재미가 있습니다. 시간 가는 줄 모르죠.

자기 자녀가 있거나 없거나 어른이라면 모두 이 땅의 아이들이 잘 자라기를 바랍니다. 그러면 아이들이 어떻게 자라야 잘 자랐다고 할 수 있을까요? 잘 자란 아이가 갖추어야 할 것 두 가지만 말하라고 하면 무얼 들겠습니까? 인성? 건강? 공부? 누군가는 요즘 시대에 공부는 기본이라고도 하더군요.

그러나 공부도 공부 나름입니다. 나를 알고, 사회를 알고, 역사를 아는 공부를 해야 합니다. 인생을 알아야 인생을 잘 살 수 있으니까요. 그러므로 어떤 공부를 어떤 방식으로 하느냐가 대단히 중요합니다. '학생이니까 무조건 공부해야지' 하는 패러다임은 최소한 21세기 패러다임은 아니죠. 그건 결국 일류 대학이 능사라는 건데, 사실 모두 일류대에 갈 수도 없고, 이른바 '일류대' 갔다고 해서 행복하게 공부하는 학생도 별로 없습니다. 게다가 일류대를 졸업했다고 해서 제대로 취업이 되는 것도 아닌 세상이 와버렸어요. 설사 취업을 한다고 해서 자아실현을 하거나 보람을 느끼는 일은 하지도 못해요. 얼마 전 드라마 〈미생〉을 보면 직장생활이 한마디로 '전쟁'입니다. 살아남기 위한 전쟁, 인정받기 위한 전쟁, 승진하기 위한 전쟁… 그 속에서 모두 심신이 지칩니다. 성공해도 실패해도 대체로 인간성이 파괴되죠. 그러니 진정한 내면의 행복에 도달한 사람은 거의 없어요. 게다가 까놓고 말해, 지금 사회를 망치는 사람들 대부분이 이른바 일류대 출신들이에요.

결국 우리가 그동안 어떤 아이들을 만들어냈으며 어떤 사회를 만들어왔는지 깊이 반성하자는 겁니다. 우리의 행위와 사회 구조는 결코 분리되어 있지 않습니다. 행위가 구조를 만들고 또 구조가 행위를 규정하죠. 그러니 다르게 느끼고 다르게 생각하고 다르게 행동하기 시작하는 것이 세상을 바꾸는 출발점이 됩니다.

그래서 다시 돌아가 '어떤 아이로 키워야 잘 키운 것인가?'라고 물었을 때, 우리는 아이가 인성도 좋고, 공부도 잘하고, 실력도 있고, 건강도 좋고, 친구와의 관계도 좋으며, 나름의 꿈을 가지고 자율적이고 주체적으로 살아가는 아이가 되기를 원합니다. 저는 좋은 교육의 요소로 두 가지만 꼽으라고 하면, 스스로 살아가는 힘인 자립심과 이웃과 함께할 수 있는 힘인 협동심, 이 두 가지가 핵심이라고 봅니다.

그럼 스스로 살아간다는 게 뭘까요? 자기가 좋아하는 공부와 좋아하는 일을 하며, 나름의 비전이나 주체성, 그리고 삶에 대한 책임감을 갖고 사는 것이겠죠. 자기 주도성, 책임감, 자율성이 같이 들어 있죠. 이게 곧 자존감의 문제이기도 하고요. 물론 그러면서도 내가 다른 사람들과 함께 살아야 하는 존재라는 것을 아는 마음, 즉 협동심 또는 연대성도 필요합니다. 더불어 사는 가운데 나도 지켜내는, '같이 또 따로, 따로 또 같이'라는 구호가 필요한 것 같습니다.

부모와 학부모의 차이

네 번째 키워드는 부모와 학부모의 개념입니다. 이미 많이 알려진 공익광고 문구이지만 참 좋은 말이라 다시 인용합니다. "부모는 멀리 보라 하고, 학부모는 앞만 보라 합니다. 부모는 함께 가라 하고, 학부모는 앞서 가라 합니다. 부모는 꿈을 꾸라 하고, 학부모는 꿈꿀 시간을 주지 않습니다. 당신은 부모입니까? 학부모입니까?"

그런데 굳이 부모와 학부모의 차이를 이렇게 내세울 때 뭐가 다른 걸까요? 학부모의 마음은? 점수? 등수? 네, 맞아요. 저는 그래도 점수까지는 어느 정도 괜찮다고 봐요. 그런데 등수는 굉장히 반교육적입니다. 유럽이나 미국의 학교들에서는 고등학교에서도 아이들 등수를 공개하지 않습니다. 아예 등수를 내지 않는 건지는 모르겠지만, 점수건 등수건 아무도 모른다는 거죠. 우리는 노골적으로 공개해서 비교하고 경쟁을 시키잖아요.

사실 학부모도 학부모이기 이전에 사람이죠. 학부모든 부모든 사람이라는 점에서 공통분모를 가집니다. 그럼 사람답게 산다는 게 뭔가, 이런 질문이 필요해지죠.

사람은 자기 삶의 주인으로 살아야 하는데, 그러려면 느낌이 있고 주장이 있고 반론도 하고 다름과 같음을 구분할 수 있는 판별력도 있어야 합니다. 그게 사람이거든요. 점수나 등수 시스템은 그런 부분들을 말살시키는 경향이 있어요. 학교 시스템이라는 게 점수나 등수로 사람의 살아 있는 모습을 통제하고, 규칙이나 상과 벌로 규율을 해버리잖아요. 틀 속에 가두는 거죠. 크게 보면 제도적인 폭력입니다. 대학도 마찬가지예요. 진리탐구나 비판적 지성은 온데간데 없고 '스펙' 경쟁만 합니다. 원래 '스펙'은 제품의 특성을 말하는데, 대학생들이 스스로를 물건 취급하는 거죠. 기업들에게 "나를 팝니다, 이 물건 좀 보세요"라는 거잖아요. 굳이 말하려면, "나는 이런 걸 좋아하고, 이 일도 잘할 수 있어요"라고 해야지요. 사람이 주체가 되어야죠. 이것이 올바른 사람의 마음이고 부모의 마음인데, 점수나 등수로 줄 세우는 경쟁은 학부모의 마음이 되어 아이도 망치고 어른도 망친다는 얘기 아니겠어요? 그래서 잃어버린 본심을 찾아야 한다는 겁니다.

그러면 본심을 찾는다는 건 무엇입니까? 사실 어느 학부모든 아이를 그렇게 만들고 싶은 건 아니겠죠. 사회 질서나 시스템이 문제죠. 이걸 요약하면, 수직으로 올라가는 사다리 구조에서 '내 아이만은 더 빨리 높이 올라가야 된다'라는 경쟁을 하는 거죠. 그래야 상하 가리지 않고 모두 열심히 할 것이고, 그 가운데 큰 자본은 크게 뽑아먹고 작은 자본은 적게라도 뽑아먹을 수 있죠. 거기서 능력을 인정받는 노동력은 떡고물을 많이 먹고, 그렇지 않은 대다수는 늘 허덕거리며 살고… 바로 이게 우리 삶의 기본 구도입니다.

그런데 진심을 갖고 이야기를 나누다 보면 누구나 '부모'의 마음이 있거든요. 당장 등수나 점수보다 멀리 내다보고 꿈을 갖고 다른 친구들과 함께 사는 게 중요하다는 걸 가르쳐주고 싶은 마음이 있습니다. 저는 이게 우리의 본심이고 진심이고 본연의 인간성이라고 봅니다. 이걸 지켜내야 되고 확장해야 된다고 생각해요.

불평등에 찬성하는 세대

다섯 번째 키워드는 불평등입니다. 불평등 문제는 사회가 문제이기 이전에 이미 우리 속에서 싹틉니다.

학교 선생님들은 이미 현장에서 느끼고 있을지 모릅니다. 정말 세대차가 심각한 게, 단순한 취향의 차이를 넘어 이제는 가치의 차이가 상당히 벌어지고 있습니다. 최근 대학 강의실에서 다소 충격적인 경험을 했습니다. 학생들에게 "아무리 사회가 격차가 심화되었지만 그래도 우리는 더불어 사는 마음을 가져야 한다"고 말하니, 한 학생이 손을 들고 이렇게 말하더군요. "선생님, 저는 높은 곳에 올라가 다른 사람보다 특별히 우대받고 싶은데, 왜 그게 나쁘다는 식으로 말씀하시는 거죠? 그 근거를 얘기해 주세요."

순간 머리가 멍~ 했습니다. 나름대로 설명은 해주었지만, 그 질문 자체가, 그리고 질문을 하는 청년의 모습이 충격이었거든요. 이제 차별과 불평등을 당연시하는 가치관을 지닌 아이들이 길러지고 있는 거죠. 바로 우리의 아이들입니다. 우리가 키운 아이들이 이런 대학생들로 탄생했는데, 결국 우리가 '지금까지 어떻게 살아왔는가'라는 문제를 제기하는 셈입니다. 오찬호 선생의《우리는 차별에 찬성합니다》(개마고원, 2013)라는 책도 비슷한 문제 제기를 하고 있지요.

예전엔 나름 잘살기 위해 서로 경쟁은 하지만 그것이 올바르고 정당하고 보편적인 건 아니라는 것을 마음속으로 알았습니다. 그러나 이제 그런 번민 자체도 없이 내가 더 잘했으니 우월한 대우를 받는 게 너무도 정당한 일이라는 신념을 가진 세대가 출현하고 있는 거죠. 이걸 '신자유주의적 인간'이라고 부를 수 있겠네요. 이들은 뒤처지는 아이들은 게으르고 무능하니까 당연히 바닥으로 배제되어 형편없이 사는 게 당연하다고 생각합니다. 그런데 그런 식으로 가면 10년, 20년 뒤 어떤 사회가 될까요? 무서운 사회가 됩니다. 히틀러 식의 나치 사회가 될 수도 있는 거예요.

그러니까 더불어 살아야 한다는 마음이 바로 우리의 진심이나 본심, 인간성이 아니겠어요? 우리는 늘 무엇이 바람직한 가치인가를 고민하고 질문할 필요가 있습니다. 여기서 어머니로 상징되는, 생명을 낳고 보살피는 주체인 사람의 마음을 잃어버리면 더 이상 사람이 아니겠죠? 적어도 사람이라면, 그런 부분, 그런 정신들에 대해 가르치고 또 스스로 실천하고 나아가 그 정신을 물려주어야 하지 않을까요?

그러면 교실이나 일상에서 우리는 아이들과 어떻게 관계를 맺어야 할까요? 정말 요즘은 올바른 관계를 맺기가 참 어렵습니다. 엄기호 선생의 《단속사회》(창비, 2014)에 나오는 이야기가 있어요. 한 중학생이 학교에 오기는 하는데 수시로 게임방이나 PC방으로 '도망'을 간다고 합니다. 그래서 선생님이 잡아다놓으면 또 도망을 간다고 합니다. 그렇게 잡아다놓고 도망가고를 반복했다고 하는데, 아이에게 왜 도망갔냐고 물으면 물을 때마다 "그냥요"라고 대답한다는 거죠. 이 선생님이 미치는 건 바로 이 '그냥'이라는 말 때문이었대요. 뭐라도 그럴듯한 이유가 있으면 좋겠는데, 무조건 '그냥'이라고 하니, 아이를 잡으러 갈 때도 참담하지만 "그냥요"라는 대답을 들을 때 더 참담했다고요.

그러던 어느 날 이 선생님이 출근을 하다가 갑자기 이런 질문이 떠오르더라는 거죠. '내가 왜 이 시간만 되면 무조건 출근해야 되고, 왜 교실에서 앵무새처럼 똑같은 내용을 반복해야 되며, 아이들과는 또 왜 무미건조하게 지내고 있나' '내가 왜 이런 식으로 살지?' '아, 나도 '그냥' 살고 있구나' 싶더라는 거예요. 그래서 그날 또 교무실로 잡혀 온 그 아이에게 이렇게 고백했대요. "사실은 선생님도 '그냥' 살고 있는 것 같아."

그랬더니 그 아이가 반색을 하며, "선생님! 제가 세상에서 처음으로 저를 공감해 주는 선생님을 만난 거 같아요"라고 했다는 거죠. 그렇게 해서 교사가 아이 마음을 알아주기 시작하니, 비로소 서로 속마음을 터놓은 소통이 되더라는 거죠.

이 이야기는 부모나 선생님조차 아이를 일방적으로 가르치는 게 아니다, 아이를 통해 어른도 배울 수 있는 존재이고 어른도 끊임없이 배우고 성장하는 존재라는 걸 가르치는 에피소드인 것 같아요. 또 어른부터 자기 자신을 제대로 볼 수 있어야 아이들과 소통이 가능하다는 말도 되겠네요.

선생님들 역시 가정에서는 부모인 경우가 대부분일 텐데, 자녀와 접촉하다 보면 아이의 어떤 행동이나 말 혹은 특정한 계기를 통해 딱하고 뒤통수를 맞은 것 같은 새로운 배움의 계기를 접하는 경우가 꽤 많습니다.

아이를 키우다 보면 아이가 우리의 인내력을 키워주기도 하지만, 그런 차원이 아니더라도 우리가 세상을 새롭게 바라보고 느낄 수 있게 도와주는 것 같아요. 중요한 건 내가 100퍼센트 옳다고 믿는 자세를 좀 해체시켜 버리는 것이죠. 조금 유연하게 문을 열어놓는 거예요. 우리 모두 얼마든지 오류가 있을 수 있고 부족한 점도 많지만, 서로 나누는 게 중요합니다.

우월감이나 경쟁심이 아니라 자존감과 협동심

여섯 번째 키워드로는 열등감과 우월감을 꼽아 보았습니다. 냉철히 돌아보면 오늘날 우리의 교육은 아이들 사이에 '우/열'을 나누는 교육입니다. 그 속에서 모두 열등생이 아니라 '우등생'을 만들고 싶어 합니다. 그러나 모두 우등생이 될 수 있습니까? 소수만 되죠. 달리 말하면, 소량의 우등생과 대량의 열등생을 생산하는 시스템이 우열 패러다임의 교육제도입니다. 그래서 우수한 아이들에게 상장을 주고 박수를 쳐주죠. 공부만 잘하면 나쁜 짓을 해도 예쁘다고 합니다. 따지고 보면 95퍼센트 가까운 아이들이 그 우수한 소수를 위한 엑스트라 같은 존재예요. 집집마다 아이가 태어날 때는 모두 소중한 보물인데, 이상하게 학교 시스템에 들어가기만 하면 80~90퍼센트는 엑스트라 인생을 사는 거죠. 그래서 우등생은 우월감으로 살지만 열등생은 열등감에 묻혀 사는 거예요. 이게 사태의 핵심입니다.

그러다 보니 열등감을 숨기고 사는 사람들이 나이가 들어 아이를 낳으면 어떻게 하겠어요? 한마디로 '족치겠죠.' 말은 "모두 너를 위해서"라고 하지만 사실은 자신이 묻어둔 열등감을 지워버리려고 아이를 이용하는 거죠. 그래서 가정이나 학교는 우등생을 만들기 위한 전쟁을 하는 셈입니다. 여간해서는 아이를 자유롭게 키울 수 없어요.

학교 이후엔 군대가 한번 확실히 군기를 잡아주죠. 또 그 아이들이 자라면 부모가 하던 방식을 그대로 따라하고…. 그렇게 해서 우열 경쟁 시스템, 폭력 시스템이 대물림을 하게 됩니다. 그 와중에 보통 사람들은 '돈(집)이나 물려주자'라는 일상 의식을 갖고 살죠. 자본은 바로 이것을 멀리서 조용히 지켜보며 즐기다가 나중에 돈벌이에 써먹기 좋은 '스펙'을 가진 '인적 자원들'을 잘 선발해서 '마른 수건 짜내듯이' 밤낮으로 부려먹고, 진이 모두 빠지면 쓰레기처럼 내다버립니다. 이게 우리가 살아가는 이 사회경제 시스템의 진상입니다. 대단히 불편하지만 진실입니다.

최근 '아들러 심리학'이 유행처럼 떠도는 까닭도 사실은 우리 교육의 이런 측면과 무관하지 않겠죠? '아들러 심리학'의 키워드도 열등감이라고 합니다. 알프레드 아들러(Alfred Adler, 1870~1937)란 심리학자가 약 100년 전에 한 얘기예요. 현대인들이 불행한 이유는 모든 사람에게 사랑받으려고 하기 때문이다, 이런 얘깁니다. 그래서 눈치 보지 말라, 모든 사람에게 사랑이나 칭찬을 받으려고 애쓰지 말라, 남에게 미움을 받을 수도 있다고 생각하라, 미움 받을 용기를 가져라, 이런 겁니다. 결국은 자존감의 문제, 주체성과 자율성의 문제로 연결되죠.

어쨌든 제가 하려는 말은 '우/열'로 나누는 이 교육의 패러다임은 참된 교육을 못하게 한다, 자본에게 좋은 일만 해준다는 것입니다. 우열의 패러다임을 좋게만 생각하면, 우등생을 선의의 경쟁자로 여겨 약간의 질투심으로 무장해 모두 열심히 그를 따라가고자 하는 과정에서 모든 아이들이 한 단계 상승할 것이라는 가정을 할 수 있습니다. 정확히 잴 수는 없지만 우열과 상벌, 질투와 경쟁을 통해 그 아이들의 점수가 20~30퍼센트 올라간다고 해보죠. 그러나 제가 보기에 그 과정에서 상처받는 80퍼센트 이상의 아이들, 좌절하고 포기하는 대부분의 아이들, '그냥' 도망가고 싶어 하는 아이들의 문제는 그 20~30퍼센트의 점수 효과를 상쇄하고도 남을 정도의 파괴력을 가지고 있습니다. 착실하고 성실하며 어느 정도 하는 아이들, 심지어 우등생 그룹에 드는 아이들조차 말 못할 상처나 두려움 속에 살아야 해요. 사실 박사를 하고 교수가 된 저 역시 그런 두려움 속에 살아왔거든요. 그렇게 해서 우리 사회는 본의 아니게 온통 상처를 주고받는 사회가 됩니다. '트라우마 사회'죠. 서로 선물을 주고받는 사회가 바람직한데, 서로 상처를 주고받으니 결코 온전하게 살 수 없고 행복하기 어려운 사회가 되어버린 겁니다.

그럼 어떻게 해야 할까요? 먼저 이런 '불편한 진실'을 솔직하게 들여다보는 자세가 필요합니다. 병을 치료하려면 질병이 있다는 것 자체를 인정해야 시작이라도 해보죠. 그 다음엔 무얼 해야 할까요? '서로의 상처를 어루만지며' 모는 사람들이 더불어 '다르게 살기'를 하면 됩니다. '나부터' 시작하되 '더불어' 하는 자세로 가면 됩니다.

교육을 예로 들면, 아이는 아이대로 어른은 어른대로 자기 인생을 옹골찬 행복감으로 살아야 한다는 데 공감한 위에서, 이제 더 이상 우열의 패러다임을 고수하지 말아야 합니다. 질투심과 경쟁심을 이용한 점수 상승효과를 노리는 교육, 우월감과 동시에 열등감을 생산하는 교육을 과감하게 포기하는 것이 훨씬 건강한 사회를 만들 것입니다. 아이들에게 필요한 것은 우월감이나 경쟁심이 아니라 자존감과 협동심이거든요.

주먹을 펴고 마음을 편히 갖고 한번 생각해 봅시다. 아이가 공부를 하든, 음악을 하든, 연극이나 디자인을 하든, 자기가 하고 싶어서 하는 경우, 과연 뜯어 말린다고 말려지나요? 도무지 안 돼요. 저도 그랬어요. 저는 공부가 재미있었어요. 사실은 칭찬(외재적 동기부여)에 중독됐죠. 조금 이상한 말이긴 하지만, 제 부모님이 전기세 많이 나온다며 제발 공부 그만하라고 했지만 저는 정말 '눈에 불을 켜고' 했어요. 전기 값 아낀다고 촛불 켜놓고 하다가 그만 시력이 많이 나빠졌죠. 그 정도였습니다. 그런데 나중에 대학에 가서는 앞서 말씀드린 대로 '의미 있는' 공부를 하고 싶어졌습니다. 일종의 '내재적 동기부여'가 된 셈이죠. 그래서 돈벌이 학문이 아닌 살림살이 학문을 30년 해오고 있는 것입니다. 저에게 공부는 재미와 의미를 모두 느끼는 작업이죠.

여기서 소결론은, 일말의 시기심과 질투심에 근거한 게 아니라 자기가 하고 싶어 하는 마음(내재적 동기부여)에 근거해서 자유롭게 하도록 도와주면 아이들은 얼마든지 다양한 재주를 폭발적으로 발휘할 것이라는 겁니다. 이게 진짜 교육의 패러다임이라는 말이지요. 그래서 꼭 해야 하는 되는 공부는 오전에만 하고, 오후에는 아이들이나 어른들이나 자유시간을 가지고 스스로 하고 싶은 거 하면서 살면 저녁이 있는 삶이 아니라 '오후가 있는 삶'이 되는 거예요. 그렇게 오후엔 자기가 하고 싶은 일을 하거나, 좋은 강의를 듣거나 좋은 책도 읽고, 사회운동에도 관심을 가지고, 음악 등 취미생활도 하는 그런 삶을 살아야죠. 저녁에는 친구나 사랑하는 사람과 차 한 잔 마시며 인생을 음미하면서 하루를 뒤돌아보고, 매일 존재의 기쁨을 누리는 그런 삶을 살아야죠.

기득권 경쟁을 넘어서기

일곱 번째 키워드는 '기득권'이란 말입니다. 이 점과 관련해 우리는 과연 아이들에게 무엇을 물려줄 수 있는가 하는 문제도 고민해야 할 것 같습니다. 그래서 제가 자연히 기업의 사람문제 연구와 아이들이 자라나는 과정, 즉 교육에 관한 고민을 끊임없이 함께 연결해서 하지 않을 수 없었다는 말씀을 드립니다. 이론과 현실도 실은 긴밀히 연결되어 있지요. 제 스스로 아이 세 명을 키우면서 많이 느꼈습니다. 2015년에 큰 아이가 스물여덟 살, 둘째가 스물 둘, 막내 아이가 스물한 살이 되었어요. 그 사이에 25년 이상 아이들을 키워 오면서 우리 부부는 나름 기준을 세웠습니다. 아예 처음부터 아내와 함께 의논하기를, 우리들이 공부해 온 방식으로 아이들을 키우진 말자, 쉽게 말해 성적표를 초월해서 생각하자고 한 거죠.

성적표를 초월한다는 것은 뭘까요? 국·영·수, 사회, 과학 등 여러 과목이 있다면 만물박사를 만들려고 하지 말고, 성적표를 보더라도 '아, 이 아이가 어느 분야에 흥미가 있구나, 무엇을 좀 잘하는구나', 이런 걸 찾아주는 지표로 삼자는 거죠. 또 "3월에는 국어가 별로였는데 흥미를 갖고 열심히 하더니 7월에는 좀 올라갔네. 네가 노력한 보람이 있구나!"라고 격려해 주는 지표로 삼자는 말이지요. 이 두 가지만 해도 좋습니다. 그래서 저희 부부는 아이들과 스트레스를 주고받는 일이 거의 없이 살아올 수 있었습니다.

성적표 다음 두 번째 차원은 아이의 인생과 엄마 아빠의 인생이 다르다는 걸 인식하는 것입니다. '같이 또 따로, 따로 또 같이' 산다는 거죠. 이렇게 서로 다름을 인정하는 것, 즉 엄마 아빠가 아이를 낳았다는 것을 부정할 수는 없지만 그렇다고 내가 산 책이나 휴대폰처럼 소유물은 아니라는 거죠. 아이를 소유물로 보지 않으면, 아이 나름의 인생을 가진 독립성을 인정하는 순간, 어른 자신의 인생도 굉장히 편해집니다. 당연히 보살피기는 해야지요. 사랑으로 잘 보살피되, 그 방식이 이 아이의 주체성과 독립성을 인정하면서 아이가 필요를 느낄 때 옆에서 도와주는 방식으로 사랑해야 합니다. 부모가 고속도로 같은 인생설계를 해놓고 아이에게 '이 길만 빨리 달려가면 높이 올라가서 더 많이 먹을 수 있어'라고 하는 게임을 시작하는 것은 사회구조도 망치지만 아이 인생도, 심지어 자기 인생도 망치는 것입니다. 아이 인생을 그 자체로 인정해 주지 않는, 달리 말해 내가 이루어서 누리는 기득권을 대물림해 주려 하거나 아니면 내가 못 누리기 때문에 한풀이를 하기 위해 아이를 희생시키는 잘못된 결과를 초래하기 때문에 그 고속도로 게임 자체를 머리에서 아예 씻어 내리고 '아이 인생은 아이의 것이다'라고 인정할 때 모두 행복해진다는 거죠. 부모로서 내 경험과 생각이나 지혜를 네 판단과 실천 과정에 참조할 수 있게 자료로 주겠지만, 내가 네 인생을 '목줄 건 개처럼' 끌고 다니진 않으리라, 그렇게만 하면 모두 행복해집니다. 부모도 아이도 행복해집니다.

제 자식 자랑하긴 조금 부끄럽지만, 어쨌든 우리 아이 세 명 모두 행복하게 살고 있어요. 행복하게 자기 나름의 인생을 사는 것이죠. 그래서 초등학교 시절부터 지금까지 성적 때문에 싸우거나 다툰 적이 한 번도 없어요. 그냥 밥상머리에서 같이 밥 먹는 게 참 좋구나, 떠나 있을 때 보고 싶었는데 이렇게 집에 오니 좋구나, 이런 식으로 얘기하며 살지요. 그러다 보니 아이들이 절로 잘 자라나요, 제 할 일 해가면서요.

그리고 이제 좀더 넓게 생각해 보면, 우리가 이제 일정한 시간이 되면 이 세상을 떠나게 됩니다. 나이가 많은 건 아니지만 저도 50대중반이 되니 그런 생각을 가끔 합니다. 그런데 과연 우리가 아이들에게 무엇을 물려줄 수 있을까요? 길거리에서 만나는 100명의 사람들에게 자녀에게 무엇을 물려주고 싶으냐고 물으면, 대부분 돈이나 집을 물려주고 싶다고 하겠지요. 돈이나 집 외에 물려줄 만한 것이 또 무엇일까요, 묻는다면, 대부분은 '없다'고 하겠지요. 역으로 우리 스스로는 어른들에게 무엇을 물려받았을까요? 예를 들면, 정의를 위해 살아야 한다는 정신이라든지, 5000만 국민의 고통이고 번뇌인 이 교육문제를 꼭 해결해야 한다는 사명감을 물려받았다든지, 이런 답변이 나올 가능성은 거의 없죠. 한마디로 서글픈 사회입니다.

앞서 말한 《단속사회》라는 책에서는 우리가 온라인에서는 접속하고 오프라인에서는 단절하기를 반복하며 산다고 말합니다. 한마디로, 사는 게 사는 게 아니라는 얘기죠. 그 책에 이런 이야기가 있어요. 일본에 신도(神道)라는 일본 나름의 종교가 있습니다. 그 신도의 성지인 이세신궁(伊勢神宮)이란 궁전이 있는데, 이걸 잘 보존하는 게 아니라 20년마다 완전히 부수고 전혀 새로운 장소에 다시 짓는다는 거예요. 굉장한 낭비잖아요? 시간과 돈과 에너지와 자제 등등 낭비일 텐데, 왜 자꾸 새로 지을까요? 그 이유는 짓는 기술을 후손에게 전수해주기 위해서라는 거예요. 20년마다 선배 건축가가 후배 건축가에게 이렇게 짓는 거다라고 보여주는 거래요. 그걸 보면서 물론 우리가 일본의 제국주의라든지 위안부 문제라든지 비판할 것도 많지만, '이런 정신은 배워야 한다'라고 생각했죠. 그러니까 후손에게 물려주고 싶고 또 물려받고 싶은 것이 돈이나 집 그 자체가 아니라 이런 기술과 지혜라는 거죠. 바로 이런 부분이 우리 교육에 빠져 있는 게 아닌가 하는 성찰을 해야 합니다.

대부분 우리는 아이들에게 "공부 잘해서 출세해야 돼!"라고 합니다. 시골 작은 마을에 가면 누구누구 집 누구 자녀가 무슨 대학, 무슨 학과에 합격했다고, 또는 사법고시나 행정고시에 합격했다고 '경축'이라고 써놓은 걸 종종 볼 수 있습니다. 대도시에 가면 더 많겠지요. 물론 누군가 열심히 해서 좋은 성취를 이룬 걸 칭찬하고 격려하는 건 참 좋은 일입니다. 그런데 그 현수막을 걸 때의 마음이 무엇인가를 생각해 봅시다. 어려운 관문을 통과한 것을 칭찬하는 건 좋은 일입니다. 저도 아이들의 성적표를 보고 칭찬하고 격려해 줍니다. 칭찬이 우리를 춤추게 하거든요. 좋은 일이에요. 그러나 진짜 중요한 것은 '네가 그 자리에 갔을 때, 정말 뒤틀린 법을 바로잡고 불의한 자를 제대로 벌하고 정의를 바로 세워라, 그런 의미에서 축하해', 이런 식이어야 한다는 거죠. 그러나 대부분 '이제 우리도 자랑스러운 가문이 되었다, 이제 한 권력 잡았다.' 이런 식이라는 게 문제라는 겁니다. 얼마나 속물적이냐는 거죠. 그래서 더 세상을 망치는 인간이 나오는 겁니다. 교사나 교수, 의사도 마찬가지고요. 선생이 된 다음에 어떤 마음과 자세여야 이 교육을 바로세우고 아이들에게 귀감이 되는 사회를 만들어갈 수 있을까, 이런 부분에 중심을 잡고 고민하고 끊임없이 토론하고 배우는 과정이 될 때 희망이 생기지요.

이렇게 새로운 삶의 공간을 전면적으로 만들 때 비로소 우리는, 집집마다 아이들에게 1억이나 10억을 물려주기 위해 애쓰기보다 그런 돈이 없더라도 누구나 나름의 자부심을 느끼며 사람답게 살 수 있는 세상을 물려줄 수 있지 않겠습니까?

인생은 속도나 높이가 아니라 과정과 느낌

여덟 번째 키워드는 '삶은 속도나 높이가 아니라 과정과 느낌이다'라는 말입니다. 제가 30년 공부하면서 느낀 걸 한 줄로 만들어본 건데, 제법 멋있죠? 진짜 그렇게 멋지게 살아야 합니다.

그런데 우리는 등산을 하더라도 남보다 더 빨리, 더 높이 올라가려 하는 사람들이 많아요. 그리고 꼭 꼭대기에 가서는 깃발을 꼽고 만세를 부르며 인증샷을 날리죠. 정복의 기쁨… 물론, 정상을 오른다는 건 기쁜 일이기는 해요. 그러나 모든 산을 그렇게 갈 필요는 없잖아요? 등산이 아니라 입산이란 말이 있죠. 산을 오르는 게 아니라 산의 품에 깃든다는 뜻입니다. 꼭 정상을 밟을 필요가 없다는 말이기도 하죠. 때로는 중간까지만 가다 바위에 걸터앉아 좋아하는 친구들과 차 한 잔 나누며 새들도 구경하고 나무도 보고 지금 우리네 인생살이 이야기도 나누고 오면 좋잖아요? 직장도 마찬가집니다. 반드시 최고의 리더가 될 필요는 없어요. 자기가 즐거이 하는 일, 또 보람을 느끼는 일만 해도 좋아요. 꼭 승진을 해야만 하는 건 아니죠. 물론 필요하다면 승진도 좋아요. 다만 승진에 목숨 걸지는 말자는 말이지요. 동료와 협동해 일하며 그 일의 의미나 결과를 따져보고 보람을 찾는다면, 그것으로도 충분해요. 이런 게 바로, '인생은 속도나 높이가 아니라 과정과 느낌이다'라는 말의 참된 뜻입니다.

그런데 요즘 우리네 삶은 약 20년 동안 공부하느라 뻥이치고, 40년 동안 일하느라 뻥이치고, 마지막 20년 노후를 좀 행복하게 보내려하는데, "아이고 다리야~" "아이고 허리야~" 하며 마지막 단계에서 큰 병원에다 목돈 다 보태주고 가는 거예요. 안타깝지요. 매일의 행복한 삶은 없고 나중을 위해 자꾸 미루다가 노후까지 미뤘는데, 그때는 이제 병이 들어요. 혹시 병이 없는 사람은 손자 손녀 보느라 힘들게 살다가 마지막 에너지를 다 쓰죠. 그나마 손자 손녀 키우는 재미야 꽤 있겠죠. 제 얘기는, 그렇게 나중의 행복을 위해 현재의 인생을 집행유예하지 말고 매일 행복한 내용으로 채워 나가자는 것입니다. 옛 노래에 "노~세 노~세 젊어서 노세"라는 말이 있는데, 맞는 말 같아요. 이제, 어떻게 하면 매일 행복한 삶을 꾸릴 수 있을까요? 그러려면 제 생각에 가정과 교육, 직장, 사회가 모두 바뀌어야 합니다.

문제는 어떻게 바꿀 것인가인데, 내용도 중요하고 주체도 중요합니다. 정말 아이들이 한 시민으로서 꼭 배워야 하는 것이 있다면 그것을 어느 정도까지 할 거냐, 저는 검정고시를 참고로 하자고 합니다. 얘들아, 이건 우리가 꼭 알아야 하니 제발 60점만 넘어라, 선생님이 내주는 숙제만 하면 된다. 공부는 오전에만 하되, 나중에 숙제만 해라. 그러면 된다. 그리고 오후에는 네가 진짜 하고 싶은 걸 해라. 다만 악기를 하든 운동을 하든 탐구를 하든 그것이 사회에 유익한 방향으로 쓰이도록 하자. 그렇게 다양한 프로그램을 학교 안팎에 만들어 주면 됩니다.

그리고 이제는 눈을 조금 더 넓혀야죠. 그래서 이 아이들이 사회에 나올 때는 자기 분야에서 일정한 정도만 달성되면 (그게 70점 정도면 좋겠네요) 어느 분야에 종사하든 사회적인 대우가 비슷하게 디자인을 다시 하자는 것이지요. 일례로, 사회적 대우를 디자인하는 경우, 저는 100을 표준으로 하고 플러스 마이너스(±) 20 범위에서 차이를 두면, '차이'는 있되 '차별'은 없는 '원탁형 사회'가 되지 않을까 합니다. 물론 이런 것도 사회적 합의를 이뤄야지요. 그렇게 하면 지금과 같은 '사다리 구조'의 격차 사회, 즉 위에 올라가야만 성공하는 사회가 아니라 누구나 자기 자리에서 최선을 다해 70점 정도의 기준만 달성해도 자부심을 누리며 살 수 있는 사회가 되겠지요. 바로 이런 게 '교육 백년지대계'에 들어가야 한다고 봅니다.

그래서 온 사회의 가치관과 분위기를 좀더 인간적으로, 좀더 생태적으로 바꾸고, 그래서 좀 덜 벌고 좀 덜 일하더라도 행복하게 사는 사회를 만들어 보자는 겁니다. 그래야 아이들이 아무 걱정이나 두려움 없이 맘껏 꿈꿀 수 있어요. 그렇죠. 두려움 없이 꿈꿀 수 있는 세상, 그것이 곧 좋은 사회입니다. 이렇게 되면 아이와 부모가 모두 행복하게 살 수 있어요. 지금은 아이를 '경쟁력' 있는 인간으로 키운답시고 어른이나 아이가 인생의 시간을 다 보내지만 사실은 헛수고죠.

좀 극단적인 예지만, 진학이나 진로 등 문제로 갈등하다 자살하는 아이들이 매년 300명 내외입니다. 아이가 죽고 나면 부모 마음이 어떨까요? '이 불효자식아, 부모가 너를 위해 이렇게 고생하는데, 1등 하는 게 뭐가 힘들다고 이 가슴에 못을 박느냐, 에이, 잘~ 죽었다.' 이렇게 말할까요? 아니면, '아가야, 내가 잘못했다. 제발 지금이라도 살아나서 함께 맛있는 밥이라도 먹었으면 좋겠구나' 할까요? 과연 이 둘 중에 어떤 마음일까요? 그렇죠. 아이가 살아서 밥을 함께 먹는 것, 죽지 않고 살아서 같이 지내는 것, 이게 우리가 원하는 겁니다. 공부 잘하고 못하고는 다음 문제예요. 첫째는 살아야 하고, 둘째는 자신이 좋아하는 공부를 하는 겁니다. 꿈에 맞는 공부를 하는 것이죠. 그 다음이 '잘' 하는 것입니다. 좋아하는 것을 하되 좋은 스승을 만나면 당연히 잘하게 됩니다. 시간이 걸리더라도 꾸준히 하면 됩니다. 그렇게 실력을 키운 다음엔 '공부해서 남 주자', 이렇게 가야죠. 이걸 저는 '일류 인생'이라 부릅니다. 이게 곧 아이와 어른이 모두 잘 사는 길이에요. 이 우선순위를 막 뒤섞으니까 아이가 죽고 부모가 죽는 겁니다. 안타깝지만, 우리 현실이 그래요.

그래서 이제부터라도 아이와 함께 '그냥' 재밌게 살아 보자는 얘기를 해야 해요. 다른 관점으로 다르게 살면 되거든요. 자유롭고 개성 있게 키워도 생계나 생존에 목을 매지 않는 사회를 같이 꿈꾸면 어떨까, 그런 사회의 밑그림은 무엇인가, 나부터 할 수 있는 일은 무엇일까, 이런 질문들이 필요한 시간입니다.

사회 변화가 같이 가야

아홉 번째 키워드는 '사회 변화 없이 교육 변화 없다'는 것입니다. 가정부터 시작해서 학교와 교육 당국, 나아가 전체 사회 구조가 다 변해야 합니다. 그 변화의 기준은 우리 '모두의 행복한 삶'이라는 관점이 되어야죠. 그것이 우리가 열심히 살아가는 이유니까요.

그럼 학교나 교육 당국은 어떻게 변해야 할까요? 이미 말씀드렸지만, 학교는 우선 바뀐다면 오전에만 민주시민으로서 필요한 공부를 하되, 60점 정도만 요구하자. 그리고 점심 맛있게 먹고 학교 텃밭 가꾸기 정도 하고 집에 가도록 하자. 오후에는 모두 각자 하고픈 것 할 수 있게 하자. 솔직히 우리가 100점을 못 받아 우리의 '시민 의식'이 이렇게도 치졸한가요? 사회 공부가 100점이 아니라 정치나 사회, 경제가 이렇게 된 것 아니잖아요? 오히려 그렇게 점수에 목매다는 식으로 키우니까 팔꿈치로 옆 사람을 치며 경쟁만 하는 식으로 온 사회가 더 옹졸해진 것이지요. 그래서 이렇게만 바꾸어도 아이들은 행복해 하며 즐겁게 성장할 수 있을 것 같아요.

그 다음 학교의 변화 중에 교장, 교감을 교무실에서 교사들이 뽑으면 좋겠어요. 교사들을 믿어주자. 선생님들도 나름 일정 경력과 교육철학이 있는데, 아이 사랑하는 마음 등을 반영해 교장·교감을 얼마든지 훌륭한 분으로 뽑을 눈이 있지 않을까요? 아니면, 교양지《녹색평론》을 내시는 김종철 선생님 제안대로, 후보자 서너 명을 뽑아 놓고 제비뽑기로 결정해도 좋을 거 같아요. 이렇게 하면 지금보다 못할 가능성은 거의 없다, 오히려 좋아질 가능성이 높다고 봅니다.

다음엔 아이들 학생회, 교사회, 학부모회를 활성화해야 해요. 민주적으로 토론하고, 다른 의견도 제출하고, 그렇게 제출된 내용을 좀 힘들더라도 서로 조율해 나가는, 단순한 운영위원회 차원을 넘어 좀 더 민주적으로 폭넓은 토론이 이뤄지는 과정이 필요합니다. 경우에 따라서 교무실 교사회의 때 학생회 대표를 참가시키는 것도 좋아요. 일례로, 군산의 한 혁신학교에서 그렇게 했더니, 아이들이 기가 살아나서 학교 대청소도 자발적으로 조직하고 학교 일에 더 관심을 갖고 의욕적으로 생활하게 되었다고 해요. 가정이나 학교, 사회에서 아이들은 믿는 만큼 자랍니다.

중·고교와 대학도 바꾸어야 합니다. 저는 '개성 있는 평등화'를 주창하는데, 무지개 빛깔의 학교를 상상하자는 거죠. 아이들 개성과 선택에 따라 시인학교, 농부학교, 노래학교, 악기학교, 발명학교, 연구학교, 뮤지컬학교 등등. 사실 지금도 구조는 그렇게 닮아 있지만 잘 안 되고 있어요. 문제는 크게 두 가지죠. 하나는 우리의 시선이죠. 서열화 된 시선…. 교수 자식이 농사짓는다고 하면 아마도 '웃긴다'

고 하겠죠. 이런 식이라 문제거든요. 무얼 하든 자기가 하고픈 것을 선택했을 때, 그런 '시선의 폭력'을 느끼지 않고 자유롭게 배움의 즐거움을 느끼게 해야지요. 시간이 걸리더라도 시선을 바꿔야 합니다.

둘째는 사회적 대우 문제입니다. 나중에 애들이 대학을 가든 안 가든, 어떤 일에 종사할 때 시간당 보수나 연봉 같은 사회경제적 대우가 비슷해지게 하면 교육문제, 경제문제, 사회문제, 심지어 심리문제까지 해결됩니다. 물론 각 직업 특성상 수당의 차이 같은 게 있을 수 있지만, 중요한 건 기본급의 차이를 현저히 줄이자는 겁니다. 자부심 갖고 살 수 있게 말이죠. 이렇게 시각과 더불어 대우가 달라지면 학교도 무지개 빛깔이 가능합니다. 그렇게 되면 기득권 질서가 무너질 것이고, 일류 대학 서열화 등의 문제도 슬슬 풀리겠죠.

이제 온 사회를 이야기해 봅시다. 쉽게 말하면, 장관 네 명을 제대로 바꾸어야 합니다.

첫째, 교육부장관은 앞에서 말씀드린 것 모두 하면 됩니다. 특히 한국 대학을 100개만 남기고 한국 1대학부터 한국 100대학까지 수평화해야 해요. 진정 서열화를 없애고 싶다면 이것도 좋은 방법이죠. 파리 대학처럼 말이죠. 물론 대학을 안 가도 자부심 갖고 살 수 있게 해야 하고요. 수험생은 수학능력 70점만 되면 누구나 1~5지망까지 해서 진학 가능하게 하고요. 여기서 희소식은, 대학에 대한 우리 마음의 서열화는 존재하지만 실제로 교수들은 평준화되어 있다는 점입니다. 진정 교육을 바꾸려면 인성 좋고 실력 있으며 사회 헌신하는 일류 스승을 찾아가도록 지도해야 합니다. 집에서 가까운 곳에 그런 스승이 있으면 더 좋죠.

둘째, 노동부장관입니다. 공부시간 단축하듯 노동시간도 단축해야죠. 한 사회가 돌아가는 데 일정한 노동 총량이 있습니다. 이것을 모두가 조금씩 하면 되는데, 현재는 일부만 장시간 노동, 대다수는 비정규직이나 실업자죠. 그러니 둘 다 힘들죠. '모두 조금씩'이 답입니다. 사람을 존중해야죠. 그래야 '오후가 있는 삶'이 됩니다. 공부와 노동에 시달리다, 노후에 고생하다, 나중에 공동묘지에 가만히 누워 행복을 찾을 게 아니라, 바로 지금 여기서 행복하자는 것입니다.

셋째, 복지부장관입니다. 우리 삶에 돈이 많이 드는 걸 보면, 주거, 교육, 의료, 노후입니다. 이것 때문에 모두 불안해하고 두려워해요. 사는 게 겁이 나죠. 연애도, 결혼도, 출산도, 모두 기쁨이 아니라 공포입니다. 이게 나라입니까? 발상을 전환해 주거, 교육, 의료, 노후 문제 해결에 공공성 개념을 도입하면 됩니다. 돈의 문제 이전에 의지의 문제가 해결되어야 해요. 모두 원하면 재원은 시간문제일 뿐입니다. 이런 것들이 공공성 차원에서 풀리면 사실 우리가 돈 쓸 일이 별로 없어요. 친구들과 여행하고 좋은 책도 좀 사 보고, 연극이나 영화 좀 보고, 아이들 자전거나 공, 악기 같은 것 좀 사주면 됩니다. 탐욕을 버리고 발상을 전환하면 모두 행복해집니다.

넷째, 실은 가장 기본인데, 농림부장관입니다. 밥상을 살려야 해요. 그러려면 유기농업과 농어촌 공동체를 키워야 합니다. 지금처럼

FTA 해서 망가뜨리면 망가뜨릴수록 나라 살림 전체가 '세월호'처럼 가라앉아요. 지금은 가라앉는 줄도 모르고 '가만히 있으라'는 명령에 순종하고 있는 게 우리 사회 전체의 모습이죠. 특히 식량자급률을 현재의 20퍼센트 정도에서 80퍼센트 정도로 높여야 해요. 그것도 대농이나 기계농, 화학농이 아니라 소농이나 협동농, 유기농 중심으로 말입니다.

민주주의를 위한 실천이 중요

열 번째 키워드는 민주주의입니다. 민주주의의 핵심은 주체성과 연대성이 아닐까 합니다. 앞에서 중요한 장관들 네 명만 잘해도 세상이 바뀐다고 했는데, 이들이 제대로 서려면 현재 구조에서는 대통령이 바로 서야죠. 그런데 문제는 지난 100년 동안 우리 교육자들이 제자들에게 대통령 하나 제대로 뽑는 눈을 길러주지 못했다는 겁니다.

결국 마지막에는 우리 자신의 실천이고 민주주의 문제로 귀결되네요. 교육을 위해서나 노동을 위해서 그리고 경제와 사회 전체를 위해서 말이죠. 마지막으로 스스로에게 물어봅시다. 과연 우리는 아이를 교육한답시고 얼마나 많은 고생을 하고 있는지, 그런데 우리는 대통령이나 시장, 군수, 국회의원 뽑을 때 그 사람이 '과연 고양이인지 쥐인지' 구별할 눈을 키워주었는가, 바로 이런 질문을 우리 모두가

할 필요가 있습니다.(여기서 쥐와 고양이는 제2강에서도 말한 〈마우스콘신〉이라는 5분짜리 독립영화에 나오는 이야기죠.)

온 사회가 이런 분별력을 키우는 게 우리 교육의 새로운 목표가 되어야 합니다. 사실 국·영·수 시험은 100점 못 받아도 괜찮아요. 인간답게 사는 세상을 만들려면 완전히 새로운 개념과 철학을 가진 일꾼들을 뽑을 수 있는 눈을 길러줘야지요. 오늘부터 새로운 눈으로 새로운 삶의 패러다임을 하나씩 실천하며 매순간 행복하게 살아 보시자는 말로 마무리하겠습니다. 고맙습니다.

생존의 두려움을 넘어 노동의 희망으로

　　저는 경영학 중에서 사람 문제를 연구하다가 노사관계를 본격적으로 공부했습니다. 노사관계 전공을 선택하면서 기업을 어떻게 운영해야 사람들이 즐겁게 일하고 조직도 효율적으로 돌아갈까, 그리고 그 조직이 사회에 의미 있는 일을 할 것인가, 이런 관점으로 공부를 할 줄 알았습니다. 그런데 교수님들이 어떻게 하면 사람들을 절묘하게 다그쳐서 돈을 많이 벌 것인가 하는 것들만 가르치는 거예요. 기존의 경영학이 '돈벌이' 경영학이라면, 제가 대안으로 하고 싶은 것은 '살림살이' 경영학이었습니다.

　　그러면 돈벌이 경영학의 핵심 목표가 이윤이라면 살림살이 경영학의 목표는 무엇일까요? 그것은 단연코 행복입니다. 사람이 행복하게 살아야 일도 잘할 수 있고 경영조직도 자연히 잘 돌아갈 것이고, 나아가 온 사회가 좋아질 것 아닙니까. 한마디로 기존 경영 경제의 발상이 위에서 아래로 가는 것이라면, 저는 아래에서 위로 올라가는 것이라고 보기 시작한 겁니다.

궁극적으로 우리가 어릴 때부터 열심히 공부하고 열심히 일하는 목적이 무엇입니까? 결국 행복해지려는 것 아닙니까? 그런데 행복에 도움이 안 되는 돈벌이나 공부를 하는 것은 뭔가 문제가 있는 것 아닙니까? 저는 20대 초반부터 이런 문제의식을 초보적으로 갖게 되었고, 그 이후 학문의 길로 들어선 지 벌써 30년의 세월이 흘렀습니다.

초심을 잃지 말자

우선 첫 번째는 '초심을 잃지 말자'는 것입니다. 초지일관(初志一貫), 이게 참 어렵긴 하지만 청년 전태일의 정신을 늘 가슴 속에 품고 살아야겠습니다. 인간다운 삶을 위해 나는 어떻게 살 것인가, 이런 화두가 '노동'을 하며 사는 우리 모두의 가슴 속에 살아 있어야 한다는 거예요.

이 땅에 처음 노동조합이 만들어질 때를 생각해 보세요. 어용노조를 민주노조로 바꾸던 1987년 이후의 상황, 그 이전에 동일방직이나

YH무역처럼 여성 노동자들이 남성 구사대의 방해와 탄압을 무릅쓰고 노조를 지켜내려던 상황, 더 심하게는 "근로기준법을 준수하라"며 분신항거를 해야 했던 전태일의 1960~1970년대, 그 당시 우리의 선배들은 얼마나 두려웠을까요? 처음에 노조를 만들거나 노조의 문을 두드리고 조합원으로 결합할 때 굉장한 용기와 결단이 필요했을 것입니다.

노동 내지 노조라는 말만 해도 '빨갱이'라고 잡아가던 시절, 경찰과 군 보안대, 안기부 같은 국가 공권력 기구들이 우리를 삼엄하게 감시하던 시절, 그 공포의 시절에 우리 선배들은 노조를 만들어냈습니다. 그 공포의 와중에도 노조를 만들고, 민주노조로 바꿔내고, 공장을 넘어 온 사회로 새로운 기운을 불어넣었던 그 용기와 힘은 과연 어디서 나왔을까요? 저는 그 힘이 우리 운동의 기본 지향에 있다고 생각합니다. 가치와 철학이죠.

그것은 노동조합 운동을 통해 우리끼리 잘 먹고 잘 살겠다는 게 아니라 모두 단결해서 내가 속한 조직, 그 속에서 일하는 친구와 선·후배들, 더 나아가 우리 사회를 좀더 사람답게 사는 사회로 바꾸는 데 일조하겠다는 결심, 이런 가치와 철학이 있었던 것 아닌가요? 바로 이런 기본 지향을 잊지 말고 더욱 굳세게 함께 나가야 할 것입니다.

경쟁이 아니라 연대

두 번째, 노동조합의 가장 본질적인 원리가 무엇일까요? 제가 아무리 공부하고 또 공부해도 책에는 잘 안 나오더라고요. 그래서 제가 딱 한마디로 정리했습니다. 노조의 본질은 노동자 사이의 '경쟁을 지양'하는 것입니다. 같은 노동자끼리 서로 경쟁하지 않겠다, 하나로 가겠다, 바로 이게 노조의 본질이죠. 예를 들어 볼까요?

여기 사장이 한 명 있어요. 회사를 만들고 노동자를 고용해야 해서 사람들 앞에 가서 얘기합니다. "여기 일자리가 하나 있는데 누가 오시겠어요?"

한 사람이 손을 번쩍 들고 가령 이렇게 말한다고 해봐요.

"사장님, 제게 일자리를 주면, 한 달에 100만 원 받고 하루 여덟 시간 열심히 하겠습니다."

사장이 그 사람을 보고 고개를 끄덕여요. 그런데 바로 옆에 있던 다른 사람이 손을 번쩍 듭니다.

"사장님, 저는 한 달에 90만 원에 하루 아홉 시간씩 해드리죠."

사장의 눈길이 그 사람에게 돌아갑니다. 그 사이에 저 뒤에 다른 사람이 또 손을 들어요.

"저는 한 달에 50만 원만 주세요. 하루 열 시간씩 일하죠, 뭐."

점점 이렇게 경매를 하게 되는 거예요, 노동력을 말이죠. 이런 상황을 지켜보던 또 다른 청년이 탁자를 탁 치며 일어나 말합니다.

"여러분, 지금 이 세상이 아무리 신자유주의라 하지만, 우리가 하나밖에 없는 노동력을 이렇게 싸구려로 팔아서야 되겠습니까? 아무리 그래도 '인간다운 삶'이란 게 있지 않겠습니까? 맨 처음 분 말씀처럼, 하루 여덟 시간, 한 달 100만 원, 이 정도가 아니라면 우리들 중 어느 누구도 노동력을 팔지 말기로 합시다!"

이 말에 모든 사람들이 손뼉을 치며 와르르 몰려 나간다고 칩시다.

이 순간이 어떤 순간입니까? 물론 사장으로서는 다소 황당한 순간이겠지요? 하지만 노동자들 입장에서는 바로 이 순간이 노동조합이 서는 순간입니다. 노동자들끼리 더 이상 경쟁하지 않겠다는 단호한 결심, 이 결심이 통일되는 순간이죠. 이게 중요합니다. 통일된 결단, 인간다운 삶이라는 공통분모의 공유, 그래서 노동자끼리 더 이상 경쟁을 그만하자는 구호, 바로 이런 것이 노동조합의 본질을 이룬다는 겁니다. 위원장을 뽑고 조직부장이나 총무부장 뽑는 건 이 본질에 비하면 지극히 지엽적인 것에 불과하죠. 본질이 제대로 잡혀야 형식도 제대로 굴러갑니다. 안 그러면 알맹이는 사라지고 껍데기만 남게 됩니다.

한 걸음 더 나가 생각해 볼까요? 이렇게 사장으로서는 다소 황당한 순간이 왔을 때, 사장은 어떻게 나올까요? 둘 중 하나입니다. "여러분들, 진정하시고 제 말 좀 들어보세요. 하루 여덟 시간, 한 달 100만 원 드릴 테니, 다시 자리에 앉아보세요" 하고 타협을 하거나 "아이고, 너희들 아니면 일할 사람 없을 줄 알고?" 하면서 중국으로 가는 거죠. 이렇게 되면 이제 노동자들이 다소 황당한 순간이 옵니다. 이걸 통상적으로 세계화니 세계경영이니 하는데, 그 옛날 스페인과 영국이나 프랑스, 독일 등의 제국주의 식민지 개척과 본질적으로 다르지 않습니다. 오늘날에는 신자유주의 세계화라고 하지요.

어쨌든 일자리를 구하던 노동자들이 진짜 황당하게 되었어요. 이제 중국에서 공장이 활발히 돌아가고, 거기서는 일자리는 많은데 사람이 없다고 합니다. 사장들은 살 판 났죠. 싸구려 노동력이 구름떼같이 몰려오니까요. 그러나 이게 끝은 아닙니다. 이제 한국의 노동자들과 중국의 노동자들이 하나가 되어 하나의 깃발 아래 뭉쳤어요. "하루 여덟 시간, 한 달 100만 원으로 인간다운 삶을 쟁취하자"며 전체적으로 일어선 거죠. 여기서 또 사장은 갈등합니다. 저 요구를 들어주고 여기서 계속 사업을 할 것인가, 아니면 다시 공장을 인도나 방글라데시로 옮길 것인가? 바로 이런 일련의 과정들이 계속 벌어지는 게 자본주의 노사관계라는 것입니다.

정리하면, 노동자들은 서로 경쟁을 지양하고 단결과 연대를 이뤄내는 것이 인간다운 삶을 구현하기 위한 지름길이고, 기업가들은 노동자들을 쪼개고 차별화해야만 일을 시키기도 편하고 이윤도 많이 건지게 된다는 거예요. 좀 안타깝고 서글프긴 하지만, 이게 우리가 직면한 자본주의 노사관계의 본질입니다.

그래서 여기서 분명히 해야지요. 우리 삶의 목표는 이윤이 아니라 행복이란 사실을. 요컨대 단결과 연대가 중요하다, 경쟁을 그만두어야 한다, 이윤을 위해 인간다운 삶을 희생해선 안 된다, 이걸 진심으로 가슴 깊이 새겨야 합니다.

경쟁과 지배는 동전의 양면이다

그래서 이제 세 번째 포인트는 '경쟁이란 과연 무엇인가' 하는 문제입니다. 물론 두 번째 말씀드린 노조의 본질 문제와 연결이 됩니다. 사실 하나의 노조에 속한 사람들도 개별 회사 차원에서 보면 다른 경쟁 회사보다 훨씬 나아야 시장점유율도 높아져 번영할 수 있습니다. 이런 식으로 동종 업종의 기업들은 사실상 경쟁관계에 있는 경우가 많습니다.

원래 비즈니스란 건 어떻게 하면 사람들의 살림살이를 잘 도와줄 수 있을까, 어떻게 하면 생활문제를 좀더 효과적으로 처리할 수 있을까 하는 관점에서 출발한 거예요.《무탄트 메시지》(정신세계사, 2003)란 책에도 나오죠. 모든 비즈니스의 핵심은 삶의 필요를 충족한다는 거죠. 그러나 현실은 어떤가요? 오늘날 비즈니스는 삶의 필요와는 관계없이 이윤만 많이 챙기면 된다는 식입니다. 원래의 목적인 생활문제의 해결을 낭비가 없이 효과적으로 하려면 경쟁보다는 협동이 훨씬 더 낫죠. 다윈의 진화론에도 적자생존(適者生存) 이야기가 나옵니다만, 한 종(種)이 제대로 생존하기 위해서는 외부의 침입이나 여러 천재지변에 잘 대응하고 적응해야 합니다. 서로 협동하고 도와야 해요. 물론 내부에서 시샘이나 경쟁이 있을 수 있지만, 더 근본적인 원리는 서로 협력하면서 살아가는 데 있다는 것이지요. 이것이 근본적으로 더 올바른 것이기도 하고요. 그래야 사람들이 더불어 행복할 수 있잖아요.

여러분은 중·고등학교에 다닐 때 시험을 보면서 점수나 등수 경쟁에 마음이 편안했나요? 아니죠, 엄청 힘들었습니다. 공부 못한 사람은 위로 못 올라갈까 봐, 잘한 사람은 혹시 떨어질까 봐 불안하잖아요. 저도 그랬습니다. 지금 우리의 자녀들 또한 마찬가지고요. 여기에서는 노동조합의 테두리 안으로 이야기를 국한하겠지만, 우리 삶 전체를 보면 교육문제, 노동문제, 복지문제, 그 다음 농업과 같은 먹거리를 생산하는 문제들이 서로 분리된 것이 아닙니다. 그런 의미에서 우리가 인생을 살면서 서로 협동하고 연대하며 소통하는 것이 옳은 태도라는 것입니다. 이런 연대와 협동의 원리가 노동조합의 원리일 뿐만 아니라 본질적으로 사람 사는 원리라는 거죠.

그러면 '경쟁의 원리'는 무엇입니까? 제가 간파한 결과로는, 자본이 자기 몸집을 불려나가는 데 있어 가장 효율적인 수단이 바로 경쟁이라는 겁니다.

좀 쉽게 설명해 보겠습니다. 예전에 학교 다닐 때 체육시간을 한번 생각해 보세요. 운동장에 나갔는데 아이들이 왁자지껄 떠들고 선생님 말을 잘 안 들어요. 통제가 안 됩니다. 그때 선생님이 5분 안에 아이들을 평화적으로 장악하는 방법이 있어요. 선착순 달리기죠.

"애들아, 저기 운동장 끝에 철봉 있지? 저 철봉을 돌아서 와야 하는데, 선착순이야. 1, 2, 3등만 빼준다. 그 다음 4등부터는 또 돌아야 돼. 자, 준비, 땅!"

이렇게 하고는 애들을 달리게 합니다. 애들은 죽어라고 뛰어요. 3등까지만 그 다음 달리기에서 면제가 되니까 헐떡이면서 뜁니다. 3등 안에 들어서 쉬려고요. 그렇게 한 명의 선생님이 선착순 경쟁을 시키니 수십 명의 아이들이 죽어라고 뜁니다. 아이들끼리 경쟁하는 거예요. 3등까지는 쉬라며 빼줍니다. 4등부터는 다시 뛰어야 해요. 나중에 어떻게 됩니까? 그런 식으로 죽기 살기로 운동장을 서너 번만 뛰고 나면 모든 아이들의 군기가 딱 잡힙니다. 그러면 선생님이 이렇게 말해요. "그래, 됐다. 이제 그만 뛰어라."

그러면 아이들은 힘들어 하면서도 이제 그만하라고 하니까 다행이다, 하고 생각할 뿐이죠. 약간의 억울함은 있지만 왜 선생님이 굳이 뺑뺑이를 돌리는지 의문을 제기하거나 항의를 하진 못하지요. 그렇게 선착순 경쟁을 몇 차례 하고 난 뒤 선생님이 "내가 중요한 이야기를 할 테니까 잘 들어 봐"라고 하면 애들에게 잘 먹힐까요, 안 먹힐까요? 당연히 잘 먹힙니다. 선생님 입장에서 철수나 영희, 아니면 차돌이나 맹순이, 이들 중 누가 1등 하느냐가 중요할까요? 누가 1등 하는가는 하나도 안 중요합니다. 선생님 입장에서 중요한 것은 아이들이 서로를 경쟁상대로 삼아 1, 2, 3등 안에 들기 위해 죽기 살기로 열심히 달려가는 그 행위입니다. 말하자면, 경쟁을 '내면화'해서 서로 옆 사람을 밀쳐가며 열나게 뛰어가는 바로 그런 분위기가 살아 있는 한, 1등부터 꼴찌까지의 모든 아이들은 단 한 명의 선생님에게 완전히 장악되는 겁니다.

흥미롭게도 세계 자본주의 시스템이 돌아가는 근본 원리가 바로 이겁니다. 각 나라가 서로 선진국이 되려고, 즉 모두 1등 강국이 되려고 속된 말로 뺑이를 치면서 경쟁하는 거죠. 그런데 세계 자본주의 체제 입장에서 어느 나라가 1등 하느냐가 중요할까요? 미국? 일본? 아니면 독일? 한국? 실은 그 어느 나라가 1등을 하건 그건 하나도 중요하지 않지요. 물론 각 나라 입장에서는 개인과 마찬가지로 자기가 1등을 하는 게 중요하다고 생각하겠지요. 이걸 '강자 동일시' 태도라 부르기도 하죠. 하지만 세계 자본주의 시스템의 입장에서는 누가 1등을 하는가가 아니라, 모든 참여국이 서로 살벌하게 경쟁하는 상황 자체가 계속 유지되는 게 진짜 중요해요. 그래야 모든 참여국이 서로 열심히 자연과 사람의 살아 있는 에너지를 효과적으로 또 효율적으로 뽑아낼 수 있겠지요. 경쟁자끼리는 누가 1등을 차지하는가에 따라 누가 더 많은 떡고물을 가져가는가가 결정되겠지만, 세계 체제 입장에서는 누가 1등을 하는지와는 무관하게 그런 경쟁 자체가 지속되어야 자본주의 이윤 체제 역시 지속될 수 있기 때문입니다.

그래서 오늘날 쿠바 · 볼리비아 · 베네수엘라 등의 나라처럼 '민중무역협정' 같은 걸 맺고 서로 연대와 협동을 하면, 자본주의 세계 체제에 아주 큰 위험이 됩니다. 왜냐하면 이런 나라들이 "우리 이제 그런 피비린내 나는 경쟁 그만 할래. 우리끼리 서로 형제자매 관계로 돕고 살래"라고 나오기 때문이죠.

처음에 2005년부터 시작된 민중무역협정, 즉 PTA(People's Trade Agreement)는 쿠바, 베네수엘라, 볼리비아 등 3개 나라에서 현재 11개 나라로 확장되었다고 해요.

원래 이것은 ALBA(아메리카 민중을 위한 볼리비안 대안 또는 동맹)라고, 남미 및 카리브 해 여러 나라들이 사회경제적·정치적 동맹을 맺어 제국주의 또는 신자유주의 세력에 함께 맞서면서 민중의 삶을 향상 시키자는 운동의 일환에서 나왔습니다. 겉보기에는 아세안(ASEAN) 이나 유럽연합(EU) 등과 같은 모양새지만, 기본 원리는 기업적 또는 국가적 이해관계가 아니라 민중적 필요의 충족이라는 점에서 질적 으로 다른 움직임이라 할 수 있어요.

이런 대안적 질서를 가지는 게 실은 세계 자본주의 입장, 특히 산 더미 같은 돈을 투자해 그만큼 이윤을 벌고자 하는 기업가나 주주, 즉 자본가 입장에서는 굉장히 위협적인 거죠. 그러니까 미국이 이런 나라들을 막 몰아붙이는 거예요. 이슬람 국가로 상징되는 여러 아랍 국가들과의 관계도 그렇고요. 상징적으로 말해, 미국의 월가 입장에 서는 세계적으로 자본주의 경쟁을 시켜야 하는데, 만일 "우린 안 할 래!" 하는 나라들이 생기면 쳐들어가서 박살을 내고 시장경쟁, 이윤 경쟁 위주의 체제를 세우는 게 전략적 과제가 되는 겁니다. 사실 이게 지금 세계적인 차원에서 자리 잡은 프레임이죠. 남미 여러 나라들처럼 서로 단단히 뭉쳐서 공동으로 대항하지 않으면 쉽게 공격당할 수 있다는 말이기도 합니다.

좀 압축해서 말하면, 자본의 입장에서는 상대방을 경쟁시키고 분열시켜야 지배도 쉽고 돈벌이도 쉬워진다는 말입니다. 반면 민중의 입장에서는 서로 똘똘 뭉쳐야, 즉 단결과 연대를 잘 이뤄야 자본의 전략에 효과적으로 맞설 수 있습니다. 그래서 경쟁과 지배는 동전의 양면이고, 일하는 사람의 입장에서는 단결과 연대만이 살 길이라고 강조하고 싶습니다. 바로 이런 원리가 오늘날 우리 삶 속에 작동한다는 사실을 뼈저리게 깨쳐야 합니다. 지금 당장 우리가 이 시스템에서 벗어날 수는 없지만, 이 근본 원리를 알아야 비로소 우리가 왜 단결해야 하는지, 대안적 삶의 구조와 원리를 어떻게 구축할 수 있을지 제대로 알게 된다고 봅니다.

단결과 연대의 노력

지금까지 우리가 서로 갈라지지 않고 똘똘 뭉칠수록 힘이 세진다는 원리에 대해 알아보았습니다. 그러면 그렇게 뭉쳐서 도대체 무얼 하자는 걸까요? 그렇게 해서 우리가 저 권력층이나 특권층처럼 나 혼자 (또는 우리끼리만) 잘 먹고 잘 살자는 게 아니잖아요. 독재자처럼 이 세상을 마음대로 휘젓거나 세상을 망가뜨리자는 게 아니잖습니까?

우리가 원하는 건 노동시간 단축하고, 실업문제 없애고, 삶의 질을 높이자, 그래서 저녁이 있고 오후가 있는 삶을 살면서 새끼들 낳아 기르는 데 별 걱정 없는 그런 사회를 만들자, 바로 이런 것 아닙니까? 한마디로 하면, '인간다운 삶'을 원하는 것입니다. 그래서 인간다운 삶을 가능하게 하는 사회경제적 구조를 만드는 것이 우리 공동의 과제죠. 그러기 위해 어떻게 해야 할까요? 당연히 뭉쳐야 합니다.

우리가, 모든 노동자가, 모든 민중이, 서로 갈라져서 경쟁하기보다 똘똘 뭉쳐야 하는데, 크게 보면 산별 노조 하나로도 안 됩니다. 민주노총도 사실은 약하죠. 현재 한국 노조 조직률이 10퍼센트 정도인데, 이것 하나만 봐도 갈 길이 아주 멀다는 걸 알 수 있어요. 더 많이 뭉쳐야지요. 실업자, 비정규직, 여성, 청년, 이주노동자, 알바생 등 아직 뭉치지 못한 또는 뭉치지 않은 사람들이 많습니다. 대학 교수인 저도 교수노조 조합원이고 민주노총 조합원이지만, 10만 명 정규직 교수나 10만 명 비정규직 교수 중 민주노조에 들어 있는 사람은 1퍼센트도 안 됩니다. 이게 우리 상황입니다.

원칙적으로 노동의 힘 또는 민중의 힘이 가장 세려면, 제가 볼 때 '세계 노조' 딱 하나만 있으면 돼요. 이 세상 모든 민중이 세계 노조 안으로 뭉쳐서 자본과 권력에 대항하면 못 이길 수가 없어요. 이 세상의 30억 노동자가 이구동성으로, "세계 자본주의 대표, 나와! 하루에 여섯 시간 노동, 청년실업 없애고, 애들 무상교육하고, 그 다음 노후문제 같은 건 사회 공공성으로 해결하고 저녁이 있는 삶을 구현하자. 이것 아니면 우리 일 안 해." 이런 식으로 나오면 저들이 양보 안 하고 어떻게 배기겠어요? 30억이 하나로 뭉쳐 승부를 보면 모든 싸움이 끝나는 거예요. 그런데 이게 쉽나요? 절대 쉽지 않죠. 일단 이론적으로는 그렇다는 겁니다. 큰 방향을 보면 그래요.

물론 우리 현실은, 모든 개인이 뿔뿔이 흩어진 모래알 사회와 지금 말한 세계 노조로 뭉친 사회의 중간 어딘가에 위치합니다. 모래알 사회로 갈수록 민중의 힘은 약하고 세계 노조 경향으로 갈수록 민중의 힘은 커진다는 게 소결론이네요. 단결과 연대의 노력을 중단하지 않아야 한다는 겁니다.

그러나 제가 단결과 연대를 강조한다고 해서 단지 결과로 나타나는 조직률만 중요하다고 강조하는 건 아니에요. 조직률도 중요하지만, 사람이 사람을 만나고 서로 대화를 하고 삶의 고통을 공유하고 그래서 서로 배우며 성숙하고 나아가 '모두 함께'의 소중함이나 필요성을 절실히 깨달으며 함께 뭉치는 과정, 공감과 연대를 뼈저리게 느끼는 과정들이 더욱 중요하다고 봅니다. 조직률은 어느 정도 올라갔지만 사람들이 조합비만 내고 아무 생각이 없다면 이것도 '말짱 도루묵'이 되는 거죠. 마음의 통일, 의지의 통일, 대안의 통일이 중요합니다. 그런 대안적 밑그림을 갖고 단결과 연대를 확장해야 한다는 말입니다.

그래서 거듭 강조하지만, 왜 우리가 경쟁을 지양해야 하는가, 왜 노동조합으로 단결해야 하고 그 단결의 범위가 커질수록 왜 좋은가 하는 점에 대해 체계적 인식과 학습을 해나가야 합니다. 즐겁고도 진지한 배움터가 되어야 해요. 궁극적으로 우리가 원하는 게 무엇인가, 만일 우리가 승리해 세상을 새롭게 바꿀 수 있을 때 구체적으로 어떻게 바꿀 것이냐, 이런 문제에 대해 제대로 된 밑그림을 갖고 있어야지요. 평소에 일상적으로 실천하거나 아직 실천은 못하더라도 아주 익숙한 그림으로 늘 가슴 속에 갖고 있어야 합니다. 예를 들면, 우리가 4대강 사업 같은 걸 해서 몇십 조 원을 헛되이 쓰려는 것 아니죠? 우리 힘이 세진다고 일명 '사자방(4대강, 자원외교, 방산비리 등 권력형 부정부패)' 같이 사기 치려고 하는 것 아니죠? 일을 안 하겠다는 것도 아닙니다. 일을 좀 즐겁게 하자, 의미 있는 일을 하자는 거죠. 그리고 일한 결과가 우리한테 오도록 하자, 우리 후손들은 좀더 인간답게 살 수 있는 사회를 만들자, 바로 이런 거죠. 한마디로 사람답게 살 수 있는 조건을 만들어가자는 겁니다. 그 속에 노동운동이나 모든 사회운동의 정당성이 있는 거예요.

그런데 현실을 한번 보세요. 뼈 빠지게 일했는데, 나중에 보니 효율이 올라갔다고 사람만 잘라냅니다. 참 고약한 일이지요. 실업자가 많아지면 한쪽에 남은 사람들은 더 오랫동안 일해야 됩니다. 저녁이 있는 삶은 고사하고, 애들과 얘기할 시간도, 잠 잘 시간도 없는 삶이 됩니다.

삶의 질 중심 구조혁신

그러면 이제 다섯 번째 포인트로, 우리가 원하는 세상의 밑그림이 무엇인지 좀더 구체적으로 들어가 봅시다. 저는 이걸 '삶의 질 중심 구조혁신'이라 부릅니다. 자본이나 권력이 말하는 '경쟁력 중심 구조조정' 대신 대안으로 제시하는 개념입니다. 왜냐하면 아무리 돈을 많이 벌고 승진을 해도 '삶의 질'이 떨어지면 절대 행복하기 어렵기 때문입니다.

제가 생각하는 삶의 질은 크게 네 차원입니다. 첫째는 건강과 여유입니다. 몸과 마음이 건강하고 시간적으로나 내면적으로 여유가 있어야 해요. 둘째는 존중과 평등입니다. 사람들끼리 서로 존중하고 평등한 관계를 맺어야 삶의 질이 높아진다는 거죠. 셋째는 인정이 넘치는 공동체입니다. 가족, 친구, 이웃, 마을, 나아가 전체 사회, 더 크게는 지구촌 전체가 서로 인정을 나누고 선물을 나누는 관계가 되어야 한다는 거죠. 분명히 말합니다. 뇌물이 아니라 선물을 나눠야 해요. 이게 참된 공동체를 만듭니다. 그리고 네 번째는 조화로운 생태계입니다. 아무리 우리가 잘 살아도 물과 흙과 공기가 오염되면 또 '말짱 도루묵'이 되고 맙니다. 우리가 직접 발을 딛고 사는 땅만이 아니라 지구 전체가 조상에게 받은 유산이고, 또 우리 후손들에게 빌려서 쓰는 부채이기도 하다는 인식이 있어야 합니다.

물 한 방울의 힘

제가 지금까지 거론한 몇 가지 포인트들을 다시 한 번 상기해 봅시다. 초심을 잃지 말자. 노동조합의 본질은 경쟁을 지양하는 것이다. 왜 경쟁이 문제냐, 알고 봤더니 지배자의 지배력을 확장하는 수단이 경쟁이다. 이건 원래 사람 사는 이치가 아니다. 우리 삶의 원리는 연대와 협동이다. 이 정도였습니다. 그리고 이제 연대와 협동, 소통과 단결을 통해 '삶의 질'이 높은 사회구조를 만들자는 것입니다.

우리가 보통 사람답게 사는 사회를 강조하는데, 이것이 바로 삶의 질이 높은 사회를 말합니다. 그러면 사람답게 사는 사회란 한마디로 뭐라고 할 수 있을까요? 그건 아마도 '아이 낳아 기르는 게 즐거움'인 사회를 말하는 게 아닐까요? 아이 기르기 좋은 사회가 곧 좋은 사회의 내용이 된다고 봅니다.

우선 아가의 탄생부터 보면, 엄마와 아빠가 잘 협동해야 새끼가 태어납니다. 분열이 아니라 협동이 중요하다는 말입니다. 이게 인생을 새로 출발시키는 원리이기도 해요. 또 부모님이 사랑으로 보살펴야 아이가 잘 크죠? 그리고 학교 공부, 이건 별도의 설명이 필요한 영역이지만, 사실 우리는 너무나 경쟁을 많이 한 나머지 당연히 시험치고 경쟁해야 공부가 되는 걸로 알고 있습니다. '경쟁을 내면화'한 게 우리의 현재 모습이지요. 하지만 사실은 그 과정에서 우리 모두가 얼마나 심리적으로 뒤틀립니까? 한편으로 시기심과 질투심이 철철 넘치고, 다른 편으로 공포와 불안감이 우리 심성을 망가뜨리죠. 이런 게 참된 우정을 방해하고 진정으로 자율성을 가진 인간으로 성장하는 걸 방해합니다.

그런데 우리가 이런 걸 당연히 여기는 사이에 진짜 선진국들은 전혀 다른 길을 걸었습니다. 학교 공부나 학습에 경쟁 요소보다는 협동의 요소, 시험보다는 성찰을 강조한 거죠. 대표적인 나라들로 스웨덴, 덴마크, 노르웨이, 핀란드 등을 들 수 있고, 남미의 쿠바나 아시아의 부탄 같은 나라도 마찬가지입니다. 경쟁보다 협동, 시험보다 성찰, 외형적 성과보다 내면적 성숙… 이런 걸 중시하는 교육이 진짜배기 교육입니다.

이런 외국의 사례들이 우리에게 가르쳐주는 것은, 한 교실에서 협동학습으로 6학년이 1학년을 가르쳐주고, 5학년이 2학년을 가르쳐주고, 또 4학년이 3학년을 가르쳐주면, 재미도 있고 보람도 느낀다는 사실입니다. 1, 2, 3학년이 자라서 나중에 4, 5, 6학년이 되어 다시 후배들을 가르칠 때 형님들의 고마움을 한 번 더 느끼게 되겠지요. 이렇게 학교에서 협동학습이 이루어지면, 아이들끼리 관계나 분위기도 좋아질 뿐 아니라 가르치면서 오히려 더 잘 알게 되는 장점도 있습니다. 실은 설명해 주고 가르치는 과정에서 더 정확히 알게 되기도 해요. 그 과정에서 새로운 이치나 원리를 깨닫게 되는 경우가 많아요. 일도 그렇고 공부도 그렇습니다. 이런 것이 과정 지향적 학습입니다. 협동학습의 효과가 커지는 이유가 여기에 있거든요. 그리고 이렇게 하면 애들 마음이 행복합니다. 또 나중에 이런 아이들이 온 사회를 더 행복한 사회로 만드는 주인공이 되는 거예요. 지금의 우리처럼 해서는 좋은 사회 만들기가 점점 어려워집니다. 정말 모두 진지하게 생각해야 합니다.

마음의 상처를 안 받고 자라난 청소년들이 많아지는 사회, 그런 어른들이 많아지는 사회는 긴장감도 훨씬 덜하고 전반적으로 마음도 푸근합니다. 공격성도 덜 하고 작은 부분에 상처받지 않아요.

그런데 지금 우리 사회를 보면 사람들이 얼마나 예민하고 아주 작은 일에도 상처를 주고받습니까. 그리고 대한민국의 술 소비량이 왜 세계 최고를 달립니까? 산재, 과로사, 출산율 저하, 자살률 등과 더불어 술 소비량도 최고입니다. 그만큼 스트레스가 많다는 겁니다.

누군가 도도히 흐르는 강물을 바라보다가 '도대체 저 강물은 어디서 흘러오는 걸까?' 하고 강물을 거슬러 올라가기 시작했다고 해요. 강물을 한참 올라가니 샛강이 나오고 마을이 나오고… 또 마을을 지나 작은 개울이 나오고 또 산으로, 계곡으로 한참을 올라갔죠. 마침내 옹달샘이 나오고, 그래서 이 옹달샘은 어디서 나오나 하고 더 올라갔대요. 나중엔 졸졸졸 물 흐르던 소리가 그치고 드디어 똑똑 한 방울씩 물 떨어지는 소리가 나는데, 아하, 나무뿌리에서 물이 한 방울씩 떨어지더라는 거죠. 물론 그 옆 바위에서도 한 방울씩 떨어지고요. 결국 하늘에서 받아 머금었던 물이 나무뿌리에서 한 방울씩 떨어져 나와 옹달샘을 이루고, 물길이 되고, 개울이 되고, 샛강이 되어 마침내 강물이 되었던 것이지요. 이게 감동입니다. 물 한 방울의 힘. 바로 우리 각자가 물 한 방울인 거죠. 이것이 모이고 모여 거대한 강물이 되는 겁니다. 마침내 바다로 흘러가겠지요. 그 어떤 것도 품어버리는 거대한 바다….

우리에게 큰 힘을 주는 이야기입니다. 작은 힘이라도 쉬지 말고 흐르되, 서로 뭉치자, 이것이 사람답게 사는 길이요, 사람답게 사는 세상을 만드는 지름길이라는 것입니다.

우리 삶을 다시 성찰하고 지금 여기서부터 어떻게 살아야 할지 다시 생각해 보는 계기, 나아가 옆에 있는 친구나 동료가 얼마나 소중한 존재인지 한번 더 확인하는 계기가 되었으면 좋겠습니다.

제6강: 일중독 벗어나기
살고 싶은 삶과 실제 삶의 사이

우리는 대부분 열심히 일하면서 부지런히 살고 있는데, 우리 인생의 배가 어떤 방향으로 가야 좀더 행복한 항해를 할 것인지 생각해 볼 필요가 있습니다.

《일중독 벗어나기》(메이데이, 2007)라는 책이 있는데, 솔직히 제가 쓴 책 중에서 가장 인기가 없는 책 중 하나입니다. 대체로 제 책들이 큰 인기는 없는 편인데, 그 이유는 별로 '돈'이 안 되는 책들이기 때문입니다. 저는 돈보다 삶을 중시하니까 당연히 돈이 안 되지요. 지금 당장은 별로 인기가 없지만, 궁극적으로 내 진심을 알아주는 사람들이 더 많아질 거다, 갈수록 돈 위주의 삶에 회의를 느끼고 참된 삶을 살고자 하는 사람이 늘어날 거다, 그러면 내 책을 읽을 사람도 많아질 거다, 이런 마음으로 살고 있습니다. 사실 학자로서 선생으로서 기본으로 받는 월급만으로도 먹고사는 건 대체로 충분해요. 제가 사치만 부리지 않으면요. 물론 세 명의 자식 아래로 들어가는 돈도 만만찮지만, 그래도 대학 선생이라면 그 정도는 감당할 수 있다고 봐요. 그래서 책을 쓰고 글을 써서 얻는 수입은 사실 그리 많지도 않지만 죄다 모아서 각종 단체나 운동에 후원금으로 보내는 편입니다. 그게 저로서는 독자들과 이 사회에 대한 기본 예의 내지 책임감이라 생각하거든요. 제 책을 읽어주는 것만으로도 저는 엄청난 보상을 받았다고 생각하기 때문입니다. 어쨌든 《일중독 벗어나기》가 상대적으로 별로 인기가 없었던 이유가 뭘까 생각해 본 적이 있습니다.

그랬더니 금세 짚이는 게 있더군요. 그건 대부분의 (자본주의) 사회에서 유일하게 찬양되는 중독이 바로 일중독이기 때문입니다. 다른 중독과 달리 일중독만큼은 유일하게 칭찬되고 찬양되고 표창되고 권장되죠. 생각해 보세요. 마약중독, 게임중독, 쇼핑중독, 권력중독, 돈중독, 알코올중독, 니코틴중독 등에 대해서는 온 사회가 문제가 있다고 손가락질합니다. 니코틴중독은 정부가 오히려 이용해 먹기도 하지만 그 심각성은 온 사회가 알고 있습니다. 심지어 마약중독은 잡아가기도 해요. 그런데 일중독을 보세요. 우리나라뿐 아니라 유일하게 이 세상이 온통 칭찬하고 권장하는 중독이라 그 실체를 파악하기도 어렵고 극복하기는 더욱 어렵습니다.

그래서 제가 농담조로 요즘 하는 말이, 앞으로 돈 벌 데는 병원밖

에 없다고 합니다. 좀 비극적이죠. 온 세상 사람들이 지치도록 일하
다가 육체적으로 다치거나 정신적으로 우울해지고 외롭고 공허하고
인생의 의미나 가치를 잃어버리니, 이들을 치유해 줄 곳이 병원밖에
없다는 뜻입니다. 사실 오늘날 청년들만 봐도 그렇습니다. 낭만과 지
성에 펄펄 끓어야 할 청춘인데 전혀 그렇지가 않아요. 청춘들의 행복
한 낭만과 비판적 지성이 넘쳐야 그 사회가 희망이 있는데, 요즘 청
년들은 엄청 움츠려 있어요. 학교를 졸업해도 죄다 실업자 아니면 비
정규직이거든요. 한마디로 '알바 인생'이죠. 도대체 무엇이 어떻게
꼬인 것인지, 어디부터 풀어야 할지, 찬찬히 따져봅시다.

뒤틀리고 왜곡된 현실의 삶

우리는 철들기 시작하면서 일을 생각하게 됩니다. 사실 철모를 때
가 좋긴 하지요. 그냥 부모님만 따라다니면 먹고사는 게 다 해결되니
까요. 그러나 인생을 늘 그렇게 살 순 없죠. 그러니 철은 들어야 하는
데, 이제 어떻게 먹고살 것인가, 이게 늘 문제입니다. 그래서 일과 삶
의 관계에 대해 한번 생각해 볼 필요가 있습니다.

사람은 행복한 삶을 위해 일하는 것이고, 일은 행복한 삶을 위한
수단 혹은 과정이라고 생각합니다. 그런데 막상 우리 삶의 현실을 보
면 어떻습니까? 차이가 큽니다. 아니, 거꾸로 되어 있다고 해야 옳아

요. 우리들 대부분이 일을 위해 온 삶을 바치고 있거든요. 일이 삶을 위해 존재하는 게 아니라 오히려 삶이 일을 위해 존재하는 게 현실이 잖아요.

예를 들면, 우리 아이들은 미래의 일자리를 준비하느라 고등학교 내지 대학교까지 25년, 인생을 길게 100년으로 보더라도 일자리를 위해 인생의 4분의 1을 보내고 있어요. 80세로 보면 거의 3분의 1의 인생을 취업 준비하는 데 다 쓰고 있는 거죠. 대부분의 아이들이 배우고 싶어 하는 것이 많습니다. 악기도 배우고 싶고, 무용도 하고 싶고, 빵도 만들어 보고 싶고, 그림도 그리고 싶고…. 그런데 그런 마음의 움직임은 다 억압하고 국, 영, 수 중심의 공부만 해야 합니다. 그런다고 미래가 보장되는 것도 아닌데 말입니다. 사실 저도 1961년에 태어나 1970년대를 살면서, 또 1980년대 전반기에 대학을 다니면서 마찬가지의 경험을 했죠. 대체로 그렇게 살아가는 게 우리 인생의 현실입니다. 그런데 요즘은 저희 때와도 엄청 달라졌어요. 그때는 한국 경제가 한창 팽창기여서 뭐든 자꾸 새로 만들어내니 일자리가 계속 생겼던 거죠. 대학 졸업장 하나만으로도 먹고사는 데 지장이 없던 시절이었습니다.

그런데 이제는 달라요. 커질 대로 커졌거든요. 더 확장될 여지가 별로 없어요. 오히려 있던 사람들도 쫓아내니까요. 그나마 어렵게 들어간 직장도 노동시장의 현실, 직장의 현실은 참으로 고달프죠. 한마디로 아래로 '갈'구고 위로 잘 '비'벼야 생존할 수 있고 출세할 수 있는 구조입니다. 이 '갈-비의 법칙'이 작동하는 직장에서 한 40년의 노동하는 인생을 보내고 나면, 우리 삶에는 거의 '재'가 되어버린 껍데기만 남아요. 이제 노후를 좀 행복하게 보내고 싶은데, 연신 "아이고 다리야, 아이고 허리야"만 하는 거죠. 좀 서글프지만 우리네 인생이 바로 이런 식으로 흘러가고 있습니다.

물론 현실의 삶에서 아름답고 행복한 면만 생각해 보면 전혀 다르게 볼 수도 있지만, 좀더 깊은 차원에서 일과 삶의 관계를 약간 삐딱한 시선으로 바라보면 또 다르게 보인다는 거죠. 행복한 삶을 위해 즐겁게 일하는 방식이 아니라, 오로지 일을 위해 인생을 다 바치고 나중에 거의 재만 남는 인생을 사는 건 아닌가 하는 생각을 해보게 되는 겁니다. 사실 요즘엔 재가 되기 전에 이미 젊은 시절에 과로사나 스트레스, 자살 등으로 삶을 마감하는 경우도 많습니다. 이래서는 안 된다는 거죠. 그래서 우리가 살고 싶은 삶의 모습과 달리 실제 삶의 현실은 상당히 뒤틀렸다는 것을 먼저 확인해야 합니다.

행복한 삶의 조건들

그러면 이제 현실적으로 비교적 이상적인 모습에 가까운 건강한 삶 혹은 행복한 삶을 살려면 무엇이 필요할까, 하는 질문이 나옵니다. 이렇게 가려면 무엇이 필요할까요? 행복한 삶이라는 목표를 가운데 놓고, 그 주변에 선을 그어 이 각각의 선을 한번 같이 채워봅시다. 뭐가 중요할까요?

우선 돈이 필요하다는 생각이 듭니다. 무얼 위해서 돈이 필요합니까? 먹고살기 위해입니다. 먹고살려고 돈이 필요하지 남들에게 자랑하기 위해 필요한 것 아닙니다. 물론 일부 부자들은 삶의 필요가 아니라 주변에 자랑하는 재미로 사는 것 같은 모습을 보여주기도 합니다. 대표적인 게 명품 같은 거죠. 명품을 많이 소유하고 그걸 과시하는 재미로 사는 사람들이 제법 있습니다. 아니면, 밤마다 자기 금고나 통장의 수치가 올라가는 재미로 사는 것 같기도 하고요.

하지만 이런 사람들도 비중으로 보면 일부일 뿐이고 사실 대부분의 사람들은 아이 낳아 기르며 하루 세 끼 밥 굶지 않고 살아가는 게 중요합니다. 이 먹고사는 걸 보통 의식주라고 하죠. 저는 이걸 식의주라고 표현하고 싶어요. 아무리 생각해도 먹는 게 가장 중요해서요. 그래서 일단 식의주가 중요합니다. 그리고 또 뭐가 필요할까요? 자녀 낳고 기르는 데 들어가는 돈, 양육비와 교육비가 필요합니다. 그 다음은요? 가끔 여행가는 것 정도. 여행을 굳이 해외로, 오성급 호텔로 안 가도 되잖아요? 저는 아이들 셋 키우면서 텐트 들고 여행을 다녔어요. 소박한 텐트죠. 요즘 또 유행하는 캠핑 붐과는 다르죠. 뭔가 고급스럽게 해서 자랑하는 게 아니라 소박하게 떠나는 거죠. 자연 속에서 평화를 느껴보는 것, 아이들의 해맑은 웃음소리에 취해 보는 것, 이게 중요하지요. 돈이나 술에 취하는 게 아니라. 여행을 한다고 해도 방법에 따라 그렇게 많은 돈을 들이지 않을 수도 있어요. 또 한 달에 몇권 정도 책을 사서 읽을 수도 있고요. 이렇게 하는 데 아주 많은 돈이 필요한 건 아닙니다.

돈 말고 또 무엇이 필요할까요? 행복한 삶을 위해서는 당연히 건강이 기본입니다. 육체적으로나 정신적으로 모두 건강해야 합니다. 우리나라 사람들, 그 중에서도 남성들 중 육체적인 건강, 정력을 위해 목숨 거는 사람들이 많습니다. 그래서 동남아 여행을 하면서 곰의 배를 갈라 뻘건 간을 빼먹고는 온몸에 에너지가 펄펄 넘친다고 자랑합니다. 이런 건 정신적으로 병들어 있는 것입니다. 그래서 육체적 건강과 더불어 정신적으로도 건강해야 합니다. 책도 읽고 문화예술도 즐기고 대화나 토론도 많이 해야 하는 거죠. 이렇게 내면적 성장을 하지 않고 지나치게 힘자랑을 하려는 것은 사실 속이 허하기 때문에 그런 경향이 있습니다. 뭐든지 외적으로 과시하려는 사람일수록 그 내면이 허한 경우가 많다는 거죠. 내면의 공허감을 채우기 위해 끊임없이 외적으로 화려한 것에 매달리는 겁니다. 앞에서 언급한 중독의 문제, 일중독, 쇼핑중독, 권력중독, 명품중독 등과 그대로 연결됩니다. 어쨌든 육체적 · 정신적 건강, 다시 말해 온전한 건강이 중요합니다.

그 다음엔 뭐가 필요할까요? 친구 혹은 사랑하는 사람, 이웃, 대화상대, 기쁨과 슬픔을 나눌 수 있는 사람이 행복한 삶에서 대단히 중요한 요소입니다. 그래서 친구에게 밥 사주기 위해 돈이 좀 필요하고요. 물론 밥만 먹는 건 아니죠. 마음을 터놓고 이야기도 하고 친구의 하소연을 들어주기도 합니다. 경우에 따라선 좋은 일, 슬픈 일에 함께 나설 수 있는 사람도 필요해요.

그리고 또 뭐가 필요할까요? 그렇습니다. 꿈이 필요합니다. 우리 인생을 상징적으로 배라고 했을 때, 도대체 우리 인생의 배는 어느 방향으로 가야 할지, 좀더 크게 잡아 우리 사회라는 배는 어디로 가야 할지 질문이 필요합니다. 꿈이 있는 사람은 인생이 즐겁습니다.

그런데 꿈도 두 가지 차원이 있어요. 개인적인 꿈과 사회적인 꿈. 이렇게 꿈을 굳이 나눠볼 수 있는데, 이것이 하나로 통일되는 게 좋습니다. 내가 살고 싶은 꿈이 자연스럽게 사회의 행복에도 도움이 되는 것이 가장 바람직하다는 말입니다. 그런데 요즘엔 이게 너무 판이하게 분열되어 버렸어요. 예를 들면, 어느 조사에서 초등학생들에게 꿈을 물었더니 '공무원'이 1등으로 나온 거예요! 왜 공무원이냐고 물었더니 그 답이 "연금 나오잖아요"였대요.

이건 참 요즘 어른들이 불안한 미래 때문에 하는 하소연 같은 말이지요. 그게 여기저기서 들리다 보니, 아이들이 그런 걸 꿈으로 갖게 되는 거죠. 결국 어른들이 아이들을 망치는 거예요. 아이들 입장에서 보면 자기 고유의 꿈이 없어진 거죠. 공무원이 나쁘다는 게 아니라, 아이들이 공무원을 꿈이라고 말하는 것, 연금 때문에 공무원을 하겠다는 것, 이런 건 좀 비참한 꿈이지요? 초등학생의 꿈 정도라면, 예컨대 "발명가가 되고 싶어요!" "무슨 발명가가 되고 싶니?" "일을 하다가 사람들이 많이 다치고 죽는데, 일하기도 편하면서 사람들 목숨도 건져주는 그런 장비를 발명하고 싶어요." 아이들 꿈이라면 적어도 이런 정도는 되어야 건강한 꿈 아니겠어요.

그 다음엔 또 뭐가 필요할까요? 돈, 건강, 이웃, 꿈, 그 다음엔 일이지요. 제가 이제 이야기하려는 것도 바로 일에 대해서입니다.

'적정한 일'의 필요성

사람이 사는 데 일이 필요합니다. 아무 일도 않고 살려고 해도 힘듭니다. 생계가 해결되었더라도 무언가 보람이 있거나 재미있는 일을 해야지요. 물론 현실적으로는 모두들 생계 해결을 위한 일에 치이며 살고 있지만요.

우리 사회를 크게 보면, 한쪽에는 일이 너무 많아 일에 짓눌리는 사람과 다른 쪽에는 하루 종일 아무 일도 없어 펑펑 놀아야 하는 사람으로 갈립니다. 이건 상식적으로 봐도 아주 잘못된 거죠. 또 직장일 외에는 아무 일도 하지 않으며 여유 시간이 나도 무얼 하며 시간을 보낼지 몰라 주구장창 TV만 보는 경우가 많죠. 노동시장만이 아니라 사회운동이나 사회활동에서조차 한쪽에는 너무 바빠 못살겠다는 사람, 다른 쪽에는 너무 심심해 못살겠다는 사람들로 넘칩니다. 좀더 나은 사회를 만들기 위해 할 일이 참 많잖아요. 마을이나 지역에서 하는 작은 모임들, 노동조합, 생협(생활협동조합), 여성단체, 환경 단체, 도서관 인문학 행사 등의 모임이나 조직이 많은데, 이런 걸 서로 나누면 좋겠다는 거죠. 더 많은 사람들이 참여하고 관심을 기울이고 돈이나 몸이나 시간을 나누면 훨씬 신바람이 나겠지요.

많은 사람들이 남는 시간을 어떻게 쓸 줄 잘 모릅니다. 그러니 쉽게 향락적이고 소비적인 일에 빠져버리는 거죠. 한 번밖에 없는 내 인생의 가치를 어디에 둘 줄 모르는 사람들, 자기 삶의 디자인이 별로 없이 말초감각적인 것에 시간과 정열을 쏟아 부으며 삶을 낭비하거나 남용하며 인생을 사는 사람들이 참 많아요. 안타까운 일이지요.

그런 의미에서 우리 모두에게는 '적정한 일'이 필요하고, 또 너무 한쪽으로 쏠리지 않게 사회적으로 골고루 나누는 것이 필요하다고 보는 것입니다. 여기서 '적정한 일'이라고 하는 것은 시간의 길이도 적정해야 하지만 내용도 나의 적성과 소질, 꿈에 비교적 걸맞거나 걸맞게 만들 수 있는 그런 일들을 가리킵니다.

많은 경우 일이 없어 걱정이고, 설사 일이 있어도 어쩔 수 없이 돈 때문에 하는 일인 경우가 더 많습니다. 가장 좋은 것은 일을 통해 꿈이 실현되는 것 같고 이 세상에 태어난 게 정말 다행이라는 느낌이 드는 경우입니다. 그런데 이런 행운을 누리는 사람은 아쉽게도 많지 않습니다.

세상이 여러 차원으로 꼬여 있기 때문에 이런 결과가 나오는 겁니다. 그래서 이런 사태를 고치려면 우선 그 뭔가가 잘못되었다는 사실을 정직하게 인정하는 일이 필요합니다. 따지고 보면, 우리가 월급으로 받는 돈만 중요한 게 아니라 일하는 가운데 다른 사람들과 여러 관계도 맺고, 그 일의 결과를 통해 어떤 성취감이나 보람을 느끼는 것도 중요하거든요. 실제로 그런지 종종 물어야 합니다. 아니라면, 그렇지 않은 현실을 정직하게 느껴야 하고요. 그런 질문에 모두 '예'라고 답할 수 있을 때, 앞에서 적정한 노동이라고 한 것에 걸맞지 않을까 싶습니다.

물론 대우도 중요합니다. 내가 흘린 피와 땀과 눈물에 상응하는 적절한 대우를 받아야지요. 그리고 서로 존중하면서 일해야 하고요. 그런데 현실은 그렇지 못합니다. 바로 그런 부분들을 우리가 함께 토론하고 고민하고 고쳐나가야 한다는 것입니다.

보통 우리가 현실이라 말할 때 이 현실은 크게 두 가지입니다. 우리가 적응해야 되는 현실이 있는 반면, 고쳐야 되는 현실도 있습니다. 그런데 많은 경우 어른들은 그냥 현실은 현실이니까 적응하라는 식으로 몰아갑니다. 본인도 그렇고 아이들에게도 그저 현실에 적응하라는 소리만 하지요. 그런데 저는 그게 아니라고 봅니다. 아무리 양보하더라도 50대 50으로 보자는 거예요. 적응과 변화를 반반으로 보자는 거죠. 당연히 우리가 적응해야 하는 현실이 있습니다. 예를 들면 사회의 규칙이 있습니다. 인도와 차도가 있으면, 원칙적으로 잘 구분해서 다니는 게 좋다, 그러나 차도라도 사람이 횡단하면 차가 먼저 서자, 이런 정도의 규칙이 있다면 지키고 적응해야지요.

그러나 지나친 경쟁과 입시공부, 고용불안이나 실업 등 뭔가 잘못된 제도나 정책이 있다면, 이건 그냥 적응할 일이 아니라 바꿔야 하는 현실입니다.

중독의 세 가지 요소

그렇다면 돈과 건강, 이웃과 꿈, 그리고 일, 최소한 이 정도만이라도 적정한 수준에서 충족된다면, 다시 말해 아주 화려하지도 않고 아주 궁핍하지도 않은 수준이라면 대체로 행복한 삶을 살 수 있지 않을까요? 그런데 일중독 문제와 관련해 우리 삶을 되돌아보면, 적절히 행복한 삶에 대한 목표가 없이 돈중독, 일중독에 빠진 우리의 모습을 발견하게 됩니다.

솔직히 제게 일이 마약 역할을 하고 있습니다. 저한테 일이 일종의 흥분제 역할을 하죠. 아침에 눈 뜨고 나서 오늘 할 일을 생각하면 가슴이 두근두근하고 하루가 굉장히 멋지게 펼쳐질 듯한 생각이 들거든요. 이건 결코 자랑이 아니라 제 고질병을 솔직히 고백하는 것입니다. 제 스스로 일중독자라 생각하기 때문입니다. 사실 먹고사는 데 크게 지장이 없는데도 성취감에 불타서 자신을 불필요하게 학대하는 사람이라고 할 수 있어요. 대체로 학자, 의사, 목사, 컨설턴트, 변호사 등 자유직업군에 속하는 사람들이 많이 그래요.

그런데 또 다른 일중독도 있습니다. 이 경우에는 가슴이 안 뛰어요. 평소엔 좀 불안하고 짜증이 나는데, 오히려 일만 하면 마음이 평화로워져요. 이런 경우엔 일이 진정제로 작용합니다. 생전에 제 어머니가 그랬어요. 일만 하면 마음이 오히려 편안해진다고요. 대체로 옛 어르신들 모습이 그렇지요. 그래서 한시도 손을 놀리지 않아요.

그 다음엔 약간 드문 현상이지만, 일이 무능함을 숨겨주는 기능을 하기도 합니다. 어떤 사람들은 직책이나 감투나 일거리를 많이 받아들고 일을 가득 쌓아놓기는 하는데, 실은 어느 것 하나 매끈하게 처리하지 못합니다. 많은 일을 맡아놓은 상태, 그걸로 자신을 과시하려는 거죠. 그래서 이런 경우 일이 일종의 은폐제로 작용한다고 할 수 있습니다. 무얼 숨길까요? 자신의 무능함이죠. 왜 이런 현상이 나타나는지에 대해서는 조금 뒤에서 이야기하고, 먼저 여기서는 모든 중독에 공통된 세 가지 특성을 정리해 보자구요.

모든 중독을 정의하는 데 들어가는 세 가지 기본 요소가 있어요. 그 첫째가 의존성입니다. 강박적으로 의존하게 된다는 거예요. 그걸 먹거나 행해야 마음이 편해지거나 좋아지는 거예요. 뭔가 불안하고 두렵고 걱정스런 상황을 회피하는데 있어 마약에 손을 대면 마약중독이 되는 것이고, 일에 손대면 일중독이 됩니다. 담배, 게임 등 다른 것도 마찬가지입니다. 강박적으로 의존하고 집착하게 되는 거죠. 그러면 일시적으로나마 조금 편안함을 느끼거나 흥분감, 쾌감을 느낍니다.

두 번째는 갈수록 내성이 생깁니다. 그래서 뭔가 느끼려면 갈수록 강도가 세져야 됩니다. 처음엔 맥주를 마시고 취하던 사람이 나중엔 소주를 마셔야 됩니다. 그 다음엔 양주나 고량주를 마셔야 뭔가 느낌이 온다고 합니다. 그래서 알코올 도수가 자꾸 올라갑니다. 중국엔 심지어 100도짜리 술도 있다는 얘기를 들었습니다. 일도 처음에는 작은 일에서도 성취감을 느끼지만 조금 지나면 내성이 생겨서 갈수록 더 센 것을 성취해야 됩니다.

그 다음 세 번째 특성은 금단현상입니다. 그것을 더 이상 하지 않으려고 중단하거나 좀 쉬면 이상하게 허전하고 불안해집니다. 심하면 수전증이 오고, 잘 자지 못하거나 이상한 행동을 하기도 해요. 그래서 다시 그 중독물에 손을 대야 편안해집니다. 요약하면, 강박적 의존증과 점진적 내성 강화, 그 다음엔 금단현상, 이 세 요소가 일중독을 비롯해 모든 중독을 정의하는 핵심 요소입니다.

일중독이 자랑인 나라

일중독이란 무얼까요? '중독'에 '일'만 갖다 붙이면 됩니다. 즉 누군가 강박적으로 일에 매달리고, 갈수록 더 많은 성취와 더 많은 업무 성과를 내야 만족하며, 주말에 집에서 쉬면 불안하면 일중독이라는 거죠. 물론 사람마다 정도 차이는 있습니다. 하지만 앞서 말한 세

가지 요소를 갖추고 있다면 진지하게 의심해 봐야 합니다. 그래서 우리는 중·고등학교 때부터 주말에도 학교 가방을 들고 일단 도서관에 갑니다. 거기다 가방이라도 갖다놓고 놀아야 마음이 좀 편안해져요. 왜냐하면 집에서 편히 놀면 불안하거든요. 우리는 모두 자신도 모르는 사이에 어릴 때부터 일중독을 교육받아 온 것입니다. 일중독을 위한 논산훈련소 역할을 한 것이 바로 중·고등학교라는 거예요.

그렇게 훈련된 아이들이 노동시장에 대량으로 몰려나와 일이라 하면 사냥개가 달려들 듯 덤벼들기를 바라는 것이 우리 기업의 속마음입니다. 그런 식으로 학창시절부터 일중독 훈련을 많이 받은 사람들이 회사에 많아져야 밤늦게까지 불을 켜고 일하는 회사를 만들 수 있거든요. 그래야 한국 경제가 발전한다고 보는 거예요.

제가 1989년부터 1994년까지 독일 유학을 할 때 독일 신문에 어느 한국 기업 이야기가 실린 적이 있습니다. 당시 한국 회사들의 지사가 독일로 막 진출하기 시작한 때였습니다. 독일 사람들은 웬만해서는 잔업을 안 합니다. 주당 노동 40시간 또는 35시간이라는 노동법이나 단체협약상 규정이 있으니까요. 그 한국 기업의 지사가 있는 건물 역시 몇 시 이후가 되면 대부분 불이 다 꺼졌어요. 다들 퇴근을 하니까요. 그런데 그 한국 회사만 커튼을 시꺼먼 걸로 바꿔 달고는 계속 일을 했습니다. 공식적으로는 퇴근을 한 것이니 밖에서는 보이지 않게 하려고 암막 커튼을 치고 일을 한 거죠. 그런데 어쩌다가 그 불빛이 새어 나가게 된 모양이에요. 그걸 독일 경비가 보고 경찰에 신고했어요. 그 빌딩에 대형 도둑이 든 걸로 착각한 거죠. 경찰들이 완전 무장을 하고 도둑떼를 잡으려고 그 불빛이 새어나오는 방 안으로 들이닥쳤는데, 그저 성실히 일하고 있는 한국인들을 발견한 거예요. 양쪽 다 어이가 없었겠지요. 당시 독일 언론에 나왔던 이야기입니다. 그런 웃지 못할 일이 한둘이 아니죠.

우리는 자신도 모르는 사이에 어릴 때부터 일중독을 몸으로 익힌 겁니다. 그런데 요즘은 더합니다. 초등학생들에게 한번 물어보세요. "얘들아, 방학하면 좋지?" 하면, 대개 "아니오" 그럽니다. 옛날 우리들은 방학하면 신나서 좋다고 했는데 요즘 애들은 방학이 안 좋다고 합니다. 왜 그럴까요? 학원 때문이죠. 평소엔 학원을 한두 개만 다녔는데 방학에는 서너 개 다녀야 되니까요. 하루 종일 뺑뺑이 도는 게 괴로운 거죠. 그렇다 보니 놀이라든지 여백의 시간이라든지 내가 나 자신을 생각해 볼 수 있는, 그러면서 내면적으로 성장할 수 있는 기회 혹은 일종의 마음속 '골방'이나 '나만의 방' 같은 걸 가질 기회를 차단당합니다.

요즘 애들은 일찍부터 내적인 성장 기회를 빼앗겼습니다. 그저 남에게 사랑을 받기 위해 끊임없이 뭔가를 보여줘야 되고, 그럴듯한 것을 쫓아다녀야 마음이 편해지는 것을 어릴 때부터 체득하는 거죠. 이런 현상이 갈수록 심각해지고 있습니다. 그래서 우리 모두 세계 최장 시간의 노동을 함에도 불구하고 개인이나 사회적으로 별로 문제의 심각성을 못 느끼게 되는 거죠. 혹시 알더라도 그냥 참고 넘어가는 거예요.

　예전에는 외국에서 "한국 사람들 일벌레야" 그러면 칭찬인 줄 알아들었습니다. 사실 일벌레라는 말은 '일중독'임을 다르게 표현한 건데, 그것도 모르고 그저 외국 언론에서 관심을 가져주는 게 우리가 잘한다는 건 줄 착각한 거죠. 정치가나 기업가들은 의도적으로 곡해하기도 하고요. 말하자면 "우리는 성실하고 부지런한 민족이야. 계속 그렇게 가면 선진국이 될 수 있어" 이런 메시지를 각인시키는 것입니다. 그러면서 은근히 한국인이 근면하고 성실하다는 별 근거도 없는 자부심을 느끼게 만들어요.

　그런데 그런 모습이야말로 우리가 집단 중독증에 빠졌음을 알려주는 것입니다. 실제로 내면이 느끼는 것을 속이기 때문에 일종의 불감증이라고 할 수 있어요. 사실 심신은 늘 피곤하고 불안하거든요. 이게 심각하다는 걸 모르는 거예요.

　그래서 우리는 산업재해 왕국, 산재 일등이라는 지위를 굉장히 지속가능하게(!) 유지하고 있지요. 산업재해가 아니라 경제나 사회, 즉 살림살이 자체가 지속가능해야 되는데 말입니다. 솔직히 40대 사망률, 자살률, 이혼율, 최저출산율, 산재 왕국 등등 이런 데에서 부동의 1위를 유지하고 있어요. 살림살이 관점에서 보면, 지극히 위험한 사회죠.

중독의 특성과 종착지

일중독자들의 특성은 무엇일까요? 일과 업무성과, 자리에 강박적으로 의존하다 보니 혹시라도 누군가 "당신 일중독인 것 같아요" 하면, "아니요! 난 그저 일을 즐길 뿐, 중독은 아니에요"라고 말해요. 솔직히 저는 좀더 교묘한 일중독자에 속해요. 왜냐하면 저는 "맞아요, 저는 일중독자예요" 하면서도 이 일을 잘 끊지 못하거든요. 일단 고백했으면 고치려고 해야 하는데, 그리고 고치려고 노력은 하는데, 그게 잘 안 돼요. 가장 웃긴 건 일중독이 문제라고 하면서 그 얘기를 하기 위해 책도 써야 하고 시민강좌도 더 해야 하는 현실입니다. 제가 매일 부딪히는 모순이에요. 그러나 대부분의 경우는 중독된 현실 자체를 부정하는 것, '아니요'라며 인정하지 않는 것이 첫 번째 특성입니다.

두 번째 특성은 첫 번째와 연결되는데, 거짓말을 자주 한다는 거예요. 왜냐하면 자꾸 숨기려 하니까요. 알코올중독자 보세요. "너, 또 술 마시러 가지?" 하면 "아니요"라고 하면서 술을 가방에 넣어 다닌다든지 하는 거예요. 도서관의 책장에도 술병을 숨겨놓고 다닐 수 있지요. 이런 게 알코올중독자의 특징이라면, 일중독자는 일을 숨기고 다닙니다. 가방에 항상 일거리를 들고 다니고, 다른 일이 있다면서 친구나 가족을 뿌리치고 자기 일만 계속하는 거예요. 실제로 일중독자는 친구들이나 사랑하는 가족들의 중요한 행사가 있어도 회사에 바쁜 일이 있다고 하면서 쉽게 빠집니다. 물론 그게 진실일 수도 있지만, 이게 상습범이 된다는 게 문제지요. 어떤 면에서는 자기 자신을 속이는 것이기도 합니다. 자기에게 거짓말을 하는 거예요. 일에 매달리다 보니 그게 자기 인생의 중심이 된 것입니다. 일이 삶의 구심점인 거예요. 원래는 삶의 여러 부분 중 하나일 뿐인데 말이지요. 진짜 구심이 있다면 그건 일이 아니라 당연히 행복이 되어야 합니다.

우리는 대개 이런 식입니다. 엄마나 아빠에게 아이가 와서 "놀아 줘" 하면 잠시도 머뭇거리지 않고 "안 돼. 지금 일해야 돼" 합니다. 우리는 집안일이든 업무든 가정에서도 일 중심으로 생활하는 데 아주 익숙해 있습니다. 아주 위험한 수준이에요. 식사시간 때도 마찬가지입니다. 식사시간이라고 와서 밥 먹으라는데 하던 일을 바로 끊을 수가 없는 거예요. 솔직히 저도 그럴 때가 많습니다. 그래서 혼자 빙그레 웃으면서 일어나죠. 누군가 '식사시간'이라고 하면 당장 일어나야 하는데, '10분만 더' 하면서 자꾸 미루는 거죠. 결국 일단 마무리를 하고 식탁으로 가면 다른 식구들이 밥을 다 먹었어요. 황당하죠. 그래서 혼자 쓸쓸이 밥 먹으면서 속으로 '이러면 안 되는데…' 하는데, 문제는 그 다음에도 또 그런다는 거예요. 이게 병입니다. 일중독, 결코 남의 일이 아니더라고요. 제가 연구하는 주제인데 제 스스로 그 환자인 거예요. 그러니 제 인생도 좀 불쌍해지는 거죠.

일중독자의 또 다른 특성은 지극히 자기중심적이라는 겁니다. 자기 시간, 자기 일정, 자기 성과가 일차적으로 중요하니까 주변 상황은 모두 통제 대상이 되는 거죠. 그래서 자기중심적이라는 것과 통제적이라는 게 서로 통해요. 거짓말을 하거나 자기 자신의 중독성을 감추거나 계속 거기에 의존하기 위해 상황을 조작하거나 하는 것도 결국은 자기중심성과 연관됩니다. 일례로, 약속 하나 정할 때도 자기가 조금 양보해 친구들 입장에서 시간이나 장소를 좀 유연하게 잡을 수도 있는데, 어떤 사람들은 꼭 자기 시간과 일정을 중심으로 약속 시간과 장소를 잡습니다. 물론 서로 좋은 경우도 많지만, 한쪽이 희생해야 하는 경우, 그것도 한두 번이 아니라 지속적으로 그래야 한다면 문제인 거죠.

우리 사회 전체적으로 약 30퍼센트 내외가 심각한 일중독에 빠졌다고 볼 수 있습니다. 좀 심한 경우가 30퍼센트라면 좀 약한 경우는 그보다 훨씬 많을 수 있지요. 넓게 잡으면 3분의 2 정도가 일중독 위험군으로 달려가고 있다고 볼 수 있고요.

일중독자의 또 다른 특성 중에 통제 환상, 무소불위주의 환상, 심하면 과대망상 같은 것이 있습니다. 앞에서 언급한 거짓과 조작, 통제 등이 다 연관됩니다. 무슨 중독이든 중독자가 되면 우리 내면의 느낌조차 교묘하게 조정할 수 있다는 생각을 갖게 됩니다. 그래서 불편하거나 슬픈 감정이 생기면, 조금만 분위기를 바꾸어도 기쁨이 슬픔으로 또는 슬픔이 기쁨으로 바뀔 수 있다고 생각합니다. 원래는 혹시 슬픈 일이 있더라도 그 슬픔을 슬픔으로 충분히 느끼고 애도하고 마음의 정리를 어느 정도 한 다음 그 슬픔에 압도당하지 않고 잘 딛고 일어나 상황을 좀더 긍정적으로 전환시키는 방향으로 가는 것이 제대로 된 순서입니다. 이게 건강한 삶의 태도예요. 그런데 처음부터 억지를 써서 상황이나 자신의 느낌을 교묘하게 조작하려 드는 것은 병이지요. 중독행위 패턴이라는 병입니다.

좀 쉬운 예를 들어봅시다. 어린 아이가 뭔가 불편하거나 불만이 있어서 다른 사람들이 보는 앞에서 막 웁니다. 그러면 부모가 좀 창피하죠. 그래서 그 아이에게 얼른 사탕을 주는 경우가 있습니다. 사탕은 달콤하거든요. 아이에게 사탕을 주어 아픈 상황이나 불편, 불만족스런 상황을 못 느끼게 만드는 것입니다. 이게 바로 느낌을 조작하고 통제하는 잘못된 병(중독)의 핵심입니다. 만일 누가 아프면 "아이고, 많이 아프겠네!" 하고 공감해 주는 게 우선이고, 그 다음 건강한 해법을 찾는 게 중요합니다. 사탕 주는 것이야 좀 나중에 해도 되고 안 주는 게 더 건강에 좋지요. 그런데 얼른 사탕을 손에 집어주고는 "이제 안 아프지?" 하면, 아이가 다소 황당하지만 입에 달달한 게 들어오니 그냥 참는 거죠. 몸과 마음이 아픈데 이제 안 아파야 되는 거예요. 사탕의 달콤함으로 통증을 억지로 누그러뜨리는 거죠. 그래서 결국 '자아분열'이 발생합니다. 자아가 진짜 자아와 가짜 자아로 나뉘는 거죠.

실은 이게 우리의 일상이에요. 고위 공직자들이 뇌물에 중독되는 것, 그래서 건강한 정책을 내고 정의로운 정치를 하는 게 아니라 중독행위 패턴을 보이는 것도 다 이런 문제가 있는 것입니다. 중독에 의한 자아분열. 이게 오늘날 세상 돌아가는 이치입니다. 사실 저도 정치가나 기업가를 보면서 궁금했던 것이 '공부도 많이 하고 제법 똑똑한 사람들이 왜 저렇게 바보같이 움직이나'였는데, 알고 보니 모두 이런 중독행위 패턴에 익숙한 나머지, 아예 병든 줄도 모르더라는 거죠. 그러고 보니 중독의 또 다른 특징이 불감증이네요. 솔직한 느낌이나 감정을 있는 그대로 느끼지 못하는 병입니다. 이건 정말 큰 병입니다.

그런 식으로 우리가 기쁨과 슬픔, 마음으로 느끼는 온갖 감정 또는 감성을 있는 그대로 받아들이는 것을 차단하거나 방해하는 과정이 곧 중독 과정입니다. 물질 중독은 술, 마약, 담배, 카페인 등을 먹는 것으로 나타나지만 일중독, 쇼핑중독, 게임이나 돈벌이, 권력 중독, 경우에 따라 섹스나 관계 중독 같은 것은 과정 중독이라고 해서 행위 패턴으로 나타납니다. 크게 보면 물질 중독이나 행위 중독 모두 중독 메커니즘인데, 이 모든 중독에서 가장 결정적인 핵심은 우리 내면에서 자연스레 올라오는 느낌이나 감정을 느끼지 못하도록 차단하는 것입니다. 그 차단 장치가 중독 물질이나 중독 과정이라고 보면 됩니다. 궁극적으로 중독 속에는 '자기기만' 또는 '자기배신'이 들어 있는 거죠. 별것 아닌 것 같지만 사실 무서운 일입니다. 이런 것도 모르고 우리가 잘살아보겠다며 날마다 본질적이지도 않은 것들에 온 신경을 쏟으며 사는 건 자칫 인생을 헛살기 쉽다는 것, 바로 이것이 중독 이론이 우리에게 가르쳐주는 메시지입니다.

조직적 차원의 중독

앞서 말씀드린 대로, 개별 일중독자는 중독적 현실을 제대로 인지하지 못하거나 인지하지 않으려 하며 계속 거짓말을 하고, 정보를 왜곡하고 조작하거나 자기중심적 판단과 아집에 빠져, 통제 환상이나 무소불위주의적 환상 같은 것을 가집니다. 그런데 흥미롭게도 이런 패턴이 기업이나 정부 조직에도 거의 그대로 나타나고 있습니다. 제가 세월호 참사와 관련해《녹색평론》에 글을 썼는데, 그 핵심 메시지가 바로 이 조직의 중독 현상에 대해서였습니다. 우리 사회의 기업이나 정부가 운영되는 방식이 중독자와도 같아서, 알코올 중독이건 일중독이건 그 중독의 요소들을 가진 행위 패턴으로 조직을 운영하거나 구성원들이 움직인다는 지적을 했습니다. 그것이 바로 세월호 사태의 근본 원인이고, 이런 병든 모습을 제대로 고치지 않으면 앞으로도 같은 일이 재발할 것이라고요.

개별 일중독자라면 자신이나 가족에게만 피해를 주고 끝날 수 있지만, 책임자 자리에 있는 사람이라면 조직 전체를 병들게 합니다. 우리나라 정부나 기업들이 대체로 그렇습니다. 그런 조직을 '중독 조직'이라고 해요. 이미 서양에서는 1980년대 후반에 나온 개념입니다.(2015년에 제가 번역한《중독 조직*The Addictive Organization*》이 이후출판사에서 나왔습니다.)

말이 좀 낯설어서 그렇지 내용은 쉬워요. 공적 조직이나 사적 조직 등 각종 조직에서 높은 사람이나 핵심 인사들이 중독 패턴을 보이면서 움직이고, 또 그 주변 사람들은 그 사람에게 거슬리지 않기 위해 무조건 그 사람을 옹호하고 변호하는 식으로 움직이는 거죠. 그런 식으로 하니 이상한 의사결정이 내려지고, 무슨 일이 생겨도 제대로 원인을 치유하는 게 아니라 임기응변으로만 처리하고 마는 식이 됩니다. 바로 그런 방식의 정부 운영과 기업 운영이 온 사회를 병들게 만들었고, 그것이 2014년 4월에 하필이면 '세월호'를 통해 낱낱이 드러나고 만 것입니다.

'그게 왜 하필이면 세월호냐?' 하는 것에 대해서는 또 다른 변수들이 있겠지만, 어쨌든 이런 중독적 행위 패턴, 중독적 조직 패턴이 반복되는 것은 고질적이고 구조적인 문제라는 것입니다. 개인적 차원의 성격 문제나 일정 시간이 지나면 해결되는 일시적·과도적 문제가 아니라는 의미에서 구조적이라는 거예요. 기업이나 정부의 조직 운영방식이 이런 심각한 중독행위 요소를 갖고 있다는 말인데, 이것을 우리 일상의 현실을 성찰하는 데 잘 적용하면 좋겠습니다. 그래서 개인과 집단, 조직과 사회 전체가 병든 자신을 성찰하고 하나씩 건강하게 고쳐나가는 것, 이것이 새로운 사회를 향한 희망의 길이 아닐까 합니다.

그렇게 우리의 이해력을 넓혀가면, 우리 인생도 조금 더 건강하게 추스를 수 있지 않을까요? 가정을 운영하는 형태에서는 물론 자녀나 친구와의 관계에서, 동문회 등의 작은 모임이나 회사 조직, 공무원인 경우 정부 조직에서도 이런 요소들을 발견하고 고쳐낼 수 있지 않을까 생각합니다. 그렇게 하면 온 사회가 좀더 밝고 맑아질 수 있겠죠? 중독행위 패턴이나 메커니즘을 잘 이해하면 결국 나 자신은 물론 온 사회를 제대로 혁신해 내는 중요한 매개자가 될 수 있다는 말입니다.

어쨌든 모두 일중독

왜 이런 중독 행위라는 병적인 것들이 발생하는지 궁금해지지 않나요? 앞에서 일중독 유형을 크게 세 가지로 나눴는데, 그 세 가지 유형별로 그 원인을 따져봅시다.

첫 번째를 A유형이라고 한다면, 이들은 일만 생각하면 흥분되는 사람들입니다. 경영자, 교수, 변호사, 의사, 또는 작가, 성직자, 프리랜서… 그러니까 비교적 자유롭고 상대적으로 전문직이라고 할 수 있는 이들이 걸리기 쉬운 중독이 첫 번째 스타일입니다. 물론 용어는 다양하게 표현할 수 있는데, 쉽게 이야기해 성취자형 일중독이라고 할 수 있습니다. 그러니까 이들은 어릴 때부터 영리하고 시험점수도 높고 성과가 좋아서 언제나 칭찬을 받아 온 사람들입니다. 그래서 자기도 모르게 칭찬과 성과에 중독이 돼버린 거예요. 1등 하는 맛에 길들여진 거죠. 얼굴이 예쁜 사람도 예쁘다는 소리에 중독되기 쉽습니다. 그래서 뭐든 1등 해야 하고, 아무도 칭찬해 주지 않으면 불편해집니다. 정도껏이라든지 충분함이란 개념을 모르는 거죠. 특히 업무 성과의 경우, '이 정도만 해도 충분하다'는 선이 있어야 하는데, 매일 100점만 맞다 보니 과도하게 완벽해지려고 합니다. 그러고 보니 완벽주의도 일중독자의 또 다른 특성이네요. 하여간 그렇게 1등과 완벽을 향해 달리다 보니 한도 끝도 없이 가게 됩니다. 불행히도 이걸 중지시키는 것은 '죽음'밖에 없습니다. 너무 불행합니다.

모든 중독은 치명적입니다. 그러니 아이들에게 미리 알려야 하고, 일 많이 하는 이들에게 알려야 합니다. 죽지 않으려면 일단 좀 멈추자고요. 의사 선생님들 말에 의하면 어느 중독이든 모두 치명적이라고 합니다. 모든 면에서 성공적이던 사람들이 걸리는 중독 스타일이 바로 첫 번째 유형, 성취형 중독자, 프리랜서형이라고 볼 수 있습니다. 이들에게 일은 일종의 흥분제로 작용합니다.

우리가 심신이 피곤해 축 쳐질 때 '비타500'이나 '박카스' 같은 음료를 마시면 잠도 깨고 힘도 나는 것 같습니다. 커피나 담배도 그렇고요. 이 모든 게 중독성이 있는 거예요. 그런데 그런 것보다 더 강력한 힘을 가진 게 '흥분제'인 거죠. 일이 그런 역할을 하면 심신이 소진될 때까지 달려가게 되는데, 이건 인생의 비극입니다.

그러므로 중요한 건 우리가 아직 팔팔하게 살아 있을 때 심각함을 느끼고 스스로 절제해야겠다고 결심하는 겁니다. 그리고 혼자만의 힘으로는 잘 안 된다는 걸 깨달아 사회구조적인 변화의 필요성을 인식하는 것입니다. 그래서 노동시간을 좀더 엄격하게 제한해야 한다거나 이렇게 오래 일하지 않아도 살아갈 수 있는 사회적 여건이 필요하다는 문제의식으로까지 발전해야 하는 것입니다. 매우 중요한 포인트입니다.

개인에서 출발하지만 사실은 온전히 개인만의 문제는 아니라는 것입니다. 왜냐하면 사회가 만들어냈기 때문이고 사회가 계속해 요구하기 때문입니다. 사회적 삶의 구조가 그렇게 살지 않으면 안 되게 만들어가는 측면이 있습니다. 물론 그렇다고 꼭 거기에 순응하란 법은 없지요. 그러나 보통사람들이 다른 길을 선택하기는 어렵습니다. 일례로, 왜 아이들이 100점을 받으면 박수를 쳐주고, 아이들이나 어른들이나 모두 100점 받기를 바랍니까? 부모들이 이미 노동시장에서 시달림을 받고 있거든요. 사회경제 구조가 이미 그렇게 만들어진 거죠. 그래서 어른들은 '내가 옛날에 공부를 조금 더 잘했더라면 이 모양 이 꼴이 안 되었을 텐데…' 신세 한탄을 하면서, 그런 잘못된 사회구조를 바꾸려 하기보다는 오히려 자기 자녀들을 더욱 닦달하게 됩니다. 그래서 집집마다 학교에서 시험 잘 보고 점수 잘 받는 아이가 효도하는 아이라고 칭찬합니다. 이런 분위기에서 일부 아이들이 일이나 점수를 흥분제로 느끼게 되는 것입니다. 이들이 어른이 되면 성취형 일중독자가 되기 쉬운 거죠.

두 번째 B유형에 사실 더 많은 사람들이 속해 있습니다. 잘하는 그룹으로 1등만 꼽지 말고 좀 넓게 봐서 상위 20퍼센트라고 해봅시다. 전체 사회도 그렇지만 초·중·고등학교에서도 상위 20퍼센트 외에는 솔직히 엑스트라들입니다. 20퍼센트 이내의 상위권 아이들이 상받을 때 운동장에 서서 박수 치다가 뜨거운 여름에 픽픽 쓰러지기도 했던 그런 엑스트라들, 박수부대란 말이죠. 우리 사회 시스템이 살아가면서 사다리 구조 속에서 항상 옆 사람을 제치고 위로 올라가야 인생의 보람을 느끼는 사회구조이기 때문에 문제인 겁니다. 그래서 올라가지 못한 80퍼센트의 사람들은 마음속에 응어리가 있습니다. 겉으로 말은 못하지만 이들은 속으로 좌절감과 열패감, 열등감, 즉 자신감 상실에 시달리기 쉽습니다. 이런 것이 가슴 깊이 복합적인 감정들로 섞여 있습니다. 그래서 블루칼라든 화이트칼라든 회사에서 저녁 늦게까지 일하면 이상하게 마음도 편해지는 거예요. 게다가 밤낮을 가리지 않고 일하면 성실하다고 칭찬까지 받으니 몸은 힘들어도 고통스럽던 마음이 좀 누그러지잖아요. 혹시라도 '모범' 근로자 상이라도 받으면 기분이 더욱 좋아지는 거죠. 이런 사람들에게는 일이 훌륭한 '진정제'가 됩니다.

사실 A유형과 B유형 모두 건강하고 행복한 삶의 관점에서 보면 참 서글픈 이야기입니다. 그리고 우리는 여기서 교육문제와 노동시장문제가 서로 밀접하게 연결되어 있다는 걸 알 수 있습니다. 바람직한 교육을 하기 위해서는 아이들을 절대로 '우'와 '열'로 나누면 안 됩니다. 우수반 아이들은 나중에 A유형의 일중독자가 되기 쉽고, 열등반 아이들은 B유형의 일중독자가 되기 쉽기 때문입니다. 물론 어느 것도 바람직하지 않습니다. 개인에게나 사회에게나 모두 해롭지요.

아이들에게 필요한 건 우열이 아니라 자존감과 겸손함, 자립심과 협동심, 자율성과 공동체성입니다. 개인으로서의 자율성과 독립성을 중시하되, 나 홀로 행복이 아니라 더불어 행복하기 위해서라도 겸손하고, 협동하고, 배려하는 마음이 건강 사회의 기초입니다. 제가 30년 이상 고민한 결과 중 하나입니다. 교육과 기업, 경제가 모두 같이 변해야 합니다. 우리 모두 제대로 인간답게 살려면, 이걸 진지하게 인식해야 합니다.

세 번째 C유형도 있습니다. 이들은 겉으로 보기에는 일을 많이 하지 않습니다. 하지만 유능한 것처럼 보이기 위해 포장하는 일은 많이 합니다. 예컨대 감당도 못하면서 무조건 여러 가지 일을 떠맡는 거예요. 물론 위에서 시키니까 할 수 없이 해야 하는 경우도 있겠지요. 그런데 시키지 않은 일도, 굳이 자기가 하지 않아도 되는 일도 모두 하겠다고 나서는 거죠. 그렇게 해놓고 막상 마무리할 때가 되면 제대로 하지 못해 전전긍긍하는 스타일입니다. 이런 이들에게는 일이 일종의 무능함을 가려주는 역할, 즉 은폐제가 됩니다.

그러면 이런 사람들은 어떻게 만들어지는가? 이들 역시 어릴 때부터 부모의 기대나 선생님의 기대에 부응하지 못해 속으로 좌절감을 반복해서 느낀 사람들입니다. 그러나 B유형과 같은 성실함보다는 오히려 좀 약삭빠르거나 몸보다 머리가 더 잘 돌아가는 사람들이 C유형의 일중독자가 되기 쉽습니다.

결국 이것도 원뿌리는 아이들이 있는 그대로 존재를 인정받지 못하고 사랑받지 못하는 삶의 구조에 있다는 거죠. 가정과 학교, 직장, 사회가 성과나 성취 위주로 짜일수록 일중독 성향이 부채질된다는 것입니다. 그 와중에 좀 잘하는 아이들은 A유형으로, 중간 정도 하면서 몸으로 성실하게 해내고자 하는 이들은 B유형의 일중독자로, 그리고 상중하를 막론하고 능력은 부족한데 욕심은 좀 많고 머리가 더 잘 돌아가는 이들은 C유형의 일중독자가 되기 쉽다는 거예요.

성과보다는 존재 자체를 사랑하고 인정하는 풍조가 온 세상에 널리 퍼져야, 그리고 그런 풍조가 자연스레 담긴 제도나 구조가 정착되어야 아무도 일중독에 빠지지 않고 일상의 재미를 느끼면서 살아갈 수 있을 것입니다.

일중독의 사회적 · 역사적 메커니즘

마지막으로 일중독 사회가 만들어진 역사적 메커니즘도 살펴보아야 할 것 같아요. 중독의 개별적 차원이나 사회적 차원이 어릴 적부터 충분히 사랑받지 못한 존재의 공허함, 내면의 열등감, 경우에 따라서는 학교나 기업, 사회의 성과지향적인 풍토 등에 뿌리를 두고 있다고 할 수 있습니다. 그런데 이제 이런 질문도 필요합니다.

어떻게 해서 이런 내면의 공허감이 발생하는가? 그것도 왜 집단적으로 발생하는가?

여기에 대해 독일 브레멘 대학교 명예교수 홀거 하이데^{Holger Heide} 선생은 이렇게 말합니다. 오늘날 대부분 자본주의 노동사회는 '상흔 후행위장애(post-traumatic disorder syndrome)'를 겪고 있다고요.《자본을 넘어, 노동을 넘어》(이후, 2009)라는 책에 나오는 얘깁니다. 이게 무슨 말이냐 하면, 역사적으로 중세부터 자본주의가 발달해 오는 과정에서 사람들은 어마어마한 국가폭력을 경험하게 됩니다. 초기에는 유혈입법이나 죽임과 같은 노골적 폭력, 나중엔 억지로 해야 하는 교육과 규율, 그리고 더 나중에는 물질적 복리후생과 같은 것들로 길들이는 과정이 있었지요. 크게 보면 우리나라도 다르지 않아요. 물론 우리나라는 '비동시성의 동시성'이라 해서 봉건적인 것과 근대적인 것, 포스트모던한 것들이 섞여 있긴 하지만요. 하여간 그런 역사는 국가와 기업 등 자본의 폭력이 인간다운 삶을 살고자 하는 사람들의 의지를 강제로 복속시키는 과정을 보여주는데, 물론 사람들의 개별적·조직적 저항이 있었지만 그 모든 게 크게 보면 실패로 돌아갔지요. 개인이나 사회가 일종의 트라우마를 갖게 되었고, 그 결과 내면에 깊은 두려움이 생긴 거예요.

이와 더불어 사회 전반적으로 '강자 동일시'라고 하는 메커니즘이 퍼졌어요. 이것은 오늘날 경쟁사회 내지 사다리 구조를 이해하는 데 대단히 중요한 개념입니다. 쉽게 말해 센 놈에게 덤비기보다는 그를 숭상하고 닮아가려고 노력하는 거죠. 실제로 우리의 '집단적 트라우마'라는 것이, 예컨대 '약자는 피 본다' '강자에 속해야 된다' '빨갱이(진보)가 되면 죽는다' '모난 돌이 정 맞는다' 하는 식의 생각이에요. 바로 이런 메커니즘 속에서 끊임없이 '강자 따라가기'를 반복하고 있는 거죠. 결국 폭력의 경험이 트라우마와 함께 두려움과 공허감을 낳았고, '강자 동일시'를 하는 과정에서 경쟁과 성과주의를 내면화하게 되었다는 것입니다. 그래서 특히 경쟁과 성과 압박 아래 일중독이 사회 전반적으로 널리 퍼지게 된다는 설명이죠. 《트라우마로 읽는 대한민국》(역사비평사, 2014)이란 책에도 비슷한 문제의식이 소개되지만, '강자 동일시' 개념은 나오지 않아요. 그래도 한국전쟁에서 쌍용차 투쟁에 이르기까지 한국 사회를 이해하는 데 아주 좋은 책입니다.

그런데 사실은 이런 강자 동일시와 같은 속성을 보이는 모습이야말로 우리 인간의 약한 모습일 뿐입니다. 솔직히 진정한 강자는 흔들리지 않아요. 외부에서 제시하는 어떤 기준에 잘 흔들리지 않습니다. 생각해 보세요. 스스로 자신감이 있으면 TV 등에서 아무리 이런 것을 사야 멋있는 사람이 되고, 이런 집에 살아야 멋진 인생이 펼쳐지고, 이런 차를 타야 품격 있는 인간이 된다고 해도 흔들리지 않습니다. 그런 식으로 아무리 떠들어 봐야 '자식들, 웃기고 있네' '나는 내 나름의 인생이 있어' 하면서 물리칠 수 있는 거예요. 이런 사람들이 진짜 외유내강이죠. 내면이 튼실한 겁니다.

자존감과 자율성이 있는 사람, 한편으로 어릴 때부터 사랑을 듬뿍 받고, 다른 한편으로는 세상 일이 어떻게 돌아가는지 제대로 간파한 사람들이 내면이 강해질 수 있습니다. 사실 이런 진짜배기 강자는 굳이 스스로 자랑이나 표시도 안 냅니다. 자신의 강점과 약점을 있는 그대로 모두 사랑합니다. 강점은 강점대로 잘 살려서 유익하게 쓸 것이고, 약점은 약점대로 인정하면서도 극복하기 위해 노력하겠지요. 이게 인간적인 모습입니다. 그냥 자신의 모습을 있는 그대로 긍정하며 그렇게 살아갈 뿐인 거죠. 저는 그런 정도의 사회를 만들면 된다고 생각해요.

그러기 위해 이런 방향으로 우리가 사회적으로 토론도 하고, 분위기도 만들고, 교육이나 경제 시스템, 기업 문화도 바꾸어 나가야 한다고 생각합니다. 극소수 일부 기업들이 가끔 신문이나 TV에 소개되기도 했습니다. 일례로, '제니퍼 소프트'라는 회사가 있는데, 언론에 많이 소개되었어요. IT 회사인데 회사가 거의 호텔 같아요. 아마 그 직원들은 자기 집보다 회사가 더 쾌적하지 않을까 싶기도 하더라고요. 사람들이 일하다가 몸이 좀 찌뿌둥하게 느껴지면 아래층에 내려가서 수영도 하고 헬스도 할 수 있어요. 다른 사람 눈치 안 보고 말이지요. 지금과 같은 신자유주의 시대에 상상하기 어려운 굉장한 회사입니다. 이 회사 대표는 "인간이 자신의 역량을 가장 열정적으로 발휘할 수 있는 전제조건은 바로 자율성이다"라고 말합니다. 그래서 어느 직원이 미리 말하지도 않고 오늘 날씨가 너무 좋아 휴가를 쓰고 싶다고 회사에 나가지 않아도 회사 대표가 "건강한 기업문화를 향한 한 걸음에 박수를…"이라며 댓글로 격려하는 이런 회사입니다. 정말 꿈같은 얘기죠? 진짜 있습니다. 인터넷 검색하면 나와요.

이 회사 대표가 TV에 나와 인터뷰를 하는데, 회사 대표가 아니라 마치 스님이나 신부님이 하는 듯한 얘기를 합니다. "사람이 행복해야 일도 잘하는 것 아니냐"고요. 물론 성급하게 일반화하긴 어렵지만 분명 그런 회사도 있다는 것, 다르게 일하고 다르게 생각하고 다르게 사는 방식도 있다는 걸 우리가 좀더 알고 더 힘차게 우리 일상을 바꾸어 나가면 좋겠다는 생각입니다.

조금 다른 각도의 경험이지만, 여러 가지 생협이라든지 대안 학교라든지 각종 대안적인 공동체 운동들이 있는데, 이런 새로운 시도들도 무척 고무적이라고 생각합니다. 꿈과 희망을 잃지 않게 해주고 용기를 주는 운동들이죠. 물론 일거에 모든 문제와 모순을 해결할 순 없겠지만, 최소한 새로운 시도를 끊임없이 해나가는 자세가 중요합니다. 이런 일을 하는 사람들 사이에는 치열한 자리경쟁이라든지 어떤 지배욕구가 아니라, 뜻을 같이하는 동료이자 동지로서 함께 손발을 맞추어 일을 해나가는 행복이 있습니다.

이런 식으로 같이 뭔가 새로운 문화를 만들어가는 것, 정부나 기업에 맡기지 않고 바로 우리 자신이 만들어 나가는 것이 바로 삶의 기쁨이라는 거예요. 이렇게 행복한 발걸음을 딛고 있는 사례들이 전국에, 나아가 세계 곳곳에 꽤 많습니다. 한편에서는 저항운동으로, 다른 편에서는 대안운동으로 같이 하면서 서로가 서로를 지향하고 고양하는 그런 역동적 과정이 우리의 희망이라고 봅니다. 물론 그 과정에 더 많은 사람들이 마음의 문을 열고 함께 힘을 모은다면 훨씬 더 일도 줄어들고 재미도 있겠지요. 그렇게 해서 일중독도 서서히 극복하고, 일중독을 강요하는 사회 구조도 바꾸어 나가는 것이 미래의 희망을 만드는 길이라고 생각합니다. 그리고 그렇게 해야만 우리 아이들 세대에 가서는 이 세상이 조금 더 건강하고 행복한 세상이 되지 않을까 하는 전망도 가져봅니다.

당장 오늘부터 일이나 성과보다는 삶의 기쁨, 관계의 기쁨, 존재의 즐거움을 누리면서 조금 느긋하고 더 행복한 삶을 살기 바랍니다. 오늘 설거지는 내일쯤 미뤄도 됩니다. 하지만 오늘 행복은 절대 내일로 미루지 마십시오.

제7강: 귀농의 철학
별을 노래하는 마음으로

제가 꽤 오래전부터 귀농 학교에서 '귀농의 의미, 귀농의 경제철학' 같은 주제로 강의를 해왔지만, 실은 농사꾼은 아닙니다. 손바닥만한 텃밭 정도 일구며 사는 '먹물'에 불과하죠. 사실 '귀농'을 그냥 시골로 이사해서 농사 좀 지으며 인생을 즐기며 산다고 생각하면 실패하기 쉽습니다. 물론 그런 분들도 없지는 않겠지만, 여러 가지로 좀더 철저하게 준비하고 정신 무장도 단단히 하고, 특히 마을 사람들도 두루 사귀고 공부도 좀 해야 상대적으로 실패할 확률이 줄어듭니다. 여기에서는 크게 두 가지 의미를 두고 '귀농'에 대해 얘기해 볼까 합니다.

하나는 정신무장으로, 귀농이란 것을 죽임의 경제가 아니라 살림

의 경제를 만들어가는 하나의 길로 보자는 이야기입니다. 다른 하나
는 귀농을 결심한 분들의 흔들리는 마음을 조금이라도 붙잡아드리
려는 것입니다. 귀농에 관심을 갖고 단단한 결심을 한 뒤 실제로 농
촌에 가서 농사지으며 살 준비를 하면서도 마음속으로는 좀 불안한
게 사실입니다. 이게 맞는 것인지, 제대로 가는 길인지, 혹시 패배자
의 길은 아닌지, 가서 잘할 수 있을지, 실패하면 어떡해야 할지 등등
온갖 걱정과 불안감이 앞섭니다.

   바로 이런 문제들에 대해 이야기하며, 도대체 귀농이라는 게 어떤
의미가 있는지, 흔들리는 마음을 잘 추스르려면 어떤 관점을 가져야
하는지, 그리고 무엇보다 어떤 가치관과 자세로 삶을 사는 게 제대로
사는 건지 차근차근 정리해 보려고 합니다. 이런 관점에서 여러 측면
을 정리하고 나면, 실제로 귀농을 하든 안 하든 관계없이, 또 도시에
살든 시골에 살든 관계없이, 지금까지와는 다른 삶의 방향을 잡아 나
가는 데 도움이 되지 않을까 싶습니다.

농민의 마음으로 돌아가기

   간단한 질문을 먼저 던져보겠습니다. 우리가 '귀농(歸農)'이란 말
을 쓰는데, 과연 이 '농'이란 글자가 의미하는 바가 뭘까요? 그렇습니
다. '농(農)'이란 한자말을 풀어 헤치면 별(辰)들의 노래(曲)가 됩니다.

별들이 노래하는 곳으로 돌아간다, 상당히 낭만적입니다. 그리고 가장 기본적으로는 농촌으로 돌아간다는 말이겠지요. '별들의 노래'가 상징하는 것 역시 크게 보면 자연 속 삶으로 돌아간다는 의미도 있을 것입니다. 큰 생명의 근원을 이루는 자연의 품속에서 겸손하게 살아간다는 의미가 있겠지요. 그 부분집합으로 농촌으로 돌아가는 것을 생각해 볼 수 있겠고요. 농사나 농업, 또 농민으로 돌아간다는 말도 되겠네요. 그러니 '귀농'이란 농민, 농업, 농사, 농촌으로 돌아간다, 별들이 노래하는 곳으로, 그런 삶의 방식으로 돌아가는 것이라고 볼 수 있습니다.

그리고 여기에 하나 더 보태고 싶은 게 있어요. 그것은 이 '농(農)' 자가 '농심(農心)'을 의미할 수 있다는 것입니다. 우리가 농촌에 가서 농사와 농업에 종사하며 농민으로 살아갈 수도 있겠지만, 설사 그렇게 농민이나 농촌으로 돌아가지 않더라도 최소한 '농민의 마음'만큼은 회복하자, 정말 사람답게 사는 경제를 위해 원래의 '농심'이 중요하지 않을까, 이런 생각을 해보게 됩니다.

그러면 과연 원래의 농심, 농민의 마음이란 무엇일까요? 제가 여기서 원래라고 하는 건 굳이 수백, 수천 년 전을 말하는 게 아니라 불과 50년 전의 모습을 말합니다. 우리나라가 '경제개발'을 한답시고 온 나라가 들썩거리기 이전의 농촌 농민들, 다시 말해 농업이 대대적으로 상업화·산업화되기 이전의 농민들이 갖고 있던 마음을 말하는 것이지요.

바로 그런 농민의 마음은 과연 무엇일까 한번 찬찬히 따져 봅시다. 우리 전통적인 어머니, 아버지 또는 할아버지, 할머니 세대에는 농촌 마을 공동체가 살아 있었습니다. 가장 최근을 생각해 보면, 대략 1960년대나 1970년대까지의 농촌입니다. 한참 농촌에서 도시로 이른바 '이농' 행렬이 이루어지던 그 시절에 농촌 공동체에 살던 어른들이 가졌던 마음을 한번 생각해보자는 겁니다.

그런 농민들의 마음에는 어떤 것이 있을까요? 예를 들면, "콩 심은 데 콩 나고 팥 심은 데 팥 난다"는 말이 있죠? 제 어머니도 자주 그런 말을 하셨습니다. 이게 뭘 의미합니까? 노력한 만큼 거둔다는 의미입니다. 뿌린 대로 거둔다, 거짓이 없다는 뜻이지요. 한마디로 정직의 경제입니다. 그런데 오늘날 경제를 보면 정직의 경제에 가까운가요, 아니면 사기의 경제에 가깝나요? 이런 단순한 질문이 필요하다는 것입니다.

사실 오늘의 경제는 예를 들어 1000만 원 투자하면 1500만 원 줄게, 또 1억 원을 주고 집을 사면 몇 년이 지나 2억이 될 거라는 식이지요. 얼핏 들으면 '돈 되는' 일인데, '콩 심은 데 콩 나고 팥 심은 데 팥 난다'고 하는 농심의 관점에서 보면 완전 사기라는 거예요. 거품이고 탐욕이죠. 지금의 경제는 콩을 심어놓고 다이아몬드를 뽑아가려고 합니다. 이런 잘못된 마음을 털어내고 원래의 마음으로 돌아가는 게 농심으로 돌아가는 길입니다.

또 예전에 어르신들이 자주 말씀하셨죠. 밭에 콩을 심을 때 세 알을 심으면서, 한 알은 새가 먹고 한 알은 땅벌레가 먹고 나머지 한 알은 내가 먹는다고요. 이걸 달리 말하면, 전통적인 농촌경제에서는 나눔의 경제 또는 배려의 경제를 실천하고 있었다는 거예요. 독점이 아니라 나눔, 탐욕이 아니라 배려. 이것이 농심입니다.

이와는 약간 다른 차원에서, 원주에서 선구자로 활동하셨던 무위당 장일순 선생님 말씀이 생각납니다. '나락 한 알 속의 우주'란 말씀이 있죠. 책 이름이기도 하고요. 또 '밥 한 그릇 안에 천지인(天地人)이 다 깃들었다'라는 말도 있고요. 결국은 하늘과 땅과 사람이 협동해야만 내가 먹는 밥 한 그릇이 나온다, 나락 한 알 속에 천지인, 즉 우주가 다 들었다는 뜻이지요. 이 세상 모두가 서로 협동하며 살아가는 게 올바른 삶의 이치라는 겁니다. 이것을 깨고 경쟁과 분열 속에 살아가는 건 잘못된 경제라는 거예요.

이것과 연결된 게 "아이고, 콩 한 알에서 이렇게 많이 달리네, 참 고맙네!" 하시던 어른들의 말씀이죠. 실제로 그렇거든요. 내가 한 건 콩 몇 알 심은 건데, 하늘과 땅과 햇볕이 기운을 모아 한 되박을 만들어주는 거거든요. 저는 이 말에서 감사의 마음을 읽습니다. 고마운 일이란 거죠. 천지인이 협동하는 삶이기도 하지만 사람의 관점에서 보면 참 고마운 일이 아닐 수 없어요. 바로 이런 마음도 필요한 거예요.

그런데 오늘날 경제는 어떻습니까? 잘한 것은 자기 탓이고 잘못된 것은 남 탓입니다. 좋은 건 자기가 가져가고 비용은 남에게 떠넘기고 싶어 하죠. 감사가 아니라 배은망덕인 경우가 더 많아요. 독식의 경제, 강탈의 경제가 오늘날 우리를 괴롭히고 있습니다. 이것을 극복하기 위해서라도 작은 것에도 감사하던 농민의 마음을 회복해야 합니다.

사실은 이런 말을 하는 저도 텃밭 농사 과정에서 욕심을 부릴 때가 종종 있습니다. 실제로 텃밭에 채소를 심어놓고서는 벌레는 먹지 못하게 하고 나만 많이 먹으려고 농약 대신 목초액이라도 뿌리거든요. 물론 목초액을 뿌린다고 해서 벌레가 바로 죽거나 벌레가 전혀 먹지 못하는 건 아니에요. 그런데 목초액이라도 안 뿌리면 벌레가 다 먹어버려서 그물망만 남아요. 그래서 눈물을 머금고 목초액을 뿌릴 수밖에 없는데, 가만 보면 바로 이런 행위 속에도 내가 아닌 존재인 벌레에게 하나도 안 뺏기려는 욕심이 깃들어 있는 게 아니냐는 것이지요.

물론 큰 차원에서 이 정도면 그래도 공존을 위한 타협이 될 만하다고 스스로 위로하기는 합니다. 어느 정도는 나비나 나방의 애벌레가 배추를 사각사각 갉아먹고 또 달팽이나 메뚜기도 배추 잎이 맛있다고 하니 오히려 기분이 좋더라고요. 나눔의 경제, 공존의 경제를 실천하는 기분도 들고요. '귀농'에 대한 이야기를 하며, 농심으로 돌아가자고 하면서도 100퍼센트 다 내가 먹자고 하면 앞뒤가 안 맞겠죠? 그래서 벌레들에게 "너희도 조금씩만 먹어라, 너무 많이 먹으면 그물망만 남으니까" 이렇게 말하는 거죠. 하여간 우리가 욕심에서

벗어나기가 정말 쉽지는 않지만, 그래도 가능한 한 우리 자신을 찬찬
히 들여다보며 나눔과 감사의 마음을 가졌던 농민들의 방식으로 살
림살이 경제를 실천하자는 것이지요.

순리대로 살기

저는 또 어르신들의 말씀 중에, "얘들아, 자연의 순리대로 살아라"
라는 말이 참 소중하다고 생각해요. 무슨 억울한 일이 있으면, 어르
신들은 또 "하늘이 알고 땅이 안다"고 하시기도 했지요. 순리대로 살
면 모든 게 다 바로잡힌다. 정말 그런 것 같아요. 물론 요즘은 온갖 거
짓과 조작이 판을 치지만, 결국 나중엔 모든 게 다 밝혀지거든요. 순
리대로 산다는 것, 사실 우리가 인간답게 살고 싶은 마음은 다 있는
데, '과연 인간답게 산다는 게 뭘까' 곰곰이 생각해 보면 결국은 순리
대로 사는 것이 사람답게 사는 것 같아요.

윗물이 아래로 흘러 내려가듯이 하늘이 비를 내려주지 않으면, 또
햇빛이 내려오지 않으면 곡식이 익어갈 수가 없지요. 윗물이 맑아야
아랫물이 맑다는 말도 순리를 말한 것 같고요. 또 하늘을 우러러 부
끄럼 없고 땅을 보아 부끄럼 없다는 말도 참 좋아요. 양심에 따라 살
라는 거죠. 농민들은 가뭄이 들면 기우제를 지내며 혹시 내가 그간
뭐라도 잘못한 게 없나 반성하기도 했지요. 뭔가 우리보다 큰 것, 보

통 하늘이라고 말하지만, 인간을 초월하는 존재 앞에 경외심과 겸손함을 가지는 것도 중요한 것 같아요. 꼭 종교적인 신이 아니라도 말이에요. 하늘과 땅의 이치가 곧 그런 신적인 존재와 같다고 생각해요. 그래서 사람이 사람을 비난하거나 욕할 때, 천벌을 받을 것이라고, 하늘이 벌 줄 거라고 말하거든요. 물론 요즘 세상을 보면 진짜 천벌을 받을 놈들이 천벌을 잘 안 받아 안타깝기는 합니다만, 그러나 저는 분명히 하늘이 벌을 내릴 거라고 봅니다. 그러고 보니 '깨어난 민초들의 조직된 힘'이란 게 곧 천벌을 내릴 주체가 아닌가 싶기도 하네요. 양심과 비판적 지성이 모두 필요한 셈이지요.

또 농작물은 농민들 발자국 소리를 듣고 자란다고 해요. 이건 곧 사랑의 경제를 말합니다. 그냥 심어놓고 내팽개치는 게 아니라 그만큼 사랑하고 보살피는 것이 필요하단 말입니다. 물론 태평농법이란 것도 있지만, 아직 저는 자신이 없네요. 산열매나 산나물 같은 것만 먹고사는 채취경제라면 몰라도 요즘은 그렇게 살기 힘들죠. 그래서 농작물이 튼튼하게 자라도록 흙을 북돋아주기도 하고, 가뭄이면 물을 주기도 하고, 밑거름 말고 웃거름도 주면서 잘 자라도록 사랑으로 보살피는 것, 이게 중요한 것입니다. 이것을 사랑의 경제 내지 공경의 경제라 할 수 있습니다. 사실 자식도 이런 마음으로 키우면 별 문제없이 잘 크거든요. 그런데 남보다 빨리 크라고 선행학습시키면서 쭉쭉 뽑아 올리니까 오히려 뿌리가 허약해집니다. 농사만이 아니라 교육문제나 삶의 문제 전반에 대한 답이 농심 속에 다 있는 셈이지요. 그런데 오늘날 경제는 사랑이 아니라 시샘을 하고, 용기를 북돋는 게 아니라 두려움을 심어주는 것이 되고 말았습니다. 이걸 되돌려야 합니다.

그 다음 공경하는 마음, 특히 어른들을 공경하는 것이 중요합니다. 물론 어른도 어른다워야 하지요. 아무 생각 없이 고집만 부리면 곤란하지요. 어른이라면 사람 사는 이치를 알고 지혜롭고 통찰력도 있어야 하는데, 그저 돈과 권력 앞에 무릎을 꿇으면서도 나이 많다고 대접해 달라고 하면 좀 이상하기는 해요. 특히 사회의 어른이 되려면 삶을 통해 감동을 주는 모습이 있어야겠지요. 꼭 지식이 많지 않더라도 지혜로워야 하는 것이죠. 그래서 사리분별력, 판단력, 통찰력이 뛰어난 어른이 필요하죠. 그 생각이 얼마나 보수적이냐 진보적이냐도 중요하지만, 그것을 초월하는 차원의 깊은 인간성, 양심, 지혜 같은 것이 있는 것 같아요. 그래서 늘 배우고 토론하는 일이 필요해요. 하여간 큰 차원에서는 사람이나 농작물이나 동물이 다 귀하다고 생각하는 공경의 마음이 중요한 것 같습니다.

그 다음에 놓치지 말아야 하는 게 "밥이 똥이고 똥이 밥이다"라는 말입니다. 언뜻 웃기다고 생각할 수 있지만 정말 중요합니다. 이것은 우리가 먹은 것이 배출되고 배출된 것이 다시 밥으로 올라온다는, 한마디로 말해 순환의 경제거든요. 또 소통의 경제라고 할 수도 있는데, 만물이 돌고 돈다는 거죠. 어쩌면 세상 만물의 이치, 진리에 가까운 법칙 중 하나가 순환의 원리인 것 같아요. 하다못해 자본주의 경제를 지탱하는 돈조차 돌고 돌아야 제 역할을 하잖습니까.

원래 돈이란 게 사람들이 먹고살기 위해 물자를 교류하는 데 도움을 주려고 나온 수단이었죠. 그런데 그것이 축적이 되고, 저축이 되고, 그 쌓은 것을 빌려주고 이자놀이를 하기 시작하면서 세상이 뒤틀렸습니다. 돌고 도는 것 같은데, 한편으로는 지나치게 쌓이고 다른 편에서는 돈이 말라버리니 뭔가 불통이 된 거죠. 예를 들면, 언젠가 뉴스에서 봤는데 우리나라 10대 재벌의 자산 총액이 1000조 원이라고 해요. 그런데 한국의 가계부채가 1000조거든요. 가계부채가 1000조 원이고, 그 다음 공기업 부채와 정부의 부채를 합치니까 또 1000조 원이에요. 아주 재미있어요. 일반 가정이나 공공 부문이나 거의 1000조 원의 빚으로 산다는 거예요. 반면 재벌이나 돈 많은 정치가, 기업가들이 스위스 비밀금고나 조세 피난처 같은 곳에 몰래 쌓아놓은 돈이 밝혀진 것만 870조이니, 안 밝혀진 것까지 하면 1000조가 넘는다는 거죠. 이러니 소통과 순환의 경제가 되겠어요?

일반 기업도 그래요. 돈 버는 게 지상 목표가 되다 보니, 오폐수나 나쁜 공기를 내보내고 사람도 함부로 해고하거나 일회용품처럼 비정규직으로 마구 쓰고 그래서 단기적 이익만 추구해 결국 온 사회가 큰 병에 걸리는 거죠. 한편에서는 불평등과 빈곤의 심화, 다른 편에서는 기후와 자원 등 생태계 위기가 오게 된 거죠. 그런데 불평등과 빈곤은 다른 말로, 상품 구매력을 떨어뜨려 공장에서 효율성 높게 생산한 물품들이 순환이 되지 않는다는 걸 뜻하기도 해요. 자가당착이죠. 한편, 생태계 위기는 더 이상 대량 생산과 대량 소비가 물질적 소재의 차원에서도 불가능한 단계에 왔다는 거예요. 이것도 자가당착. 그래서 오늘날 경제는 소통과 순환이 아니라 불통과 동맥경화, 자가당착의 경제가 되고 말았습니다.

이렇게 우리가 '농(農)'이라고 하는 것을 깊이 있게 생각해 보면 단순히 우리가 분류하는 1차 산업, 즉 농업만 가리키는 게 아니라 또 밥상 차림만이 아니라, 결국은 사람이 살아가는 이치, 삶의 이치 또는 사회의 이치까지 탐구할 수 있습니다.

'팔꿈치 사회'에 들어서다

제가 쓴 책 중에 《팔꿈치 사회》(갈라파고스, 2013)라는 게 있습니다. '팔꿈치 사회'는 옆 사람을 팔꿈치로 밀쳐내야만 내 생존이 보장되는 치열한 경쟁 사회를 비꼬는 말입니다. 원래 1982년에 독일에서 '올해의 단어'로 선정된 말인데, 치열한 경쟁의 원리로 움직이는 지금의 사회경제 구조를 비판적으로 고찰하기 위해 그 단어를 빌려온 것이죠.

그러면 왜 1982년에 독일에서 '팔꿈치 사회'라는 말이 부각되었을까요? 그 무렵은 영국의 대처 수상과 미국의 레이건 대통령이 등장해 '신자유주의'의 깃발을 들고 온 세상에 부르짖기 시작한 때입니다. 신자유주의는 언뜻 새로운 것과 자유로운 것이 합쳐져 참 좋은 것처럼 보이지만, 실은 모든 걸 시장경쟁에 맡기자는 말이에요.

예를 들면, 국가 보호주의도 안 되고, 온 세상을 하나의 시장으로 만들자. 그리고 기존의 복지국가 패러다임이나 공공 부문 같은 것도 비효율적이니 모두 민영화해라. 노조도 시장경쟁에 방해 요인이니 해체하거나 고삐로 옭아매라. 노동시장도 보호하면 안 되고 해고와 비정규직 사용을 자유롭게 하게 하라. 대략 이런 게 신자유주의입니다. 학자들은 좀 어려운 말로 개방화, 탈규제화, 민영화, 유연화 등으로 표현하고요.

국가와 노조는 돈벌이 경제에 개입하지 마라. 국경 문도 활짝 열어 세계 자본이 마음대로 돌아다닐 수 있게 개방하라. 초국적 금융자본과 산업자본이 온 세상을 대상으로 돈벌이를 하게 하라. 또 각 개별 국가의 각종 규제를 철폐하고 국영 기업이나 복지 기관도 수익성과 효율성 원리를 중심으로 움직이게 민영화하라고 강요하는 것입니다.

이런 내용은 1997년 IMF가 터지기 직전에 제가 번역한 책,《세계화의 덫*Die Globalisierungsfalle*》(영림카디널, 1997)에 다 나옵니다. 김대중 정부의 법무부장관조차 그 책을 읽고 신자유주의니 IMF니 하는 것의 실체를 알고 판·검사들에게 권했다고 하고 언론에서도 많이 거론돼 일약 베스트셀러가 되었지요.

그 책은, 신자유주의 구조조정이 되면서 온 세상이 '20대 80 사회'로 변해 간다고 해요. 즉 20퍼센트 소수의 노동력들은 안정된 소득과 직장을 누리며 잘 살아가지만, 대다수인 80퍼센트의 사람들은 실업이나 비정규직을 왔다 갔다 하며 힘겹게 살아야 하는 사회가 바로 21세기 경제다, 이건 문제다, 이런 이야기를 하는 책이에요. 신자유주의 패러다임으로 가는 것은 방향을 잘못 잡은 것이라고 지적한 거죠.

독일은 이미 1980년대 초부터 그것을 미리 내다보고 '팔꿈치 사회'로 가면 안 된다고 했는데, 한국은 1997년에 와서야, 그것도 IMF 위기가 터질 무렵이 되어서야 비로소 '세계화의 덫'이 거론되기 시작했습니다. 그런데 문제는 그런 비판과 성찰을 온 사회가 진지하게 수용하고 다른 길을 걸어야 하는데, 이게 잘 안 되고 있다는 거예요. 특히 언론과 교육이 노력하고 결과적으로 정치와 경제가 모두 변해야 하는데, 돈과 권력을 중시하는 기득권 세력 앞에서 꼼짝을 못하는 거죠. 요약하면, 예전 우리 농민들은 작물을 사랑으로 보살폈는데 이제 자본주의가 그 중에서도 신자유주의가 농업도 지배하면서 농업이 더욱 파탄 났고, 그래서 지금 우리가 경험하는 경제는 서로 경쟁하고 팔꿈치로 밀치고 그렇게 서로 죽이는 경제가 되어버렸다는 것입니다. 더욱 안타까운 것은 아이들 세대는 좀 나아야 하는데 아이들도 그렇게 살아가기를 강요당한다는 것이지요. 이걸 지금부터라도 돌려야 합니다. 바른 정치가 필요한 이유입니다.

우리 한국에도 사실은 1980년 광주항쟁을 압살하고 등장한 전두환 시기부터 이런 신자유주의가 조금씩 들어오기 시작했지만, 1985년 대우자동차 투쟁과 구로 동맹파업, 1987년 노동자대투쟁과 1989

년 전교조, 1990년 전노협, 1995년 민주노총, 1996~1997년의 노동법 개악 반대 총파업 등으로 상징되는 저항으로 인해 한 20년 가까이 지체되다가 마침내 1997년 말 'IMF 위기'를 계기로 본격 신자유주의 사회로 구조조정을 당한 셈입니다.

그런 관점에서 보면, 1987년 6월 항쟁과 7월부터 9월까지의 노동자 대투쟁 이후에 군사독재가 청산되고 지금까지 약 20~30년 동안 민주화 과정이 있었다고는 하지만 사회경제적 관점에서 보면 민주화와 반대 방향, 즉 '자본 독재'가 강화되는 방향으로 갔다고 하는 것이 더 정직한 얘기가 아닐까 싶네요. 특히 김대중의 '국민의 정부'는 기존의 여야 간 정권 교체가 이뤄졌고, 민주화 투사가 대통령이 되었다는 점에서 아주 상징성이 강함에도 불구하고 IMF와 미국이 사실상 강요한 신자유주의 구조조정을 대리로 수행한 역설적인 모습을 보여주었지요. 이것은 평택 미군기지와 한미 FTA로 상징되는 국제적 차원의 신자유주의를 앞장서서 시작한 노무현의 '참여 정부'도 예외가 아니에요. 비단 이명박 정부나 박근혜 정부만의 문제가 아니라는 것입니다. 물론 현재는 더 악조건이지만요.

특히 FTA는 자유무역협정이라는 멋진 이름과는 달리 농촌과 농사, 농민, 농업을 죽이는 일입니다. 자동차나 컴퓨터, 휴대폰 같은 물품을 많이 파는 대신 농민을 죽이는 일입니다. 실은 양국의 농민과 농촌을 모두 죽이는 결과가 나오고 말죠. 한쪽(한국의 경우)에서는 파산해서 죽고, 다른 쪽(미국의 경우)에서는 기계화와 대형화, 상업화, 화학농화를 통해 죽는 거죠. 미국도 소농과 유기농은 그만큼 힘들어집니다. 당사국 모두 대기업들에게만 좋은 일이라는 겁니다.

공생의 사회로

왜 이런 역설이 발생할까요? 저는 두 가지 점에서 이것을 해석합니다. 하나는 민주화 투사들이 원래의 역사적 사명인 민주주의를 실질적으로 구현해야 하는데, 오히려 신자유주의를 강요하는 IMF와 미국 등 새로운 사령관 앞에 굴복했는데도 민주화 정권이라는 '마약' 같은 힘이 오히려 국민의 저항을 대대적으로 분출되지 못하게 가로막는 완충작용을 했기 때문이라는 것입니다. 민주화 세력이 민초들의 저항을 적절히 관리하고 통제하는 완충기 역할을 한 거죠. 예를 들면, 명백히 잘못하고 있는데도, "좀 참아라, 조금 기다리면 잘할 거다" "밖에서 볼 때하고 실제 정치는 다르다. 정치는 현실이다" 이런 식이었지요. 특히 기존의 민주화 투사들이 대거 정부의 중요한 자리를 차지하고 자기도 모르게 권력화·속물화해 갔습니다. 저항자가 관리자로 변하는 순간 모두 끝나고 말았어요. 저항과 대안을 같이 고민하는 사람으로 남아야 뭔가 일이 되는 거거든요.

둘째는, 독재정권과 투쟁하던 사람들이 민주화만 되면, 대통령만 우리 편으로 바꾸면 모두 잘될 것이라 생각하고 그 이상의 대안적 전망에 대해 구체적인 고민을 하지 않은 결과라고 해석합니다. 이것은 군사독재를 종식하는 방향만이 아니라 남북분단을 종식하는 방향에서도 마찬가지라고 생각해요. 사실은 군사독재 종식이나 남북분단 종식의 이면에 재벌 내지 자본 중심의 사회경제 시스템 문제가 존재하고 있거든요.

구체적으로 말해서 군사독재 이후에 우리는 과연 어떤 사회경제 구조를 창출할 것인가, 또 남북분단 종식 이후에 우리는 과연 어떤 방식으로 살아갈 것인가, 이런 방향에서 치열한 고민과 대안이 없었다고 생각합니다. 그러다 보니 결국 '시장경제와 민주주의의 조화'라든지 '기업 하기 좋은 나라'라든지 하는 구호만 외치다가 어느 날 갑자기 "권력이 시장으로 넘어갔다"며 한탄을 하게 되는 거죠. 정말 안타까운 일입니다.

사실 수많은 비제도권 학교와 인문학 모임 같은 데서 범국민적·범민초적 논의들이 평소에 많이 일어나야 합니다. 물론 정말 다양한 개념과 가치관들이 쏟아지죠. 그러나 제가 보기에 가장 중요한 건, 앞으로 어떤 체제가 되든지 간에 결국은 사람과 사람, 사람과 자연이 같이 사는 방향으로 가야 한다는 것입니다. 정리해고하듯이 사람 잘라내는 경제 말고, 또 자연을 파괴하면서 '녹색 경제'라고 속이는 그런 경제 말고, 우리만 잘살자고 다른 나라 사람이나 비정규직 괴롭히는 그런 경제 말고, 진정으로 더불어 사는 사회경제 체제를 만들어야 한다는 겁니다. 바로 이것이 참된 시스템 전환이고 참된 구조조정이라는 게 제 생각입니다.

정리해서 다시 말하면, 더 이상 팔꿈치 사회가 아니라 공생의 사회, 농사와 농민을 죽이는 경제가 아니라 살리는 경제, 사람을 생산 비용으로 생각하는 게 아니라 생산 주체로 존중하는 사회경제 체제, 이런 것들이 우리 모두의 가치관으로 자리 잡아야 하고, 바로 그런 가치관 위에 정치경제, 사회문화, 교육종교 등 모든 분야의 구조를 새롭게 바꿔야 한다는 것입니다.

그래서 '귀농'은 단지 농촌으로 돌아가자는 의미만이 아니라 농심으로 돌아가자, 그리고 한 걸음 더 나가 농촌, 농사, 농민, 농업을 '귀'하게 여기는 경제로 가자는 말도 됩니다. 바로 이런 (죽임이 아닌) 살림의 논리와 원리가 국내 사회경제는 물론 남북통일과 국제관계 등에도 적용되어야 비로소 우리는 세상에 희망이 있다고 말할 수 있습니다.

그리고 정직의 경제, 나눔의 경제, 감사의 경제, 배려의 경제, 순환의 경제 같은 것도 바로 이런 구조 변화의 과정, 패러다임 전환의 과정에서 자연스럽게 만들어질 수 있다고 보는 것이지요. 물론 이게 말만 한다고 저절로 되는 건 절대 아닙니다. 그 과정에 국민적 합의의 과정도 필요하고, 가치관의 충돌과 갈등을 지혜롭게 해결하는 과정도 필요하며, 하루아침에 모든 걸 할 수 없기 때문에 점진적인 접근 방식도 필요하겠지요. 이것은 우리가 부단히 사회적 실천을 하는 과정에서 만들어 나가야 하는 일입니다. 그래서 풀뿌리 조직과 혁신적

운동조직 같은 것들이 수없이 많이 생겨나야 합니다. 보수 정치가들은 물론, 긴 안목과 깊은 성찰이 없는 자유주의 세력조차 결국에는 민초들을 배신하거나 엉뚱한 방향으로 가버리는 오류를 범하게 되어 있습니다. 그래서 아래로부터 새로운 힘들이 왕성하게 올라와야 하는데, 바로 우리가 이걸 공부하고 토론하고 학습하고 실천해야 한다는 것입니다.

이런 의미에서 귀농운동이란 게 비단 개인적 선택이 아니라 사회를 바꾸는 건강한 운동이 될 수 있다고 봅니다. 그것은 죽임의 방향이 아니라 살림의 방향으로 모든 걸 바꾸는 것이지요. 자신이 살아가면서 직접 하는 운동은 지속가능성이 큽니다. 사는 게 곧 운동인 셈이지요. 그런 면에서 농심, 즉 잃어버린 농민의 마음이 가진 여러 측면을 오늘에 되살리는 일은 우리 모두의 과제라고 생각합니다.

제8강: 에너지 문제

화석 에너지를 넘어 자연 에너지로

 2014년부터 서울시에서는 '핵발전소 하나 없애기 운동'을 하고, 그런 맥락에서 서울 노원구에서도 태양광 발전을 한다고 하는데, 매우 고무적인 일이라고 생각합니다. 사실 나 하나가 실천해서 또는 우리 동네 하나가 참여해서 세상을 얼마나 바꿀 수 있겠냐고 생각할 수도 있지만, 원래 하나하나가 모이고 이것이 연결되어 새로운 분위기나 구조를 만들어내며, 세상이 이뤄지고 변화도 오는 것입니다. 하나하나 모이다 보면 질적인 도약의 순간이 오기도 하고요.

 바닷물을 한번 보세요. 바닷물의 맛을 보면 짠맛입니다. 그런데 이렇게 짠맛이 난다고 해서 바닷물 100그램 중 소금이 몇십 그램 들었느냐, 과학자들이 말에 따르면, 그 속에는 3그램 내지 4그램밖에 안 들었다고 합니다. 결국 3~4퍼센트 정도의 소금이 바닷물을 짜게 한다는 거죠. 이런 이치를 우리 사회에 적용하면, 바로 우리가 이 3~4퍼센트의 소금 역할을 해 뭔가 변화를 이룰 수 있지 않을까 싶습니다.

물론 인간 사회는 자연계와 달라서 비율상 좀더 많은 사람이 뭉치고 의견의 통일을 이루어야 뭔가 긍정적인 변화를 이룰 수 있겠지요. 태양 에너지와 관련해 보더라도 서울의 노원구처럼 다른 곳에서도 왕성한 시도가 이루어지면 좋을 것입니다. 이런 식으로 나부터, 우리부터 출발하는 작은 노력들이 끈질기게 이뤄질 때 언제가 분명히 좋은 결과를 낳으리라 생각합니다.

나부터, 아래로부터의 변화

세상을 잘 다스려 백성들이 잘 먹고 살게 도와주는 것이 원래의 경제입니다. 살림살이라는 것이죠. 반면에 돈벌이가 곧 경제라는 관념은 자본주의 단계에 와서 바뀐 것에 불과합니다. 원래 의미가 뒤틀린 것이지요. 그래서 저는 진정 사람을 위한 경제는 돈벌이 경제가 아니라 살림살이 경제라고 봅니다. 돈벌이 경제는 사람보다 자본을 위한 경제에 불과합니다. 좀더 구체적으로, 우리가 소유하고 생산하고 유통과 분배를 하고 소비하는 모든 활동이 결국은 살림살이를 위해 존재하는 것입니다.

그러면 경제활동의 목적은 무엇입니까? 우리 삶의 목적이 그러하듯, 경제의 목적도 결국은 행복입니다. 행복한 삶이나 행복이라는 표현이 마음에 안 든다면, 존엄성이 보장되는 삶이라고 바꿔 말할 수도 있습니다. 저는 둘 다 똑같다고 생각합니다. 행복한 삶이 가능하려면 식·의·주 등 기본 생계 해결이라는 삶의 양적 측면과 더불어 건강과 여유, 존중과 평등, 우애의 공동체, 그리고 조화로운 생태계 등 '삶의 질' 측면이 충족되어야 합니다. 이런 의미에서 인간 존엄성과 삶의 행복감은 밀접하게 연결되어 있습니다.

결국 삶의 양과 더불어 질을 고양시키는 살림살이 경제가 곧 인간 행복에 결정적이라는 결론이 나옵니다. 바로 이런 의미에서 저는 기존의 돈벌이 경제를 근본적으로 재구성해야만 뭔가 새로운 전망이나 희망이 생긴다고 보는 것입니다.

그런데 이런 변화를 이뤄내는 방식이 크게 두 가지가 있습니다. 하나는 위로부터의 변화고, 다른 하나는 아래로부터의 변화입니다. '위로부터의 변화'란 대통령이나 권력자로 상징되는 이들이 '선한 마음'을 갖고 법과 제도, 정책을 바꾸어 모든 것을 일거에 바꾸어버리는 것입니다. 세계적 차원에서도 실은 유엔이나 IMF 같은 기구, 또 G7이나 G77 같은 거대 조직이나 기구들이 모든 사람의 행복을 진심으로 증진하겠다는 '선한 마음'을 가진다면 이런 위로부터의 변화가 훨씬 쉬워지겠지요. 그런 세계적인 변화가 이루어진다면 사실 일국 차원의 변화는 아마도 식은 죽 먹기일 것입니다.

그러나 이것은 크게 두 가지 문제가 있어요. 하나는 지금의 세계가 자본주의 세계 체제라는 현실입니다. 이미 자본주의는 1990년 무렵 이후 현실 사회주의에 대해 승리를 선포했고, 그 뒤로 미국으로 상징되는 종주국 자본주의 중심의 세계화, 다시 말해 영미식 신자유주의 세계화가 온 세상을 휩쓸고 있는 게 지금의 모습이지요. 이런 상황에서 위로부터의 변화를 기대한다는 것은 거의 환상에 불과합니다. 특히 일국 정치 체제야 선거를 통해 뭔가 변화를 이룰 수도 있다고 하지만, IMF나 세계은행, 그리고 WTO 같은 세계기구 등은 '선출되지 않은 권력'입니다. 이들은 겉으로 내세우는 세계평화나 국제협력과 같은 명분과 달리 실제로는 당연히 자본의 이해를 대변할 수밖에 없습니다. 그러니 위로부터의 변화는 가능하지도 않고 바람직하지도 않다는 것입니다.

또 다른 문제는 설사 일국에서 선거혁명으로 뭔가 대대적인 변화가 일어난다고 해도 그것이 과연 지속가능하냐는 것입니다. 여기서 저는 "모든 권력은 부패한다"는 말을 상기하고 싶네요. 원래 민주주의에서 권력은 국민으로부터 나온다는 게 상식이지요. 그러나 이것이 국민에서 나와 과연 어디로 가버렸는가 하는 관점에서 보면, 의회민주주의 내지 대통령 중심의 민주주의는 본질적으로 권력의 소외를 내포하고 있습니다. 세계적 차원에서도 마찬가지고요. 아무리 유엔이 선한 마음을 갖는다고 해도 그것은 이미 구체적인 세계시민의 삶과 동떨어진 권력체로서 '관리자' 역할을 할 수밖에 없습니다. 그러니 일국 차원이든 세계 차원이든 아무리 유능하고 선한 인물이 그 자리를 차지해도 민중의 관점에서는 얼마 지나지 않아 실망하게 되어 있다는 것입니다.

바로 이런 의미에서 저는 두 번째 변화의 방법을 더 중시합니다. 바로 '아래로부터의 변화'입니다. 그 출발점은 누가 뭐래도 '나부터'이고요. 이것은 대단히 중요한 의미를 가지는데, 나부터 실천하는 경험이 사회적인 변화를 요구하고 상상할 수 있는 근거가 된다는 의미에서 그렇습니다. 내가 직접 시행착오를 경험하며 변화를 이뤄낸다면, 이것을 기초로 더 큰 사회적 변화를 상상하고 요구할 수 있겠지요. 그리고 이것은 또 역사나 사회 변화에 대한 책임성 문제 때문이기도 합니다. 만일 우리가 스스로 변화의 출발점을 만들어내지 않고 사회가 그러니 어쩔 수 없다며 타자나 사회를 향해 책임전가 식으로만 접근한다면, 결국 기존의 잘못된 구조를 강화할 뿐 아니라 무책임의 문화가 사회 전반에 퍼질 것입니다. 갈수록 참된 변화와는 멀어진다는 이야기죠. 요컨대 자기 근거의 측면에서나 사회적 책임의 측면에서 '나부터' 변화한다는 것은 대단히 중요합니다.

그러나 '나부터' 출발한다는 생각을 하더라도 '나 홀로' 가는 과정으로 그친다면, 그것은 결국 자기 위안이나 자기기만으로 흐르기 쉽습니다. 그래서 결국은 나부터 출발해 '더불어' 전진하는 과정으로 승화되어야 합니다. 바로 이것이 연대와 협동의 패러다임이 필요한 이유입니다. '나부터' 그리고 '더불어'가 해답이라는 것이죠.

이렇게 되어야만 우리가 오늘날 경험하는 권력으로부터 소외를 극복할 수 있습니다. 왜냐하면 그 속에서는 우리 자신의 힘(권력)이 바로 우리 곁에 머물러 있게 되기 때문이죠. 지금처럼 국회의원이나 대통령에게 모든 걸 내맡기는 것은 우리 스스로 우리의 힘을 포기하는 결과를 초래하기 쉽다는 것입니다. 게다가 위로부터의 권력이 우리를 소외시키는 경향을 예방하기 위해서라도, 우리는 설사 선거나 투표를 한다고 하더라도 우리가 가진 힘의 절반은 바로 우리 자신에게 남겨둔다는 생각을 할 필요가 있습니다. '절반의 힘은 선하고 유능한 이들에게 신탁하되, 나머지 절반의 힘은 여전히 우리에게.' 대략 말하자면 바로 이런 태도가 우리 민초들에게 필요하다는 것입니다. 그래야 권력이 변질되지 않습니다. 언제든지 동의를 철회할 수 있고 저항할 수 있어야 한다는 말입니다.

그러나 아래로부터의 변화가 더욱 중요한 의미를 띠는 것은 일상적 실천의 문제 때문입니다. 우리는 날마다 노동하고 생산하고 소비하며 살아갑니다. 그러나 이 노동의 조직, 생산의 조직, 소비의 조직 방식은 우리 자신이 정한 것이 아니라 자본과 권력이 정한 것입니다. 이 사실을 우리 모두 명확히 인식해야 합니다. 우리 자신이 자유롭게 생각해서 정하거나 선택한 것이 아니라는 거죠. 그래서 대안적인 방식의 노동과 생산, 소비를 아래로부터 만들어가며 실천한다면 그것이 바로 혁명적인 변화의 기초가 될 것이라는 말입니다.

아래로부터의 대안이라고 해서 아주 힘들거나 멀리 있는 것만도 아닙니다. 일례로, 불과 50년 전의 농촌에서는 마을 청·장년들이 두레나 품앗이로 협동하며 농사를 지었습니다. 분열과 경쟁이 아니라 연대와 협동의 원리가 핵심이었죠. 오늘날은 유기농 농민들이 '한살림'이나 '언니네텃밭' 같은 생활협동조합 모델을 개발해 생산자와 소비자가 함께 살아가는 운동을 하기도 합니다. 그리고 홍성의 지역공동체나 원주의 지역공동체 운동, 또 서울의 성미산 공동체 같은 모델들은 비록 아직 충분히 완전한 것은 아니지만 우리가 얼마든지 '다르게' 살아갈 수 있음을 잘 보여주고 있습니다. 이렇게 우리 사회 안에서도 자세히 보기 시작하면 생각 이상으로 좋은 모델들이 많이 생성되고 있음을 알 수 있습니다.

곧 살펴보겠지만, 태양 에너지로 상징되는 대안 에너지 문제도 마찬가지입니다. 고갈 위기, 지구온난화 등의 문제를 안고 있는 석유나 가스 등 화석 에너지를 넘어 자연 에너지로 전환하자는 것이지요. 이런 식의 개별적 운동이 계속 늘어나고, 이들끼리 경험도 공유하고 연결해 사회적 분위기를 바꾸어나가면 아래로부터의 변화에 큰 희망이 생길 것입니다.

물론 결론적으로는 아래로부터의 변화와 위로부터의 변화가 같이 가면 가장 좋겠습니다. 아래로부터의 변화의 힘이 누적되어 새로운 분위기와 동력을 만들어내면서 아주 자연스럽게 위로부터의 변화를 추동하는 것, 그렇게 되면 위로부터의 변화도 변질되지 않고 건강하게 지속될 수 있습니다. 설사 반동 세력들이 역사의 수레바퀴를 거꾸로 돌리려 한다고 해도 그것을 막아내고 새로운 변화를 더욱 전진시킬 수 있는 힘은 아래로부터 나올 수밖에 없습니다. 이런 점들을 생각할 때 결국 두 가지 방향의 변화가 유기적으로 결합되는 것이 중요하다고 봅니다. 하지만 바로 이런 것이 되기 위해서라도 아래로부터의 변화 동력들이 왕성하게 생성되는 것이 더 중요한 전제조건이라고 보는 것입니다.

남미의 쿠바, 볼리비아, 베네수엘라 같은 나라들이 보여준 과정이나 스페인의 마리날레다 마을의 혁명적 사례를 보면, 이런 변화의 가능성이 세계 곳곳에 존재하고 있음을 알 수 있습니다. 쿠바, 볼리비아, 베네수엘라는 2005년 무렵부터 '민중무역협정'을 만들어 '자유무역협정'에 대한 대안적 모델을 출범시켰고, 스페인의 마리날레다 소도읍은 혁신적인 고르디요 시장과 민중이 혼연일체가 되어 오랜 투쟁을 통해 봉건 귀족이 독점 소유하던 농지를 전 민중적인 협동조합으로 전환시킨 대표적 사례를 보여주었지요.

불편한 진실

이제 본격적으로 에너지 문제, 태양 에너지 문제를 생각해 봅시다. 앞에서 저는 경제를 돈벌이가 아니라 살림살이로 보자고 말했습니다. 그런데 살림살이로서의 경제를 보더라도 우리는 당연히 생산하고 소비해야 합니다. 보다 구체적으로는 생산과정, 분배과정, 소비과정, 또 순환과정까지 포함해야 한 사이클이 완성됩니다. 사실 순환과정은 돈벌이 경제에서는 폐기 과정이기도 합니다. 그러나 살림의 경제에서는 자연적 순환이 중요하지요. 폐기한다는 것은 자원의 낭비일 뿐 아니라 자연에 해를 끼치는 일이기 때문입니다. 이걸 학자들은 '외부 불경제' 또는 '부정적 외부 경제'라고 합니다.

이렇게 생산, 분배, 소비, 순환의 과정을 어떤 접근방식으로 보는가에 따라 전혀 다른 결론과 실천이 나옵니다. 돈벌이 관점에서의 생산은 이윤의 생산, 상품의 생산이지만 살림살이 관점에서는 생활에 필요한 것, 즉 생필품이나 삶의 질을 드높이는 것들의 생산이 됩니다. 또 분배는 돈벌이 관점에서는 자격증이나 능력과 성과에 따른 차별적이고 양극화되는 분배가 되지만, 살림살이 관점에서는 인간적 필요에 따른 비차별적이고 상호 배려하는 분배가 되는 것입니다. 소비도 마찬가지입니다. 돈벌이 관점에서는 다음날 노동력을 재생산하기 위한 소비, 나의 지위를 높이기 위한 소비가 핵심이지만, 살림살이 관점에서는 인간적 존엄성과 삶의 행복감을 위한 소비가 됩니다. 순환이란 돈벌이 관점에서는 반환경적인 폐기 혹은 새로운 돈벌이 영역이 되겠지만, 살림살이 관점에서는 재생, 나눔, 재활용을 통해 자원을 절약하고 외부 악영향을 최소화하는 과정이 됩니다.

그런데 우리가 생산을 하고자 하는 경우 우선은 사람의 노력과 노동이 필요하지만, 다음으로는 그것을 위해 원료나 도구, 시설, 그리고 에너지가 필요합니다. 그래서 에너지 문제의 핵심을 제대로 보기 위해서라도 우리는 이 생산의 문제를 하나씩 뜯어볼 필요가 있습니다.

우선 원료의 측면을 봅시다. 기존의 돈벌이 경제에서는 원료는 비용이므로 가능하면 비용을 절감하려고 했습니다. 예컨대 가구 등의 나무제품을 생산하기 위해 나무를 벨 때 별로 조심하지 않고 무자비하게 숲을 훼손하는 경우가 많습니다. 그런 식으로 적도 지대의 열대우림이 무자비하게 없어지면서 지구의 허파가 없어지고 있다는 주장도 있지 않습니까? 그래서 가능하면 나무를 많이 심어야 한다는 요구가 나오죠. 뿐만 아니라 기존의 생산 관점에서는 건설업계에서 모래가 필요하다고 강을 함부로 파내기도 합니다. 그런 식으로 자연을 훼손할 뿐만 아니라, 가난한 나라에 가서는 철광석이나 크롬, 그리고 휴대폰에 들어가는 탄탈 등 각종 광물을 함부로 파내는 경우도 많습니다.

독일의 클라우스 베르너^{Klaus Werner}와 한스 바이스^{Hans Weiss}가 쓴 《나쁜기업*Das Neue Schwarzbuch Markenfirmen*》(프로메테우스, 2008)이란 책을 보면 휴대폰에 들어가는 탄탈 이야기가 나옵니다. 이게 콜탄이라는 광물에서 추출되는데, 세계 생산량의 최대 80퍼센트가 아프리카 콩고에서 나온다고 합니다. 세계의 휴대폰 생산 자본들이 이 광물개발 사업에 투자한 모양인데, 물론 여기에는 한국의 삼성도 포함됩니다. 그런데 문제는 이 광산 개발 과정에서 그곳에 살던 원주민들을 강제로 쫓아내고 저항하는 이들을 억압하거나 살해하는 일이 벌어진다는 것입니다. 꼭 이 일 때문만은 아니지만 1998년 8월부터 유럽엔 거의 알려지지 않은 전쟁이, 그러나 콩고 사람들에게는 영원히 벗어날 수 없는 형벌과 같은 '아프리카 제1차 세계대전'이 전역을 휩쓸고 있다는 주장이 이 책에 나옵니다. 2001년 4월까지 그 반란지역에서만 250만 명의 목숨이 희생되었다는 끔찍한 이야기입니다. 달리 말하면, 600만 명의 유대인을 학살했다는 독일 나치의 만행이 오늘날 신자유주의 세계화와 더불어 형태를 달리해 온 세상에서 벌어지고 있다는 것입니다.

생산에 필요한 원료 하나만 보더라도 지금의 돈벌이 경제에서는 이렇게 끔찍한 일이 벌어진다는 거죠. 석유 문제를 볼까요? 에너지 문제를 생각하려면 지금 가장 큰 비중을 차지하고 또 지구온난화 문제의 핵심이기도 한 석유 문제를 피할 수가 없지요.

우리 모두 알고 있듯, 사실은 석유뿐만 아니라 가스나 석탄과 같은 화석연료의 이산화탄소로 인한 지구온난화 문제가 오늘날 심각한 영향을 끼치고 있습니다. 미국 클린턴 정부 시절의 부통령 앨 고어$^{Al \, Gore}$는 당시 어린 아들을 교통사고로 잃을 뻔한 적이 있는데, 그 일로 인해 인생에 대해 근본적으로 다시 생각하기 시작했습니다. 삶에 대한 자기 가치관을 근본적으로 재구성하게 된 거죠. 그뒤 책도 쓰고 영화도 나왔는데 그 제목이 《불편한 진실An Inconvenient Truth》(좋은생각, 2006)입니다. 핵심만 보면, 우리가 잘 살아보겠다면서 그동안 열심히 경제발전을 했는데, 그 과정에서 석탄과 석유, 가스라고 하는 화석에너지를 무한정 사용하는 바람에 한편으로는 자원이 고갈되고, 다른 한편으로는 이산화탄소를 대량 생산해 결국 오늘날 지구온난화와 기후 변화와 같은 지구적 파멸의 징후를 맞이하게 되었다는 것입니다. 잘 살아보겠다고 한 일이 공멸을 초래했다면 그것이 곧 불편한 진실이 아니고 무엇이겠습니까? 이 이야기는 상당한 반향을 불렀습니다.

그러면 이 사태를 어찌할 것인가? 인류의 역사가 수백만 년에 이른다는데, 이걸 아주 짧게 보더라도 1만 년 정도는 된다고 합니다. 오늘날처럼 농사를 짓기 시작한 게 신석기 시대부터라고 하는데 이게 약 1만 년 정도 되었다는 것이죠. 그러면 이 1만 년에서 화석연료를 대량 사용한 것이 산업혁명 이후니까 약 300~400년 동안, 즉 1만 년 중 불과 3~4퍼센트밖에 되지 않는 짧은 시간 동안 우리는 지구 자원의 대부분을 소모하며 온실가스의 주범 중 하나인 이산화탄소를 급속히 대량 만들어내게 되었다는 것입니다. 그 이전까지는 이산화탄소 발생 비율이 아주 낮게 흘러왔는데, 100이라는 전체 기간 중 마지막 3~4의 짧은 기간 동안 아주 높은 수준을 기록한 거죠.

'불편한 진실'이라는 동영상이나 영화를 보면 앨 고어가 강의를 하면서 흥미롭게도 오늘날 이산화탄소의 배출 수준을 보여주기 위해 사다리를 타고 높이 올라가서 선을 긋는 장면이 나옵니다. 그래프로 보면 아주 명백하게 드러나는데, 신석기 시절부터 이산화탄소 발생 비율이 아주 낮은 수준에서 죽 옆으로 평탄하게 지속되다가 마지막 단계에서 갑자기 치솟는 거죠. 당연히 석유를 포함해 자연자원을 쓰는 비율도 아주 평탄하게 유지되다가 산업혁명 이후 갑자기 엄청나게 올라갑니다. 그러나 이제는 관련 전문가들은 '정점'에 이르렀다고, 석유의 경우 이미 2006년 무렵 바닥을 쳤다고 말합니다. 다시 말해 채굴량의 '피크'(정점)를 이미 지나 앞으로 급격히 떨어진다는 말이지요. 그러면 석유나 광물의 가격이 급격히 올라갈 테니 서둘러서 화석연료에 기반한 경제구조를 바꿔야 한다는 주장이 나오는 것입니다. 우리 세대까지는 괜찮다 하더라도 다음 세대는 어떻게 할 것인가? 이런 문제의식은 대개 주류라고 하는 돈벌이 경제 쪽에서도 나오고 있습니다.

그런데 우스꽝스럽게도 이들 주류 경제학자나 에너지학자들이 대안으로 만들어낸 게 원자력 또는 핵 에너지입니다. 핵 발전의 핵심은 핵분열 과정에서 생성되는 엄청난 에너지로 터빈을 돌리는 것입니다. 원래 발전의 핵심이 물이나 불의 힘으로 터빈을 돌려 전기를 만들어내는 것인데, 이제는 물이나 불이 아니라 핵으로 터빈을 돌리자는 거죠. 말은 그럴듯한데, 뒤에서 언급하겠지만 여러 모로 문제가 많습니다.

그런데 핵은 우리 생각 이상으로 세계 곳곳에 퍼져 있습니다. 최근 SNS에서 공유되는 '세계 핵 지도'를 본 적 있는데, 우리나라에 가동 중인 스물세 개 정도 말고도 일본에도 해변에 쭉 있고, 중국 해안에도 아주 밀도가 높게 있더군요. 갑자기 겁이 나더라고요. 만일 우리나라와 일본, 중국에서 터지기 시작하면 대한민국이 공중 분해되는 것 아닌가 하는 공포감이 들 정도였습니다.

핵발전의 문제

핵발전의 가장 큰 문제점은 무엇일까요? 바로 안전입니다. 우리나라 원자력공단에서는 아무 문제가 없다고 하는데, 뭔가 이상합니다. 신문을 보더라도 핵발전소의 고장과 사고가 수시로 일어나고, 또 이미 세계 곳곳에서 몇 차례 대형 사고가 터진 상태입니다. 현재 전 세계 200개가 넘는 나라 중 31개 나라만이 원자력 발전소를 운영한다고 하고, 설비용량 기준으로는 미국, 프랑스, 일본, 독일, 러시아, 한국 등 6개국이 전체의 73퍼센트를 차지한다고 합니다. 발전용량 기준으로 한국은 4위입니다.

1978년 미국의 쓰리마일 섬에서 핵발전소 사고가 났고, 1986년에는 소련 우크라이나 체르노빌에서 핵발전소가 터져 지금까지 몸살을 앓고 있습니다. 두 군데 다 노무자의 실수나 기술적 사고였다고 합니다. 인재(人災)인 셈이죠. 체르노빌의 경우, 언론 통제 탓에 시민들은 사고가 난 후에도 보름 이상 아무것도 모른 채 평소대로 생활했다고 합니다. 그 사이에 방사능 먼지가 주변 지역과 나라들로 광범

위하게 퍼져나가 피폭을 시켰지요. 사고 수습엔 '체르노빌 청산인'이란 이름 아래 50만 명이 투입되어 '전투'를 벌였다고 합니다. 지금도 30만 명의 어린이들이 고통 속에 살아가고 있고, 사고 지역에는 향후 무려 30만 년 동안 사람이 살 수 없는 '유령마을'이 되었습니다. 무려 30만 년입니다. 히로세 다카시의 《체르노빌의 아이들》(프로메테우스, 2006)이란 책이나 〈체르노빌 원전의 후유증: 사고 20년 그 후〉라는 다큐를 꼭 한 번 보시기 바랍니다. 남의 일이 아니거든요.

일본 후쿠시마에서도 '나도 질 수 없다'는 듯 한 건 했지요. 2011년 3 · 11 사태입니다. 이건 쓰나미가 발전소를 덮쳐서 일어난 일이라 천재와 인재가 합쳐진 것이라고 봐야겠지요. 그러나 사실 원전 건설 자체가 무시무시한 인재입니다.

이제 사람들은 그 다음엔 어디냐, 하는데 한국이 좀 불안합니다. 진짜 남의 일이 아니죠. 당연히 안 터져야겠지만 여러 징후들이 좀 불길합니다. 아직 안 터졌다고 해서 아무 문제가 없는 것도 아니고요. 지금도 방사능 물질이 섞인 물을 몇 십만 톤씩 바다로 내보내며 거짓말로 속입니다. 고장 나서 갈아 끼운 부품도 엉터리라고 하고, 사고가 나도 보고도 제대로 않고 공개도 하지 않습니다. 사고만이 아니라 나중에 폐기물을 보관하는 것도 안전하지 않아요. 게다가 원자력 발전소 주변에 사는 사람들의 건강 문제도 심각합니다. 갑상선 문제나 다른 암 발병률이 높다는 게 많은 보고서들의 내용이죠.

한편 원자력 발전이 값싸다고 선전하는데, 전혀 안 그렇죠? 우선 원자력 설비 자체를 건설하는 데도 한 기에 1조 원 이상의 돈이 든다고 합니다. 한 달에 약 1000만 원을 버는 사람이 무려 1만 년 동안 하나도 안 쓰고 모으면 1조 원이 됩니다. 일반 사람들은 상상하기도 어려운 숫자입니다. 또 밀양 송전탑 사태에서도 보다시피 원자력 발전소에서 전기를 만들어 다른 지역으로 송전하는 과정에서 무수한 사람과 자연에 폐를 끼치는데, 이런 비용은 계산에 포함하지도 않습니다. 건강비용이나 후세대에 끼치는 비용 또한 만만치 않아요.

일례로 2011년 3월, 후쿠시마 사고가 터진 후 일본 정부는 반경 50킬로미터까지를 고농도위험지역으로 분류해 관리했다고 합니다. 그런데 다른 전문가들이 현장 조사한 결과 반경 60킬로미터까지가 사고피해 직접 영향권이라고 했답니다. 게다가 영국 얼스터 대학 크리스 버스비^{Chris Busby} 박사는 10년 내 후쿠시마 원전 반경 200킬로미터 지역에서 암환자가 22만 명 정도 발생할 것으로 예측하기도 했답니다.

우리나라도 지금 영광, 고리, 월성, 울진 등에 모두 20여 기의 원전이 가동중이고, 현재도 건설중이며, 앞으로 계획중인 곳들도 있는데, 만일 어느 곳에서라도 후쿠시마와 비슷한 사고가 나면 그 피해에서 자유로운 곳이 거의 없다고 합니다. 모든 일에 대해서 비용, 비용 하는데 사람 생명만큼 큰 비용이 어디 있겠어요? 또 바닷물로 들어간 방사능 물질이 해조류나 어류 등을 통해 우리 몸으로도 들어옵니다. 기형아 출산과 암 발병률이 높아지는 건 결코 우연이 아닙니다.

게다가 핵폐기물도 아주 큰 문제입니다. 핵 관련 전문가이신 동국대 김익중 교수님 강의에 따르면, 이 핵폐기물을 지금은 대체로 깊은 땅에 묻는 형식을 취하는데, 그 비용도 만만찮지만 안전성도 확보되지 않은 상태라고 합니다. 특히 고준위 방사성 폐기물의 경우 지금까지 세계적으로 약 30만 톤이 누적되었고 해마다 1만여 톤씩 추가된다고 하는데, 어느 선진국도 이 문제를 해결하지 못하고 있다는 거죠. 만일 지진과 같은 큰 재해가 나면 사람과 자연에 치명적인 피해를 끼칠 것입니다.

이 모든 걸 종합해 통상적으로 말하는 '원자력 경제학'의 셈법에는 크게 세 가지 문제가 있습니다.

첫째, 원자력을 찬성하고 지지하는 이들은 비용은 과소평가하고 효익은 과대평가하는 경향이 있습니다. 이런 조작 방식을 어느 학자가 '마키아벨리 공식'이라 부르기도 했죠. 특히 장기적으로 나타나는 문제들, 눈에 잘 보이지 않는 문제들이 야기하는 비용들은 무시됩니다. 한마디로 손익계산 견적서 자체가 엉터리라는 거죠. 그렇게 해놓고 일단 일을 시작하면 비용은 갈수록 늘어나고 효익은 의외로 별 볼일 없는 것으로 드러나게 됩니다. 원자력 외에도 상당히 많은 공공 공사들이 이런 조작에 의해 '눈먼' 돈을 먼저 가져가려는 경쟁으로 변질됩니다.

둘째, 이익은 원자력 발전소를 건설하고 관리하는 회사나 투자자, 그리고 자문을 해준 전문가 및 이 모두를 옹호하며 결탁되어 있는 정치가들이 가져가고, 비용은 온 사회가 부담한다는 사실입니다. 이른 바 '비용의 사회화, 이윤의 사유화'가 핵심이죠. 특히 해변에 사는 사람들, 시골 사람들, 후손들이 그 비용을 부담하는 피해자가 됩니다. 그들의 피해와 손해 위에서 이익을 독점적으로 공유하는 집단이 곧 '원전 마피아'라고 할 수 있습니다. '원전 마피아'라 불리는 일부 엘리트들은 이익을 독점하는 반면, 대다수 민초들이 직·간접 비용을 부담하거나 생명까지 잃어버리는 새로운 차원의 불평등 경제학이 곧 원자력 경제학이기도 하다는 것입니다.

셋째, 원자력은 태생적으로 민간적 수요와 군사적 수요가 결합되어 있기 때문에, 아무리 큰 효익과 장점을 이야기해도 한 번만 잘못되면 그 모든 것이 일거에 '완벽한 죽음'으로 귀결되는, 따라서 일반적으로 말하는 합리적 셈법을 초월하는 차원이 있다는 점입니다. 이것을 저는 '비용의 무한비약'이라 부르고 싶습니다. 평소에 우리가 상상하는 비용은 점진적이고 가시적인데, 핵사고 같은 경우 확률 같은 걸로 계산도 안 되는 상태에서 언제 어떻게 터질지 모르는 데다 한 번 터지면 그 어떤 수단과 방법으로도 감당할 수 없는 사회적·역사적 비용을 발생시킨다는 의미에서 '비용의 무한비약'이란 용어를 쓰고 싶은 것입니다. 기존의 셈법은 이런 가능성을 배제한 상태의 안일한 셈법일 뿐이지요. 실은 그런 가능성을 알면서도 의도적으로 눈을 감는 것입니다. 이런 면에서 원자력에 집착하는 것을 '의도적 불감증' 또는 '제도화된 무책임'의 표본이라고 부를 수도 있을 것 같습니다.

사실 앞에서도 말한 민간적 수요, 즉 원자력 발전 내지 원자력의 평화적 이용이라고 하는 것 안에서조차 그 위험성은 일반적인 계산에 포함되지 않습니다. 체르노빌이나 후쿠시마 사태로 이미 우리는 이 상상을 초월하는 피해가 그리 멀리 떨어져 있지 않음을 직감으로 알게 되었습니다. 게다가 원자력의 군사적 수요라는 건 1945년 8월, 히로시마와 나가사키에 떨어진 원자폭탄의 경우만 보더라도 잘 알 수 있고요. 당시 히로시마에 떨어진 '리틀 보이'라는 원자폭탄의 피해 상황을 정리하면 '리틀 보이'라는 이름과 달리 실로 '어마무시'했다고 합니다.

　1945년 8월 6일에 미군 B-29 폭격기가 '리틀 보이'를 일본 히로시마 시내 중심부 다리에 투하했는데, 폭탄은 최초 예상지에서 50미터를 빗겨가 지상 10미터 상공에서 폭발했다고 합니다. 폭발 직후엔 인류 역사상 가장 강력한 빛이 생겨나, 폭탄 투하 불과 1초 이내에 섭씨 6000도의 고열이 발생해 반경 1킬로미터 이내의 생명체가 완벽하게 증발해 버렸답니다. 또 화염 폭풍 후엔 시속 320킬로미터의 충격파가 발생해서 이로써 5만여 명 사망했다고 해요. 그래서 최초 폭발 후 불과 10초 만에 8만 명이 사망했다는 거죠. 그리고 폭발 30초 후엔 다시 후폭풍이 시작되어 사람만이 아니라 건물과 자연도 순식간에 휩쓸려나갔다고 합니다. 히로시마 원폭으로 인한 총 사망자는 최소 14만여 명, 부상자는 10만여 명 이상이라고 합니다. 당시 총 사망자 중 조선인은 2만 5000명 정도였다고 하는데, 사망자도 문제지만

부상을 당하거나 후유증으로 고생하는 사람들, 부모를 통해 유전적으로 악영향을 받는 경우까지 생각해 보면 절대 반복되어서는 안 되는 일입니다.

그런데 만일 앞으로 '제3차 대전' 같은 게 일어난다면 아마도 지구 공멸의 사태로 가지 않을까 싶습니다. 물론 절대로 일어나서는 안 되는 일이지만요. 몇해 전 미국에서 '전쟁게임 시뮬레이션'을 했는데, 서울 용산을 중심으로 핵폭탄이 터진다고 가정할 때 히로시마의 3배, 피해자는 최소 100만 명 이상에서 최대 1000만 명까지 가능하다는 충격적인 결과가 나왔다고 합니다. 그러니 이것이 세계 곳곳에 무수히 떨어진다면… 정말 상상만으로도 끔찍한 일이지요.

2011년 이후의 세계, 그리고 우리나라

그러면 2011년 일본의 후쿠시마 원전 붕괴 이후 세계 각국은 어떤 대응을 하고 있는지 잠깐 살펴봅시다. 우선 일본 정부는 시민사회의 저항 등 우여곡절 끝에 2050년까지 원전을 모두 폐쇄하기로 하고 현재 54기 중 2기만 가동 중이라고 합니다. 또 독일에서도 논란 끝에 마침내 2022년까지 원전 제로를 결정했습니다. 스위스는 2034년까지 그렇게 하기로 했고요. 이탈리아와 벨기에 등도 '탈핵'이라는 전략적 선택을 했다고 합니다. 앞에서 언급했듯 비용문제는 물론 안전문제에서 탈핵만이 희망이라는 결론에 이른 것이지요.

특히 프랑스에서 나온 한 정부 위탁 보고서(〈2050까지 100퍼센트 재생가능 전기 믹스를 향하여〉)는 대단히 고무적입니다. 사실 프랑스는 유럽에서 핵발전 의존도가 가장 높은 나라인데, 그런 나라에서도 탈핵을 향한 움직임이 거세게 일고 있는 게 시사적입니다. 그 보고서에서는 현재 전력 수요의 75퍼센트를 핵에 의존하는 구조를 2050년까지 100퍼센트 재생 가능 에너지로 바꾸더라도 현재의 계획인 핵 발전 50퍼센트, 재생 40퍼센트, 화석 10퍼센트의 전력 믹스 경우와 별 차이가 없다고 합니다. 현재 프랑스의 전기 가격이 1킬로와트시당 9.1센트인데 100퍼센트 재생 전기로 하면 단가가 11.9센트, 40퍼센트 재생 전기인 경우는 11.7센트로 나왔다는 거예요.

이런 식으로 일본, 독일, 이태리, 스위스, 벨기에, 호주, 미국 캘리포니아와 유럽연합 등에서 100퍼센트 재생 에너지 전환 시나리오가 이미 작성되었거나 구체적인 실행에 들어갔다고 합니다. 덴마크와 네덜란드도 이미 2050년까지 100퍼센트 재생 가능 에너지로 전환하기로 공식 목표를 천명했습니다. 이 모든 게 탈핵을 향한 위대한 걸음이죠. 이런 것이 진짜 선진국다운 면모가 아닌가 싶습니다.

중국과 영국도 탈핵은 아니지만 조금 주춤하는 모양새인데, 이 두 나라는 신규 원전 허가를 잠정적으로 중단한 상태입니다. 러시아의 경우는 낡은 원전을 수명 연장하지 않고 아예 신규 원전을 짓기로 했다고 하고요. 캘리포니아를 제외한 미국과 캐나다도 별다른 정책 변화의 기운이 보이지 않아요. 그나마 캐나다는 재생 에너지 비중이 이미 60퍼센트 수준인데, 미국은 11퍼센트, 한국은 2퍼센트밖에 되지 않습니다.

원자력 발전과 관련해 가장 엉뚱한 방향으로 가는 나라가 한국입니다. 사고는 계속 터지고, 사고가 나도 속이고, 원전에 고장이 나도 부품을 엉터리로 갈아 넣고… 원전 마피아의 장난이 보통이 아니라고 합니다. 대통령의 행보도 참 기가 막히고요. 2011년 후쿠시마 원전이 터진 날 당시 이명박 대통령은 UAE원전 마케팅을 떠났고, 박근혜 대통령도 2014년 세월호 참사 수습을 해도 모자랄 판국에 공식 사과를 한 뒤 눈물 한번 흘리고 또 UAE원전 행사에 참여한다고 나라를 떠났습니다. 세계 각국의 모습과 아주 대조적이죠. 대한민국이라는 배가 과연 어디를 향해 가고 있는지 근본적으로 질문을 던져야 하는 대목이라고 봅니다.

작지만 소중한 움직임들

이런 면에서 부족하나마 우리나라 곳곳에서 태양광 에너지 등 대안 에너지 또는 재생 에너지에 대한 관심과 실험이 늘어나는 것은 대단히 고무적이라고 봅니다. 사실 현재 신재생 에너지에 대해서는 국제적으로 통일된 정의가 없고 이와 관련한 통계기준도 없다고 합니다. 일례로, 국제에너지기구(IEA)는 우리나라와 달리 수소에너지나 연료전지 등 신에너지와 재생 불가능한 폐기물은 재생 에너지로 인정하지 않고 있죠. 그래서 지금까지는 수력, 지열, 태양광, 태양열, 해양에너지, 풍력, 고체바이오, 바이오연료, 바이오가스, 재생 가능 도시폐기물, 산업폐기물, 비재생 도시폐기물을 조사 대상 에너지원으로 정했다고 합니다. 국제에너지기구 추산에 따르면 2012년 기준으로 OECD 국가의 평균 신재생 에너지 보급비중(재생 에너지와 비재생 폐기물 포함)이 31퍼센트 정도로 나오는데, 우리나라는 1.4퍼센트밖에 되지 않습니다. 0.4퍼센트인 이스라엘 다음으로 OECD 국가 중 최하위 수준이죠. 그나마도 IEA에서 인정하지 않는 폐기물을 제외하면 0.7퍼센트로 떨어진다고 합니다.

이런 상황에서 서울 노원 지역 등에서 실험적으로 태양광 발전에 많은 시민들이 참여하는 것은 대단히 고무적이고 선구적입니다. 전국 곳곳에서 이런 시도들이 나오고 있는데, 전북 부안에서는 이미 2005년에 햇빛발전소가 '시민발전소'란 이름으로 처음 등장했습니다. 잘 아시다시피 2003년부터 2년 동안 핵폐기장 반대 운동으로 몸살을 앓게 되면서 주민과 시민단체 사이에서 대안 에너지 운동이 일어나기 시작한 것입니다. 핵폐기장 반대가 원자력 반대와 재생 가능한 에너지에 대한 관심으로 연결된 셈이지요. 대단히 중요한 의식의 발전이라 봅니다. 부안에 이어 등룡마을에서도 태양광 발전으로 에너지 자립 마을을 실천해 나가고 있습니다. 2015년까지 전체 에너지의 50퍼센트를 재생 가능 에너지로 바꾸고 에너지 사용량의 30퍼센트를 줄일 계획을 세웠을 정도입니다. 또 등룡마을 인근의 주산면은 온통 유채밭인데, 이 유채기름에 경유를 섞어 바이오디젤을 만든다고 합니다. 농촌의 필수품인 경운기에 대체연료로 쓰는 거죠. 일반 경유보다 오염물질 배출도 적고, 재배 과정에서 이산화탄소도 흡수한다고 합니다. 발상만 전환하면 얼마든지 다르게 갈 수 있다는 걸 보여주는 실례들입니다.

비슷한 움직임이 대전 관저동의 '해뜰마을도서관'에서도 일어났습니다. 2011년 후쿠시마 사태 이후 이 작은 도서관에서는 3킬로와트짜리 태양광발전기를 이용해 도서관에서 쓰는 전기의 일부를 자체 생산하고 있습니다. 2011년부터 시작한 '절전소 운동'(절전과 발전)으로 각 가정이 절감한 전기량과 마을도서관의 태양광 발전량을 합산하면 지금까지 모두 6만 2000킬로와트의 전기를 절약했다고 합니다. 이것은 달리 보면, 27.5톤의 이산화탄소 배출을 줄이고 30년생 잣나무 2250여 그루를 도심지에 심은 것과 같은 효과라고 합니다. 작지만 큰 의미가 있다고 볼 수 있지요.

경남 거창군도 2015년도 신재생 에너지 융·복합 지원사업을 추진한다고 합니다. 국제연극제로 유명하기도 한 거창군 위천면 수승대 권역 5개(장기, 창촌, 사마, 거차, 강동) 마을을 중심으로 주민들의 적극 참여 아래 태양광과 태양열 2종의 신재생 에너지원을 가구마다 구현하려는 시도입니다. 충청북도에서도 진천 지역의 전력소비량이 많은 곳들을 대상으로 에너지 자립화를 추진한다고 합니다. 총 사업비가 25억 원이 든다는데, 진천군 관내 박물관, 청소년수련원 등 공공시설 5개소와 과수영농조합 등 3개소에 태양광 388킬로와트, 지열 770킬로와트, 모니터링시스템을 설치해 에너지 자립화를 추진해 나가려고 한다고 해요.

물론 동네마다 재생 가능 에너지나 자연에너지만 만들어 쓴다고 해서 세상이 모두 바뀌는 건 아니지만, 이런 식으로 우리 동네부터 시작해 하나씩 근본적으로 바꾸다 보면 어느 순간 얽히고설키면서 아주 큰 힘으로 도약할 것이라고 믿습니다. 결국, '발상의 전환'이 중요한 셈이지요.

원래 유토피아(utopia)는 그 어디에도 없는 아주 이상적인 세상입니다. 이걸 영어로 표현하면 No-where라고 해요. 그런데 발상의 전환을 해서 띄어쓰기를 다시 해보세요. Now-here, 지금 여기라는 말이 됩니다. 우리가 발상의 전환만 잘하면 바로 지금 여기가 곧 이상향이 될 수 있다는 말입니다. 참 신기하죠? 우리가 경제를 돈벌이가 아니라 살림살이로, 탐욕 추구가 아니라 필요 충족으로, 죽임이 아니라 살림으로 발상을 바꾸기 시작하면, 바로 여기에서 태양광 협동조합도 만들고 마을 공동체도 만들어 건강하고 즐거운 행복한 세상을 만들어나갈 수 있다고 보는 것입니다. 멋지지 않습니까?

인간성과 효율성의 조화

여기에서는 '어떻게 하면 사람들이 보다 즐겁게 일하면서 행복하게 살 수 있을까?' 하는 저의 기본 문제의식을 토대로 최근 관심이 고조된 협동조합의 경제관에 대해 알아보려 합니다. 먼저 협동조합의 의미와 필요성을 확인하고, 협동조합의 기본 원칙과 실제 사례를 통해 그 경제관이 어떤 것인지 살펴볼까요?

'경제'란 무엇인가

우리가 흔히 '경제'라고 하면 무엇을 연상하게 됩니까? '경제'라는 말을 들으면 시장, 돈, 경쟁, 비교, 일, 수출, 기업, 살림살이, 펀드, 실업, 빚(부채), 공장, 장사, 관계, 개발, 사람 등 수많은 것이 떠오릅니다.

이 말들을 크게 두 그룹으로 나눠보면 어떨까요? 하나는 현상을 나타내는 것, 다른 하나는 본질을 말하는 것들로 말입니다. 현상적인 측면, 즉 우리 눈에 그냥 보이는 것들로는 시장, 돈, 경쟁, 비교, 일, 수출, 기업, 펀드, 부채, 실업, 공장, 장사, 개발 등이 있습니다. 그러면 본질적인 것, 현상 뒤에 숨어 있는 것들은 무엇일까요? 살림살이, 관계, 사람 같은 것들이 현상 뒤에 있는 본질을 보여줍니다. 제가 말하고 싶은 것도 바로 이것입니다. 우리가 회사에서 일을 하고 돈을 벌고 시장에 가서 뭔가 사는 것도 모두 먹고살기 위해 하는 것, 즉 살림살이를 위한 것이라는 점입니다. 그 과정에서 우리는 무수한 관계의 망에 들어가게 됩니다. 요약하면, 삶이 본질이고 돈은 현상이다, 또는 삶이 목적이고 돈은 수단이다, 이렇게 정리할 수 있습니다.

그런데 우리 현실은 어떻습니까? 대체로 우리는 돈벌이를 위해 삶을 온전히 갖다 바치고 있는 건 아닌지요? 삶이 목적이고 돈은 수단인데, 실제로 우리는 돈을 위해 삶을 희생시킵니다. 뭔가 거꾸로 되었지요. 바로 그렇기 때문에 우리가 아무리 열심히 일해도 행복하기 어려운 게 아닌가 생각합니다.

이제 다른 질문을 던져볼까요? 인류는 자본 없이도 살 수 있었나요? 그렇습니다. 인류 역사 1만 년 중 95퍼센트에 이르는 많은 기간 동안 자본주의 돈벌이가 없어도 인류는 잘 살아왔습니다. 반면 500

년밖에 안 된 자본주의 사회는 인류가 없이 돌아갈까요? 돌아가지 않습니다. 사람들이 한편에서는 열심히 일을 해야 생산이 이뤄지고, 다른 편에서는 부지런히 사줘야 판매가 되어 자본주의 돈벌이 시스템이 잘 돌아갑니다. 아하, 그렇다면 이런 질문이 필요하네요. 사람이 큰소리 쳐야 하나요, 돈이 큰소리 쳐야 하나요? 당연히 사람이 큰소리 쳐야지요. 그런 말도 있잖습니까? "사람 나고 돈 났지, 돈 나고 사람 났냐?"는 지당한 말씀이죠. 그런데 현실은 어떤가요? 현실은 사람이 아니라 돈이 큰소리 칩니다. 이게 웬일인가요? 왜 우리 현실은 원래 마땅한 이치대로 돌아가지 않고 오히려 거꾸로 가는 걸까요?

돈이 곧 권력인 시대

그렇습니다. 돈이 곧 권력이라서 그렇지요. 황금만능주의 시대란 말이 있듯이, 돈이면 뭐든 살 수 있는 세상이 바로 지금입니다. 많은 학자들은 근대 이후 자본주의 사회의 돈이 신과 같은 존재가 되었다고 말합니다. 그래서 '물신주의'란 말도 생겨났고요.

그렇다면 돈이 어떻게 해서 곧 권력이 되었을까요? 여기서 잠시 권력의 의미를 생각해 봅시다. 학술적 의미가 아니라 일상적 의미로 말입니다. 언젠가 거리에서 "피부는 권력이다!"란 카피 문구를 우연히 보았을 때, 뭔가 제 뒤통수를 탁 때리는 것 같았습니다. 아, 그렇구나! 내가 많은 돈을 주고 특정한 화장품을 사서 피부에 바르는 순간 다른 사람들이 "와, 당신 피부 어쩌면 그렇게 곱니?" 하고 주목하게 되는 것, 다른 사람들의 이목을 집중시키는 것이 곧 권력이라는 것입니다. 물론 우리는 기본적으로 다른 사람들과 더불어 살아야 하니, 모두가 모두에게 어느 정도는 신경을 쓰고 관심을 기울일 필요가 있습니다. 그런데 여기서 권력의 문제가 핵심이 되는 때는, 그런 관심과 신경이 특정인에게 배타적으로 집중되는 경우입니다. 생각해 보세요. 어떤 고위층 인사가 대중 속을 걸어갈 때, 우리는 모두 그 고위층 인사만 바라보는 경향이 있습니다. 인기 배우들도 그렇고요. 결국 돈이란 그 자체로도 사람들의 이목을 집중시키는 경향이 있을 뿐더러, 돈으로 '명품'이나 '인기품'을 사게 되면 다른 사람들의 주목을 끌게 되니 결국 돈이 곧 권력이다, 이런 말이 성립하죠.

여기서 우리는 한 가지 유의할 것이 있어요. 돈이 권력이라고 할 때, 돈이나 화장품 또는 명품과 같은 물질 그 자체가 권력이라기보다는 사람들이 그 돈이나 물품에 이목을 집중하기 때문에 권력이 만들어진다는 사실입니다. 대상 그 자체보다는 대상에 대한 사람의 관계가 권력을 형성하는 거죠. 돈이나 물품도 우리가 그것에 주목하기 때문에, 다시 말해 사람들이 그 물질에 신뢰를 보내기 때문에 권력이 되는 것입니다. 이것은 대단히 중요한 통찰입니다.

사실 돈벌이를 핵심으로 하는 자본주의 사회 이전에, 아니 지금의 자본주의 사회 안에서도 우리는 가족과 친구, 이웃 등 다른 사람들과 신뢰의 관계를 형성하며 유대감과 친밀감을 느끼며 살아왔습니다. 그런데 만일 우리가 사람 그 자체보다 그 사람이 가진 돈이나 물품에 신뢰를 부여하기 시작하면, 기존의 인간적 관계는 갈수록 약해지고 돈이나 물질이 매우 큰 힘을 갖고 사람들을 마음대로 좌우하게 됩니다. 바로 이런 이유로 오늘날 우리가 모래알처럼 파편화·개별화되어 인간성을 상실하고 오로지 돈벌이에 목숨을 걸고 살아가는 것입니다. 하지만 근본 뿌리는 친밀한 인간관계 속에 있기 때문에, 아무리 많은 돈을 벌어도 인정스럽고 우애로운 관계가 회복되지 못하면 사람들 내면이 행복하기 어렵습니다. 이것이 사태의 진실입니다.

이제 우리는 보통 '경제'라고 했을 때 돈 또는 돈벌이를 떠올리게 되는데, 이렇게 경제를 곧 돈으로 보는 시각은 진실의 반쪽밖에 보여주지 못하거나 오히려 진실을 은폐하는 효과를 갖습니다. 원래 경제라는 말은 동양이나 서양이나 돈벌이가 아니라 살림살이를 뜻하거든요.

늘 하는 말이지만, 동양에서 경제란 '경세제민'의 줄임말이죠. '경세제민'이란 세상을 잘 다스려 백성을 구제한다, 세상을 잘 경영하여 백성들이 잘 먹고 잘 살게 만든다는 뜻입니다. 사실 세상을 다스리고 백성을 구제하는 행위는 오늘날 우리가 아는 정치이기도 합니다. 그러니 "경제는 돈이고 정치는 권력이다"라는 공식은 틀린 셈이네요.

바른 공식은 "경제는 곧 정치다"라고 해야죠. 이때 경제나 정치나 모두 핵심은 백성의 살림살이입니다.

여기서 잠시 '구제할 제(濟)'라는 글자에 주목해 보죠. 삼수 변에 '가지런할 제(齊)'자가 붙어 있지요. 흥미로운 것은 '가지런할 제'자가 마치 들판에 보리가 고만고만하게 자라듯이 골고루 비슷비슷하게 가지런하다, 이런 뜻을 갖고 있다는 점입니다. 잠시 보리밭이나 밀밭을 상상해 보시죠. 보리나 밀이 가지런히 자라는 모습, 참 보기 좋지 않습니까? 이것은 오늘날 서울 한복판처럼 하늘을 찌르는 고층 빌딩과 그 사이 낮은 기와집이 울퉁불퉁 뒤섞인 모습과는 딴판이지요. 즉 불평등이 아니라 평등한 모습을 상징하는 것이 '가지런할 제'자란 것입니다.

그러니 백성을 구제하더라도 골고루 엇비슷하게 살도록 만든다, 이런 뜻이 '경제' 속에 깃들어 있다는 말씀이지요. 결국 동양에서 경제란 만백성이 두루 잘살도록 돕는다, 살림살이가 골고루 잘 돌아가게 만든다, 이런 것을 뜻한다고 볼 수 있어요.

그러면 서양에서는 어떨까요? 서양에서 경제는 이코노미(economy)라고 하지요. 이 단어의 기원은 오이코스(oikos)와 노모스(nomos)인데, 오이코스는 가정(집)을 뜻하고 노모스는 경영관리를 뜻합니다. 즉 이코노미란 가정의 살림을 잘 경영하는 것을 뜻합니다. 결국 이것도 살림살이네요. 참 재미있는 발견이죠? 이런 점에서 동양이나 서양이나 경제는 원래 살림살이를 뜻한다고 할 수 있습니다.

그런데 이것이 근대 자본주의 사회에 들어오면서 살림살이가 아니라 돈벌이를 뜻하게 되었어요. 뿐만 아니라 살림살이를 희생시켜서라도 돈벌이 경제를 추구하는 것이 자본주의 사회입니다. 경제인류학자 칼 폴라니는 근대 자본주의 사회로 '거대한 전환'이 일어나면서 사회의 품속에 깃들어 있던 경제가 밖으로 튀어나와 따로 논다고 말했는데, 그냥 따로 노는 게 아니라 이제는 역으로 경제가 사회를 지배하고 있는 지경입니다. 그래서 폴라니는 향후 우리의 과제가 다시금 경제를 사회의 품으로 되돌리는 일(토지, 노동, 화폐의 탈상품화)이라고 했습니다. 홍기빈 선생이 번역한 《거대한 전환》을 읽어보시면 큰 도움이 될 것 같습니다.

돈벌이 경제 현실의 모순

　삶보다 돈이 목적이 되고, 살림살이가 아니라 돈벌이가 핵심이 되는 오늘날 경제는 어떤 점에서 문제가 있을까요? 이것도 생각나는 대로 한번 적어볼까요? 빈익빈 부익부, 대기업의 횡포, 불평등과 차별, 극심한 경쟁, 실업, 과로사, 정리해고, 비정규직, 노사 갈등, 무기력, 쓰레기, 소외, 환경 파괴, 지구온난화, 일중독, 부채의 덫 등 정말 많은 문제가 있습니다. 이것들을 간략하게 세 가지 정도로 나눠볼까 합니다. 노동의 위기, 세계 경제의 위기, 그리고 생태계의 위기입니다.

노동의 위기는 일자리의 위기일 뿐 아니라 일과 사람이 맺는 관계의 위기입니다. 일자리의 위기는 당연히 자본의 위기에서 옵니다. 따지고 보면 일자리 또는 일 또한 자본의 한 모습이지요. 인간적 필요의 원리가 아닌 무한 이윤의 원리에 따라 움직이는 자본은 주기적이고 구조적인 위기를 번갈아 겪습니다. 너무 뚱뚱해진 자본이 군살빼기를 할 때 노동자는 목숨 걸고 정리해고에 맞서야 합니다. 그러나 자본이 한창 잘 나갈 때조차 노동은 행복하지 않아요. 삶보다 일에 치어 살아야 하기 때문이죠. 가족이나 친구보다 생산이나 실적이 더 중요하기 때문이죠.

'IMF 사태'를 겪으면서 난생 처음으로 대규모 정리해고라는 '집단적 상흔'을 경험한 우리는 대개 "아직 안 잘리고 일할 수 있을 때 열심히 벌어야 한다"는 강박에 빠져 있습니다. 아무도 지켜주지 않는다는 생각, 민주노조조차 지켜주지 못한다는 상처가 뚜렷합니다.

그러나 그런 생각에 사로잡혀 '나 홀로' 살아남고자 발 버둥거려 봐야 그럴수록 오히려 우리는 금세 먼지 같은 존재가 되어버리고 맙니다. 그래서 다시금 자신을 추슬러야 할 시점입니다. 참된 나와 다시 접촉하고 다시 나를 바로 세우면서도 동지들과 손을 맞잡아야 해요. 하나는 약하지만 둘은 강하고 셋은 더 강합니다. 그렇게 이어가야 해요. 끊어진 유대를 다시 엮어야 하고, 찢겨진 가슴을 서로 어루만져야 합니다.

또 고개를 들어 이 세상이 어떻게 돌아가는지, 이 사회를 어떤 식으로 다시 설계할 것인지 서로 마음을 풀어내야 합니다. 꼭 술을 마셔야 하는 건 아니죠. 술 없이도 속마음을 터놓고 말할 친구들을 만나야 해요. 그렇게 이어져야 합니다. 캄캄한 밤중에 광장에 모인 촛불들처럼, 경찰 물대포 속에서도 전국 각지에서 모여드는 희망버스 사람들처럼 그렇게 모여야 합니다. 그것만이 일의 위기를 넘어 사람 사는 세상을 여는 길입니다. 그것만이 돈벌이 경제가 아니라 '살림살이' 경제를 여는 길이죠. 그것만이 스트레스 사회가 아니라 '행복 사회'를 여는 길이기도 하고요.

다음으로는 세계경제 차원입니다. 식량 위기, 석유 위기와 더불어 금융 위기가 온 지구를 강타했습니다. 미국에서 2007년부터 한계에 이른 서브프라임 모기지론(비우량 주택담보 대출) 부실 사태가 대출 은행을 위기로 몰아넣더니 2007년 패니메이, 프레디맥, 2008년 리먼 브러더스, 메릴린치, 워싱턴뮤추얼 등이 잇따라 파산했어요. 월가가 공황 상태에 빠졌지요. 주식 및 펀드가 폭락하고 금융시장이 요동쳤습니다. 숱한 은행들이 본연의 대출 업무를 팽개치고 채권을 매개로 각종 파생상품을 만들어 '돈이 돈을 낳는' 연금술사 같은 행위를 마구잡이로 했는데, 결국 어느 시점이 되자 '돈이 돌지 않아' 덜커덕 덫에 걸리고 만 것이지요. 마침내 올 것이 온 셈입니다. 이들 투기성 내지 거품성 금융 거래에 투자한 세계 각국 자본들도 당황했습니다. 미 연방정부는 그 이전까지 늘 '노래를 부르던' 시장만능주의 논리를 스스로 깨고 7000억 달러라는 사상 초유의 구제금융으로 자기기만적 시장 개입을 했고요. 유럽에서도 무려 1조 7700억 달러의 구제금융으로 경제 살리기에 나섰지요. 그럼에도 현재의 세계 금융 위기와 그에 따른 실물 경제 위기, 고용 위기 등 전반적인 사태는 불확실성 덩어립니다. 캐나다 요크 대학의 데이비드 맥널리$^{David McWally}$ 교수는 현재의 세계 경제가 '글로벌 슬럼프'에 빠졌다고 보고, 근본적인 사회 변화를 추구해야 한다고 역설합니다.

그런데 여기서 비우량 주택담보 대출이란 무엇일까요? 이는 신용 등급이 낮은 이들에게 고금리의 돈을 빌려주는 것입니다. 집을 담보로 시세의 100퍼센트 수준으로 대출해 주다 보니, 줄도산이 일어나자 미국에서는 '압류 주택 버스 투어'까지 성행할 정도였어요. 이때 돈을 빌리는 사람과 돈을 빌려주는 사람은 어떻게 이익을 얻을까요? 돈을 빌리는 사람은 집을 담보로 돈을 빌려 집에 투자(투기)를 합니다. 나중에 집값이 올라 되팔면 빌린 돈을 갚고도 이익이 생깁니다. 돈을 빌려주는 기관은 고객에게서 높은 금리를 챙기고, 고수익 채권이나 증권 등(파생상품)도 팔아 돈을 법니다. 얼핏 보면 '누이 좋고 매부 좋은' 괜찮은 장사 같습니다. 마술 같은 일이죠. 돈이 없어도 은행에서 빌려 집만 사면 돈이 쏟아지니까요. 은행도 벌고 나도 벌고, 나한테 집을 산 사람도 시간만 지나면 또 돈을 버는 도깨비 방망이인 셈이죠.

그러나 곰곰 따져봅시다. 여기서 이 게임이 잘 작동하기 위한 전제는 무엇일까요? 두 가지죠. 하나는 집값이 부단히 올라야 합니다. 그래야 시세차익이 생기니까요. 둘째는 새로 집을 사려는 자가 부단히 나와야 해요. 그래야 먼저 산 자가 차익을 남기고 팔아 은행에서 빌린 돈을 갚을 수 있지요. 나중에 산 자는 비록 고금리 대출로 비싼 집을 샀지만 또 다른 뒷사람에게 더 고가에 팔아 차익을 남길 수 있어요. 그러나 만일 이 두 가지 조건이 충족되지 않으면 이 게임은 어떻게 될까요? 과연 이렇게 '부단히' 집값도 오르고 '부단히' 집을 살 사람도 나올까요? 물론 아니죠. 한편으로는 주택의 과잉 공급이, 다른 편으로는 노동자 해고나 소득 감소가 걸림돌이 됩니다. 결과는 '부동산 거품'의 붕괴로 나타납니다. 그래서 '서브프라임 모기지론' 사태가 일어난 뒤 투자은행 등 금융기관이 파산한 것입니다. 돌고 돌아야 할 돈이 못 돌 때, 이 거대한 세계적 투기 게임도 종말을 고하는 셈입니다.

결국 최근 금융 위기는 부동산 거품과 연관되는데, 사실은 기존의 주식 거품이나 정보기술(IT) 거품과 더불어 자본주의 경제의 3대 거품을 이루지요. 이런 거품이 생기는 것은 근본적으로 무정부주의적인 무한 경쟁에 기초한 이윤 추구라는 자본주의의 기본 원리 때문입니다. 그 거품이 터지는 구조적 원인은 과잉 축적에 따른 이윤율의 경향적 저하 때문이고요.

좀 쉽게 말씀드리면, 경쟁이 지나치다 보니 무리하게 투자하다가 '남는 게 없는 장사'가 되고 말았다는 이야기입니다. 그러나 만약 경제가 이윤이 아니라 '필요'에 따라 민주적으로 조절된다면 결코 부동산 거품에 의한 금융 위기도 생기지 않겠지요. 이것이 이 사태의 본질 중 하나랍니다.

앞서도 살폈지만, 한국 경제든 세계 경제든 그것이 인간의 행복한 살림살이에 도움이 되지 않는다면 뭔가 심각한 문제가 있다고 할 수 있습니다. 현재의 노동이 위기에 부딪치고 그래서 생계나 관계나 정체성 측면에서 문제가 생겼다는 점 외에도 세계 경제가 갈수록 위기에 빠질 수밖에 없는 구조적 문제점도 책임이 있어요.

하지만 무엇보다 중요한 것은 오늘날 모든 경제가 더 많은 이윤 내지 무한한 이윤을 추구하기 위해 사람과 사람, 상품과 상품, 집단과 집단, 기업과 기업, 나라와 나라 사이를 분열시키고 경쟁시킨다는 점입니다. 그 가운데 사람이 죽어가고 자연이 죽어가며 우리 내면도 죽어간다는 것이 가장 근본적인 모순이라고 할 수 있습니다. 생태계의 위기라고 할 수 있죠. 이런 문제 자체를 도외시한 채 다른 제도나 정책을 아무리 바꾼들, 과연 죽임의 경제가 살림의 경제로 변할 수 있을까요?

그렇다면 경쟁의 모순은 무엇일까요? 첫째, '너 죽고 나 살자' 식의 적대적 경쟁은 타자의 희생을 전제로 자기의 성공을 도모합니다. 경쟁이 경쟁을 부정하고 독점으로 변신하죠. 갈수록 사회경제 양극화, 즉 불평등이 심해지는 근본 이유입니다. 승자와 패자 모두 스트레스와 갈등으로 인해 공멸로 치닫고 맙니다. 둘째, 한번 승자가 되었다고 해서 늘 승자가 된다는 보장은 없습니다. 따라서 '승자독점'을 위해서라도 승자가 자신마저 마구 다그쳐야 합니다. '자기 착취' 경향성은 그래서 나오는 것입니다. 셋째, 적대적이고 배타적인 경쟁이 심해지는 가운데 사회 전체는 '바닥을 향한 경주'를 하게 되고, 마침내 모든 삶의 기반이 되는 생태계마저 파국으로 치닫는 경향이 있습니다. 석유 고갈, 천연자원 고갈, 핵 위험 고조, 지하수 고갈, 공기 오염, 이상기후, 지구온난화, 식량 대란 등이 바로 그것입니다.

다음으로 이윤의 원리가 갖는 모순은 어떨까요? 첫째, 경쟁이 치열해지면서 수익성, 즉 이윤율이 떨어집니다. 특히 경쟁력 향상을 위해 고가의 장비나 기계가 도입될수록 이윤율은 더 빨리 떨어집니다. 그래서 수익성을 다시 올리려고 기업은 인간과 자연을 더 가혹하게 다룹니다. 저항과 갈등이 생길 수밖에 없는 까닭입니다. 둘째, 이윤을 위한 생산은 필요를 위한 생산이 아니기 때문에 (인간다운 삶에) 불필요한 것들 또는 위험한 것들도 대량으로 생산합니다. 과잉 낭비 사회, 쓰레기 사회, 부정부패 사회, 타락 사회, 위험 사회가 도래하는 이유입니다. 셋째, 이윤 추구 경제는 결국 '삶의 양'을 지향하는 것인데, 그 와중에 '삶의 질'(건강과 여유, 존중과 평등, 인정스런 공동체, 맑은 생태계 등)은 체계적으로 파괴됩니다. 이윤을 많이 얻은 사람조차 진정으로 행복해지기 어려운 까닭입니다.

협동조합의 원칙과 경제관

바로 이런 면에서 오늘날 새로운 경제를 만들기 위해 협동조합에 주목하게 됩니다. 크게는, 돈보다 사회적 가치를 중시하는 '사회적 경제'의 한 유형이라 할 수 있습니다. '1인 1표'의 원리에 따라 공동으로 출자해 공동의 목표를 달성하려는 연대와 협동의 결사체이자 사업체가 곧 협동조합입니다. 출자자, 운영자, 이용자가 가능한 한 동일하거나 유기적인 관계를 맺도록 하려는 시도이지요. 협동조합에 대해서는 단연코 김기섭 선생님의《깨어나라 협동조합》(들녘, 2012)을 추천합니다.

큰 역사 발전 과정을 보면, 중세 봉건적 사회경제 시스템이 근대 자본주의 사회경제 시스템으로 변해 가는 가운데, 노동자와 농민들의 삶이 불안해집니다. 지금도 여전하지만요. 그 와중에 노동자들은 크게 두 가지 방향으로 '자기 조직화'를 해 나갑니다. 그 하나가 노동조합이라면 다른 하나는 협동조합이죠. 노동조합은 한편으로 직접적 노동조건의 개선을 통해 인간다운 삶을 실현하고자 하고, 다른 편으로는 억압과 착취를 기본으로 하는 자본관계 자체를 변화시키려는 근본적인 운동도 촉진하려고 합니다. 물론 지금까지 역사를 보면 후자보다는 전자의 노력에 갇히는 경향이 있긴 하지만요.

협동조합은 소비 협동조합과 생산 협동조합으로 전개됩니다. 노동자들은 소비 협동조합에서 시작해 생산 협동조합으로 발전해 나가는 경향이 있고, 농민들은 생산 협동조합에서 시작해 소비 협동조합으로, 그리하여 오늘날엔 농민과 노동자들이 생활 협동조합(생협)으로 큰 연대를 형성하기도 합니다. 오늘날 흔히 말하는 생협은 크게 보면 농촌의 농민 생산자와 도시에서 노동하며 사는 소비자들이 연대하며 살아가는 방식이라고 의미 규정을 할 수도 있습니다. 물론 그 연대의 내용과 형식이 좀더 탄탄하게 되어야 하겠지만요. 이런 큰 틀을 머릿속에 가지고 이제 협동조합의 내용에 대해 찬찬히 살펴봅시다.

협동조합은 우선 일곱 가지 원칙을 갖고 있습니다. ①자발성과 개방성, ②조합원에 의한 민주적 통제, ③조합원의 경제적 참여, ④자율성과 독립성, ⑤교육훈련 및 홍보, ⑥협동조합 간 협력, ⑦지역사회 기여 등이 바로 그것입니다.

이런 면에서 협동조합의 경제관을 저는 크게 다섯 가지로 요약합니다. 첫째, 돈보다 사람을, 돈벌이보다 살림살이를 중시합니다. 다시 말해 생명 살림의 경제입니다. 협동조합은 사람과 자연을 모두 살리자는 기본 철학 위에 형성되는 새로운 형태의 경제 주체(결사체이자 사업체)라고 할 수 있습니다. 둘째, 스스로 살림을 중시합니다. 자립 능력 및 자율성과 독립성을 높이는 것이 중요하다는 것이지요. 자연스럽게 민주적 의사결정, 투명성과 공정성 따위의 가치를 중시하게 됩니다. 셋째, 서로 살림을 중요시합니다. 서로 믿고 참여해 협동하는 것, 즉 상부상조하는 것을 중요하게 생각합니다. 나아가 조합원끼리만 서로 돕고 사는 것이 아니라 다른 조합과 협동하는 것, 더 나아가 지역사회에도 기여하는 것을 중시합니다. 넷째, 계속 살림을 중시합니다. 오늘날 중요한 개념으로 떠오른 지속가능성의 문제입니다. 경제적으로나 이념적으로도 지속가능해야 하고 생태적으로도 지속가능해야 합니다. 그래서 협동조합에선 조합원들이 늘 교육을 통해 학습도 하고 새로운 깨달음을 얻게 됩니다. 기존 경제와 전혀 다른 경제를 만들어 나가기 위해서라도 늘 학습하는 사람들이 되어야 하는 것입니다. 다섯째, 내면 살림을 중시합니다. 흔히 우리 사회는 과시 욕구나 경쟁 욕구 또는 체면 따위 때문에 외형을 대단히 중시합니다. 그러나 협동조합은 내실을 중시하고 사람과 사람 사이의 관계, 마음 나눔, 배려, 우애 같은 내면적 가치를 중시합니다. 외형만 살릴 것이 아니라 내면을 살리는 것이 진짜 중요하다는 관점이지요. 전체 경제도 마찬가지입니다. 단순히 수출액이나 수익이 높아야 된다는 강박에서 벗어나 정말 사람들이 행복하고 인간적인 관계를 맺고 사는 측면이 더 중시됩니다.

구체적 사례들

이런 원칙과 관점을 가진 협동조합은 영역별로 다양하게 조직될 수 있습니다. 가장 대표적인 것이 농업 협동조합, 소비 협동조합, 금융 협동조합, 직원 협동조합, 사회 협동조합 등입니다. 하나씩 실제 사례들을 살펴봅니다.

　농업 협동조합인 '선키스트(Sunkist)'는 우리나라에서도 오렌지 주스로 많이 알려졌지만 정작 이것이 협동조합의 생산물인 줄은 저도 최근에야 알았습니다. 이 협동조합은 미국 서부의 캘리포니아 주 및 애리조나 주 감귤 농민들이 중심이 되어 1893년경 조직되었다고 합니다. 그 발단은 당시 감귤류 생산자들이 도매상들의 횡포에 공동으로 대항해 권익을 보호하고자 자기조직화를 하기 시작한 것이라고 해요. 그들이 '남캘리포니아 과일 거래소' 같은 조직을 설립한 뒤 힘을 갖기 시작하면서 급성장을 하게 되었다고 합니다. 물론 어려움도 많았지요. 첫째는 내부 갈등 및 의사결정을 민주적으로 해결하는 문제, 둘째는 감귤류의 품질관리 및 마케팅 문제를 적극 돌파하는 문제였습니다. 이제 이 선키스트 협동조합은 120년 전통을 자랑하면서 글로벌 기업으로 성장했지요.

　뉴질랜드의 오클랜드를 중심으로 조직된 폰테라(Fonterra)도 농업 협동조합입니다. 1900년대 초반 이후 수많은 지역 낙농 협동조합들이 통합되어 2001년엔 1만 1000개의 낙농 농가가 조직된 단일 협동조합 기업으로 성장했다고 합니다. 오늘날 폰테라는 뉴질랜드 최대 기업으로, 전체 우유의 92퍼센트를 생산해 140개 국으로 수출한다고 합니다. 국내외 직원 수는 1만 6000명이라고 하니 일자리도 많이 창출한 셈이지요.

　그런데 역사상 최초의 협동조합은 소비 협동조합이랍니다. 영국의 로치데일(Rochdale) 협동조합이 바로 그것인데, 1844년에 영국 랭커셔 지방의 직조공 노동자 28명이 식료품을 공동으로 구입해 생활비를 절감하기 위해 만든 것이 최초라고 합니다. 이것이 점차 많은 조합원을 확보해 마침내 1만 명 이상의 규모가 되면서 단순한 공동구매 차원을 넘어 교육이나 금융 등 다른 영역들도 포괄하게 되었다고 합니다.

스위스에서도 고트리프 두트바일러Gottlieb Duttweiler라는 사람이 산악지대에 사는 사람들을 위해 식료품이나 생활용품 같은 것을 트럭에 싣고 가서 판매하기 시작한 것이 오늘날 '미그로(MIGROS)'라는 소비 협동조합의 기원이 되었습니다. 두트바일러는 고민 끝에 유통 마진을 과감히 줄여 40퍼센트 정도 싼 가격으로 생필품을 공급하기 시작했고, 1941년엔 결단을 내려 더 이상 1인 기업이 아니라 공동체적인 협동조합으로 전환함으로써 더욱 발전하게 되었지요. 오늘날 스위스 인구 800만 명 중 200만 명이 협동조합원이라고 하니, 거의 인구 절반이 협동조합 식구라고 해도 과언이 아닌 셈입니다. '미그로'의 직원만 8만 명이 넘고 본부 한 개 외에 지역조합이 열 개나 있다고 합니다. 오늘날 '미그로'는 글로벌화보다 로컬리티를 추구해 지역사회나 지역민이 중심이 되는 협동조합을 지향하는데, 특히 시민들이 자전거를 이용하기 편리한 곳에 입점을 하고, 또 환경라벨을 부착함으로써 온실가스인 CO_2 줄이기와 시민들의 건강 증진에도 관심을 기울입니다.

캐나다의 등산용품 협동조합인 MEC(Mountain Equipment Coop)도 한번 살펴볼까요? 1970년경 대학 산악반이었던 짐 바이어스[Jim Byers]라는 젊은이가 미국 시애틀의 REI 같은 등산품 구매 협동조합을 보고 감동을 받아 꿈을 꾸기 시작한 것이 그 기원이라고 합니다. 매일 꿈꾸면 현실이 된다고, 마침내 1971년에 여섯 명이 각 5달러씩 출자해 밴쿠버에 MEC를 설립했지요. 조합원이 급증했는데, 1972년에 250명, 1974년엔 700명, 그리고 1981년엔 5만 7000명, 마침내 2009년엔 300만 명으로 확대되어 총 인구의 10퍼센트가 MEC의 조합원이 되었습니다. MEC는 이윤을 남기기보다 사업 지속에 필요한 최소한의 잉여만 축적하고 나머지는 조합원들과 이용하는 시민들이 혜택을 입도록 돌려주는 철학을 갖고 있다고 합니다. 그래서 등산용품을 구입하고자 하는 사람들도 하루 사용 후 구입 여부를 결정할 수 있고, 구입하지 않게 되면 그동안의 사용료만 지불하면 된다고 해요. 인기를 끌고 실적이 좋아지면서 MEC는 1987년 이후 환경보존기금을 설치해 생태운동에도 일정한 도움을 주고, 취급하는 품목들도 내구성을 중시함으로써 가급적 쓰레기를 만들지 않는다는 철학을 갖고 있습니다.

이제 금융 협동조합을 살펴볼까요? 독일의 라이파이젠 은행(Raiffeisenbank)은 1862년에 라이파이젠[F. W. Raiffeisen]이 농민 고리채 문제를 해결하기 위해 창립했다고 합니다. 처음엔 영리도 추구했지만, 1890년 이후엔 아예 이익 추구를 포기하고 배당제도를 없앴다고 해요. 대단한 결단이지요. 그렇게 해서 순자기자본을 조금씩 적립해 나감으로써 외부에서 금융 위기가 왔을 때 돌파하는 데 큰 도움이 되었다고 합니다. 한편 1850년 무렵부터 독일엔 시민은행(Volksbank)도 존재했는데, 마침내 이 둘이 합병해 'DZ 은행'으로 통합되었다고 해요. 그 이후 'DZ 은행'은 조합원들의 안정성을 중시하면서 착실한 발전을 거듭해 마침내 2007년 1600만 명의 조합원을 거느리게 되었고, 2013년엔 1740만 명 규모로 발전했지요. 당연히 2008년 이후 세계 금융 위기도 무난히 극복하고, 독일 국내 은행 10위권 밖에서 현재 4위로 진입했을 정도라고 합니다. 독일에는 2012년 초 기준으로 경제사업을 하는 협동조합이 2598개나 되고, 그중 시민은행이나 신협은 1255개, 산업 협동조합은 904개나 된다고 합니다. 전체적으로 독일 국민의 4분의 1이 협동조합 회원인 셈입니다.

또 네덜란드의 최대 은행인 라보 은행(Labobank)을 들 수 있는데, 네덜란드 3대 금융기관에 손꼽히고 세계적으로도 25위의 은행이라고 합니다. 라보 은행은 무려 116년의 역사를 자랑하는데, 현재 자산 규모는 7710억 유로 정도라고 하지요. 얼마나 내실 있게 경영을 했는지, 2008년 위기에도 20퍼센트나 성장했다고 합니다. 건실성 하나는 알아줘야지요. 라보 은행도 맨 처음엔 농민 고리채의 고통을 덜기 위해 독일의 라이파이젠 모델을 참고했다고 해요. 그러다가 1898년에 네덜란드 남부의 22개 지역 신협들이 뭉쳐 협동조합 은행을 설립했고, 북부에서도 6개 지역 신협들이 독자적인 은행을 설립해 운영하다가 마침내 1972년에 합병하면서 협동조합 은행으로 탄생한 것이 기원이라고 합니다. 1980년에 라보 은행으로 명칭을 바꾸어 오늘에 이르게 되었다고 하지요. 라보 은행은 오늘날 18만 명의 조합원 아래 141개 지역 은행을 두고 있고, 그 아래 이사회가 존재합니다. 여기서 중요한 점 하나를 발견할 수 있는데, 18만 명 조합원 '아래' 141개의 지역 은행이 있고, 또 그 '아래' 한 개의 이사회가 존재한다는 것입니다. 이것을 사람들은 "141명의 어머니와 한 명의 딸을 둔 조직"이라고 부른다고 해요. 정말 멋진 이야기입니다. 오늘날 라보 은행은 자기자본 46조 원 규모의 대형 협동조합 은행인데, 무배당 및 내부 적립 원칙을 고수함으로써 조합원들이 저렴하게 긴급 자금을 쓸 수 있게 지원을 합니다. 그래서 라보 은행의 안정성과 건전성은 대단히 높은 편이지요.

캐나다의 데잘댕(Dejardin) 은행도 이와 비슷해요. 원래 1900년에 캐나다의 데잘댕 부부가 무려 3000퍼센트의 고리대에 시달리는 빈민들을 돕기 위해 설립한 은행에 기원을 두고 있습니다. 그러고 보니 약 110여 년의 역사를 자랑하네요. 현재 데잘댕은 총 자산이 200조 원 이상이고 순이익만도 1조 8000만 원을 내는 캐나다 최대의 금융 기관으로 손꼽히며, 직원이 4만 5000명, 조합원 560만 명이라고 합니다. 점포는 422개, 무보수 명예직으로 일하는 (선출) 이사는 5366명이고요.

그러면 이제 직원 협동조합, 다시 말해 노동자 생산 협동조합을 한번 살펴볼까요? 가장 대표적으로 단연코 몬드라곤(Mondragon) 협동조합을 들 수 있지요. 몬드라곤은 스페인 바스크 지역에 있는데, 사실은 260여 개 노동자 생산 협동조합들의 네트워크라고 할 수 있습니다. 물론 1943년 처음엔 하나의 협동조합으로 출발했지만 이제는 대단한 연합조직이 되었지요. 협동조합에선 일종의 '재벌'이라고 할 수 있을 정도입니다. 원래 1943년에 호세 마리아^{Jose Maria} 가톨릭 신부가 직업기술학교를 설립한 뒤, 1956년에 작은 난로공장(ULGOR)을 설립한 게 시초라고 해요. 그리고 1959년엔 자금 공급처로서 까하라보랄, 즉 노동금고(신협)를 설립했지요. 오늘날 몬드라곤은 스페인 안에서 7위권의 기업이고, 협동조합에는 모두 8만여 명의 직원이 일하고 9000명이 교육훈련을 받는 중이라고 합니다. 몬드라곤 협동조합 산하에는 총 세 개의 비즈니스 그룹과 한 개의 지식 그룹이 있는데, 철저히 평등주의와 혁신주의를 결합한 경영 방식을 추구하고 있습니다. 직원의 85퍼센트가 조합원이며, 지난 60년간 해고 없는 기업으로도 유명하지요. 비정규직은 꼭 필요한 경우에만 15퍼센트 이내로 제한하고, '동일노동 동일처우' 원칙을 채택하고 있어요. 특이한 점은 조직 내 연봉의 최고 및 최저의 격차를 5배 이내로 유지하는 원칙을 갖고 있다는 점입니다. 몬드라곤의 경우, 협동조합이라고 해서 우리나라의 생협 정도로 생각하면 안 됩니다. 몬드라곤의 2010년 매출이 22조 원(150억 유로)을 넘을 정도라고 하니까요. 한국의 대표 기업 중 하나인 현대자동차의 매출이 30조 원 수준이라는 점을 생각하면 그 규모를 짐작할 수 있지요. 그러나 몬드라곤 협동조합이 한국의 재벌을 비롯한 일반적인 민간 기업과 결정적으로 다른 점을 잊어선 안 됩니다. 몬드라곤은 "노동자들이 회사를 소유하고 경영자를 선임하며 경영 전체를 관리·감독"하는 기업이기 때문입니다. 일반 민간 기업에서 노동자는 자본에 종속되지만, 몬드라곤에서 자본은 조합원이자 노동자인 직원들이 조합의 목표를 달성하기 위한 수단일 뿐이란 인식이 강하다고 해요. 협동조합과 주식회사가 갖고 있는 철학적 깊이의 차이에서 생기는 필연적 간극이라 할 수 있겠네요. 물론 여기도 완벽하진 않은 것 같습니다. 기업과 조합 사이의 긴장은 늘 존재한다고 봐야지요. 진짜 중요한 것은 그런 긴장의 끈을 놓지 않고 '초심'을 잃지 않으며 발전하려는 태도가 아닐까 싶습니다.

이런 식으로 몬드라곤은 처음부터 소유 구조가 다르기 때문에 기업 활동의 지향점도 다릅니다. 금융, 제조, 유통, 지식 등 4개 분야 260여 개 회사(협동조합)의 집합체인 몬드라곤은 이윤확대보다는 고용창출을 일차적인 목표로 삼고 있습니다. 지역사회 및 스페인 전체의 더 많은 고용창출을 위해 몬드라곤의 경영권을 쥔 조합원들은 주가상승에 따른 이익을 조합에 대한 투자로 돌리고, 지역의 다른 업종에 종사하는 노동자들과의 월급 격차도 낮은 수준으로 유지하려고 노력합니다. '민주적 조직' '노동자 주권' '지역 사회 기여' 등은 몬드라곤이 1956년 난로공장 조합을 창설한 이래 변치 않고 지켜온 가치들입니다. 이런 면에서 몬드라곤 협동조합은 오늘날 노동자 자주관리의 전형이자 풀뿌리 기업, 사회적 기업의 전형이라 할 수 있습니다.

업종은 다르지만 비슷한 사례가 한국에도 있습니다. 2013년에 협동조합으로 전환된 '해피브릿지'란 곳인데, '국수나무' 브랜드로 유명한 외식 프랜차이즈 업체입니다. 해피브릿지는 연매출이 320억 원에 이르는데, 2013년 2월에 근속연수가 3년 이상 된 직원 67명이 중심이 되어 협동조합으로 전환했습니다. 여러 어려움에도 협동조합 정신을 잘 지키고 있는 편이라 해요. 특히 회사 내 최고 연봉이 최저 연봉의 3배를 넘지 않도록 한 규정은 가히 타의 모범이라고 할 수 있습니다. 구체적으로 회사 대표가 연봉을 6000만 원 미만으로 받고, 돈보다 사람을 중시하는 조직 문화가 인상적입니다.

한편 사회 협동조합이라는 것도 있는데, 대표적인 것이 주택 협동조합입니다. 일례로 이태리 볼로냐 주택 협동조합 무리(Murri)를 들 수 있습니다. 사실 볼로냐는 많이 알려졌다시피 협동조합의 천국으로, 한 도시에 무려 400개의 협동조합이 있고, 시민들의 약 3분의 2가 어느 협동조합이든 조합원으로 등록되어 있을 정도입니다. 그래서 볼로냐 지역의 실업률은 이태리 평균의 4분의 1밖에 되지 않는다고 해요. 반면 1인당 GDP는 평균치의 두 배라고 합니다. 협동조합의 강점이 드러나는 부분이죠. '무리' 협동조합은 시민들에 의한 주택협동조합으로, 친환경자재, 태양광 시설, 에너지절약 주택을 지향하면서도 평균가보다 20퍼센트나 저렴하게 집을 짓는다고 합니다. 1963

년에 설립된 이후 지금까지 1만 채가 넘는 집을 지었고, 조합원도 2만 명이 넘습니다. 볼로냐 시 주택의 약 5분의 1이 바로 이 '무리' 협동조합에 의해 지어졌는데, 당연히 이 협동조합원 조합원들에게 혜택이 돌아가도록 투명하게 운영하고, 집을 짓되 고품질 저가격으로 짓는다고 해요. 경영도 튼실해 은행 빚도 없어 불안 요소가 거의 없다는 거죠. 다시 말해, 내부 적립금(약 750억 원)만 갖고서도 좋은 집을 지어 나가기에 2008년 세계 금융 위기 이후 세계적 불경기에도 자금 압박을 받지 않는다고 해요.

다음으로, 덴마크의 풍력 협동조합으로 '비도우레(Hvidovre)'가 있습니다. 덴마크는 오마이뉴스 오연호 기자의 《우리도 행복할 수 있을까?》(오마이북, 2014)를 통해 잘 알려졌는데, 인구(550만 명)도 적고 면적(남한의 절반)도 작지만 1인당 국내총생산이 5만 6000달러고 국민들의 행복도도 높다고 합니다. 시민 간 신뢰가 높은 수준이고요. 그런데 그 토대 중 하나가 협동조합이라고 합니다. 일례로 '비도우레' 협동조합은 2007년에 네 명의 시민이 50크로나씩 출자해 시민들이 풍력으로 전기를 생산해 보자고 만든 것이라고 합니다. 서로 존중하고 믿지 못하면 불가능한 일이지요. 지금은 2000명 이상이 출자자로 참여해 자본금이 540만 크로나에 이르러 비교적 든든한 편이고, 풍력 발전을 통해 해당 지역의 5000가구에 전기를 공급합니다. 이런 식이라면 우리나라 밀양이나 청도의 송전탑 같은 갈등이 생길 필요가 없겠지요. 이런 대안 에너지 생산과 소비에 시민들이 참여하니,

기후변화 문제나 환경보호에도 많은 기여를 하는 셈입니다. 이런 식으로 덴마크는 EU 중 유일한 에너지 수출국이라고 하는데, 경영도 효율적이어서 수익의 11퍼센트가 주민에게 귀속된다고 하니 일석이조 내지 일석삼조인 셈이네요. 덴마크는 이미 1973년 오일쇼크 이후 석유와 원자력을 포기한 뒤, 친환경 에너지 개발에 박차를 가했다고 해요. 그래서 지금은 에너지 자급률이 무려 145퍼센트라는 거죠. 그러니 수출을 할 수밖에요. 그것도 위험하기 짝이 없는 핵 에너지가 아니라 청정 에너지를 말이죠. 우리나라 대통령들이 이런 걸 본받아야 하는데… 별 생각 없이 핵발전소 마케팅이나 다니니 할 말이 없습니다.

그리고 우리나라에도 여기저기 생겨난 교육 협동조합도 크게는 사회 협동조합의 일종이라고 할 수 있습니다. 사실상 대안 학교들이 협동조합 형식을 갖추진 않았어도 실제로는 협동조합과 마찬가지로 작동합니다. 최초 출자금이 입학금 형식으로 출자되는 순간 모든 구성원이 조합원이 되는 셈이지요. 그 속에서 아이들은 자신을 알아나가고 관계를 배우며 사회와 역사를 통찰하게 됩니다. 소위 말하는 '인성교육'을 중심으로 교육이 이뤄지고, 그 과정에서 아이들은 저마다 속도와 색깔은 다르지만 내실 있게 자라나게 됩니다. 나중에는 스스로 자기가 좋아하는 것, 하고 싶은 걸 찾아 주체적이고 공동체적인 삶을 살아가게 되죠. 저와 아내는 아이 세 명을 모두 대안 학교에서 키운 셈인데요, 지금 생각하면 참 잘했다고 스스로 칭찬하고 싶습니다. 겉보기에는 아이들이 그럴듯한 대학에 진학한 것이 아니지만 내면이 행복하게 자라났고, 자기가 하고 싶은 게 뭔지, 어떻게 살아야 할지를 잘 알고 앞으로 나아가고 있기 때문입니다.

저는 이런 식으로 시민교육 협동조합 내지 인문학 협동조합 같은 것도 전국 곳곳에 만들어지면 좋겠다고 생각합니다. 아이만 학습하고 성장하는 게 아니라 어른도 평생 동안 학습하고 성장해야 하거든요. 그게 즐겁고도 의미 있는 삶의 과정이니까요. 그리고 이런 모임들이 노동조합이나 시민사회단체인 NGO들과도 연대를 이루면서 서로 좋은 관계를 맺어 나가는 것이 사회의 건강한 변화를 위해 굉장히 중요하다고 생각합니다. 살기 좋은 나라들은 모두 그 사회적 · 역사적 기초에 이런 풀뿌리 조직과 모임, 운동이 왕성하게 살아 있기 때문에 그런 것이 가능했다고 봅니다. 우리가 이민 가고 싶은 나라들, 살기 좋은 나라들이 결코 공짜로 또는 저절로 이뤄진 경우는 하나도 없다는 것이 역사의 진실입니다.

아하, 협동조합! ─ 인간성과 효율성의 조화

지금까지 오늘날 경제가 어떻게 뒤틀렸는지, 그래서 왜 우리가 불행할 수밖에 없는지, 우리 자신에 이어 아이들 세대도 스트레스에 시달릴 수밖에 없는지, 현실 경제의 문제를 살핀 뒤 하나의 대안으로서 협동조합을 살펴보았습니다. 협동조합은 앞에서도 언급했지만, 크게 보면 노동조합과 더불어 '아래로부터의' 변화를 추동할 수 있는 풀뿌리 조직 운동으로 매우 중요한 위상을 갖습니다. 물론 한편으로는 인간성, 다른 편으로는 효율성이라는 다소 긴장 관계에 있는 두 가지 원리를 균형 있게 구현하기 위해 부단히 노력해야겠지요.

이제 이런 협동조합과 같은 대안적 경제, 사회적 경제, 사회적 기업 같은 노력이 인간성과 효율성을 동시에 달성하는 방법에 대한 제 생각을 간단히 제시하려고 합니다.

사실 오늘날 대부분의 사람들이 일하는 기업 조직들은 효율성과 생산성, 경쟁력이라는 원칙에 지배받고 있습니다. 한마디로, 효율성을 높이면 사후에 인간성을 충족시켜 주겠다는 식입니다. 그러나 사후에 충족시킨다는 인간성은 경제 위기가 오거나 오너가 탐욕을 부려 마음이 변하면 말짱 도루묵이 됩니다. 정리해고와 노동자 투쟁, 신판 노예제라 불리는 비정규직 문제, 이런 걸 생각해 보면 이해가 쉽게 될 것입니다. 해고나 비정규직이 아니라도 정규직 노동자들이 매일 받는 스트레스도 만만찮습니다. 아직 취업을 하지 못한 청년들의 암담한 미래, 상실된 낭만과 잃어버린 청춘, 심지어 초등 아이들의 학원 스트레스나 자살 같은 것을 보면 지금의 사회경제 시스템에는 희망이 없다고 할 수 있습니다. 물론 그 안에서조차 노동자들이 조직화와 연대를 통해 새로운 돌파구를 열어야 합니다.

하지만 인간성과 효율성을 조화하려면 다른 대안적인 방식도 열어야 하는데, 그게 바로 협동조합 방식의 대안적 경제 조직이라는 것입니다. 그 원리는 이렇습니다. 효율성을 달성하면 사후에(ex post) 인간성을 충족시킨다는 일반 기업 논리와 달리, 여기서는 효율성과 인간성을 함께(simul) 조화하거나 아니면 오히려 사전적으로(ex ante) 인간성을 적극 충족시키면 효율성이 저절로 올라간다는 것이지요. 저는 이것이 사랑의 원리라고 생각합니다.

여기서 인간성을 구현하면 어떻게 효율성이 올라갈 수 있느냐는 질문이 생깁니다. 저는 가설이지만 이렇게 생각합니다. 실제로도 앞에서 살펴본 세계 곳곳의 여러 협동조합의 경험들이 이것을 증명하고 있다고 봅니다.

첫째, 사람을 존중하고 있는 그대로 인정하는 것은 '내재적 동기'를 촉진합니다. 내재적 동기에 의한 행위란 사람들이 어떤 행동을 할 때 돈이나 상벌, 칭찬, 승진과 같은 외부 자극에 의해 움직이는 게 아니라 재미와 의미, 감동과 공감, 사명감과 책임감 같은 내면의 보이지 않는 힘에 의해 움직인다는 것이죠. 어떤 모임이나 조직에서도 사람이 외모나 학벌, 재산이나 배경 같은 것에 의해서가 아니라 그 사람의 존재 그 자체로 존중받고 대접받을 때, 그 자체로 상호 연대하고 소통할 때, 민주적이고 투명한 의사결정 과정에 모두 참여할 수 있을 때, 그 사람들은 거의 예외 없이 자존감과 안정감, 내면의 평화와 만족을 느끼게 됩니다. 그렇게 되면 금세 마음의 문이 열리고, 재미나 의미를 느끼며, 자신도 그 조직에 기여하고 헌신하고 싶은 사명감과 책임감을 느끼게 됩니다.

이것은 지금까지 50년 동안의 제 직접적 경험과 세상 관찰의 결과이기도 합니다. 일례로, 스페인의 몬드라곤에서는 2008년 경제 위기가 와서 한 조직이 없어져야 했을 때에도 해고 없이 대체 일자리를 만들어준 일이 조직 구성원들에게 감동으로 다가갔을 것입니다. 또 최저 임금과 최고 임금을 5배 이내로 제한한 것도 '모두' 존중받는다는 것의 실질적 증거로 보입니다. 이렇게 존중받는 구성원들은 내재적 동기를 느끼게 되고, 이 내재적 동기에 충만한 사람들은 자연적으로 조직 및 다른 동료들과 일체감을 느끼며 협동하게 되지요. 그러니 자연스럽게 조직의 효율성도 올라가게 됩니다.

둘째, 조직의 사회적 사명과 일상적 실제가 일치하고 일관성이 유지되는 경우, 그리고 앞서 말한 조직의 민주성과 투명성이 보장되는 경우, 구성원들이 조직적 일체감을 강하게 느껴 조직 헌신이 증가할 뿐 아니라 조직적 낭비나 '조직 정치'(실력과 가치관에 문제가 많음에도 파워게임을 통해 주도권과 기득권을 장악하려는 조직 구성원들의 의도적 행위)가 줄어들어 불필요한 비용이 예방됩니다. 가만히 살펴보세요. 왜 오늘날 해마다 수많은 청년들이 일류 대학을 졸업하고 공기업이나 대기업에 취업한 뒤 얼마 지나지 않아 사표를 쓰고 싶다고 말할까요? 그것은 이들이 일하는 방식이나 목적이 자신이 생각하고 꿈꾸었던 바와 전혀 다르기 때문이 아닐까요? 특히 그 조직이 대외적으로 내세우는 사명이나 목적과 달리 일상적 경영방식이나 노동방식, 그리고 그 속의 인간관계가 거짓과 위선, 기만과 배신 등으로 왜곡되어 있다면 불만족과 실망감은 이루 말할 수 없겠지요. 그러나 협동조합 등 대안적 경제조직에서는 구성원들의 사회경제적 필요에 부합하려고 노력하고, 나아가 사회적으로도 의미 있는 일을 하고자 하기 때문에 이런 원천적 괴리감은 사전에 차단됩니다. 앞서 간단히 살편 덴마크의 '비도우레' 풍력 협동조합이나 이태리의 '무리' 주택 협동조합이 바로 이런 점을 잘 드러낸다고 봅니다. 대안 에너지를 만들거나 고품질의 대안 주거 공간을 비교적 저렴하게 거품 없이 만든다는 것이 그 조직 구성원들로 하여금 조직적 일체감과 내재적 동기를 촉진한다고 보는 겁니다.

셋째, 행여 어느 구성원이 조직에 해로운 생각이나 행위, 즉 일탈적 모습이나 도덕적 해이를 보였을 경우라도 구성원 사이의 소통과 사랑, 우애와 신뢰 같은 가치나 그에 기초한 행동들이 이들로 하여금 감동과 공감을 통해 더욱 강한 자발적 헌신을 하도록 촉진한다는 것입니다. (이런 걸 학자에 따라서는 '사회적 자본'이라고 말하는데, 저는 그냥 인간적 가치라는 말로도 충분하다고 생각합니다. 사람이나 인간관계를 자본이라고 표현하는 게 저는 부적절하다고 보거든요.) 하여간 흔히 하는 말로, 인간적 가치를 저버리는 사람들을 일탈적이라고 하죠. 물론 모든 사람들이 다 일탈적인 건 아니지만, 그래도 일단 일탈행동을 한 이들이 생겼다고 해 봅시다. 일반 기업 조직은 이들을 가차 없이 배제하고 추방합니다. 그에 비해 협동조합과 같은 대안적 조직들은 구성원들에게 상처를 주지 않거나 행여 상처를 주었더라도 조직적인 치유를 위해 노력한다는 점이 전혀 다릅니다.

저는 이런 모습을 일종의 교육 협동조합이라고 할 수 있는, 대안학교의 경험을 통해 잘 알고 있습니다. 어느 학생이 폭력이나 절도, 성희롱 같은 잘못을 범했다고 해요. 어느 집단이나 있을 수 있는 일이고, 특히 질풍노도의 시기라 하는 청소년기에는 더 하겠지요. 일반 학교라면 아이들은 처벌의 대상이 되고 심하면 낙인이 찍히고 추방당하기 쉽습니다. 그러나 대안학교에서는 익명이든 실명이든 그 사태의 진상을 밝히고 널리 공유하며 문제를 만든 이나 공모자 또는 방관자, 심지어 아무 관련이 없는 이들까지 함께 반성과 성찰 과정에 들어갑니다. 결국은 스스로 반성하면서 모두가 다시금 일체감을 느끼는 과정이 이런 학교에서 일탈적 문제에 대처하는 방식이죠. 행여 교사가 우발적으로 어떤 잘못을 저질러도 이런 식의 접근법을 취합니다. 저는 이런 대안적 대처 방식에 상당히 감동을 받았습니다. 아, 이런 것이 대안 학교다운 방식이다, 이런 대안적 방식들이 학교만이 아니라 일반 사회경제 조직에도 구현되면 좋겠다, 이렇게 느낀 거죠. "비 온 뒤에 땅이 굳는다"는 말이 있듯이, 이런 식의 홍역을 치르고 다시 사람들이 일체감을 회복하면 그 조직은 더 탄탄하게 성장할 수 있습니다. 인간성과 효율성을 조화한다고 할 때, 우리는 늘 좋은 점만을 이야기할 수 없습니다. 이렇게 뭔가 심각한 문제가 생기더라도 이것을 회피하거나 부정하지 않고 정직하게 대면하면서도 아주 건강하고 바람직한 방식으로 극복해 내는 것, 바로 이것이 진정으로 인간성의 격을 높이는 방법이자 자연스럽게 조직적 효율성을 증진하는 방법이라고 확신합니다.

마지막으로 하나만 더 보면, 저는 협동조합과 같은 대안적 사회경제 조직이 효율성의 과실을 공정하고도 인간적으로 나누는 가운데 인간성과 효율성의 조화가 자연스럽게 달성된다고 봅니다. 일반 경영 조직들은 파이의 크기(성장의 결과)만 키울 줄 알지, 파이의 분배(공정한 배분) 문제는 비교적 등한시하지요. 특히 파이의 원천(건강한 과정)에 대한 고민은 말할 나위도 없고요. 그러나 대안적 사회경제 조직은 파이의 분배 또한 인간적으로 하려고 합니다. 우선은 차별이나 불평등을 지향하는 게 아니라 비교적 평등한 분배를 지향하고, 그러면서도 각자가 처한 사회경제적 상황을 감안해 배려하고 나누는 방식으로 갑니다. 독점이나 탐욕은 설 자리가 없는 셈이죠. 바로 이런 점이 저는 지금까지 잘 살아남은 협동조합들이 우리에게 몸으로 증명하는 점이라고 봅니다.

공정한 분배, 인간적 분배를 받은 사람들은 자연스레 만족감이 높아지고 일체감과 몰입도가 높아져 결국 조직 효율성을 높이는 데 기여하게 됩니다. 바로 이런 점들이 기존 자본주의 기업 조직과 다른 협동조합 등 대안적 조직의 근본 특성이라고 봅니다.

이렇게 생각하면, 우리는 '아, 협동조합이 대안이구나' '협동조합만 잘하면 정말 좋은 세상이 오겠구나' 생각할 수 있습니다. 하지만 꼭 그런 것만은 아닙니다. 우리는 대문만 열고 나가도 세상이 얼마나 차가운지 실감할 수 있습니다. 사실 사회 변화란 것이 참 복잡하지요. 이미 많은 부분이 잘못된 길로 굳어져 가고 있거든요. 게다가 정치와 경제, 사회와 문화, 교육과 종교, 군사와 경찰 등 모든 측면에서 근본적인 변화가 동시에 이뤄져야 비로소 제대로 된 변화가 가능합니다.

그러나 매일 이런 거창한 얘기만 한다고, 즉 사회 구조만 탓한다고 무슨 좋은 변화가 올 리는 없습니다. 그래서 '지금', '여기'에서 작은 변화를 시작하되, 늘 커다란 변화의 전망도 가슴 속에 품고 함께 나가야 합니다. 그런 면에서 우리가 실제로 개입할 수 있는 '빈틈'들을 찾아내 그것을 한사코 비집고 들어갈 필요가 있습니다. 저는 그 빈틈들이 뭔가 특이한 저 '외부'에 있다기보다 바로 우리가 경험하는 '일상' 속에 있다고 봅니다. 우리가 만족스럽지 못하다고 느끼는, 즉 불만족스럽다고 느끼는 그 모든 것들을 잘 들여다보면 빈틈이 보이기 시작한다는 것이죠. '불만'이 '기회'라는 말입니다.

이런 면에서 협동조합 같은 대안적 조직은 '나부터' 참여할 수 있는 좋은 사례입니다. 이런 힘들이 모이고 모이면 좀더 큰 변화를 추동할 수 있고, 언젠가는 전체 사회경제 시스템도 변화시킬 에너지와 분위기가 새롭게 형성될 것이라고 봅니다. 고맙습니다.

제10강: 개인과 공동체
소통과 연대: 같이 또 따로, 따로 또 같이

거듭 강조하지만, 우리가 알고 있는 경제 개념은 원래 '경세제민'
에서 온 것입니다. 세상을 잘 경영해서 백성들을 구제한다는 뜻이지
요. 다시 말해, 경제란 결국 백성들의 살림살이를 잘 돌보겠다는 말
이고, 나아가 다스리고 구제한다는 말은 그 자체로 정치적인 개념이
기도 합니다. 그러므로 경제라는 말이 정치 개념과 떨어져 있는 게
아님을 알 수 있습니다. 요즘 식으로 말하면, 경제민주화를 하는 것
이 바른 정치다, 이렇게 표현할 수 있겠네요.

그런데 오늘날 우리가 몸으로 경험하는 경제는 이런 원래의 의미
와는 전혀 딴판입니다. 매일 나오는 뉴스만 봐도, 또 우리가 시장이
나 거리에서 접하는 일들만 잘 생각해 봐도 대체로 많은 것들이 '비

정상'인 것 같습니다. 원래 의미의 정상적인 경제가 아니라는 말이지요. 그러면 '왜 경제가 이렇게 비정상적으로 돌아가는가?'라는 질문을 던져보니, 결론은 이렇습니다. 원래 의미의 경제는 살림살이 경제인데, 오늘날 우리가 경험하는 경제는 자본주의 경제로, 한마디로 돈벌이 경제로 변해서 그렇다는 것입니다. 살림살이 경제가 더불어 사는 공동체 경제였다면, 돈벌이 경제는 개인의 능력만 중시하는 경제라 할 수 있습니다.

그러면 '돈벌이 경제'가 뭐냐, 보통 우리가 알고 있는 경제가 곧 돈벌이 경제입니다. 사실 우리가 경제가 잘 돌아간다, 경제가 위기라서 큰 문제다, 경제가 다시 좋아지면 좋겠다, 이런 식으로 말할 때, 그 경제란 무엇입니까? 요약해서 말하면, 개인은 취업을 해서 월급을 많이 받고, 기업은 이윤을 많이 획득하고, 나라는 수출을 많이 해서 외화를 많이 벌어들이고, 그리하여 전체적으로 1인당 국민소득이 올라갈수록 잘사는 것이고 경제가 좋아진다고 봅니다. 이것이 돈벌이 경제의 실체입니다.

그러나 여기서 잘 따져봐야 합니다. 이런 식의 돈벌이 경제를 가만히 살펴보면, 소득이나 외화, 이윤 등의 수치가 증가한다고 해서 반드시 우리들 살림살이가 행복해지는 것은 아님을 알 수 있습니다. 어느 정도는 같이 가겠지만, 이상하게도 제대로 같이 가는 법이 없습니다. 한때 민주노총 위원장이기도 했고 대통령 후보와 국회의원이기도 했던 권영길 선생께서 "살림살이 좀 나아지셨습니까?"라는 질문을 브랜드처럼 들고 나오기도 했는데, 바로 이런 질문이 우리 모두에게 필요합니다. 아무리 경제가 발전해도 사람들의 살림살이가 엉망이라면 결코 행복할 수 없기 때문이지요. 경제를 비롯한 모든 인간 활동의 궁극적 목적이 행복이니 이걸 중심에 놓고 생각해야 하거든요. 그래서 경제문제를 따질 때에도 돈벌이 자체가 아니라 '살림살이'라는 키워드를 중심으로 봐야 합니다. 궁극적으로는 공동체와 개인이 함께 가야 정상인데, 돈벌이 경제는 공동체를 해체시키고 개인만 중시합니다. 개별 노동자의 능력과 성과, 개별 소비자의 구매력만 높이 치는 것이죠.

자본주의의 속성과 공동체의 해체

어떤 개별 노동자가 회사에 가서 돈벌이를 잘한다고 할 때, 이것을 찬찬히 따져보지요. 노동자의 월급이 올라가고 돈벌이가 잘된다는 것은 단순하게 두 가지만 보면 이렇게 됩니다. 하나는 그 회사가 장사가 잘돼서 상품이 많이 팔릴수록 노동자는 상품을 많이 만들어야 합니다. 그러면 노동자는 당연히 잔업과 철야, 특근을 많이 하게 되겠지요. 그럴수록 돈벌이는 잘되겠지요? 월급이나 잔업수당 같은 것도 더 많이 받고요. 그런데 이 노동자의 삶을 들여다보면, 돈은 더잘 벌지 몰라도 가정에 가서는 아이들과 대화할 시간조차 없게 됩니다. 요즘 말로 가정과 직장의 불균형이 심해지죠. 심하면 과로로 쓰러지기도 하고, 많은 경우 자기도 모르게 '일중독'에 빠져 사실상의 질병을 달고 살게 됩니다. 결국 가족 공동체나 이웃 공동체에 해를 끼칩니다.

또 다른 하나는, 이 노동자가 직장에서 승승장구해서 오랫동안 잘 살아남거나 상급자로 올라갈 수 있다는 것이 무엇을 의미하느냐는 것입니다. 그것은 제가 볼 때, 이 노동자가 다른 동료와 협력하는 측면도 있지만 동시에 경쟁적으로 일해서 보다 성실하고 보다 우수하다는 것을 자꾸 증명해야 한다는 것입니다. 나아가 자기보다 아래 사람은 적절히 잘 다루어야 하고 동시에 자기보다 높은 사람에게는 무조건 잘 보여야 생존이나 출세를 할 수 있습니다. 아래로 갈구고 위로 비벼야 하는 이 현실을 저는 '갈-비의 법칙'이라 부릅니다. 이게 현실의 진면목이죠. 대체로 사람들은 이 부분에 대해 말을 잘 안 합니다. 그러나 바로 이것이 자본주의 기업 조직 내에서의 생존의 법칙, 출세의 법칙입니다. 그러니까 돈벌이 경제 안에서 인간 노동의 공동체가 엉망이 되고, 사람들의 스트레스는 높아지며, 불행지수도 따라서 높아질 수밖에 없다는 거죠.

말이 나온 김에 하나만 더 따지면, 기업이 돈을 잘 번다, 수익이 많다고 할 때, 그것의 기초 내지 전제조건은 결국 생산성이 높아져서 경쟁력이 증가하는 것입니다. 그런데 과연 이게 무슨 말인지 잘 따져보면, 자본주의 경제의 비밀 내지 모순이 드러납니다. 여러 가지 표현법이 있겠지만, 기업의 생산성(productivity)은 결국 투입(input) 대비 산출(output)의 비율로 나타나죠. 즉 산출을 높이고 투입을 줄일 수록 기업의 경쟁력과 수익성은 올라갑니다. 그러면 투입은 무엇이 냐, 그것은 결국 인건비고 재료비고 기계설비비고 각종 에너지비나 사회간접자본(SOC) 비용입니다. 산출은 생산량이나 매출액으로 표현됩니다.

바로 이런 공식 아래, 생산성이나 효율성을 올리려면 투입은 낮추고 산출은 높여야 합니다. 우선 투입부터 줄여보죠. 인건비를 줄이려면 어떻게 해야 하겠습니까? 사람을 정리해고로 잘라내거나 비정규직을 쓰거나 하겠지요. 각종 법과 정책도 이것을 도와주는 방향으로 바꾸고요. 노동력의 비정규직화는 다른 말로 노동력의 '맥도날드화'라고 합니다. 패스트푸드나 일회용품처럼 쓰고 버린다는 뜻입니다. 그 다음에 하청이나 외주화를 통해서, 아니면 임금을 동결해서 투입 비용을 줄입니다. 노동조합을 억압하거나 없앨수록 노동비용이 억제되거나 줄어들겠지요. 이런 것들이 모두 앞의 공식 안에 들어 있는 것입니다. 가족이나 노조 등 공동체를 희생시키죠. 생산성 공식이라는 게 참 무서운 겁니다.

이런 식으로 돈벌이 경제를 뜯어보면 볼수록 살림살이 입장과는 잘 맞지 않습니다. 어느 정도 참을 수 있는 선을 지나면 더 이상 같이 하기가 어렵다는 거죠. 지난 50년 이상의 경제개발 과정, 그리고 최근의 IMF식 구조조정 이후 신자유주의 경제 속에서 사람들이 당하는 고통을 보세요. 추운 겨울에도 크레인이나 송전탑에 올라가 "노동자도 사람이다, 같이 살자"고 외쳐야 하는 게 현실이거든요. 사람이 이렇게 살아서는 안 되는 거죠. 정치경제가 온통 돈벌이만을 중시하니까 이렇게 극소수만 살아남고 대닷는 고통에 허덕이게 되는 겁니다.

인건비를 넘어 재료비도 보지요. 상품 생산에서 재료값도 낮춰야 하므로 재료나 원료, 석유를 값싸게 가져와야 합니다. 산유국 쪽에서 말을 안 들으면 미국 입장에서는 그 정부를 제거하고 고분고분한 친미정부를 세워야 값싼 석유를 계속 가져올 수 있겠지요? 그래서 말 안 듣는 세력은 차단해야 하고 '악의 축'으로 규정해야 합니다. 돈벌이 경제는 국가 공동체마저 맘대로 파괴하네요. 경제가 정치는 물론 국제정치, 외교 문제와도 연결되어 있음을 잘 알 수 있는 대목입니다. 모두 연결되어 있는 거죠. 또 상품 재료비를 아끼기 위해서는 일례로 열대우림 나무도 함부로 베어 와야 되고, 지하수도 함부로 퍼 올려야 합니다. 마을 공동체나 자연 생태계도 파괴됩니다. 이런 것이 다 원료와 재료를 값싸게 가져오는 과정입니다.

사람과 자연이 모두 같이 살아야 하는 살림살이 관점에서 보면, 오늘날 자본주의 사회경제 체제란 알게 모르게 끊임없는 죽임의 과정이고, 이 죽임의 과정이 작동하는 것이 우리가 아는 돈벌이 경제 세계라는 걸 알 수 있습니다. 사실 오늘날 자본주의 경제의 문제점을 들여다보기 위한 수많은 책들이 나왔지만, 굳이 어려운 이론들을 일일이 들여다볼 필요가 없습니다. 우리의 생활 과정을 이런 식으로 하나씩 따져보면 됩니다.

지금 생산성 또는 경쟁력을 올리기 위해 비용 부분을 줄여야 한다고 했지만, 산출 부분도 중요합니다. 우리는 동일한 비용을 들이더라도 생산량을 늘리고 싶어 합니다. 그러려면 어떻게 해야 하죠? 노동시간을 늘리거나 같은 노동시간이라도 노동강도를 강화하면 됩니다. 물론 비용이 좀더 들더라도 새로운 기계를 투입하면 같은 시간에도 생산량이 폭발적으로 늘어나니 장기적으로 이익이 되겠지요. 그러나 기계가 하루 종일 돌아가니, (잘린 사람은 잘려나가고 남은 사람들은) 쉴 틈도 없이 일해야 하니 결국 사람들의 심신이 소진됩니다. 그러다가 어느 날 갑자기 해고 대상이 되거나 혹시 살아남더라도 어느 날 아침 '내가 왜 이렇게 살고 있나?' 하는 근본적인 회의가 들어 우울증도 걸립니다. 정년퇴직 또는 명예퇴직을 하면서 목돈을 받을지는 모르지만 삶의 의욕과 활기를 잃어버린 상태에서 멋있는 노후를 보내기는 어렵지요.

결국 이런 자본주의 기업의 생산성 공식이라는 것이 기업가나 경영진의 양심이나 도덕성과는 무관하게 사람과 자연의 공동체를 끊임없이 약탈할 수밖에 없는 구조라는 것입니다. 그런 공식이 마치 하늘에서 떨어진 정언명령처럼 우리를 옥죄며 구석으로 몰아가고 있다는 거죠. 거기다 혹시 탐욕에 절어 있는 경영자나 나쁜 심성을 가진 기업가라면 사람과 자연을 더 악랄하게 쪼아대겠지요. 그러나 설사 양심적인 사람일지라도 어쩔 수 없이 이런 자본주의 생산성 공식에 맞추어 갈 수밖에 없으니 세상이 갈수록 좋지 않은 방향으로 변하는 것입니다.

보통 우리는 '선한 사람이 경영자 또는 관리자가 되더니 마음이 변했네' 하는데 사실은 자본관계라고 하는 구조가 문제입니다. 여기서 자본관계라는 것은 경쟁과 이윤을 근본 원리로 해서 작동하는 사회경제 시스템을 말합니다. 이 시스템은 단순한 돈이나 기계와 같은 부분으로만 설명되지 않는, 사람과 사람, 사람과 자연 사이의 총체적인 관계들을 자본 중심으로 편성하지요. 그런 구조 안에 들어가면 아무리 좋은 사람도 결과적으로는 마음이 변한 것으로 나타나지만, 사실은 마음이 변해서가 아니라 구조의 요구대로 움직여서 그런 것입니다. 그래서 진짜 마음이 안 변하려면 그 자리를 얼른 떨치고 나와버려야 합니다. 국회의원이나 대통령 같은 이들이 변하는 모습은 바로 이런 점 때문입니다. 결국은 그런 경제적인 부분과 정치권력적인 부분이 맞물리네요.

국적 없는 자본, 자본의 세계화

나라의 수출 부분을 생각해 봅시다. 수출을 한다는 것이 결국은 우리 물건을 세계 시장에 최대한 값싸게 내놔 많이 파는 것인데, 그러려면 결국은 생산성 공식처럼 인건비와 재료비를 떨어뜨려야 합니다. 그러면서도 덤으로 뭔가를 더 내놔야 하고요. 그러는 와중에 대기업과 중소기업 간의 격차 혹은 수직적인 계열화 속에서 다단계 구조가 작동해 하청 단계로 갈수록 고혈을 짜내야만 생존할 수 있는 질서가 강화됩니다. 결과적으로는 최상층부 기업들의 오너뿐만 아니라 투자한 주주들의 구성을 보면 이미 세계화되어 버렸습니다. 우리나라의 웬만한 기업들도 주식 구조로 보면 더 이상 우리나라 기업이 아닙니다. 예를 들면 국민은행은 주식 구조로 보면 비국민은행입니다. 이름만 국민이죠. 알고 보면 우리 것 아닙니다. 속임수가 있는 거죠. 삼성전자도 대한민국의 대표 기업이라고 하지만 주식 구조상으로는 대한민국 대표 기업이 아니에요. 50퍼센트 이상이 외국 자본입니다.

엄격히 말해 '과연 자본에 국적이 있는가'라는 질문을 해보면, 그 답은 '국적이 없다'입니다. 경쟁을 해서 돈을 버는 데에 무슨 조국과 민족이 있겠습니까? 그것은 그저 애국심이나 애족심을 이용해 돈을 버는 도구에 불과한 것입니다. 일례로, 대한민국 자본은 착하고 외국 자본은 착하지 않다, 아니면 거꾸로 선진국 자본은 착하고 한국 자본은 악질이다, 이렇게 말할 수 있나요? 없습니다. 자본엔 국적이 없기 때문이죠. 진정한 자본의 세계화 시대란 이런 것입니다.

통일 문제도 마찬가지입니다. 지금 남한 자본이 '통일 대박'을 외치며 남북통일에 열을 올리는 것도 사실은 북한의 값싼 노동력과 풍부한 지하자원에 관심을 기울이는 것이지, 정말 남북이 이념의 대결을 떠나 조화롭게 살아보자는 의도는 별로 없습니다. '평화통일' 구호조차 전쟁 없이 남한 자본주의를 한반도로 확장하자는 취지지, 남북이 서로 체제를 인정하거나 아니면 '제3의 길'을 통해 남과 북이 전혀 새로운 길을 가자는 취지는 아니거든요.

다른 한편, 은행에 저금을 하거나 더 많은 이자를 받기 원하는 우리 모두가 사실은 자본의 일부라는 점도 인식할 필요가 있습니다. 우리가 저금하는 돈은 은행이나 투자회사를 통해 기업이나 광산 개발, 아파트 건설 등에 쓰입니다. 그들이 돈을 많이 벌어야 우리도 그 떡고물로 이자를 받는 것입니다. 이런 구조 속에서 우리 역시 자본 형성의 일부 역할을 하고 있는 것입니다. 오늘날 자본의 형성과 활용이 전 세계적 범위로 이뤄지고, 그래서 지구 전체가 하나의 공장, 하나의 시장, 하나의 이윤 공간으로 재편되는 것이 우리가 말하는 '세계화'의 본질입니다.

이렇게 자본의 근본 속성은 끊임없이 자기 몸집을 불리는 것이기 때문에 국적을 따지지 않습니다. 오히려 이용하지요. 차별화를 통해 경쟁시키는 것이 유리하기 때문입니다. 물론 자본이 국적을 드러내고 강조할 때가 있습니다. 자기에게 유리한 조건을 창출하기 위한 과정에서는 "우리가 남이가?" 하면서 접근합니다. 예컨대 국산품 애용운동처럼 우리 것을 사달라고 할 때, 또 우리나라 회사의 파산을 막아야 한국 경제가 산다며 구제금융(공적자금)을 가져갈 때 그런 식입니다. IMF 경제 위기 때 우리가 '금 모으기 운동'을 했지 않습니까? 당시 많은 국민들이 금 모으기를 통해 한국 경제의 파산을 막는다고 했지만, 실제로는 금을 헐값에 판 것이고 알짜배기 돈을 번 것은 재벌들이죠. 그 와중에 온 세상 자본이 다 몰려와 한국 기업들을 헐값에 사들인 게 지금의 우리 경제 모습이고요.

심지어 이른바 '민주화 정권'이라는 시절에도 '바이 코리아'라 외치며 '기업하기 좋은 나라'에 춤을 같이 추었습니다. 대한민국 공동체를 통째로 세계 자본에 넘긴 셈이죠. 자본에 대한 깊은 인식이 전혀 없었다고 할 수 있어요. 독재에 대한 깊은 인식은 있었지만 자본에 대해선 거의 몰랐던 셈입니다. 그 결과가 현재 우리 모두가 당하는 고통이고요. 이것을 잘 알아야 합니다. 자본이라는 게 결코 만만한 게 아닙니다.

이런 부분을 좀 다른 각도에서 살펴도 결론은 마찬가집니다. 우리가 경제를 말할 때 '1인당 국민소득(GNI)'을 많이 거론합니다. 1인당 GNI를 높이는 방법은 간단합니다. 성실하게 일을 많이 해서 많이 생산하고 많이 유통하고 많이 수출하면 당연히 올라갑니다. 그래서 열심히만 하면 모두 선진국 되고 잘살게 된다는 것이 보통 기득권층이 말하는 경제 논리고 삶의 논리입니다. 그런데 이것이 아무 문제없이 그렇게 되나요?

지금 우리나라는 산재 왕국입니다. 하루에 대략 250명 내외가 산재 사고를 당하고, 그 중에 10명 정도가 일하다가 죽어갑니다. 그중 7~8명은 안전사고, 2~3명은 과로사라고 합니다. 공식 통계엔 잘 안

잡힙니다. 잘 살아보겠다고 일하러 가는데, 일하다가 죽으면 어떻게 되는 겁니까? 그런데 그렇게 많은 사람들이 산재 병원에서 치료를 받고 영수증 끊는 만큼 1인당 국민소득이 또 오릅니다. 이상하죠.

또 공장에서는 어디서나 오폐수가 흘러나오는데, 오폐수 처리비용을 줄이기 위해 '그믐날 밤' 그것도 '비 오는 밤'을 이용해 오폐수를 흘려 보내지 않습니까? 예전엔 조간신문에 수천 수백 마리의 물고기 떼가 죽어갔다는 뉴스가 종종 나와 충격이었는데, 요즘은 잘 안 나옵니다. 대부분 다 죽었기 때문이죠. 그런데 물고기만 죽나요? 더 이상 사람들이 우물물이나 약수를 못 먹는 시대가 왔습니다. 물도 사 먹는 게 당연한 세상이 돼버렸습니다. 공동체 파괴의 증거들이죠.

모두 사회적 비용을 유발합니다. 오폐수는, 기업들이 응당 치러야 할 개별적 비용을 사회화해서 외부로 전가하는, 사실상 조직범죄입니다. 그러나 이런 점은 1인당 국민소득에 반영이 안 됩니다. 전체적으로 보면 1인당 국민소득에서 마이너스로 들어가야 하는데 은폐되지요. 오폐수도 그렇고 산재도 그렇습니다. 산재 환자가 늘어나면 플러스가 되지만, 환경이 황폐화되면 마이너스를 하지 않아요. 결국 1인당 국민소득만이 아니라 나라 전체의 GNP나 GDP가 현실을 왜곡하죠.

성장중독증

그런데 이제 단순한 통계수치 속에 숨은 문제만이 아니라 좀더 큰 문제를 들여다보아야 할 것 같습니다. 그것은 요컨대 성장중독의 문제입니다. 나라 전체가, 국민 전체가 일종의 집단 중독에 걸려버렸는데, 바로 '경제성장중독증'이라는 병입니다. 다른 말로 선진국중독증이라고도 할 수 있지요. 그래서 우리는 지난 50년 이상 동안 경제성장만 되면 다 된다, 선진국만 되면 잘살 수 있다, 이런 구호만 외치며 거의 맹목적으로 앞만 보고 달려왔습니다. 그 결과 인간 삶의 다른 측면들을 경시하게 되었고요. 특히, 공동체가 심각하게 훼손되었죠.

사실 이 수법은 독재정권 시절이나 민주정권 시절이나 별 차이가 없습니다. 1960년대에는 대망의 70년대를 바라보며 달려가자 했고, 70년대가 오니 대망의 1980년대를 보며 달려가자 했지요. 또 1980년대에는 대망의 90년대를, 90년대엔 또 대망의 21세기를 바라보며 달리자고 외치다가 1997년 말에 '대망'해 버리고 말았지요. 이게 곧 모든 중독의 공통된 특성이기도 한데, 중독이란 것은 부단히 진행형입니다. 죽음이나 파멸과 같은 것이 와야 중단이 된다는 거예요. 스스로 멈추기가 극히 어렵습니다. 죽음을 각오하듯 엄청난 결단을 내려야만 비로소 경로 변경이 가능합니다.

그런데 우리의 중독증은 얼마나 강한지, 그렇게 '대망'한 뒤 다시 급하게 일어서서 또다시 대망의 2000년대, 대망의 2010년대를 외치며 달려 나가기 시작했습니다. 정말 대단한 국민들이지요. '다이내믹 코리아'라고들 하는데, 이런 양면성이 모두 깃들어 있어요. 얼핏 보기에, 또 형식상으로 다이내믹한 것까지는 좋지만 그 내용과 방향이 이상한 방향이라는 점에서 이 말도 조심스럽죠.

어쨌든 우리는 그 사이에 수치로 드러난 경제성장에 중독되었다고 볼 수 있습니다. 그래서 1인당 국민소득 1만 불 시대만 되어도 참 잘살 것만 같았는데, 지금 2만 5000불이 되어서도 여전히 행복은 멀리 있습니다. 그래서 3만 불, 4만 불 시대를 외치며 자꾸 더 달려가자고 합니다. 왜 그렇게 달려야 하는지, 어떻게 가야 행복한지, 이런 본질적인 질문을 던질 시간도 없이 말이지요. 제가 보기에 이건 병적인 상태입니다. 제가 1961년생인데, 초등학교 시절부터 "조금만 더 노력하면 우리는 선진국이 된다"고 했습니다. 벌써 "선진국 문턱"에 왔다고 하면서요. 그런데 이미 50년이 지났는데 아직도 그 문턱에 있다고 합니다.

서양의 선진국들, 복지 사회들이 1인당 국민소득 기준으로 3~4만 불이 되어 비로소 복지 사회를 만든 것이 아닙니다. 그들은 이미 1만 불 시절에, 때로는 그 이전부터 복지 사회를 구축하기 시작했어요. 돈이 문제가 아니라 의지가 문제라는 거죠. 파이가 문제가 아니라 디자인이 문제라는 거예요. 경제 그 자체보다 철학이 근본인 셈입니다. 뭐냐 하면, 설사 우리가 1만 불 수준이라고 해도 허리 좀 펴고 삶의 여유를 누리는, 요즘 유행하는 말로 '저녁이 있는 삶' 또는 제가 강조하는 말로 '오후가 있는 삶'을 누릴 수 있거든요. 지금 우리나라가 돈이 없어서 이런 걸 못하는 게 아니라 개념이 없어서 못한다고 저는 봅니다.

물론 그 개념 뒤에는 힘의 관계들이 있습니다. 기득권 세력들이 자기들만 누리고 살고 싶은 겁니다. 대다수 공동체의 희생이 필요한 거죠. 사회 전체에 골고루 분배되면 자기들이 뭔가 손해를 봐야 하니 그게 싫은 거죠. 같은 돈이라도 국방비보다는 복지비에 쓰고, 4대강 사업 같은 헛돈 안 쓰고 교육이나 복리에 쓴다면 복지 사회는 얼마든 할 수 있다고 봅니다. 게다가 각종 탈세나 부정부패를 예방하고 불필요한 낭비를 줄여, 같은 예산 규모라도 슬기롭게 쓰면 모두를 위한 복리가 된다고 봅니다. 이런 철학을 공유하면서 정치가 바뀌고 언론과 교육이 바뀌면 세상이 좀 달라지겠지요.

그런데 실제로 우리가 달려온 길은 어땠나요? 1만 불 수준을 달성하는 순간 "이제는 2만 불 시대"를 위해 또 허리띠 졸라매라고 했습니다. 2만 불 수준을 달성하고 나면 또 "3만 불 시대로 달려가자"고 하고, 또 조금만 하면 4만 불 시대가 된다고 하면서 한도 끝도 없이 달려가자고 합니다. "이제 그만!"이라고 외쳐야 합니다. 좀 멈춰 서서 우리 자신을, 우리 사회를 근본적으로 성찰하는 운동이 일어나야 합니다.

이런 면에서 저는 'IMF 위기'가 일종의 기회라고도 보았습니다. 하지만 그런 진지한 성찰의 요구와 제안은 쓰레기 통 속으로 가고 말았지요. 그러고선 다시 일어나 '성장중독증'을 회복해 또 달리기 시작했습니다. 김대중·노무현 민주정부가 국가보안법 하나 없애지 못한 것도 문제지만, 수십 년 간 지속된 전 국민적 성장중독증이라는 치명적인 질병을 대대적으로 수술하지 못한 게 저는 더 큰 문제라고 봅니다. 그리고 또 2008년에 '세계 금융 위기'가 터졌지요. 그것도 잘만 하면 새로운 성찰과 전환의 계기가 될 수 있었습니다. 하지만 성장중독으로 똘똘 뭉친 보수 정권이 다른 길을 모색할 리 없지요. 이명박과 박근혜 정부는 개인적 권력중독과 더불어 집단적 성장중독을 더욱 가속화하고 있습니다. 이것이 우리의 현주소입니다.

만일 어느 민주 정부가 들어서서 이 고질병인 중독 메커니즘을 돌파하고자 한다면, 그 발언은 아마 이런 것이어야 할 것입니다. "국민 여러분, 시민 여러분, 지금까지 공부하고 노동하느라 얼마나 고생이 많으셨습니까? 이제 당장 오늘부터는 오전 한나절만 일하고 사십시다. 오후에는 아이들 손잡고 공원을 산책하고, 좋은 강의도 듣고, 차한 잔 나누며 인생의 행복을 이야기하며 그렇게 하루하루를 보냅시다." 얼마나 멋집니까? 그런데 도대체 우리는 언제쯤 이런 대통령을 맞이할 수 있을까요? 좀 서글프죠. 우리가 강렬히 원해도 올까 말까인데, 아직 우리 마음속엔 이런 강렬한 열망이 없습니다. 그렇게 될까 봐 오히려 두렵지요. 그런 주장을 두려워할 정도로 우리 병이 깊은 거예요. 원래 우리가 사는 목적이 무엇입니까?

그래서 정상적인 대통령, 아니 정상적인 사람이라면 이렇게 말해야 합니다. "얘들아, 그동안 재미없는 공부하느라 얼마나 힘들었니? 하루 종일 공부하지 말고 야간자율학습 같은 것 당장 오늘부터 하지 말고 오전에만 공부하거라. 그리고 오후엔 정말 너희들이 하고 싶은 걸 하렴. 악기를 연주하거나 공을 차거나 빵을 굽거나… 정말 하고 싶은 것을 해보렴."

그런데 과연 이런 날이 언제 올까요? 저는 우리 풀뿌리가 얼마나 진지하게 의식적으로 이런 삶을 원하고 요구하느냐, 또 얼마나 이런 삶을 실천하려고 싸우느냐에 따라 미래가 달라질 거라 봅니다. 물론 쉽지는 않습니다. 그러나 이런 상상력, 이런 열망, 이런 꿈, 이런 요구와 싸움이 없이 거저 주어지는 법은 절대 없습니다. 바로 이게 역사 발전의 법칙입니다. 세상에 절대 공짜는 없는 법이에요. 더구나 우리 자신이 잘못된 구조, 잘못된 중독 과정에 협력자로 도움을 주고 있는 한 변화의 가망성은 전혀 없는 법이지요. 지도자 몇 명 바꿔봐야 말짱 도루묵이 되는 거예요.

근본적인 전환을 위해

앞에서 제가 스케치한 우울한 모습은 결국 자본의 돈벌이 경제 지표들일 뿐이지 개인과 공동체가 인간답게 살아가는 과정으로서의 살림살이 경제는 아니었습니다. 이것을 우리가 어렴풋이 느끼고는 있었지만, 뼛속 깊이 더 잘 인식하고 조목조목 정확하게 정리할 필요가 있습니다. 그래야 우리가 무슨 이슈에 대해 싸우더라도 즉흥적인 분노나 증오심, 적개심 같은 것에 의해 일시적으로 달아올랐다가 조금만 지나면 금세 사그라지고 마는 오류, 그리고 약간의 양보나 보상을 받고 만족스러운 듯 타협하고 끝나는 그런 오류를 미연에 방지할 수 있습니다. 궁극적으로는 경쟁과 이윤의 원리 자체를 바꿔야 돈벌이 중심의 사회경제 시스템을 살림살이 중심으로 근본 전환을 할 수 있습니다.

그런 면에서 우리가 기업이나 정치 등 일상적인 과정에서 뭔가 새로운 조치가 시행되는 경우, 모든 걸 꼼꼼히 살펴보고 과연 그것이 사람의 논리나 생명의 논리인지, 아니면 이윤의 논리나 기계의 논리인지 따져볼 필요가 있습니다. 그리고 아니라고 판단되면 단호히 거부하는 태도가 필요합니다.

그러면 이제 이 살림살이와 돈벌이 경제의 관계를 어떻게 설정할 것인가? 실은 이것도 아주 단순합니다. 돈을 삶의 수단이라고 보는 것입니다. 즉 행복한 삶을 위해 필요한 만큼 돈을 버는 것이어야 하죠. 물론 그 돈을 버는 과정도 행복해야 합니다. 바로 이런 원칙과 태도를 변함없이 견지하는 것이 중요합니다. 행복한 삶을 해치면서 돈벌이를 하는 것은 아무리 많이 번다 해도 결코 답이 아닌 거죠. 지금 우리 사회가 갈수록 상하 간 격차를 벌리면서 양극화하는 것도 결코 사회적으로 행복한 살림살이에 도움이 되지 않습니다.

사실 우리의 기본 철학을 바꾸기만 하면 변화는 얼마든 가능합니다. 물론 그런 철학의 변화가 정치경제 구조 속에 반영되어야 하겠지만요. 일례로 정규직과 비정규직으로 노동시장을 분할할 것이 아니라, 비정규직은 불가피한 경우 예외적으로만 하고 과감한 노동시간 단축을 통해 정규 일자리를 나누는 것이 혁신적 대안입니다.

　또 노동 과정이나 작업 과정을 좀더 인간적으로 편성해 노동 과정 속에서 사람과 사람이 맺는 관계가 더 이상 군대식 위계 조직이 아니라 원탁에 앉아 같이 밥을 먹고 회의하듯이 협동조합 또는 오케스트라 식으로 일하도록 만들어야 합니다. 사람과 사람 사이에 권력의 위계질서가 아니라 다만 역할 분담이 있을 뿐일 정도로 수평화해야 하는 거죠. 우리가 서로 다른 역할을 하고, 누구는 좀더 중요한 역할을 하니까 보수 측면에서 조금 더 준다, 그러나 그 격차가 인간적인 자존감을 상하게 할 정도는 아니어야 한다, 이런 정도의 원칙이 통해야 하는 겁니다. 그렇게 되면 죽기 아니면 살기로 경쟁하는 '팔꿈치 사회'를 넘어갈 수 있습니다.

　한 걸음 더 나가 우리가 만들어낸 생산물이 온 사회 구성원들에게 의미 있게 다가가는 것이 되어야 합니다. 즉 돈이 된다고 만들고 돈이 안 된다고 안 만드는 게 아니라, 사람의 필요에 걸맞게, 인간다운 삶, 행복한 삶에 도움 되는 방향으로 만들어야 한다는 것입니다. 그것이 언론이건 물품이건 서비스건 뭐든 마찬가지입니다. 바로 이런 식의 사고방식과 이에 바탕을 둔 구조 변화가 절실합니다.

자본주의는 영구 시스템이 아니다

이제 이런 점들을 전제로 깔고 우리가 살고 있는 이 자본주의를 한번 차곡차곡 따져봅시다. 제가 자본주의 분석 전문가는 아니지만 지금까지 30년 이상 고민해 온 바를 나누는 의미에서 생각을 해보려고 합니다.

사람들이 농사를 짓고 살기 시작한 때가 대략 1만 년 전인데, 그 1만 년 중에서 우리가 날마다 경험하는 이 자본주의의 역사는 몇년 정도 됩니까? 영국의 산업혁명을 생각하면 약 250년, 그 이전의 인클로저 운동까지 치더라도 500~600년밖에 안 됩니다. 원래 이태리 북부에서 자본주의가 발생했다고도 하는데, 그것부터 치더라도 700년입니다. 우리나라는 어때요? 대체로 일제 아래서 자본주의가 발전하기 시작했다고 보는데, 그게 100년 전입니다.

자본주의의 역사를 최대한 길게 잡아도 인간의 역사 1만 년 중 700년입니다. 7퍼센트입니다. 인간 역사 중 7퍼센트가 자본주의 역사라는 것을 잘 기억해 보자고요. 제가 반복해 이 이야기를 하는 것은 자본주의가 유일한 체제도 아니고 영원무궁한 체제도 아니라는 것을 우선 역사적인 지평 속에서 확인할 필요가 있기 때문입니다. 물론 93퍼센트의 역사가 지금보다 더 좋았다는 이야기를 하기 위해서는 아닙니다. 역사는 점차 발전하고 있다고 볼 수도 있고 거꾸로 퇴보할 수도 있다고 볼 수 있습니다. 좀더 정확하게는 갈 지(之) 자로 왔다 갔다 한다고 할 수도 있고요. 저는 큰 차원에서는 상향하지만 결코 직선적이지는 않고 수많은 작은 나선형을 그리며 서서히 상향한다고 봅니다.

그렇다면 100중에서 93이란 시기는 무엇이냐? 확실한 것은, 이 시기 동안 인간은 비자본주의 구조 안에서 살아왔다는 것입니다. 우리가 지금은 자본주의 아닌 삶을 상상할 수조차 없는 시기에 살고 있지만, 역사적으로 보면 인간은 자본주의가 아닌 방식으로 더 오랜 시간을 살아왔다는 것입니다. 물론 자본주의 이전의 시기가 무조건 더 좋았다는 말은 아닙니다. 호불호를 떠나 비자본주의 시기가 더 길었다는 점만은 확실합니다.

오늘날 우리는 물도 사서 마십니다. 하지만 저는 아직도 돈 1000원이 아까워서가 아니라 물을 사 마시는 것 자체에 대해 본능적 저항감을 갖고 있습니다. 이런 식으로 가다가는 공기도 사서 마셔야 하는 세상이 오는 게 아닌가, 그럼 진짜 돈이 없으면 그냥 죽어야 하는 세상인가, 우리가 그런 세상을 위해 그 숱한 공부와 노동과 투쟁을 해온 것인가 하는 회의가 든다는 거죠. 그렇다면 지금의 흐름이 아무리 거대한 것처럼 보이더라도 이걸 바로 잡아야 사람이 살고, 인류에 희망이 있다는 생각을 하게 됩니다. 이런 깡다구가 필요합니다. 이것이 없으면 우리는 고스란히 공멸합니다. 마치 서서히 데워지는 그릇 안에 갇힌 개구리처럼, 죽는 줄도 모르고 죽게 되는 거죠. 그걸 알기 위해서라도 공부도 하고 대화도 하고 토론도 하는 것입니다.

역사적으로 보면 자본주의에 일정한 진보성이 있다는 것도 부정할 수는 없습니다. 자본주의는 노예제도에 비해서 또는 봉건제도에 비해서 진일보한 면이 있습니다. 노예적 속박이나 봉건적 예속으로부터 많이 해방되었거든요. 물론 여기에도 제약은 있고 모순은 있지만요. 게다가 누구나 인정하듯이 자본주의가 물질적인 효율성과 생산의 속도 등을 정말 폭발적으로 증가시킨 것도 사실이지요. 이 생산성도 자세히 들여다보면 '파괴성'이 큽니다만, 어쨌든 그런 역사적인 관점에서 보면 진보적인 면도 있습니다. 그러나 이 진보적인 면을 아무 조건이나 단서 없이 보편화할 수는 없습니다. 누구에겐 이로운 것이 다른 사람이나 다른 사회엔 해악일 수 있거든요. 또 더 길게 보면 노예제나 봉건제와 마찬가지로 자본제 사회도 역사적으로 거쳐 가는 과정일 수 있는 것입니다. 짧으면 수백 년, 길어 봐야 수천 년을 가겠냐는 것이지요. 자본주의의 효율성이 폭발적으로 증가한 만큼 자원과 에너지 소모량, 동시에 CO_2와 같은 온실가스 배출량이 폭증했습니다. 이 말은 자본주의 시기가 이전의 노예제나 봉건제에 비해 역설적으로 더 목숨이 짧을 수 있음을 증명하는 것입니다.

자본주의라는 시스템도 크게 보면 하나의 생명 현상인데, 인간이 만든 제도조차 만물과 같이 생성되고 발전하고 극치를 달리다가 소멸하기 시작하는 그런 순환 과정을 거칠 것이라고 내다봅니다. 물론 그 변화의 과정 속에는 노동과 자본의 모순, 생산관계와 생산력의 모순, 이윤율의 경향적 저하, 생산과 소비의 모순, 과잉 축적과 과소비의 모순, 산업자본과 금융자본의 모순, 실물 경제와 거품 경제의 모순, 인간 경제와 자연 생태의 모순 등 여러 가지 계기가 작동한다고 봅니다. 이유가 어떻든 자본주의도 결코 영원한 시스템이 아니라는 것만은 분명하고, 언젠가 종말을 고하게 될 것입니다. 지금은 마치 영원할 것 같지만 결코 그렇지 않다는 것입니다. 우리 인생이 그러하듯이 말입니다.

새로운 시스템 창조, 나부터 혁명

문제는 우리가 진짜 파국적인 시간이 되어서 비로소 수동적으로 파국을 맞고 종말을 고할 것이냐, 아니면 파국 이전에 전혀 다른 상상력과 철학으로 완전히 새로운 시스템을 건설할 수 있을 것이냐 하는 갈림길에 놓였다는 사실입니다. 대부분의 사람들이 어느 길을 선택할까요?

파국 이전에 인류 공동체를 살리는 방향으로 합의를 한다면 어떻게 되어야 할까요? 물론 당장 우리가 살아 있는 당대에 어떤 국면을 맞을 것인가 하는 것은 예측하기 어렵습니다. 그러나 굳이 '형식' 민주주의 논리로 예측을 해본다면, 세계 인구 70억 명 중 35억 명만 들고 일어나면 바뀔 수 있습니다. 이 35억 명이 오늘 우리가 공감하는 내용을 공유한다면 세상을 금세 바꿀 수 있지요. 그런데 그게 말처럼 쉽지 않습니다. 지구 절반의 인구가 같은 생각을 공유하는 데에는 상당히 오랜 세월을 필요로 하겠지요.

그런데 여기서 희소식이 하나 있습니다. 그것은 아직도 지구의 상당 부분이 아직 자본주의 돈벌이 과정에 포섭되지 않았다는 것입니다. 물론 큰 물결은 갈수록 자본주의화되고 있지만, 크게 두 가지 사회 형태가 남아 있습니다. 하나는 아프리카의 부족사회나 아시아의 부탄, 남미의 원주민들과 같이 이른바 전근대 또는 전통 사회입니다. 심지어 유럽에서도 스페인의 카탈루냐나 바스크 지방, 마리날레다 같은 경우에도 이 부류에 든다고 할 수 있습니다. 이들은 아직도 사람과 사람, 사람과 자연의 깊은 유대에 기초한 사회를 만들며, 삶의 모든 면이 자본주의화 하는 경향에 맞서고 있지요.

또 하나의 흐름은 1917년 이후 러시아혁명으로 상징되듯이 자본주의가 아닌 대안, 예컨대 사회주의나 공산주의적 대안을 건설하려는 시도라고 할 수 있습니다. 물론 소련이나 동유럽에서 우리가 목격한 '현실 사회주의'는 여러 가지 문제가 많았어요. 가장 큰 문제가 '프롤레타리아 독재'라는 이름 아래 새로운 권력층(노멘클라투라)이 탄생해 민중과 유리된 점이지요. 게다가 민중은 늘 '생산력 증강'의 수단으로 여겨져 '동원'되기 일쑤였고요. 이런 문제들에 저항해 민중이 일어나면 '사회주의 수호'라는 미명 아래 폭력적으로 짓밟았습니다. 이런 문제를 단지 자본주의 또는 제국주의 세력과의 냉전 때문이라고만 하고 넘어갈 일은 아니라고 봅니다. 냉전도 냉전이지만 현실 사회주의 안에서의 내전도 있었던 셈이지요. 이런 점들이 곪고 곪아 1980년대 말과 1990년대 초의 '소련과 동구권 붕괴'라는 역사적 과정으로 나타났습니다. 그런데 그럼에도 불구하고 아직도 자본주의를 거부하는 움직임이 북한과 쿠바, 볼리비아, 베네수엘라, 이란, 시리아, 북수단 등 곳곳에 존재하고 있지요. 물론 이 나라들도 결코 완전한 건 아니지만요.

그러나 이 두 부류의 대안적 사고보다 더 중요한 점은, 자본주의로 변한 사회 안에서조차 자본주의가 완성되었다기보다 늘 일정한 '과정' 속에 있다는 것입니다. 그것은 달리 말해 자본주의 시스템 입장에서, 사람들이 그 시스템의 작동 과정에 협력하도록 늘 애를 써야 한다는 뜻이기도 합니다. 예컨대 말 잘 듣고 일 잘하는 사람들을 계속 길러내야 하며, 이들을 효율적으로 배치해야 하고, 실제로 일을 잘해내도록 관리하고 통제해야 하며, 나름 만족스럽게 살아가도록 보상도 하고 승진도 시켜주어야 합니다. 또 노동력 손상이 발생하면 안 되니 산업안전과 보건에도 신경 써야 하고요. 나아가 정치가들이 자본주의 체제를 옹호하는 사람들로 채워지도록 각별한 신경을 써야 합니다. 그러면서도 자본의 수익성이 떨어지지 않도록 전체적인 경제 흐름을 관리하고 통제하고 조절하는 정책들을 펴나가야 합니다. 대단히 복잡한 과정이죠. 바로 이런 걸 "과정 속에 있다"라고 표현한 것인데, 만일 이 과정 속에서 사람들이 뭔가 만족스럽지 못해 불만을 제기하고 저항하기 시작하면 시스템 자체는 동요하게 됩니다. 그런 면에서 지금 우리 주변을 둘러보세요. 만족스럽게 살기보다 불만투성이입니다. 문제는 이런 불만이 얼마나 조직적으로 표출되고 조직화되는가입니다. 이것이 '사회 운동'으로 승화하는 순간이죠. 가장 대표적인 것이 노동조합이나 정치 운동이라면 풀뿌리 시민사회 조직 또한 중요한 축을 이룹니다. 저는 풀뿌리 운동이 희망의 또 다른 축이라고 봅니다.

복잡한 사회적 변수들로 인해 대안적 삶의 방식을 현실화하는 것이 비록 쉽지는 않지만, 역사적인 변화의 과정들을 길게 놓고 볼 때 현재 우리가 당연시하는 이 시스템도 분명히 변할 것이라는 점만은 틀림없습니다. 앞에서 말했지만, 인간의 긴 역사 중 93퍼센트 이상이 비자본주의였고 자본주의는 겨우 7퍼센트밖에 되지 않습니다. 이 말은 인류는 자본주의가 아니어도 얼마든 살아왔고, 그리고 앞으로도 자본주의가 아닌 다른 방식으로도 살 수 있다, 아니 자본주의가 아니면 훨씬 더 잘살 수 있다는 결론에 이르게 됩니다. 백 번 양보해도 이렇게 말할 수 있습니다. 인간이 반드시 자본주의에서 살아야 하는 것은 아니다. 체제란 사람의 행복을 위해 존재해야지 체제 자체가 목적이 되어서는 안 됩니다. 체제 자체가 목적이었던 히틀러 체제, 스탈린 체제, 박정희 체제, 전두환 체제, IMF 체제 등 때문에 사람들이 얼마나 고통당했습니까?

결국 100퍼센트 인간의 역사와 7퍼센트 자본의 역사를 대비해 보았을 때, 흥미로운 명제를 도출할 수 있습니다. (7퍼센트 자본의 역사에서) 자본은 인간 없이 생존이 불가하지만, (93퍼센트 비자본 역사에서) 인간은 자본 없이도 생존 가능하다는 결론입니다. 그렇다면 과연 누가 큰소리를 쳐야 할 존재입니까?

당연히 인간입니다. 그러니, 자본이 사람을 고용·해고하게 내버려 둘 일이 아니라, 사람이 자본을 고용·해고해야 이치가 맞겠지요? 이게 별 것 아닌 것 같지만 진짜 중요한 부분이에요. 인류의 긴 역사에서 자본은 일시적인 것이지만 인간은 영원하다, 그러니 누가 더 근간이냐? 사실 질문을 하는 사람이 바보지요. 그런데 평소에 어떻게 굴러가나요? 이런 상식 혹은 진실과 달리 현실은 180도 거꾸로 되어 있습니다. 인간이 자본 앞에 가서 무릎 꿇고 빌잖아요. 제발 나를 고용해 달라고, 제발 나를 살려 달라고, 제발 나를 잘 봐달라고… 나를 고용하라고 손발이 닳도록 비는 거죠. 이게 맞는 일인가요? 거꾸로 된 겁니다. 그냥 사람들이 자본을 버리면 되는데 말이죠. 오히려 사람이 필요한 만큼 자본을 고용해야죠. 협동조합이나 자주관리, 사회적 기업이 그런 것이죠.

그런데 주된 현실은 그게 아니에요. 인간이 자본에게 제발 여기서 영업활동 해달라, 공장을 이전시키지 말라, 나를 비정규직이 아니라 정규직으로 고용해 하루 종일 부려 먹어라, 시키는 대로 다 일할게, 이렇게 빌고 있으니 이런 현실 속에서 과연 누구의 힘이 더 강해질까요? 그리고 누가 더 비참해지나요? 오늘날 우리가 당하는 고통의 뿌리가 바로 여기에 있습니다.

먼저 지금까지 당연시한 것들을 철저히 의심하는 것이 첫 걸음입니다. 가만있어 봐, 그게 아니잖아? 내가 왜 이러지? 어? 저 친구도 그러네? 그런데 그렇게 해서 과연 나날이 좋아지는 거야? 아니지! 갈수록 더 힘들어지잖아. 그러면 멈춰야지. 그리고 흩어진 우리가 같이 모여서 이야기를 한번 해봐야지. 다르게 가는 방법도 있지 않겠냐고. 그래서 힘을 뭉치고 한 목소리를 내면 뭔가 달라지지 않을까? 아하, 선진국 노동자들을 보니 그게 좀 잘돼서 우리와 다른 모습으로 사는 거 아냐? 아, 결국은 우리가 분열되어 경쟁하는 게 큰 문제로군. 이제 더 이상 흩어져서 나 홀로 가지 말고 같이 뭉쳐서 가는 게 좋겠군. 이렇게 되어야 역사가 바로 서고 사회에 희망이 생기는 것입니다. 이게 '나부터' 혁명이라는 거예요.

자본의 돈벌이 원리가 경쟁과 분열이라면, 인간 공동체의 살림살이 원리는 단연코 소통과 연대라고 할 수 있습니다. 그래야 삶의 기쁨과 희망을 되찾을 수 있습니다. 이것은 만고의 진리입니다. 이걸 우리가 명심하고 가능한 한 일관되게 실천하는 것만이 희망을 만드는 것입니다. 결코 나 홀로만, 우리 몇몇만 잘되는 길을 찾는다면 얼마 가지 않아 바닥이 드러나게 됩니다. 가능한 한 소통과 연대의 폭을 넓히면서 하나가 되는 길을 찾아야 합니다.

바로 여기에 대단히 중요한 하나의 포인트가 있습니다. 사람과 자본이 적대적인 관계를 맺고 있기 때문에 사람들이 단결해 더 이상 경쟁과 이윤을 기초로 작동하는 자본관계를 지속할 필요가 없다, 그래서 그것을 초월해 새로운 세상을 만들자고 하더라도 지금까지의 자본가들, 기업가들을 반드시 죽이거나 가두어야 하는 것은 아니라는 사실입니다. 사실은 이들조차도 자본관계, 즉 경쟁을 해야만 이윤을 얻는 이 체제로부터 고통당하고 있는 건 마찬가지입니다. 이것이 중요한 포인트입니다.

우리가 자본관계를 철폐하고 그것을 넘어 새로운 체제, 그 이름이 뭐가 되든 근본적으로는 사람과 사람, 사람과 자연이 더불어 사는 세상을 건설하고자 한다면, 그 새로운 세상이란 결국 진실한 의미에서 '모든' 사람이 더불어 살 수 있는 세상이어야 한다는 것입니다. 그렇게 되면 지금의 기득권층조차 진실한 인간으로 돌아와 지금보다 훨씬 마음 편하게 살 수 있다는 것입니다.

결국 제대로 된 노동해방은 제대로 된 인간해방의 길이기도 하다는 점이 제가 다시 한 번 강조하고 싶은 결론입니다.

대안으로서의 생명주의

이런 원리를 잘 정리한 위에 다시 우리 현실로 와 보면, 과연 우리는 지금 여기서 행복하게 살고 있는가? 혹시 내 행복이 타자의 행복을 짓밟는 위에서 이뤄진 건 아닌가? 혹시 나도 저 기득권층과 같은 길을 걸어 성공과 출세를 하고 싶은 건 아닌가? 궁극적으로 내가 가는 길이 모든 사람이 행복할 수 있는 길이기도 한 것인가? 이런 깊이 있는 질문이 우리 모두에게 필요합니다.

그래서 현실을 깊이 있게 성찰하고 지금 여기서부터 뭔가 올바른 것을 찾아 몸부림치는 그런 삶을 살아야 합니다. 그래야 참된 자기 삶을 살 수 있습니다. 특히 자본과의 관계에서는 "네가 없어도 난 얼마든 잘살 수 있어"라는 선언, 가슴 깊이 뼛속 깊이 하는 이런 선언이 절실합니다. 그럴 때 내가 강해지고, 다수가 그럴 때 우리 모두가 강해지는 것입니다. 어쩌면 이게 '이혼'의 원리와도 같습니다. 원리상으로 보면 자본과의 이별이나 더 이상 함께 살기 어려운 사람과의 이별이나 그 본질적인 이치가 같다는 거죠. 나는 내 삶의 주인공으로 스스로 당당하게 살아가겠다는 자신감이 필요합니다. 내 삶을 내가 당당히 살겠다는데 누가 뭐래요? 남을 해치겠다는 것도 아닌데… 그렇지 않습니까?

그러면 이렇게 물을 수도 있습니다. 자본주의에 대한 대안이 뭐냐? 저는 단연코 생명주의라고 말하겠습니다. 자본주의는 사람의 생명과 자연의 생명을 파괴하기 때문입니다. 이제 파괴는 그만하고 좀 살자. 사람이든 자연이든 더불어 좀 같이 살자. 그러니 자본아, 너는 더 이상 안 되겠다. 이렇게 말해야 하는 겁니다. 생명주의란 용어가 와 닿지 않는다면 인본주의라고 해도 좋습니다. 이름이 중요한 게 아니니까요. 더 쉬운 말로는 민주주의라고 해도 좋아요. 단순히 선거하고 다수결하는 것만 민주주의가 아닙니다. 사실은 돈이나 권력, 이미

지가 무대 뒤에서 조종하는 것이니까요. 제가 말하는 민주주의란 백성, 즉 사람이 진짜로 자기 삶의 주인이 되어 더불어 사는 공동체를 만드는 것입니다. 자본이나 권력, 위신 같은 게 주인이 되면 안 된다는 거예요. 진심으로 우리가 어떤 결정에 동의하고 자발성과 연대성으로 함께 만들어나가는 것, 그것이 민주주의입니다.

우리가 자본주의를 넘어 생명주의 혹은 인본주의를 상상한다면, 그 기본 원리는 사람들이 가진 자율성과 연대성, 그리고 지속성이라고 봅니다. 내가 하나의 사람으로서 주인공으로 서야 하고, 스스로 느끼고 판단하되 그것을 속이거나 회피하지 말고, 억압하지 말고, 정직하게 표현하고, 내 나약함까지 인정하며 서로 도우면서 나약함을 보완해 가자, 도우면서 같이 살자는 것입니다. 그래서 한 마을에 집 짓는 사람, 글 쓰는 사람, 노래하는 사람, 아이 가르치는 사람, 몸과 마음을 치유하는 사람, 이런 사람들이 상부상조하며 살면 되는 것입니다. 꼭 돈을 벌어야 해결되는 시스템이 아니라도 가능하다는 얘기지요.

예를 들어 저는 세상 전체가 수천 만 개의 '마을 공화국'이 되면 좋겠다는 상상을 합니다. 원래 인도의 마하트마 간디 선생이 제안한 것이죠. 인도의 미래를 위해서는 70만 개의 마을 공화국이 필요하다는 얘기, 분권화되고 직접 민주주의에 가까운 방식으로 삶의 틀을 완전히 새롭게 하자는 얘기입니다. 억압이나 지배도 없지만 동시에 공짜나 냉소도 없는, 그래서 모두가 참여해 같이 격려하고 노력해서 건강한 파이를 만들어 기분 좋게 나눠 먹는 마을 공화국을 상상하면 어떻겠느냐는 얘기입니다. 그렇게 되면 지금처럼 중노동, 장시간 노동, 스트레스 노동, 일중독, 해고의 위협, 비정규직의 서러움, 산재 위험 등등에 시달리지 않아도 되겠지요.

이런 대안적 아이디어들을 우리가 잊지 않고 잘 기억한다면 뭔가 희망이 생길 것이라고 봅니다. 그런 식으로 세계 모든 곳에 마을 공화국을 만들어 다양한 재능을 가진 사람들이 서로 협동하며 살면 되는데, 왜 다들 이상하게 살면서 서로 스트레스를 주는지 모르겠습니다. 원리를 알면 길이 보이잖아요.

물론 이런 걸 알아도 당장 실현하긴 쉽지 않습니다. 결코 하루아침에 될 일은 아니죠. 사실 우리는 수십 년을 자본주의 시스템에 맞춰 살아왔고 지금은 그게 더 익숙합니다. 그러니 원리상 전혀 다른 얘기를 들으면 머리로는 이해하면서도 몸은 아직 따라갈 준비가 안 되어 있는 것입니다. 더 정확히 말하면 우리의 '사회적 DNA'가 거부하는 거예요.

우리가 이른 봄날 아침에 일어나 창밖을 내다보면 해가 환하고 따스하게 비칩니다. 그래서 창문을 열고 밖을 내다보면서, "아, 오늘 날씨 참 좋구나. 이따 외출할 때 좀 얇게 입어도 되겠구나" 할 수 있습니다. 그런데 막상 그렇게 입고 나가는 순간 속은 기분이 듭니다. 왜 그럴까요? 아직 추운 겁니다. 의외로 바람이 불고 공기가 차가운 거죠. 왜 이런 차이가 발생합니까? 그렇죠. 우리가 아침에 일어나 창문을 열었을 때는 이미 지난밤과 새벽까지 열 시간 이상 따뜻한 방에 있었기 때문에 몸 전체가 따뜻한 상황입니다. 그러나 아침에 창문을 열고 해가 쬐는 밖을 내다보는 건 아주 잠깐이죠. 그러니 그 따뜻한 몸이 차가운 공기를 제대로 느끼지 못한 겁니다. 그 상태에서 판단을 하고 중요한 의사결정을 하다 보니 오류가 생긴 것입니다.

날씨 하나도 이런데, 하물며 우리가 시스템이나 체제를 이야기할 때는 얼마나 더 어렵겠습니까? 우선 우리는 수십 년 내지 수백 년 동안 이 시스템 원리에 익숙해져 있습니다. 몸과 마음이 이 체제의 원리에 길들여져 있는 거죠. 그런 상태에서 한두 시간의 강의나 독서를 통해 뭔가 확 바뀔 수 있다고 생각하는 건, 순간의 착각에 속할 수 있다는 겁니다. 먼저 스스로 자기 삶을 성찰하기 시작하기만 해도 됩니다. 그리고 주변 사람들과 이야기를 나누기 시작해야 해요. 책을 나눠 읽고 다시 토론이나 대화를 해도 좋습니다. 그리고 지금 여기서부터 할 수 있는 실천을 하나씩 하는 겁니다. 그 정도면 첫 걸음으로서 훌륭합니다. 깊은 가슴 속에 담긴 우리의 진심과 양심이 움직이는 대로, 느낌이 말하는 대로 잘 따르면 그게 곧 사람의 길이요, 생명의 길이 되는 것입니다. 결국은 생명의 길에서 학문과 종교가 만나게 되어 있습니다. 모든 것의 뿌리는 동일하기 때문입니다. 그게 저는 생명이고 영성이라고 봅니다. 그리고 그 본질은 역시 사랑이고요.

물론 그 변화의 과정이 결코 순탄하지는 않습니다. 기득권층의 비웃음과 비아냥거림이 있을 것이고, 현 시스템에 별 문제가 없다며

"헛소리하지 말라"고 할 수도 있습니다. 심지어 방해와 압박, 폭력이 가해질 수도 있고요. 때로는 돈이나 자리를 내주면서 꾀기도 하겠지요. 대체로 협박이나 뇌물에 다 넘어갑니다. 아무리 똑똑한 사람이라도 넘어가지 않기가 쉽지 않습니다. 심지어 대통령 자리까지 줄 수도 있어요. 사실 1997년 대선 당시 사회경제 위기 국면에서 거세게 올라오는 국민적 저항을 적절히 '관리'하면서도 IMF식 구조조정을 잘 실현해 낼 인물로 김대중 후보가 미국 상공회의소나 유럽 상공회의소, 그리고 IMF 측에 의해 선호되었다는 사실을 우리가 알아야 합니다. 심지어 미국의 브루스 커밍스^{Bruce Cumings} 교수는 한 논문에서 김대중을 "서울에 있는 IMF 지사장"이라고 했습니다. 노무현 대통령조차 이런 난관을 넘어가지 못했다고 봅니다. 두 분 다 저는 개인적으로 존경하지만, 사회적·역사적 평가는 전혀 다르게 나올 수밖에 없어요. 물론 이 모든 변화를 대통령 하나에게만 짐을 지우자는 건 아니죠. 적어도 자리에 연연하지 말고 들끓어 오르는 풀뿌리와 함께 완전히 새로운 역사를 창조해야 하는데, 과연 자본을 넘어가는 시스템을 상상이나 하고 있었는지… 저는 아니라고 생각해요. 자본 안에서의 민주화 정도… 바로 그것이 오늘날 상상을 초월하는 비정규직과 정리해고 문제로 상징되는, 엄청난 '노동 트라우마'를 초래했거든요.

이 모든 것을 우리가 잘 꿰뚫어보고 모든 난관을 잘 관통해 대단히 영리해져야 합니다. 섣불리 넘어가선 곤란합니다. 속으면 안 됩니다. 우리 내부에서는 치열한 토론과 공부가 필요하지만 그런 세력과 싸우려면 굳게 연대해야 해요. 진보 세력 내에서 통 큰 단결이 필요합니다. 보수 기득권 세력들은 언론과 권력을 동원해 엄청나게 뭉쳐 나가고 있습니다. 게다가 수많은 대중들은 해방 이후 70년간 국가와 자본에 의해 지속된 집단적 트라우마화 과정(폭력의 희생양을 만드는 과정)의 결과 '의식과 감정의 동맥경화'에 걸렸습니다. 그래서 누가 누구 편인지도 모르고 투표를 하지요. 이 모든 것에 대해서도 우리가 잘 알고 대처해야 합니다.

분열과 내면화

여기서 다시금 근본적인 질문이 필요합니다. 인류의 역사를 보더라도, 또 그 쪽수를 보더라도 단연코 인간이 자본에 비해 우세해야 하고 우세한데, 왜 맨날 인간이 자본 앞에서 빌빌거리느냐는 질문입니다. 좀 거칠긴 하지만, 이런 정직한 질문이 필요한 시점입니다. 바로 여기서 저는 두 가지 답이 가능하다고 봅니다. 하나는 분열이고, 다른 하나는 내면화입니다.

분열의 문제부터 봅니다. 앞에서도 말했지만, 경쟁과 분열의 논리는 자본의 논리, 즉 자본이 자기 권력을 강화하는 논리라고 했습니다. 반면에 사람의 논리는 소통과 연대의 논리입니다. 속담처럼 "뭉치면 살고 흩어지면 죽는다." 이 말이 자본에 대항하는 인간의 논리와 정확히 맞아떨어집니다.

　잠시 현실을 보죠. 자동차 공장을 보면 현대 자동차와 쌍용(마힌드라), 대우(지엠), 삼성(르노) 자동차가 경쟁을 합니다. 공장마다 노동자들이 노동을 하는데, 서로 잘 팔리는 자동차를 만들기 위해 눈에 불을 켜죠. 더 값 싸고 질 좋은 자동차를 만드는 회사와 노동자가 이기고 나머지는 망하게 됩니다. 기업끼리 경쟁하는 데는 친구도 가족도 이웃도 국민도 필요 없습니다. 우리 회사가 이기는 것만 중요하지요. 이런 '배타적 승리'라는 게임의 룰을 정해 놓고, 우리 모두에게 그 게임을 하러 들어가라고 하는 것이 지금의 자본주의 경제라는 것입니다. 경쟁하는 가운데 노동자들은 서로가 서로에게 압박을 가합니다. 이 회사에서 10만큼 일했으면 저기서는 13을 해야 이기거든요. 그러면 또 질세라 15를 해내죠. 그러니 양쪽의 (사실은 모든) 자본가들은 노동자들의 노동을 효율적으로 짜낼 수 있게 됩니다. 그만큼 이윤이 올라가는 거죠. 경쟁의 압박을 마치 객관적인 것처럼, 하늘의 명령인 것처럼 강제할 수 있기 때문입니다. 물론 개별 회사가 망할 수 있어요. 하지만 그 사장은 또 다른 회사를 차리면 됩니다. 그러나 노동자들은 길바닥으로 나앉습니다. 이게 곧 자본주의의 원리입니다. 경쟁을 통한 이윤의 원리죠.

　이렇게 원리상으로 보면 자본주의가 인간이나 생명의 시스템이 아니라는 점에서 더 이상 지속가능성이 없죠. 설사 지속가능성을 유지하는 듯해도 실상은 어마어마한 억압과 감시와 통제장치 속에서

만 가능하다는 것을 잘 보아야 합니다.

그래서 자본은 사람들을 부단히 분할 지배하려고 합니다. "쪼개라, 그리고 지배하라", 이거죠. "만국의 노동자여, 단결하라"는 구호는 그냥 비아냥거릴 일이 아니라 노동자의 생사를 가르는 구호라는 사실을 제대로 인식해야 합니다. 지금도 역시 유효하다는 겁니다. 요컨대 사람들이 국적별, 민족별, 학력별, 성별, 기술별, 직종별, 지역별 등 별별 기준으로 다 나눠져 있으니 자본 앞에 나약해지고 비굴해지고 복종하게 되는 겁니다.

이것이 사태의 진실입니다. 나뉘어 있으니까 배짱을 부릴 인간들이 자본 앞에서 비굴해집니다. 비참해지죠. 이게 우리 현실이고 실상입니다. 이걸 부정하지 말아야 합니다. 뼛속 깊이 인정하고 그 위에서 극복할 방안을 찾아야지요.

반면에 자본가들은 스위스에서 1년에 한 번씩 만나 연대성을 과시합니다. 다보스 세계경제포럼이라고 하는데, 무려 1만 명이 넘게 모입니다. 그뿐인가요? G7 모임도 있고 G77 모임도 있어요. 센 놈들이 다 모여 그들만의 지배 체제를 공모하는 거죠. 물론 약간의 비판 세력의 목소리도 반영합니다. 그러나 주변적이죠. 근본을 바꿀 생각은 않고 부분적 수선만 하려고 합니다. 그런 의미에서 위선적이죠. 큰 차원에서는 유엔도 마찬가지입니다. 겉으로는 세계평화를 이야기하지만, 사실은 자본의 세계 체제를 보호하는 역할을 합니다. 최소한, 자본주의 체제의 변화를 원하지 않습니다. 반기문이라는 한국 사람이 사무총장이 되었다고 해서 결코 무조건 좋아할 일은 아니라는 거예요. 개인적 성공이나 출세야 얼마든 칭찬할 수 있지만, 그 사회적 역할과 세계사적 역할에서 과연 무슨 일을 하고 있는지 심각하게 물을 필요가 있습니다. 아마 본인도 마음 깊은 곳에서는 느끼고 있을지 몰라요. 별로 할 일이 없다고 말이죠.

다시 말하지만, 자본가들이나 자본 중심의 체제를 관리하는 자들은 수시로 만나 소통과 연대를 강화합니다. 하지만 노동자들을 향해서는 부단히 경쟁과 분열을 부추기죠. 또 노동자들 스스로는 다른 기업 노동자들을 향해 잠재적인 적군의 시선을 가집니다. 그래서 노동자들이 생산 과정에 임하면서 마음속으로 '내 적을 무찔러야 내가 산다' 이런 구호를 되새기지요. 기업가들이 그렇게 만들어갑니다. 이런 것을 세계화, 국제화라 부르는 거예요.

1990년대 초반 김영삼 정부 시대에 버스나 지하철에 이런 공익광고가 나왔어요. "당신의 경쟁상대는 누구입니까?" 노동자는 예컨대 일본의 노동자가 경쟁상대라 하고, 어떤 주부는 독일의 주부가 잠재적인 경쟁상대라 말하는 그림이 있었지요. 정말 웃기는 이야기입니다. 어쨌든 그런 식으로 서로를 분열시킵니다. 또 회사에 가면 사람들을 정규직과 비정규직으로 갈라놓고 경쟁을 시켜요. 서로 질투와 증오를 불러일으킵니다. 자본의 이간질이에요. 이걸 알아야 하는데, 모르면 그냥 분열과 경쟁의 프레임에 갇히게 됩니다.

전통적으로는 학력별로 대졸자와 고졸자로 갈라놓고 사람들 간에 눈에 보이지 않게 경쟁과 차별을 끊임없이 조장해 왔습니다. 그래야 자본의 지배력이 유지되기 때문입니다. 경쟁은 경쟁 자체로 말미암아 효율을 향상시킬 뿐만 아니라 지배력을 더 높이는 장치입니다. 경쟁의 본질이죠. 그래서, 경쟁과 지배는 동전의 양면이다, 라는 명제가 성립하죠.

나라별로도 마찬가지입니다. 세계자본주의 체제를 경영하는 방식이에요. IMF와 WTO와 G20 등은 경치 좋은 곳에서 만나 자기들끼리는 연대하면서 각 나라 노동자들끼리는 서로 살벌하게 경쟁시킵니다. 끊임없이 나라별 경쟁력 향상 운동을 시키면서 국가 간에 경쟁력 순위를 매기지요. 그런 비교를 통해 질투와 분열을 조장합니다. 세계자본주의 시스템 전체의 관점에서는 어느 나라가 1등을 하느냐는 중요하지 않습니다. 누가 1등을 하느냐와 무관하게 나라들끼리 노동자끼리 살벌하게 적대적인 감정을 가지고 허리띠 졸라매는 경쟁을 하는 한 이 경쟁 시스템은 유지됩니다. 그래서 1등부터 꼴찌까지 모두 자본의 논리 속에 장악됩니다. 체제의 엄청난 비밀이죠. 분할지배 전략입니다.

이제 두 번째 답, 내면화입니다. 강해야 할 인간이 별 것 아닌 자본 앞에 나약한 이유는 인간이 오히려 자본의 논리를 내면화해 버리기 때문입니다. 정체성의 변질이 문제입니다. 내가 나의 정체성을 가져야 하는데, 자본의 정체성으로 바꾸어버려요. '전향'을 하는 겁니다. 분할지배보다 더 무서운 것입니다. 우리 스스로 어떤 면에서는 자본가보다 더 강하게 자본을 내면화해 버립니다. 그래서 예를 들면, 노동자가 일상에서 피곤하고 회사에서 서러움과 열패감, 경우에 따라 좌절감, 그리고 스트레스를 느끼는데, 이것을 극복하려면 현장에서 싸워야 하는데, 오히려 집에 가서 자기 새끼를 족칩니다. 아무 잘못도 없는 어린 새끼를 족치는 거예요. 심하면 아내까지 족칩니다. 그러면서 또 이렇게 말해요. "내가 잔업철야 특근을 해서라도, 내 목숨을 바쳐서더라도 뒷바라지할 테니, 너만큼은 (나를 지배하는) 저 상사보다 높은 존재가 되어라. 그래서 좀 떵떵거리고 살아라." 이런 정신을 뼛속 깊이 각인하고 때로는 아이 뒤에서 눈물까지 흘리며 노동을 합니다. 노동을 사랑해요. 죽는 줄도 모르고 말이죠. 그러면서도 내 새끼만큼은 자본가처럼 높은 사람이 되도록, 최소한 중산층이라도 만들어놓고 죽으려 하는 것입니다. 이게 내면화입니다. 우리는 서로 분열되어 있을 뿐만 아니라 각자 인간의 논리가 아닌 자본의 논리를 뼛속 깊이 내면화해 버렸기 때문에 이미 패배가 예견되어 있습니다. 그래서 인간이 당당한 주체로 서야 함에도 불구하고 끊임없이 지고 있는 거죠. 백전백패입니다.

분열의 효과와 더불어 내면화의 효과가 이렇게 심각합니다. 실은 이 둘이 연결되었는데, 분열되어 격차가 벌어질수록 더 높은 곳으로 올라가기 위한 경쟁을 당연시하다 보니 내면화가 쉽게 이루어집니다. 자본이 노동자를 상대로 여러 가지 면에서 격차를 만들어내는 순간, 묘하게도 인간 심리상 시샘과 질투가 일어나죠. 그래서 남보다 더 높이 올라가려는 심리적인 기제들이 작동하니까 전체 게임의 룰이 잘못되지 않았나 하는 의심의 시간도 갖지 못하고 죽기 살기로 발버둥치는 거예요. 그저 경쟁이라는 현실 속에 매몰되어 버리는 거죠. 그러니 갈수록 나약해지는 거예요. 강해야 할 인간이 별 것 아닌 자본 앞에 말이지요. 그것이 오래 지속된 결과, 오늘날 자본은 결코 도전이 불가능한 난공불락의 성처럼 보이는 것입니다. 그러나 자세히 보면 모든 역사에서 불변의 진실은, 모든 게 '변한다'는 사실입니다. 변화 없이 그대로 머무는 것은 없어요. 자본주의 시스템도 그렇습니다. 지금도 진화를 거듭하고 있지요. 그러나 그 본질은 자본, 경쟁, 이윤에 있습니다.

이런 것을 잘 알고 이걸 삶 속에서 하나씩 실천하며 극복해야 하는데, 참 쉽지 않습니다. '내면화'의 정도가 아주 심하기 때문이죠. 자본의 내면, 경쟁의 내면화는 거의 세뇌 수준입니다. 예를 들면, 우리나라 대학 시스템이 엉망이라고 말하는 사람들, 심지어 이 사회경제 시스템이 대단히 나쁘다고 입에 거품을 물고 열광하던 진보적인 사람들조차 막상 자기 새끼가 중·고등학교에 가게 되면 그간의 고민과 번뇌를 다 포기하고 '그래도 SKY 대학을 가야 사람 대접을 받는데…' 하며 은근히 아이들을 다그치기 시작합니다. 제가 지금 그런 사람들이 나쁘다고 말하려는 게 아니라 우리 대부분이 내면화하고 있는 이 시스템의 힘이 얼마나 강력한가를 이런 데서도 확인할 수 있다는 이야기를 하는 것입니다.

반면에 그런 어려움에도 불구하고 고집스럽게 하나씩 실천하는 사람들도 있습니다. 동일한 상황에서도, '그래, 자기가 좋아하는 것도 모르면서 무조건 SKY 대학에 가는 건 답이 아니지. 일단은 시험이나 진학에 대한 부담 없이 내면이 자유롭게 자라는 게 좋아'라며 학력 인정도 되지 않는 대안 학교에 아이를 보내거나 홈스쿨링을 하기도 하지요. 물론 아이가 정말 좋아해야 됩니다.

무엇이든 억지로 하는 건 앞뒤가 안 맞으니까요. 또 당장은 돈이 좀더 들더라도 생협 회원으로 가입해 유기농 생산자와 연대하는 소비자가 되는 거예요. 그러면 농민도 살리고 온 가족이 생명력 있는 음식을 먹을 수 있어 더 건강해지죠. 협동조합이나 노동자 자주관리 회사도 대안으로 제시되고 있습니다. 나아가 정치 · 경제나 교육 · 의료 등 어느 영역에서든 뭔가 문제가 있다면 언제든 손잡고 광장으로 나가 외치기도 하고요. 이런 식으로 '인간다운 삶'이라는 기준에서 늘 자본과 권력이 강요하는 틀을 초월해 생각하고 실천하는 것, 바로 우리가 지금부터 해야 할 일입니다.

새로운 혁명의 시작 — 지행합일

이런 사람들이 기하급수적으로 늘어날 때 비로소 사회 변화의 가능성이 커지게 될 것입니다. 여기서 중요한 건 나의 작은 생각의 변화, 나의 작은 실천 속에 이미 커다란 혁명적 변화의 미시적 싹이 깃들게 하는 것이죠. 예를 들면, 사회나 경제를 볼 때 '위로부터' 보는 것이 아니라 늘 '아래로부터' 보려고 하는 것, 이것만 해도 벌써 혁명적인 변화입니다. 공부를 하더라도 '높은 사람'이 되려고 하는 게 아니라, '아래에 있는' 사람들의 입장에서 무엇을 어떻게 바꾸어야 인간다운 삶이 가능한가 하는 문제의식으로 공부하는 사람이 되자는 것입니다.

총이라도 들고 혁명을 하자는 게 아니라 우리의 '일상적 삶의 방식' 속에 거대한 전환의 싹이 깃들어야 한다는 말입니다. 그것이 기초가 되어야 비로소 커다란 사회 구조 전반도 제대로 바꿀 수 있게 됩니다. 제가 인식하는 혁명이란, 소수의 엘리트가 권력을 장악한 뒤 '위로부터' 이끌어가는 것이 아니라 거대한 민중의 물결이 '아래로부터' 만들어가는 도도한 흐름입니다. 오늘날 유럽이 살기 좋은 복지 선진국이 된 데는 '68혁명'이라는 '아래로부터의' 변화가 큰 역할을 했지요. 처음엔 프랑스 대학생들로부터 시작됐지만 다음엔 독일 등 다른 유럽과 심지어 미국까지 영향을 미쳤어요. 기존의 모든 권위주의와 차별주의를 타파하고 민주주의와 공동체를 이루고자 하는 움직임이었습니다. 오늘날 유럽 대학생들은 대학 등록금이 거의 없을 뿐 아니라 오히려 한 학기에 500만 원 내외의 학생수당까지 받고 있지요.(《녹색평론》, 2015. 9-10월호 참조.)

원래 혁명(revolution)이라는 말이 별 것 아니에요. 리볼버(revolver)

권총이라고 있는데, 리볼버라는 말은 거꾸로 돌린다는 뜻입니다. 권총이 돌아가듯이 앞뒤를 거꾸로 돌리는 게 곧 혁명이라는 것입니다. 여기서 중요한 것은 총이 아니라 탄창을 돌리듯 '돌린다'는 데 있어요. 이른바 '발상의 전환'이 혁명의 개념에서 핵심이라는 것입니다.

그런데 여기서 거꾸로 돌린다고 했는데, 거꾸로 돌리더라도 지배자가 피지배가 되고 피지배자가 지배자가 되는 식의 '자리 바꾸기'는 진정한 혁명이 아니라고 생각합니다. 아래-위의 집단이 바뀌는 것은 기껏해야 정권교체일 뿐이지요. 진정한 혁명이란 상하관계로 이루어진 '지배관계 자체'를 없애는 것입니다. 피지배자가 지배자가 되는 건 주인공만 바뀌는 것일 뿐 지배관계 자체가 없어지는 게 아니지요. 사회를 구성하는 근본 원리를 뒤집어서 지배가 아니라 연대, 경쟁의 원리가 아니라 협동의 원리, 적대관계가 아니라 공생관계로 바꾸는 것이 혁명의 알짜배기라는 겁니다. 그래야 개인과 공동체가 모두 살아요.

바로 이런 원리와 원칙의 변화에 공감하는 사람들이 많아지고 권력과 자본의 논리로부터 서서히 벗어나면서 인간의 논리, 생명의 논리로 똘똘 뭉쳐 함께 나가면 진정 새로운 사회경제 시스템을 열어낼 수 있습니다. 이미 앞에서 비자본주의적인 길을 걸어온 나라들을 이야기했습니다만, 자본주의적인 사회 속에서도 이것이 인간다운 삶에 반하는 것이라면 언제든 문제를 제기하고 대안을 논의하는 적극적이고 창의적인 자세가 필요합니다.

우리가 공감하는 기존의 모순을 부단히 극복하기 위해 시도해 나가면서 새로운 한계나 모순이 생기면 그것조차 함께 대화하고 토론하는 가운데 더 나은 것을 찾아 나가는 적극적이고 전진적인 자세가 필요하다고 봅니다. 결국 사람답게 살고자 하는 세상이 우리의 지향이라면, 그런 세상을 만들어 나가는 과정 자체도 지극히 인간적인 과정이 되어야 할 것입니다. 좀 천천히 가더라도 즐겁고 의미 있는 과정이 되어야겠지요. 인생은 언제나 배움의 과정이고 성장의 과정이니까요. 이것이 지행합일(知行合一)을 이루는 원칙입니다.

결국은 공동체가 답이다

이제 마무리할 시간입니다. 어디서 출발할까요?

가장 먼저 현재 우리 삶이 인간다운 삶인지, 스스로 성찰해 보는 것부터 출발해야 합니다. 사람들이 늘 '대안이 뭐냐?'고 묻는데, 제발 하늘에서 또는 저 멀리 외부에서 대안이 떨어지는 게 아님을 확실히 알아둡시다. 바로 우리 안에, 우리 현실 안에 대안의 실마리가 있다는 얘깁니다. 우리가 같이 만들어가야 하는 것입니다. 현실이 불만족스럽다면 그게 뭔지, 왜 그런지, 그 뿌리가 뭔지 묻기 시작해야 합니다. 물론 불만족스럽다는 말부터 하기 시작해야지요. 그리고 그 뿌리를 찾아 나가야 합니다. 모든 변화의 출발점입니다.

둘째, 그 과정에서 저는 자본주의 사회경제 시스템의 본질과 한계를 들여다봐야 한다고 봅니다. 본질은 경쟁과 이윤에 기초한 시스템이란 것, 그래서 민중을 부단히 경쟁시키고 분열시켜야 한다는 것, 반대로 노동자가 소통하고 연대해 인간다운 삶을 요구하면 그 시스템 자체가 흔들리게 되어 있다는 것이 본질입니다. 게다가 그것이 역사적으로 영원한 것도 아니고, 사회적으로나 생태적으로 저항이나 고갈로 인해 영원히 갈 수 없는 체제입니다.

셋째, 그래서 노동자와 시민들, 학생들부터 책을 읽고 공부하는 모임을 많이 만들어야 합니다. 1970~1980년대에 활발했던 소모임 운동을 다시 활성화해야 합니다. 노조운동이나 노동운동을 강화하기 위해서라도 이런 운동이 필요합니다. 그렇게 해서 10퍼센트밖에 되지 않는 노조 조직률을 50퍼센트 이상으로 올려야 해요. 지금의 수준으로는 아무리 우수한 지도력이 들어서도 역부족입니다. 무수한 아래로부터의 힘이 조직되어야 합니다.

동시에 교육과 언론의 역할이 중요한데, 저를 포함한 교육계 종사자들이 사회적 사명감과 책임감으로 무장하고 현재의 사회경제 구조가 과연 특권층을 위한 것인지 아니면 보편 정의를 위한 것인지 성찰할 필요가 있습니다. 그 위에서 보편적 행복을 위해 무엇을 해야 하는지 정신을 바짝 차리고 잘못된 것을 고치는 동시에 대안적인 것을 두루 시도할 수 있는 논리와 분위기를 만들어가야 합니다. 그런 맥락에서 지금 보수 반동 세력에게 공격당하고 있는 전교조나 참교육 운동을 더욱 확장하고 지켜내야 합니다.

언론도 마찬가지입니다. 몇몇 손꼽는 언론 외에 우리가 볼 만한 언론이 별로 없어요. 그런 상황 속에서 우리의 자율성과 연대성, 비판적인 지성 등이 끊임없이 마모되어 가는 거죠. 이제는 종이신문은 물론 인터넷신문조차 잘 보지 않는 세상이 되고 말았습니다. 세상일에 관심이 없고, 오직 당장의 자기 이익에 도움 되는 것만 찾는 거죠. 그러다 보니 언론조차 상업화와 더불어 거의 포르노화해서 선정적인 기사에만 열을 냅니다. 독자를 '낚는' 기술만 발달해요. 진득하게 문제를 분석하고 새로운 전망을 내놓는 깊이 있는 기사들이 많이 필요한데 말이지요.

넷째, 진정한 대안을 생각할 때 결국은 공동체라고 봅니다. 그러면 어떤 공동체냐? 사람과 사람, 사람과 자연이 더불어 사는 공동체입니다. 생태적 자율 공동체죠. 생태, 자율, 공동, 그러고 보니 좋은 건 다 들어 있네요. 사실 그래야 합니다. 지금까지의 역사적 발전에서 좋은 건 물려받고 나쁜 건 극복해야 하니까요. 자본주의는 효율성과 자유라는 측면에서 큰 일을 했지만, 경쟁과 분열 위에서 이윤을 추구하는 바람에 파괴적인 면이 있습니다. 그래서 사람의 자율성과 공동체성을 살려 나가되 생태계도 보존해야 하는 복합적 과제를 안고 있습니다. 이런 대안적 원리를 제대로 구현하기 위해서라도 '마을 공화국' 같은 직접 민주주의 체제가 중요하다고 봅니다. 그리고 이것이 전 세계적으로 수천 만 개의 네트워크로 엮인다면 정말 평화롭고 우애로운 세계 공동체가 될 것이라고 봅니다.

　우리가 아무리 똑똑해도 결코 완벽할 수 없습니다. 늘 배우며 성장해야 하는 존재지요. 부단히 나아지려고 노력하는 게 우리의 최선일 것입니다. 그런데 민주나 진보 운동을 하는 사람들 중에는 한편으로 자신이 '완벽'하다고 주장하는 사람들이 있고, 다른 편으로 특정인을 향해 '완벽'하기를 요구하는 경우도 많습니다. 둘 다 잘못된 거죠. 모두가 삶의 주인공인데, 이런 식으로 분리되면 안 됩니다. 새로운 사회의 모습도, 그것을 향해 가는 과정도, 좀 부족하고 완벽하지 않은 사람들끼리 서로 의지하고 격려하면서 함께 나아간다, 부족하지만 아니 부족하기에 함께 가야 한다, 이런 정신으로 나가야 한다는 말입니다. 그렇지 않는 경우, 서로 상처만 주고 속이 상하는 경우가 많습니다. 이런 오류도 더 이상 반복하지 않아야 한다고 생각합니다. 그러니 서로가 서로의 상처를 조심스레 어루만져주며 함께 나가자, 같이 소통하며 연대하며 운동하는 가운데 함께 치유의 길을 걷자, 이런 자세로 걸어가자는 것입니다.

　사실 자본가나 권력자는 너무나 먼 곳에 있어 잘 보이지 않습니다. 그래서 오히려 친구끼리 동지끼리 치열하게 싸웁니다. 안 그래도 한 주먹밖에 안 되는 소중한 사람들인데 말이지요. 자본이나 권력이 싸움을 붙이는 줄도 모르고 제 잘난 척하려고 서로 피터지게 싸우는 거예요. 제발 이러시면 곤란합니다. 이제부터라도 서로 좀 끌어안고 갑시다. 미세한 내부의 차이들은 사랑이 담긴 비판이나 보완을 통해 상호 수렴해 나가고, 서로 부족한 부분은 인정하면서 같이 배워나가면 되지요.

진짜 싸울 상대는 자본과 권력입니다. 이것들이 다양한 폭력을 행사하기 때문에 그 과정에서 우리는 집단적 상처를 갖게 되었습니다. 대표적인 게 '레드 콤플렉스(red complex)'죠. 그러나 이를 건강하게 넘어가 자본과 권력을 지양해야 비로소 인간다운 사회가 가능합니다. 이걸 분명히 해야 합니다. 트라우마를 치유한다고 사회 곳곳에 각종 치유센터가 생기지만 그 효과는 의문이죠. 저는 개인 심리상담이 긴급할 때도 있다고 보지만, 실은 그를 넘어 사회적 관계를 회복하는 과정, 사회운동을 인간적으로 재미있게 해 나가는 과정이 곧 치유 과정이라고 봅니다. 그리고 진짜 완성된 치유는, 그 운동들이 일정한 성과를 거두어 사회적으로 의미 있는 변화나 새로운 구조가 탄생할 때, 비로소 가슴 속에 꽉 막혔던 것들이 쑤욱 내려가고 깊이 박힌 트라우마도 씻은 듯이 벗겨질 것입니다. 운동이 희망이요, 혁명이 치유인 까닭입니다.

제11강: 독서하는 삶
나를 찾고 나를 넘는 여행

독서란 사회적으로 어떤 의미를 가질까요? 이걸 좀 쉽게 풀면, 독서란 나에게 (또는 우리에게) 무엇일까요? 저는 이것을 크게 두 부분, 세부적으로는 열두 꼭지로 정리해 보려고 합니다. 첫째는 자아를 찾는 과정이고, 두 번째는 자아를 넘어가는 과정입니다. 자아를 찾는 것도 중요하지만, 여기에 갇히지 않고 넘어가는 것도 굉장히 중요하다는 생각이 듭니다. 사실 이 두 가지는 서로 구분이 어렵지요.

제가 책을 진짜 좋아하게 된 것은 솔직히 40대 이후인 것 같아요. 그 전에도 열심히 책을 읽긴 했지만 '해야만 하기에' 한 거죠. 그런데 40대 이후로는 책들이 진짜 소중하고 재미있다는 생각, 굉장한 여행의 과정이고 깨우침이라는 생각이 들기 시작했어요. 우리가 여행을 하려면 사전에 비행기를 예약해야 하고 짐을 꾸리고… 복잡하잖습니까? 그런데 책을 통한 여행은 그런 것 없이 동서양을 마음대로 왔다 갔다 할 수 있고, 과거와 현재, 미래도 왕래할 수 있는 것은 물론, 보기 어렵던 남의 속까지 들여다볼 수 있으니 기적 같은 여행이지요.

나를 찾고 나를 넘어가는 일에서 키워드는 '자존감'인 것 같아요. 누구나 이 세상에 존재할 만한 가치가 있다고 느끼는 것이 곧 자존감입니다. 아이가 태어났을 때는 누구나 그렇게 생각합니다. 우리 집에 보석 같은 존재가 태어났다고요. 그런데 아이가 좀 크면서 보석이 아니라 '돌'이라고 생각하는 경향이 있잖습니까? 특히 학교에 가고 시험을 치기 시작하면서부터 그렇게 됩니다. 요즘은 유치원부터 그렇습니다. 사실은 대학의 시스템이나 직장 세계, 노동시장 시스템이 이놈은 될 놈, 저놈은 안 될 놈, 이렇게 막 갈라버립니다. 소중한 존재들을 1류, 2류, 3류, 4류, 5류 등으로 나누어버리니, 바로 이것이 우리 삶을 비뚤어지게 하는 원흉입니다.

그래서 원래 남녀노소 모든 존재가 다 보석 같은 존재다, 이걸 재발견하는 것이 '나를 찾는다'는 것입니다. 역시 핵심 단어는 자존감인데, 사실 이것은 갓난아이가 처음부터 느끼진 못합니다. 우선 부모와의 관계 속에서 만들어집니다. 부모가 아이를 아무 '조건 없는 사랑'으로 대할 때, 다시 말해 네가 우리 가정에 태어난 게 정말 고마워, 사랑스러워, 이런 마음으로 대할 때 비로소 아이 내면에 자존감이 생

기기 시작합니다. 그렇게 처음엔 부모와의 따뜻한 관계 속에서 자존
감을 형성하고, 나중엔 서서히 독립적인 존재가 되지요. 흔히 부모와
아이가 전쟁을 하는 시기라고 하는 '사춘기'가 실은 아이가 독립 운
동을 하는 시기라 보면 됩니다. 그 이후로는 사실 부모가 아이 곁을
떠나더라도 아이가 굳건히 잘 살아갈 수 있는 존재가 되도록 옆에서
격려하고 후원만 하면 됩니다. 이 과정을 우리가 잘하지 못하고 있지
요. 부모는 부모대로 아이에게 집착해 아이가 자신에게서 떨어져나
가는 걸 겁내고 무서워합니다. 그러나 아이가 커가면서는 아이도 부
모로부터 독립해야 하고, 부모도 아이로부터 독립해야 합니다. 집집
마다 '독립 운동'이 필요한 셈입니다.

그런데 모두가 각자 '나'를 찾는 건 좋은데, 그렇게 찾은 '나'에게
강박적으로 집착을 하면 또 안 됩니다. 이것이 더 중요해요. 내가 나
를 넘어야 비로소 멋진 사회가 되기 때문입니다. 나는 있지만 내가
다가 아닌 거죠. 바로 이게 삶의 진리가 아닐까 생각합니다. 내가 다
가 아니란 걸 인지하는 상태가 곧 '에고(이기적 자아)를 넘어가는' 것입
니다. 그래서 결국 나는 더불어 사는 존재의 일부이고, 내가 소중한
만큼 옆의 친구도 소중하다, 모든 사람이 다 소중하다고 생각하게 되
는, 나를 넘어 '사회적 자아'가 형성되는 과정입니다.

한편 우리는 은연중에 부모나 학교 등 세상으로부터 온갖 상처를
많이 받습니다. 그래서 독서나 여행 등 다양한 만남을 통해, 또 글을
쓰거나 말을 함으로써 우정과 우애가 넘치는 관계를 맺으며 서로를

치유할 수 있다고 봅니다. 도서관이 자아발견의 공간, 자아초월의 공간, 치유의 공간, 공동체의 공간이 될 수 있는 근거입니다.

제가 우리 마을에서 작은 독서 모임을 몇 개 하는데, 어떤 젊은 엄마가 저한테 물어요. '교수님은 온갖 것 다 가지지 않았나. 공부할 만큼 했고, 대학 선생이고, 책도 쓰고, 약간의 존경심도 받고, 수시로 신문에 칼럼도 쓰고… 정말 시간도 없을 텐데 뭐가 부족해 이런 지역 모임까지 하냐?'는 거였어요. 그래서 저는 "사람들이 좋으니까요"라고 대답했습니다. 굳이 말하자면, 만남이란 게 서로 치유하는 과정이고 성장하는 과정이거든요. 그게 좋아서 하는 거죠. 그렇게 우리가 서로를 치유하고 성장하면서 이런 질문도 던질 수 있을 것입니다. 도대체 우리 인생의 배를 어디로 어떻게 몰아가야 세월호처럼 침몰하지 않고 타이타닉처럼 빙산에 부딪치지 않고 제대로 나아갈 수 있을까? 바로 이런 부분에 대한 답을 우리는 책 속에서도 발견할 수 있고 또 우리 삶 속에서도 발견할 수 있습니다. 그래서 만나야 하는 겁니다.

사실 학교 교과서는 누가 암기력이 뛰어난지 골라내는 데 도움이 될 뿐, 진짜 인생을 제대로 살아가는 데 필요한 이야기는 하지 않습니다. 이제 우리가 제대로 살아가고 있는지 살펴보기 위해 책 속으로 같이 여행을 떠나 봅시다.

소유냐 존재냐

첫 번째, 제가 꼽은 책은 《소유냐 존재냐 *To Have or to Be*》(까치, 1996)
입니다. 제 기억으로는 이 책을 약 30년 전인 1986년 여름, 대학원 시
절에 처음 읽었습니다. 이 책은 제가 앞으로 살아갈 방향과 공부할 방
향, 공부의 의미 등을 확실히 잡게 해준 가장 기본이 된 스승입니다.

핵심만 말하면, 인생을 살아가는 태도엔 큰 방향 차원에서 두 가
지가 있다고 합니다. 하나가 소유 양식이고, 다른 하나가 존재 양식
입니다. 소유 양식은 자꾸 쌓으려는 거예요. 돈을 쌓고, 권력을 쌓고,
명예를 쌓고, 이름을 쌓고…. 이에 반해 존재 양식은 아침에 눈 떴을
때 오늘 또 내가 살아 있구나, 사랑하는 가족도 살아 있어, 창밖을 보
니 세상이 아직 안 망했어, 기적이 일어났구나, 이렇게 사는 겁니다.
친구를 만나고 자연을 만나는 자체만으로도 기쁨을 느끼는 것이 존
재 양식이죠.

이것을 사랑에 적용해 봅시다. 얼마나 많은 남자를, 얼마나 많은
여자를 내가 사귀었나를 우선순위로 여기는 건 소유 방식의 사랑입
니다. 그러나 누구를 만나든 그 순간에 최선을 다해 친밀하게 지내고
영혼의 대화를 나눌 수 있다면, 이건 존재 양식의 사랑입니다.

교육에 적용해 볼까요? 아이가 점수를 몇 점 받아 왔는지, 몇 등을
했는지, 이런 걸 따지는 사람은 소유 양식의 교육을 하는 것입니다.
그러나 존재 양식의 교육 관점은 '애야, 오늘 학교에서 뭘 배웠니? 시

를 배웠니? 그럼 오늘밤에 우리 같이 별을 보고 시를 써 볼까?' 이렇게 묻습니다. 이런 것이 존재 양식의 교육입니다. 매 순간을 소중히 여기는 과정에서 아이들의 내면이 자라 스스로 주체적으로 서는 인격체가 되지요. 그런데 바로 이 순간에 우리는 불안해집니다. 얘가 과연 잘 살 수 있을까? 밥 먹고 사는 데 지장이 없을까? 이런 것이 끊임없이 우리를 괴롭힙니다. 여기서 믿음이 필요합니다. 아이를 믿어주면 됩니다. 아이 내면이 튼실하게 성장하면 생계 걱정은 자기가 알아서 합니다.

사실 우리도 그렇잖아요. 우리 모두 고만고만하게 사는데, 이게 우리 부모님들이 어렸을 적부터 금융 교육을 시키고 주식 투자 같은 걸 가르쳤기 때문에 가능했던 게 아니죠? 그저 몸과 마음을 건강하게 키워주셨는데, 어느 순간부터 내가 내 인생을 고민하기 시작하고, 또 힘들긴 해도 이겨내면서 지금까지 온 것 아닙니까? 실제로 믿어주는 만큼 아이들은 성장합니다. 또 너무 여건을 잘 만들어주면 오히려 약해집니다. 차라리 야생으로 키우는 게 나아요. 그렇다고 완전히 방치하고 무관심하라는 게 아니라 끊임없이 지켜보면서 어디서 힘들어 하는지 혹시 내 도움이 필요한지, 이런 '책임성 있는 방목'을 하면 됩니다. 그래야 아이도 자유롭게 크면서 어려움을 이겨낼 수 있는 내공이 생깁니다. 바로 이게 '조건 없는 사랑'이고, 소유 양식이 아닌 존재 양식의 삶이라는 거죠.

아이와 함께 다양한 체험을 하는 것, 예컨대 손잡고 도서관도 가고 산책도 하고 자전거 여행도 하고요. 좋은 프로그램이 있으면 같이 참여하고, 영화도 보고 강의도 같이 듣고요. 그러는 가운데 아이도 스스로 생각해서 나도 저런 사람 본받아서 작가나 영화감독, 아니면 학자가 되고 싶어, 이런 식으로 다양한 개성이 나오겠죠. 물론 이걸 좀더 완성시키려면 사회구조나 제도의 변화가 같이 따라가야겠지요. 이건 뒤에서 다시 말씀드리겠습니다.

어쨌든《소유냐 존재냐》, 이 책이 제게 인생과 학문, 세계관 등에서 가장 기본적인 나침반이 되었습니다. 여러분도 공감이 되시나요?

오래된 미래

《오래된 미래Ancient Futures》(녹색평론사, 2003)라는 책 혹은 말을 한 번쯤을 들어보셨을 겁니다. 미래가 오래됐다는 말이 좀 이상하죠? 형용모순이라고 합니다. 꾸미는 말과 받는 말이 서로 모순이죠.《작은 풍요》(이후, 1999)도 그래요. 제가 오래전에 쓴 책제목입니다만, 원래 풍요란 크고 많은 것인데, 그러나 작은 것 속에 오히려 풍요가 있다는 생각으로 그런 제목을 잡았습니다. 슈마허Ernst F. Schumacher의《작은 것이 아름답다Small is beautiful》(문예출판사, 2002)도 비슷한 생각이죠. 우리가 지금까지 당연시해 온 가치관을 한번 비틀어서 보자는 것입니다.

《오래된 미래》를 쓴 헬레나 노르베리 호지Helena Norberg-Hodge는 원래 스웨덴 출신 언어학자입니다. 언어를 연구하던 중 인도 북부의 작은 마을인 라다크에 가게 되었는데, 서양인의 눈으로 보니 자기가 살아가던 모습과 전혀 다르게 사는데 사람들이 물 맑고 공기 좋은 곳에서 늘 얼굴에 웃음을 띠고, 즐겁게 서로 도와가며 살더라는 거죠. 누가 태어나거나 죽어도 온 동네 사람들이 같이 축하하고 위로하는 그런 분위기였죠.

사실 스웨덴은 우리가 따르고 싶어 하는 복지국가 아닙니까. 하지만 헬레나는 아시아의 가난한 나라 인도, 그 중에서도 라다크 마을에 와서 경탄을 했습니다. 지금까지 자신이 경험한 인류 문명은 물질만능주의, 탐욕과 경쟁으로 얼룩져 미래가 없다고 봤는데, 오히려 이 가난한 곳에 바람직한 미래가 수천 년 전부터 있었다는 것을 깨닫고 '오래된 미래'라고 한 것이죠. 저도 이 책을 읽는 순간, '아, 라다크라는 게 결국은 우리의 전통 시골, 농어촌 공동체로구나'라고 생각했어요. 경제개발 이전의 모습이죠. 가난했지만 사람들이 서로 도우며 사람 귀한 줄 알았던 그 모습 말입니다. 그런 본질을 잃지 않고 발전하면 좋은데, 희한하게 우리는 발전하면서 좋은 것을 다 해체해 버려요. 공동체가 해체되고 자연이 망가집니다. 고층 빌딩이 올라가고 기술이 발전해 온갖 물질이 풍부해지고 편리해지면 좋을 것이라고 믿었습니다. 그러나 편리해진 대신 초를 다투며 살아야 하고 삶의 여유도 없어졌습니다.

저도 휴대폰을 쓰긴 합니다만, 이걸 만드는 사람들이 백혈병으로 죽기도 합니다. 자동차, 아파트도 마찬가집니다. 많은 사람들이 아파트에 살고, 또 아파트에 거주하는 걸 선호하는데, 이 말을 하지 않을 수가 없습니다. 먼저 2011년 3월 이후 건설된 많은 아파트에 후쿠시마에서 건너온 방사능 오염 철근이 들어갔을 가능성이 높다고 JTBC가 방송했습니다. 그리고 시멘트가 문제인데, 석회석 자체도 딱히 좋은 재료는 아니지만 석회석이 동이 나며 비싸지니 이젠 폐타이어 같은 산업 폐기물을 소각해 시멘트를 만든다고 합니다. 그런데 여기에서 환경호르몬이나 발암물질이 나온다고 해요. 환경호르몬은 일종의 화학물질로, 우리 몸에 들어와선 자기가 마치 원래의 호르몬인 것처럼 행세를 해서 진짜 호르몬을 밀어낸다고 합니다. 그러니 몸이 이상해질 수밖에요. 사람이든 동·식물이든 생식능력이 현저히 떨어지고, 새끼를 낳더라도 기형이 될 가능성이 높고, 암수 기능도 엉망이 됩니다. 기형이 아니라도 몸에 심각한 병이 온다는 거죠. 그래서 아파트에 꼭 살아야 한다면 오래된 집이 좋고요. 그리고 매일 창문을 자주 열어주세요. 편리하고 값싼 화학재료를 사용한 대가를 우리는 건강으로 치르고 있습니다.

이 부분을 좀더 생각해 봅시다. 대체로 한국 사람들은 평소에는 굉장히 절약을 합니다. 그래서 뭐가 싸다고 하면 몇 시간이라도 차를 타고 가서 많이 사려고 하죠. 음식물도 싸고 많이 준다고 하면 무조건 많이 먹으려 해요. 그런데 그렇게 절약해서는 인생 마지막 5년 동안 큰 병을 얻어 대학병원 같은 데 다 보태주고 갑니다.

그렇다면 어떻게 살 것이냐? 우선 평소에 제값 주고 한살림이나 생협 등을 통해 건강한 식재료를 먹든지, 텃밭을 일구는 것도 좋습니다. 내가 먹는 야채의 10퍼센트라도 자급하겠다는 마음으로 살면 진짜 행복합니다. 제값을 쳐주거나 약간 불편하게 사는 것이 정답이지요. 두 번째는 도서관에 자주 드나드는 게 좋습니다. 내가 잘사는 것도 중요하지만 내가 제대로 살기 위해서는 나를 넘어 같이 잘살아야 한다는 이야기를 하는 책이나 사람들을 만나야 합니다. 따지고 보면, 자기만 잘살라는 책, 자기계발서 같은 책은 안 보는 게 좋습니다. 좋은 책은 읽다 보면 눈물을 흘릴 때가 많아요. 왜냐하면 작가의 고뇌가 내 고뇌와 다르지 않다는 걸 알게 될 때, 고통에 공감하다 보면 저절로 눈물이 흐르며 감동하기 때문입니다. 그런 작가들을 관심을 갖고 찾아 보세요. 누가 추천해 줄 수도 있고 우연히 찾을 수도 있어요. 인생에는 '우연'이라는 즐거움도 있거든요. 세 번째로는, 그런 마음이 통하는 사람들과 함께 즐겁게 살아가면 됩니다. 모임도 하고 밥도 같이 먹고 춤도 추고 노래도 하면서 말입니다.

부모와 아이 사이

《부모와 아이 사이*Between parent and child*》(양철북, 2003)는 우리에게 자녀와 대화하는 법을 가르쳐주는 매우 감동적인 책입니다. 우리는 공부만 하느라 대체로 어른이 되는 법, 부모가 되는 법을 잘 배우지 못했습니다. 그러나 삶에서 이것이 얼마나 중요합니까?

전통적으로 우리는 '부모와 아이 사이'에 권위와 복종의 관계를 갖고 있습니다. 부모님 말씀에 잘 복종해야 '착한' 아이라고 했지요. 대화도 일방적이고, 어른이 아이에게 재판관이 됩니다. 예를 들면, 아이가 놀기에 바빠 다음 날에 중요한 스케줄이 있는 것도 모르다가 허둥대며 짐을 꾸릴 때 어른들은 대부분 뭐라고 하나요?

"야, 이 정신 나간 녀석아, 바보같이 중요한 스케줄도 잊고 노는 데 빠졌냐? 그래서 어른 돼서 어떻게 살아갈래?"

이런 식입니다. 그러지 말고 이렇게 말해야 한답니다.

"애, 친구들하고 노는 게 정말 재미있지? 스케줄 때문에 더 놀지 못해 마음이 안 좋겠구나!"

물론 저도 잘 안 됩니다. 그렇게 자연스럽게 나오기까지는 한 1년 가까이 연습을 해야 됩니다. 연극 연습처럼 말이에요.

또 다른 예로, 아이가 유리컵을 가지고 막 장난치고 놀면, 부모 입장에선 어떻습니까? 깰까 봐 겁나지요. 그러다 만일 아이가 유리컵을 깨면 이제 "거봐, 깼잖아! 바보같이 엄마 말도 안 듣고…" 하면서 화를 내거나 한 방 먹입니다. 아이는 울고불고 난리가 납니다. 이럴 때도 "아, 원래 유리잔은 잘 깨지는 거란다" 하며 조각을 잘 쓸어 담으면서 "다음엔 조심해야지"라고 말하라는 겁니다. 좀 어색하지만 연극하듯이 해야 해요. 물론 처음엔 잘 안 됩니다. 그런데 쭉 하다 보면 좀 익숙해집니다.

여기서 중요한 건 상대방 입장에서 내면의 감정을 헤아리는 것입니다. 성급하게 벌을 가하거나 답을 주기보다 아이의 마음을 읽어내고 공감해 주는 게 아주 중요하다는 가르침을 주는 책이지요.

트라우마

《트라우마*Trauma and recovery: Aftermath of violence*》(열린책들, 2012)라는 책은 조금 전문적인 책인데, 저는 이 책을 통해 많은 가르침을 얻었습니다. 이 책의 저자 주디스 허먼[Judith L. Herman]은 각종 폭력에 상처받은 사람들을 오랫동안 치유하면서 경험한 내용을 깊이 있게 얘기합니다. 조금 학술적이지만 트라우마 치유에 관심이 있다면 읽어 보면 좋을 것 같습니다.

사실 우리 사회엔 가정폭력, 성폭력, 학교폭력, 직장폭력, 군대폭력, 국가폭력, 그리고 학벌과 같은 시선의 폭력 등 끔찍한 폭력들이 얼마나 많습니까? 누구도 이런 것들로부터 자유롭기는 어렵습니다. 가해자 아니면 피해자 또는 희생자, 경우에 따라서는 피해자이면서 동시에 가해자가 되기도 합니다. 사실 피해자가 되면 복수심에 불타 금세 가해자가 되기도 합니다. 한편 그 주변에 방관자나 공범자도 있고요. '나는 아무 상관없어' 하면서 모른 척할 수도 있지만, 그 순간 우리는 방관자가 되어 간접적인 공범자가 되는 것입니다. 이런 식으로 온갖 형태의 폭력이 우리 모두로 하여금 뭔가 자기 이상의 역할을 하도록 만들어버려요, 우리도 모르는 사이에 말이죠. 적극적인 토론자나 해결자가 되는 것이 가장 이상적이겠지요. 그리고 그 출발점은 당연히 폭력문제의 피해자나 희생자에 대한 인간적 관심입니다.

그런데 이 책에서도 치유의 궁극적 핵심은 모두 '사랑'이라고 말해요. 사랑으로 다 치유가 가능한데, 출발점은 일단 상처를 입고 힘들어하는 사람에게 안전한 환경을 만들어주는 것입니다. 폭력적인 두려움을 유발하는 환경이 아니라 정말 편안한 환경이 필요합니다. 그렇게 마음이 안정되면, 그 다음엔 기억과 애도가 필요해요. 너무 끔찍해서 폭력의 피해자가 절대로 기억하고 싶지 않은 것을 차분하게 회상하고 기억하며 풀어내면서 그 응어리를 떠나보내는 과정을 기억과 애도라고 합니다. 보통 우리는 폭력적 상황을 생각하기도 싫어 그저 외면하거나 마음 깊이 눌러버립니다. 그러면 언젠가는 이것이 분출해 터져 올라오게 됩니다. 남을 공격하거나 자기를 학대합니다. 이렇게 접근하면 안 되기 때문에 기억과 애도가 필요한 것입니다. 바로 그 과정에서 친구나 가족, 이웃이 사랑과 지지, 연대의 마음을 보이는 것이 중요합니다.

이렇게 진솔한 사랑의 마음을 느끼게 되면, 피해자는 내가 이렇게 상처받고 나약하고 비참하게 된 존재지만, 그럼에도 나를 사랑해 주는 사람이 있고 내가 사랑할 수 있는 사람이 있구나 하는 마음을 갖게 됩니다. 서서히 삶의 의욕도 생깁니다. 나는 아무것도 아니라고 생각했는데 내게 도움을 주는 사람, 또 나의 도움을 필요로 하는 사람이 있다는 사실이 바로 삶의 근거가 되는 것입니다. 그래서 사랑의 끈이 가장 중요합니다.

이런 식으로 사랑의 유대가 돈독해지면 사회가 조금은 덜 폭력적이 되겠지요. 혹시라도 폭력의 피해자가 생기면 결코 '당한 네가 못나서 그렇다'는 식의 2차 가해를 할 것이 아니라 안정, 기억, 애도, 연대 등의 방식으로 접근해 피해자의 상처(트라우마)가 서서히 아물도록 도와주어야 합니다. 그리고 우리 모두는 이렇게 사랑으로 연결되는 속에서 비로소 다시 건강성을 회복할 수 있습니다.

살아가겠다

고병권 선생의 《살아가겠다》(삶창, 2014)도 상당히 의미 있는 책으로, 이론에서 출발하기보다 경험에서 출발하는 질문이나 공부가 더 의미가 크다는 메시지가 감동입니다. 어떤 책에서 이런 얘기를 했다가 아니라 내가 이런 경험을 했는데 이렇더라 하는 얘기가 더 와 닿는다는 겁니다. 일례로 장애인, 재소자, 노동자, 비정규직 등이 고투하는 삶의 현장을 다니면서 인터뷰하고 느낀 점을 쭉 정리했는데, 결국은 아무리 힘들어도 살아가겠다는 의지, 또 서로 부둥켜안고 같이 힘이 되는 그런 과정들이야말로 인생의 묘미라는 거죠. 그런 점에서 치유란 것도 삶의 현장에서 나를 찾고 나를 넘고 함께 기뻐하고 슬퍼하면서 사는 과정에 있다는 메시지를 줍니다.

중국의 작가 루쉰은 "희망은 없다고 할 수도 없고 있다고 할 수도 없다"고 했습니다. 단지 희미할 뿐이란 거죠. 땅 위의 길도 처음엔 그렇다고 해요. 지금 우리가 살아가는 현실도 뭔가 길이 보이는 것 같지만 나가 보면 또 얼마나 암담합니까? 그런데 루쉰은 "길은 원래부터 존재한 것이 아니다. 우리가 함께 걸어가면서 많은 사람이 발자국을 남겼을 때 길이 되는 것이다"라는 명언을 남겼어요. 독일 말에도 베베궁(Be-weg-ung), 즉 운동이라는 말이 있는데, 이 말을 뜯어보면 길(Weg)을 만드는(Be-) 과정(-ung)이 곧 운동이라는 것입니다. 저는 루쉰의 명언을 보면서 바로 이 독일 말이 생각났습니다. 동ㆍ서양이 서로 통한다는 걸 느낀 거죠. 그래서 희망의 길을 만드는 과정이 곧 진정한 의미의 사회 운동이라는 생각이 듭니다.

《살아가겠다》는 책에 나오는 사람들, 절망적인 현실 속에서도 서로 살을 부비며 희망을 만들어가는 사람들이야말로 우리 모두에게 삶의 의미를 환기시켜 주지 않나 생각합니다.

이 모든 과정이 어떤 면에서는 우리가 개인적 자아를 넘어 사회적 자아로 성장해 나가는 과정을 말해 줍니다.

시인의 교실

시집도 내고 에세이 책도 낸 한 고등학교 여자 선생님이 쓴《시인의 교실》(조향미 지음, 교육공동체벗, 2014)이라는 책이 있습니다. 교실에서 아이들과 부대끼며 아이들과 선생님이 함께 성장하는 과정을 보여주는 책입니다.

예를 들어, 이육사의 〈광야〉라는 시가 있습니다. 일제하에서 암담한 시절을 견디며 이겨내려는 독립투사의 정신이 깃든 시죠. 거기에 봄을 기다리며 광야에 "씨를 뿌려라"라는 표현이 나옵니다. 그런데 선생님이 아이들에게 "너희들도 씨를 뿌리겠니?" 하고 물으니 어떤 학생이 "아니 내가 뿌려서 그 열매도 못 먹을 텐데 왜 뿌려요?" 하더랍니다. 요즘 애들이 이런 식이지요. 많이 변했어요. 왜 그렇게 되었는지 따져 보면, 결국은 또 우리 부모들이나 사회의 문제를 언급할 수밖에 없습니다. 우리 사회가 사람들을 온통 그렇게 만들어가고, 가정과 학교가 아이들을 그렇게 만들어가는데, 아이들이 어떻게 다르게 자라겠어요?

바로 그때 이 선생님이 물었습니다.

"얘, 지금 우리가 먹는 열매들이 많은데, 그 씨를 누가 뿌렸지?"

바로 그 순간 그 아이가 생각을 하기 시작합니다.

"그렇구나. 우리 조상들이 뿌린 씨앗의 열매를 우리가 이제 먹고 있구나."

일례로 독립운동가들의 피와 땀과 눈물로 우리나라가 독립되었고, 숱한 선배들이 민주화 운동을 하며 잡혀가고 고문당하고 죽기도 한 결과 우리가 지금 비교적 자유롭게 살고 있는 것입니다. 지금도 수많은 사람들이 밤새 노동하며 물자를 생산해 내는 결과 오늘날 우리가 이렇게 풍요로운 세상에 사는 것이지요.

사실 어떤 면에선 요즘 모든 게 너무 많아 큰일인 세상입니다. 음식도 옷도 집이나 차도 컴퓨터나 휴대폰도 너무 많습니다. 사실 책도 너무 많아요. 어떤 면에서는 우리의 영혼을 흔드는 책 몇 권만 있으면 됩니다. 말하자면 그렇다는 거예요. 무조건 많이 읽을 필요가 없는 거죠. 단 한 구절, 한 줄이라도 자기 인생을 밝히는 희망의 등불이 되면 족한 것입니다. 굳이 한 단어만 고르라고 하면 저는 '사랑'이라고 말하겠습니다. 사랑, 내 자신만 사랑하는 게 아니라 이 세상 전체를 사랑하는 것, 이게 핵심입니다. 이런 식으로 《시인의 교실》은 어른과 아이가 사랑으로 함께 성장하는 이야기를 전해 줍니다.

이 책과 함께 읽으면 좋은 것이 고미숙의 《호모 쿵푸스》(그린비, 2007)입니다. '쿵푸'가 원래 공부라는 뜻이니 제목이 '공부하는 인간'이네요. '공부' 하면 좀 지겨운 느낌이 드는데, 실은 학교 공부만 공부인 건 아니죠. 이 책은 비교적 쉬워서 청소년부터 어른까지 모두 읽을 수 있어요. 공부의 묘미와 책 읽는 즐거움을 느낄 수 있습니다. 부제목이 '공부하거나 존재하지 않거나'인데, 매우 무서운 말입니다. 공부하지 않으면 죽은 거나 다름없다는 말이니까요. 사실 생각 없이 산다는 건 산 송장, 즉 좀비 같은 존재입니다. 그래서 공자님 말씀처럼 배우고 또 익혀야 하는 것이지요. 배우고 또 익히면 기쁘지 아니한가, 학이시습지 불역열호(學而時習之 不亦悅乎).

학교 공부만 생각하지 말고 인생 전체를 공부의 대상으로 삼는 게 중요하다는 말이 기억에 남습니다. 실학자 홍대용 선생의 말처럼 "크게 의심하는 바가 없으면 큰 깨달음이 없다"는 말도 울림이 큽니다. 그래서 의심이나 질문의 크기가 곧 내 삶의 크기를 결정한다고 합니다. 실은 개인만이 아니라 우리 사회의 크기나 깊이도 시민들이 얼마나 큰 질문을 던지는가에 따라 결정되는 것 같아요. 요즘 같으면 특히 민주주의나 삶의 질, 행복의 관점에서 큰 질문들을 많이 던져야 할 것 같습니다.

잡초는 없다

《잡초는 없다》(보리, 1998)란 책을 들어 보셨나요? 1980년대로 기억하는데, 이 책의 저자 윤구병 선생은 충북대 철학과 교수를 하다가 교수직을 던지고 변산 공동체 농부가 되셨습니다. 저로서는 '신선한 충격'이었죠.

《잡초는 없다》의 메시지가 무얼까요? 우리는 흔히 내가 키우는 농작물만 제대로 크기를 원해서 잡초들은 다 제거해야 하는 걸로 생각합니다. 그런데 그 잡초도 다 귀한 생명이라고 보는 관점입니다. 사람 입장에서 쓸모를 기준으로 보면 이것은 작물이고 저것은 잡초지만, 기준을 달리 보아 풀의 입장에서 보면 다 소중한 생명이거든요. 그런 관점으로 텃밭을 일구면 풀을 좀 뽑아주다가도 '풀아, 미안하다' 하는 마음이 생겨요. 또 풀을 거름으로 쓰면서는 '풀아 고맙다' 할 수도 있겠지요. 그런데 사람들은 풀을 모조리 제거하려고 제초제를 마구 뿌려댑니다. 사람만 많이 먹으려고 농약(살충제)이나 제초제를 뿌려대니 미생물이 죽어가고 결국 흙도 푸석푸석해지죠. 거름이 없으니 화학비료를 계속 뿌려야 하고, 먹는 사람도 화학비료나 농약을 간접으로 섭취하게 됩니다. 그래서 모두 병들게 되니 악순환입니다.

만일 우리가 흙이나 풀 하나도 달리 보기 시작하면 세상이 완전히 달라질 수 있습니다. 오래전 시애틀 추장의 말처럼, "우리 모두가 형제이고 함께 사는 존재"라는 사실을 인식하고 실천해야 한다는 거죠. 내가 직접 먹는 것만 챙기지 말고, 그래서 풀 같은 것을 증오하거나 배척하지 말고 모든 존재가 나름의 의미가 있다고 봐주면 좋을 것 같아요. 동시에 만물은 어떤 식으로든 연결되어 있지요. 풀조차 뿌리를 뻗으면서 흙을 일구는 역할도 하고 곤충이나 미생물도 살립니다. 벌레가 있어야 새나 나비가 꼬이고, 그래야 꽃에 수분이 되어 열매가 맺힙니다. 그래야 사람도 살고요. 그러니 어느 것 하나 소중하지 않은 게 없습니다.

이와 관련해《세상에 나쁜 벌레는 없다*The Voice of the Infinite in the Small*》(민들레, 2004)라는 책이 있습니다. 우리가 싫어하는 파리, 모기, 바퀴벌레, 지네, 거미 등에 대해 얘기하는 책입니다. 모두 징그럽다고 하죠? 그러나 저자 조안 엘리자베스 록^{Joanne Elizabeth Lauck}은 우리가 싫어하는 곤충이나 벌레와도 대화가 가능하다고 해요. 파리나 모기 등 벌레조차 어쩌면 신의 다른 모습일 수 있다는 이야기를 합니다. 모든 생명은 귀하다는 얘기입니다.

그러면 우리는 왜 벌레를 두려워하는가. 여기에 대해 저자는 우리가 어릴 때부터 아름답고 밝고 즐거운 것만 추구하고, 어둡고 싫은 것은 억압하고 묻어 둔다는 점을 지적합니다. 그렇게 감추어 놓은 것이 그런 벌레를 통해 보이니까 우리가 한사코 무서워하거나 바로 죽이고 싶은 마음이 든다는 거죠. 그 책을 읽은 뒤로는 파리나 모기도 함부로 잡지 못하겠더라고요. 잡더라도 "모기야, 미안해" 하고 말하죠. 사실 모든 인간은 나약한 면과 강한 면, 밝은 면과 어두운 면이 섞여 있거든요. 이걸 있는 그대로 끌어안고 사랑하는 가운데 하나씩 극복해 내는 과정이 삶의 진수가 아닐까 생각합니다. 좋은 건 좋은 대로, 나쁜 건 나쁜 대로 잘 끌어안으면서 더 나은 모습으로 바꾸어내는 그런 삶의 자세가 필요해요. 그러니 앞으로는 잡초나 벌레, 사람으로 치면 못나고 바보 같고 어수룩한 사람들을 절대로 함부로 대하지 말자, 이런 얘기입니다.

간디의 물레

《간디의 물레》(녹색평론사, 1999)는 《녹색평론》이라는 교양 잡지를
두 달마다 내는 김종철 선생님이 쓴, 간디로 상징되는 자립적 · 생태
적 · 평화적 삶에 관한 에세이집입니다. 마하트마 간디[Mahatma Gandhi]는
인도의 독립을 위해 비폭력 불복종 운동을 전개했고, 인도인들에게
소금을 직접 만들고 하루에 한 시간씩 물레를 돌리자고 했습니다. 옷
을 만들기 위해서요. 왜 옷을 직접 만들자고 했을까요? 당시 인도는
영국의 식민지였습니다. 산업혁명 뒤 영국에서 기계로 대량생산하
는 기성제품을 값이 싸다고 막 사기 시작하면 인도 경제가 종속된다,
영원히 독립을 못한다, 인도인이 스스로 의식주를 해결해야 독립의
기초가 형성된다, 이렇게 본 것입니다.

두 번째, 물레는 나무로 만들어진 거잖아요. 이게 거대하거나 사
람을 압도하는 기계가 아니에요. 그저 사람의 손으로 돌리는 거죠.
'평화의 기술'이란 겁니다. 저도 텃밭의 풀을 낫으로 벨 때와 예초기
로 벨 때의 마음이 달라요. 예초기를 등에 매고 풀을 칠 때는 일단 사
고 날까 봐 겁나기도 하지만 풀에게는 마치 적군을 쏘아 죽인 것 같
은 느낌이 듭니다. 하지만 낫으로 풀을 벨 때는 조심하기도 하지만
풀한테도 "풀아, 미안하다" 이러면서 베거든요. 흙이나 풀과 교감을
하게 됩니다. 결국 호미나 낫이 평화의 기술이란 겁니다. 물론 저도
풀이 너무 많아 감당이 안 되면 어쩔 수 없이 예초기를 사용하지만,

가급적 자주 사용하지 않으려고 합니다.

한편, 모든 걸 기계에만 의존하면 인간의 능력도 떨어집니다. 내비게이션이나 스마트폰을 쓰면서 공간감각이나 기억력이 떨어지는 것이 대표적인 증거죠. 이런 의미에서 간디의 물레는 자주 · 자립의 기술이요 평화의 기술, 자율성의 기술입니다. 이 책에는 그 외에도 굉장히 많은 메시지가 있습니다. 그중 브레히트^{Bertolt Brecht}의 시 한 편을 볼까요?

그들이 앉아 있는 나뭇가지들을 계속하여 톱질했다.

어떻게 하면 톱질을 잘할 수 있는지를 서로서로에게 소리쳐 가르쳐주었다.

그런 다음 요란한 소리를 내며 심연으로 떨어졌다.

그 모습을 보고 있던 사람들은 고개를 흔들었다.

그리고는 다시 톱질에 열중했다.

사람들이 높은 나무에 올라가 자기가 앉아 있는 나무를 톱질하니 아래로 툭 떨어질 거 아니에요? 보던 사람들이 그러면 안 된다고 하면서 자기도 또 그렇게 톱질하는 어리석음을 지적한 것입니다.

'경제성장' '경제발전' '부자 되기' '잘살기' 또는 '열두 살에 부자 되기' '몇 살에 10억 벌기' 등등 부자 되기나 자기계발 류의 책들이 많은데, 저는 이런 책들이 바로 자기가 앉은 나뭇가지를 자르는 어리석음을 가르치는 꼴이라고 생각합니다. 우리가 잘살기 위해 여러 분야에서 많은 활동을 하는데, 그것이 진정으로 내가 행복하고 평화롭게 다른 사람과 어울리면서 기쁜 마음으로 살아가는 그런 길인가, 아니면 내가 앉아 있는 나뭇가지를 자르고 추락하는 일인가를 물어야 합니다. 그것을 내다봐야 합니다. 그런데 우리는 어리석은 데다 불감증 혹은 제도화된 무책임 같은 것을 드러내고 있습니다.

'제도화된 무책임'으로는 학교가 대표적이죠. 지금 아이들의 교육, 이런 식으로 하면 안 됩니다. 학교와 학원을 뺑뺑이 돌리고 하루에 열 시간 이상 책상에 묶어 두면 아이들 정서가 메마릅니다. 자기 꿈을 키울 기회를 상실하죠. 자연과 친구들과 함께 즐겁게 놀이하는 가운데 인생의 어떤 재미나 기쁨을 누려야 할 아이들이 성적과 시험과 경쟁에 치이다 보면, 당장은 부모가 원하는 결과를 던져줄 수 있을지언정 진정으로 자기 인생을 음미하는 사람이 되기는 어렵습니다.

작은 것이 아름답다

제목도 멋진 《작은 것이 아름답다Small is beautiful》란 책은 E. F. 슈마허Ernst Friedrich Schumacher의 작품으로, 1970년대 초반에 나온 책입니다. 흥미롭게도 부탄이라는 나라에서 GNP나 GDP 대신 GNH(국민총행복)를 쓰겠다고 한 시기와 거의 비슷합니다. 슈마허 박사는 원래 독일계 출신으로 영국에서 관직 생활도 했습니다. 공직에 있으면서 세상의 가난한 나라들에 도움을 주려고 현장 방문을 많이 했어요. 그 과정에서 이 분이 던진 메시지가 인상적입니다.

만일 선진국이 진정으로 가난한 나라를 도와주고자 한다면, 자기들에게 남아도는 상품을 팔아먹는 식으로 하거나 후진국을 기술 종속적으로 만들거나 하지는 말라고 합니다. 사실 대한민국의 경제 발전도 늘 그런 종속성과 하위성을 띠었습니다. 슈마허 선생은 그렇게 하지 말고 가난한 사람들을 만나 무엇이 필요한가 물어보고, 그들이 '뭔가 하려고 하는데 이게 부족해요' 하면 바로 그 부족한 것을 도와주라고, 그것이 진정성 있는 원조라고 말합니다. 원조와 차관 등이 가진 잘못된 면을 지적한 이 부분이 제게는 아주 인상적이었습니다. 가난한 나라를 도와준다는 명분 아래 그 경제력의 격차를 이용해 또다시 돈벌이를 하려고 하진 말라는 메시지였거든요.

두 번째 메시지는 이 세상의 자원을 크게 두 가지로 나누는 지혜로, 제 가슴에 '콕' 하고 박혔어요. 이제까지 우리가 배운 것은 자본이나 기술이 없는 후진국이 선진국이 되려면 딴 생각 말고 오로지 열심히 노동을 하라는 것이었습니다. 그런데 슈마허 박사는 이 세상 자원을 재생 가능한 자원과 재생 불가능한 자원으로 나눕니다. 이것이 자명한 사실인데도 우리는 경제 발전을 한답시고 마치 모든 자원이 무한한 것처럼 본 거죠. 태양광이나 바람 에너지는 당연히 재생 가능합니다. 하지만 석유나 가스 등 화석 에너지, 그외 각종 광물은 대부분

재생 불가능해요. 이때 재생이 가능한 건 우리가 필요한 만큼 써도 괜찮지만 재생 불가능한 것은 금방 고갈이 되니 그럴 수 없다는 것을 알아야 한다는 겁니다. 그게 현명한 발전이죠. 그런데 우리는 그것도 모르고 앞만 보고 달려갑니다. 선진국이 되기 위해 끊임없이 더 많이, 더 빨리, 더 높이, 더 크게… 이것만 추구해 왔습니다.

세 번째로 깜짝 놀란 것은 서양인이 동양의 '불교 경제학'에서 인류 경제의 미래를 본 것입니다. 스님들이 사는 모습을 보라. 얼마나 단순하게 사는가. 종교를 떠나 그 분들의 겸손한 삶과 자발적인 가난, 비폭력, 평화, 이런 삶의 태도가 '오래된 미래'라는 거죠. 구태여 명품을 추구하고 남한테 힘 있게 보이려고 애쓰지 말라는 것입니다.

한번은 제가 서울에서 지하철을 갈아타다가 큰 간판에 "피부는 권력이다"라는 광고를 보았습니다. 순간 골이 띵했죠. 화장품 광고였는데, 그 화장품을 사서 바르면 권력이 생긴다는 거였습니다. 어떤 면에서 자존감이 없으니 화장품이라도 비싼 걸 발라 자존감을 느끼자는 것이죠. 실은 이런 게 마약과 같은 원리예요. 모두 상업, 자본, 돈벌이에 속하는 과정입니다. 그러지 말고 소박하게 생긴 대로 살자, 그리고 모든 존재가 다 존귀하니 서로 존중하며 비폭력적으로 평화롭게 살자, 이런 내용이 '불교 경제학'의 두 핵심입니다.

수도자나 수녀님들도 그렇게 사는 걸 많이 보았습니다. 부산에 있는 어느 수도원에 가서 하룻밤 묵은 적이 있는데, 그 방에는 성경과 탁자, 침대만 있었어요. 또 돌아가신 수녀님들 유품을 전시한 방에는 안경과 성경, 묵주, 일기, 펜 하나, 옷 한 벌이 전부였습니다. 감동적이죠. 사실 스님이나 수녀님이나 마찬가지라고 생각해요. 간소함과 비폭력이란 것이 종교를 초월한 삶의 태도란 거죠. 이런 태도나 원리가 우리의 사회경제 시스템에도 반영이 된다면 참 좋겠습니다.

모모

미하엘 엔데$^{\text{Michael Ende}}$의 《모모Momo》(비룡소, 1999)라는 책 아시죠? 이 책은 굉장히 흥미롭게 빨려들어 갑니다. 한번 잡으면 손 놓기가 싫어져요. 이 책의 핵심 메시지는 '시간은 생명이다'라고 할 수 있어요. 생명의 흐름이 곧 시간이죠. 근데 이걸 돈으로 보는 순간, 시간을 아껴 돈을 벌어야 한다는 강박에 빠집니다.

책에도 나오지만, 동네 식당에서 손님이 한 명 오면 주인은 손님과 사는 이야기도 나누고 음식도 가족처럼 정성껏 차려 냅니다. 그게 사는 거니까, 그게 살아 있는 기쁨이니까. 그런데 시간을 돈으로 보기 시작하면서부터는 하루에 손님을 많이 받으면 받을수록 좋습니다. 그래서 손님이 얼른 밥 먹고 나가기를 바라고, 심지어 서로 인사할 시간도 없습니다. 좀 과장하면 10분마다 손님을 바꾸어야 해요. 느긋하게 먹고 있으면, 속으로 '빨리 안 가세요?' 이러는 거죠. 그렇게 변해 간다는 것입니다. 사실 오늘날 '패스트푸드'라는 말 자체가 이런 점을 잘 보여 줍니다. 미국에서 본 것 중 참 웃긴 것이, 패스트푸드조차 자동차를 몰고 들어가 차를 탄 채 주문을 하고 음식을 받아 가는 것이었습니다. 달리면서 먹겠죠. 이 정도라면 "왜 사나?"라고 질문해야 하지 않겠어요?

사실 주인공 '모모'는 오늘날 은행이나 자본의 속성을 고발하고 있습니다. 노래 가사에 나오는 철부지가 아니라 차라리 철학자라고 해야 정확할 것입니다. 근본을 생각해 봅시다. 왜 우리가 은행에 저축을 합니까? 여러 가지 이유가 있지요. 그래야 안전하니까, 이자를 주니까, 노후를 대비해서… 이런 정도까지는 좋아요. 그런데 통장에 돈이 쌓이는 자체에 만족하는 경우가 있습니다. 아이가 자전거를 사 달라고 하는데도 몇 년 안에 1억 원을 모아야 한다며 현재의 욕구를 억압하는 식입니다. 인간적 필요나 욕구를 억압하면서 수치 증대에만 신경을 쓰는 게 잘못된 것입니다. 이게 첫 번째 문제입니다.

두 번째, 은행의 돈놀이라는 게 여유 있는 이의 돈을 보관했다가 돈이 필요한 이에게 빌려주어 돈을 버는 것입니다. 예금 이자와 대출 이자의 차이로 돈을 버는 거죠. 그 정도는 그나마 괜찮아요. 그런데 오늘날 금융 세계를 보면 그 정도를 넘어 투기와 거품이 판을 칩니다. 거품은 기본적으로 '신용창조'라는 데서 생깁니다. 쉽게 말해, 은행은 100만 원만 있어도 1000만 원을 빌려줄 수 있습니다. 종이 하나에 숫자만 적어주면 되거든요. 그게 수표예요. 오늘날에는 통장이나 카드에 숫자만 넣어주죠. 그러니 그 많은 돈이 없어도 대출이 가능합니다. 그래서 이자 수입을 늘릴 수 있습니다. 또 온갖 투기성 상품을 많이 만들어냅니다. 이런 걸 멋진 말로 '신용창조'라고 하는데, 만일 모든 예금자가 동시에 몰려가 '내 돈 달라'고 하면, 은행은 파산(지급불능)하고 말 겁니다. 현금을 그 10분의 1도 안 갖고 있으니까요.

《모모》의 핵심 메시지는 이렇게 돈놀이 중심으로 사는 건 잘못된 삶이라는 것입니다. 그런데 우리도 모르는 사이에 세계 금융 자본은 언제 폭발할지 모르는 핵폭탄 같은 거대 공룡이 되어 휘젓고 다닙니다. 생산이나 소비에 필요한 물자의 거래와 맞물린 실물경제와 무관한 금융경제가 활개를 치면 고위험의 거품과 투기가 핵폭탄 역할을 하게 됩니다. 그게 터진 게 2007~2008년 리먼 브라더스로 상징되는 세계금융위기입니다. 은행들이 융자금 내주면서 집 사라, 집 사면 돈 번다, 했는데 그게 일정한 시간이 지나 안 먹히니 그간 부풀었던 거품이 빵 하고 터진 거죠. 지금 우리나라도 속으로 곪고 있습니다. 사실은 이미 터진 거나 마찬가지죠. 집을 고루 나누기만 하면 가구마다 하나씩 돌아갈 정도인데, 뉴스를 보면 한 사람이 수백 채에서 수천 채를 가진 경우도 있습니다. 그런 사람들은 자기 집을 관리하기 위해 회사를 차려야 할 정도예요. 반면 인구의 50퍼센트는 자기 집이 없어 월세나 전세 살이의 어려움을 겪고 있습니다. 대출해서 집을 샀는데 집값이 생각만큼 오르지 않거나 오히려 내려가 깡통을 찬 '하우스 푸어'도 많습니다. 돈 버는 과정도 문제지만, 자원 분배도 이렇게 불균형입니다.

이런 내용을 소설로 재밌게 풀어낸 게 《모모》입니다. 《모모》의 결론은, 거품으로 뻥튀기한 돈벌이에 중독돼 빨려 들어가지 말고, 친구와 사랑을 나누며 삶의 기쁨을 느끼고, 책을 통해 여행도 하고 사람들과 살갑게 살아가는 게 진짜 인생이라는 겁니다.

아름다운 삶, 사랑, 그리고 마무리

《아름다운 삶, 사랑, 그리고 마무리Loving and leaving the good life》(보리, 1997)라는 책의 저자는 스코트 니어링Scott Nearing의 아내 헬렌 니어링Helen Nearing입니다. 스코트도 대학교수 출신인데, 그는 도시의 물질적 삶과 고립된 삶에서 더 이상 의미를 발견하기 어려워 자급자족의 삶, 자연과 함께하는 삶을 살고자 시골 마을로 들어갔죠.

이 책에 가슴 쩡한 이야기가 있어요. 죽음을 앞둔 이야기죠. 스코트는 자기가 세상을 하직할 때 죽어가는 과정을 스스로 느끼며 품위 있게 마무리하고 싶다고 해요. 그래서 자기가 죽더라도 슬퍼하거나 살리려고 난리를 피우지 말라고 합니다. 그동안 값지고 행복하게 잘 살았으니 마무리도 자연스럽게 하고 싶다는 거죠. 죽음조차 전혀 불행하거나 안타까운 일이 아니란 것입니다. 수명을 다해서 죽는 것이니 슬퍼하지 말고, 의사에게 살려달라고도 하지 말고, 죽어가는 순간에도 그저 옆에 같이 있어주고, 숨을 멈추면 입은 옷 그대로 태워서 그 가루를 살던 집 나무 아래 묻어달라고 했습니다. 저는 이 부분을 보며 큰 감동을 받았고, 저도 제 생을 그렇게 마무리하고 싶다는 생각이 들었지요. 삶의 마무리 과정까지 그렇게 정리할 수 있는 사람이면 평소에 얼마나 하루하루 가치 있게 살았겠어요. 앞에서 말한 에리히 프롬^{Erich Fromm}의 '존재 양식'의 삶과 통합니다.

그 책에 여러 좋은 얘기가 많지만, 아무래도 죽음과 관련해 느낀 점이 많았습니다. 우리가 어릴 때는 잘 모릅니다. 할아버지, 할머니가 돌아가셔도 별로 감각이 없어요. 아주 특별한 경우가 아니면요. 나이가 좀 차면 주변 아저씨나 이런 분들, 또 나이가 차면 부모님이 돌아가시고 그러는데, 특히 부모님의 경우 삶과 죽음에 관해 정리가 되어 있지 않으면 참 많이 당황하고 너무 슬퍼 헤어나지 못하기 쉽습니다. 이 문제와 관련해서는 엘리자베스 퀴블러 로스^{Elisabeth Kubler-Ross}의 《죽음과 죽어감*On Death and Dying*》(이레, 2008)이나 《인생수업*Life lessons*》(이레, 2006) 같은 책도 좋습니다. 저는 어머니가 돌아가시기 전부터 이런 책들을 읽으면서 미리 마음의 정리를 많이 했습니다. 동시에 매 순간 좋은 시간을 나누었죠.

부모님의 죽음이 말 못할 정도로 슬프지만 그렇다고 막을 수는 없잖아요? 그래서 오히려 살아 계실 때 살갑게 지내면서 매순간 살아 있음을 느끼는 게 중요하다고 봅니다. 저는 어머니 등도 두드려드리면서 주름진 손과 팔도 만져가면서 또 때로는 얼굴도 부비면서 "이렇게 함께 사는 게 참 좋다"는 얘기를 많이 나눴습니다. 여행을 가도 늘 같이 다녔고요. 그렇게 언젠가 영원한 이별을 해야 한다는 생각을 의식적으로 한 상태에서 매 순간을 살갑게 지내다가 돌아가시니 그 슬픔이야 주체하기 어렵지만, 그래도 그 수많은 시간 동안 어머니와 함께한 시간을 감사하게 느끼면서 비교적 가벼운 마음으로 보내드릴 수 있었습니다. 그럴 때 도움을 주는 책이 이런 책들입니다.

삶의 의미를 찾아서

《삶의 의미를 찾아서 *The will to meaning*》(청아출판사, 1995)나《죽음의 수용소에서 *Man's search for meaning*》(청아출판사, 1984)를 쓴 빅터 프랭클 Viktor Frankl은 독일 나치의 강제노동수용소에 붙잡혀 갔다가 죽을 고비를 여러 번 넘기고 살아난 의사입니다.

이 분이 만든 '로고 테라피'(의미치료법)는 삶의 의미를 찾는 것이 중요하다는 메시지입니다. 나치 수용소에서 언제 죽을지 모르는 그 순간에조차 옆 사람과 빵 한 조각을 나누어 먹고 담배 한 개비 나눠 피울 정도의 인간성을 간직한 사람은 삶의 희망과 끈을 놓지 않을 수 있었다는 것입니다. 비록 한 시간 뒤 혹은 내일 죽는다고 해도 주변 사람을 챙기며 내 삶의 의미나 가치를 발견한 사람은 아무리 심한 폭력이나 난관도 이겨낼 힘을 발휘할 수 있다고 얘기합니다.

이와 비슷한 얘기로 일본의 시게 유키오志下由紀夫의 에피소드가 있습니다. 이 분은 60세에 퇴직 후 제주도의 주상절리와 비슷한 관광

명소인 후쿠이 현 도진보라는 '자살 절벽' 근처에 산다고 합니다. 세상에 절망하고 모든 끈이 다 끊어진 사람, 마지막으로 전화할 곳도 없는 그런 사람들이 그 절벽에 와서 마지막에 몸을 던지는데, 가만히 다가가 '나랑 차 한 잔 하자'며 말을 걸기만 해도 자기 얘기를 들어주는 이가 있다며 감격의 눈물을 흘리더라는 것입니다. 그렇게 해서 삶의 의미를 되찾고 다시 살아간다는 겁니다. 따뜻한 말 한 마디가 사람 목숨을 구하는 거죠.

사람과 사람 사이의 관계야말로 상처의 원인이기도 하지만 치유의 근본이기도 합니다. 사실, 자살하는 많은 사람들이 마지막 순간에 전화할 사람이 하나도 없다고 느끼는 경우, 자살한다고 합니다. 삶의 의미나 가치를 발견하는 것은 이토록 중요한 것입니다.

우리나라는 청소년들이나 어른들이나 설문조사를 해보면 자살 충동을 느끼는 사람이 의외로 많습니다. 30~40퍼센트나 되죠. 실제로 자살률도 세계 최고를 달리고요. 잘살아보겠다고 악을 쓰며 달려왔는데 결국은 자살을 가장 많이 하는 나라가 되었습니다. 이건 뭔가 우리가 사는 방식이 심각하게 잘못되었다는 것입니다. 지금부터라도 바른 길을 만들어야 합니다. 앞에서 언급한 루쉰의 말처럼요. 결국 우리가 함께 걸으며 만들어야 하는 길은 누가 뭐래도 사람과 사람, 사람과 자연이 더불어 사는 그런 길이 아닐까 합니다.

끝으로, 우리가 이 책을 통해 배운 내용을 작은 것부터 실천하는 것이 중요하다고 강조하고 싶습니다. 지행합일입니다.

제12강: 인간관계의 기쁨
더불어 소통하는 관계

의사소통은 누구나 중요하다고 강조합니다. 여기에서는 '생태적 의사소통'이라는 주제로 얘기하려고 하는데, '생태적'이란 말이 좀 낯섭니다. 원래 '생태적'이란 말은 자연과 사람이 하나의 생명체라는 인식을 갖고 있다는 이야기입니다. 사실 우리 인간은 '만물의 영장'이라고 하지만 거대한 우주에 비하면 먼지 하나밖에 되지 않는 존재입니다. 그렇다고 아무 의미 없는 존재냐, 그것도 아닙니다. 한 사람 한 사람이 얼마나 소중한 생명체입니까?

그래서 저는 이렇게 말합니다. 사람은 모든 것(everything)이면서도 아무것도 아닌(nothing) 존재라고요. 그러니 한편으로 자존감을 갖고 살면서도 다른 편으로 대단히 겸손하게 살아야 한다고 봅니다. 그렇게 되면 다른 사람과 더불어 좋은 이웃관계를 만들고, 또 대자연 속에 조심스레 깃들어 살 수 있는 존재가 되겠지요. 이렇게 사는 삶이 생태적인 삶이랍니다.

그래서 옛날 어른들은 물아일체(物我一體), 자연합일(自然合一), 이웃사촌 같은 말을 써왔고, 또 산에 가면 산신령, 바다 가면 바다신령, 땅에는 지신, 하늘에는 한울님 등이 있다고 믿었는데, 이것이 모두 생태적인 삶과 통합니다. 늘 조심하고 겸손한 자세, 이 세상 만물이 얽히고설켜 있다는 생각, 이게 생태적 마인드입니다. 이렇게만 살 수 있다면 사실 우리 인간 사회의 많은 문제들도 쉽게 풀리지 않을까 생각합니다.

다음으로 '소통'은 의사소통이라고도 하는데, 서로 잘 통하는 것을 말합니다. 우선은 다른 사람과 잘 통하고, 좀더 크게 보면 대자연과도 잘 통하고, 궁극적으로는 자기 자신과도 잘 통하는 것이 소통이 잘되는 것이라 할 수 있습니다. 언뜻 의사를 전달하는 것만 소통이라고 생각할 수 있지만, 감정이나 느낌도 중요한 소통의 내용이 됩니다. 소통이 잘되면 마음이 참 편안하지요. 거꾸로 마음이 불편한 경우는 서로 소통이 잘 안 되고 있어 그렇습니다.

저는 소통을 나와 나의 소통, 나와 다른 사람과의 소통, 사람과 자연의 소통, 더 크게 사람과 우주의 소통으로 나누어 볼 수 있다고 생각합니다.

나와 내면의 소통

우선 나와 나 자신의 소통은 결국 우리가 자신의 깊은 내면과 만나는 것입니다. 본심, 진심, 양심 같은 말과도 통합니다. 대체로 우리는 성공과 출세의 목표를 세우고 앞만 보고 달려가는 경향이 있습니다. 그리고 그 와중에 진정한 자신을 잃어버리기 쉽습니다. 솔직한 감정이나 느낌을 숨기기도 하고 억지로 자신을 채찍질하기도 해요. 물론 그렇게 해야 성공하고 출세하기 쉽게 때문이지요. 그러나 나중에 언젠가 '이게 진짜 내 삶인가' 하고 회의가 들 때가 많습니다. 그런 회의야말로 자기 내면과 조금씩 소통하는 과정에서 나오는 것입니다. 그동안 잊고 살았거나 억압하고 살았던 자신의 내면이 조금씩 느껴지는 것이지요.

제가 자주 말하는 내용인데, 우리는 지난 50년 동안 물질적으로는 약 300배 부자가 되었으나 마음의 행복은 30배 증가했다고 보기도 어렵습니다. 오히려 스트레스가 그 정도 늘었다고 보는 게 정확할지 몰라요. 저는 소득과 지위와 명예와 인기 등을 '삶의 양'이라고 부르는데, 삶의 양이 증가한다고 해서 무조건 행복도가 증가하는 것은 아님을 알아야 합니다. 사실 이미 우리 모두 그렇게 느끼고 있지 않습니까? 예전에 비해 온갖 물자가 얼마나 풍부해졌습니까? 그러나 물질적 부자라고 해서 마음이 부자인 것도 아니고, 더구나 내면이 행복하다고 느끼는 것은 또 다른 차원입니다.

소득이나 지위 향상을 열심히 추구하다가도 '아, 이게 아닌데…' 하는 느낌을 가져 본 적 있지 않나요? 시의원이나 도의원을 한번 예로 들어 볼까요? 처음 의원직에 출마할 때는 대의를 위해, 사회를 위해 뜻 깊고 의미 있는 일을 좀 해야겠다 하는 마음으로 출발합니다. 하지만 막상 해 보면 자신의 의도나 진심이 참 실현되기 어렵다는 것을 깨닫죠. 물론 그런 말을 겉으로 쉽게 내뱉을 수도 없지요. 상황적인 조건이 그렇습니다. 그렇게 말하거나 인정하면 자신이 무능해지는 것 같습니다. 그러나 내면에서는 '야, 이건 정말 무슨 쇼를 하는 것 같다'는 생각이 들 때가 많습니다.

이런 식으로 특히 현실의 정치나 경제 영역에서 활동하는 사람들은 자신의 내면과 외면이 분리되도록 스스로 강제하는 경우가 많습니다. 그렇지 않으면 금방 낙오되거든요. 인기를 얻고 성과도 내려면 자신의 내면이 시키는 대로만 따라가서는 안 된다는 것이 우리 현실의 비극 중 하나이지요. 일례로, 경우에 따라서는 평화를 사랑하는 사람이 어떤 성과를 위해 폭력적 언사나 힘을 빌려야 하는 경우도 생깁니다. 국회 안에서 국회의원들이 폭력을 휘두르는 것이 그 한 예라고 할 수 있지요. 한편 눈에 안 보이는 제도적 폭력이라고 하는 것도 있습니다. 예를 들어, 어떤 법안을 날치기 통과하는 경우 날치기 통과는 제도적 폭력입니다. 암기력 시험을 치고 등수로 줄 세우는 것도 제도적 폭력이죠.

우리가 어릴 때부터 청년기까지 학교 공부를 하고, 일정한 시간이

지나 직장을 구해 직업생활을 할 때, 진정으로 자신이 배우고 싶은 공부를 하는가, 진정으로 자신이 하고 싶은 일을 하며 사는가, 이런 것을 자문해 보면 우리가 얼마나 우리 내면으로부터 분리되어 사는지, 자기 스스로와도 소통이 얼마나 안 되고 있는지 잘 알 수 있다고 생각합니다.

사실 남들이 보기엔 그럴듯한 학교에서 그럴듯한 공부를 하고 그럴듯한 직장을 다니더라도 그 사람의 내면은 '이게 아닌데' 할 수 있거든요. 이런 차원에서 우리 삶을 찬찬히 뜯어보면, 우리는 우리 스스로와의 소통을 어렸을 때부터 잘하지 못했다는 결론에 이르게 됩니다.

이런 말을 하는 저는 완벽하게 자신과 소통하는 사람인가? 그렇지 않습니다. 하지만 그래도 저는 비교적 제가 살고 싶은 대로, 마음과 느낌이 쏠리는 대로 차곡차곡 살아온 것 같아요. 예를 들면, 부모님이나 형님들은 제가 법대에 가서 사법고시에 합격해 집안을 빛내주기를 바라셨는데, 저는 법학보다 경제나 경영 쪽에 가고 싶었습니다. 그것은 제가 우리 동네에서 보았던 이웃들, 즉 열심히 일하며 살아가는 사람들이 보람을 찾아 즐겁게 일하고 가능하면 스트레스 덜받으면서 살아갈 방법을 찾고 싶었기 때문입니다. 무조건 돈을 벌기보다는 어느 정도 돈도 필요하지만 행복하게 사는 게 더 중요하다는 느낌을 갖고 있었거든요. 그래서 저는 지금도 사람들이 즐겁게 일하고 행복하게 살아가는 방법이 무엇일까, 또 자기 일에 보람을 느끼면서 다른 사람들과 평등한 관계를 맺으면서 사는 길이 무엇일까, 이런 고민을 합니다. 그런 고민을 대학 시절부터 지금까지 약 35년 동안 해온 셈이네요. 저는 제가 걸어온 길에 대해 별로 후회가 없고 자부심을 느끼는 편입니다. 스스로 참 잘했다, 잘 살아왔다고 생각하고 있죠. 물론 완벽하지는 않지만요.

그 과정에서 또 결혼도 하고 자녀를 세 명이나 두게 됐는데 이 세 아이들에게 엄마 아빠가 열심히 공부해 온 것처럼 반드시 그렇게 갈 필요는 없다, 너희들도 나름대로 살고 싶은 모습으로 그렇게 사는 게 행복할 것이다, 너희 마음 깊은 곳에서 하고자 하는 바대로 가면 된다, 이렇게 키웠습니다. 실은 제가 공부를 해오면서 고통스런 과정도 많았거든요. 물론 고비를 하나씩 넘길 때마다 기쁨도 있었지요. 하지만 제 아이들이 모두 학자가 될 필요는 없다고 생각합니다.

모두 자기 내면이 선택한 대로 가니 비록 힘이 들어도 재미가 있는 거죠. 달리 말해 아이들이 자기 자신과 소통이 잘되고 있는 거예요. 내가 진짜 하고 싶은 것, 나와 내 마음이 소통이 잘 되어 그대로 가니까 행복한 것입니다.

바로 이때 부모의 역할이 무엇이냐 하면, "그래, 네 길을 찾았다니 참 고맙구나. 내가 옆에서 도와줄 수 있는 만큼 힘껏 도와줄게. 그러니 열심히 해보렴." 이렇게 하면 됩니다. 억지로 야간 노동을 더 하고 알바를 더 해서 또는 빚까지 내서 지원할 필요는 없습니다. 우선은 편한 마음으로 최선을 다할 뿐, 억지로 하면 모두 불행해지거든요. 억지로 한다는 것 자체가 자신과의 소통이 잘 안 되는 것이죠. 물론 힘든 고비들도 많습니다. 그러나 힘들더라도 자신이 진정으로 선택한 길이라면 아이들은 시간이 좀 걸리더라도 다 이겨냅니다. 이걸 믿어주면 진짜 해냅니다. 물론 경로 변경도 가능합니다. 아니다, 싫으면 다른 길을 가도 되지요. 그렇게 유연한 자세로 열린 자세로 든든한 지지자가 되어주는 것이 부모의 역할입니다. 자칫 제 자랑처럼 들릴 수도 있지만, 핵심은 나와 나 자신의 소통이 되고 있느냐입니다.

결혼할 때도 마찬가집니다. 내가 누구와 결혼해야 혜택을 좀 볼까? 이런 생각은 잘못된 거죠. 누구랑 결혼해야 편안하게 살 수 있고 내 지위가 좀 올라갈까? 이것은 자신과의 소통이 왜곡된 것입니다. 누구랑 결혼해야 정말 나의 반쪽을 찾은 기분일까? 진정으로 나와 소통이 되고 마음이 통하고 인생의 가치를 나눌 수 있는 사람이 누구일까? 진정으로 서로 사랑할 수 있는 사람이 누구일까? 이런 관점에서 짝을 찾으면 큰 문제가 없거든요. 그런데 외형이 어떻고 재산이 어떻고 학벌이 어떻고… 이렇게 따지기 시작하면, 특히 부모가 자녀를 그렇게 보기 시작하면 불행한 결혼생활이 되기 쉽습니다. 말은 좋은데 현실적으론 참 어렵지요? 그러나 이 말이 결국은 옳은 길임을 모두 마음으로 알고 계십니다.

이런 게 왜 어렵게 되었을까요? 따지고 보면 우리 사회가 대체로 소득이나 지위, 명예나 인기와 같은 외형적인 잣대, 양적인 잣대에

초점을 맞춰 돌아가기 때문입니다. 그래서 이제는 그것이 당연한 것처럼 굳어지게 된 것이지요. 제법 오래전부터 쭉 흘러와서 아직도 극복이 안 된 상황이다 보니 여전히 우리는 자유롭지 않은 거예요. 그런 면에서 우리가 좀 배우고 느끼고 새롭게 깨달아, 그렇게 뒤틀린 부분을 뒤집어볼 수 있는 사람, 바로잡는 사람이 되자는 것입니다. 이것이 제대로 배우고 제대로 깨우친다는 말의 의미가 아닐까요?

사람과 사람의 소통

사람과 사람의 관계에서 가장 힘든 것이 자녀와의 관계입니다. 이것만 잘되면 친구나 이웃과도 좋은 관계를 맺게 됩니다. 자녀와의 관계는 거꾸로 부모와의 관계가 되기도 합니다. 자녀의 관점에서 부모를 바라볼 때는 절대적인 존재죠. 낳아주고 길러준 사실 자체만으로도 부모님을 공경해야 합니다. 그러나 공경과 복종은 다른 문제죠.

한편, 부모는 자녀를 바라볼 때 분명히 내가 낳았으니 '내 것'이라고 소유물로 바라보면 안 된다고 생각합니다. 정말 소통하는 관계, 바람직한 관계를 맺으려면 자녀들을 결국은 저 하늘이 주신 선물이라고 볼 필요가 있습니다. 이건 꼭 종교적인 의미를 가진 말이 아니에요. 천지신명, 우주, 하늘이 주신 선물이라고, 하필이면 이 아이가 우리 가정과 인연을 맺게 된, 하늘의 선물이라고 아이를 바라보면, 우리는 아이를 함부로 대할 수 없습니다. 하늘의 선물 개념으로 보면 이웃집 아이도 내 자식처럼 바라볼 수 있어요. 아이는 학교에도 가고 동네에 나가 놀기도 합니다. 그러므로 내 아이만 착하고 잘 자라면 되는 게 아니라, 친구들과 좋은 관계를 맺어야 고통을 덜 받고 행복하게 자라날 수 있습니다. 또 언젠가 커서는 함께 살겠다고 짝을 맺어 올 테니, 내 새끼만 바라볼 일도 결코 아닙니다. 그러니 내 아이가 아니라 우리 모두의 아이, 내 소유물이 아니라 하늘의 선물, 이런 개념이 필요하다는 겁니다. '사회적 부모' 개념과도 통하지요.

아이와의 관계뿐 아니라 모든 사람과의 관계가 우리 삶에서 가장 어려운 것 중 하나입니다. 어떤 면에서는 나 자신과의 관계가 더 어려울 수 있지만, 그래도 우리 일상생활에서는 사람과 사람의 관계가 가장 어렵고도 중요하다고 할 수 있지요. 특히 배우자나 자녀와의 관계, 또 친구나 동료와의 관계가 중요합니다. 학교라면 선생님과 학생의 관계, 부모와 교사의 관계, 이런 부분들이죠. 이 모든 관계 맺기와 소통에서 핵심은 상대방의 입장을 먼저 헤아려주는 것이라고 봅니다. 공감(empathy) 내지 역지사지(易地思之)라고도 하지요.

하임 기너트^{Haim G. Ginott} 박사의 《부모와 아이 사이》라는 책에 나오는 사례들을 살펴보죠. 일례로, 큰 냄비에 맛있는 음식이 있는데 아이가 혼자 다 먹으려고 해요. 이때 보통 "이 자식 봐라. 왜 너만 생각하니? 넌 좀 이기적이더라" 이런 식으로 말하기 쉽습니다.

그때 "얘야, 그 음식은 네 명이 같이 먹을 거란다" 이렇게 정보만 주는 거예요. 그러지 않고 아이의 인격을 판단해 비난까지 해버리면 아이가 상처를 받고 수치심과 죄책감을 느낍니다. 반발심도 커지지요. 그러면 소통이 끊깁니다. 그러나 객관적인 정보만 주면 아이도 "아, 그렇구나! 맛있어서 내가 좀 많이 먹으려 했는데 다른 사람도 생각해야지" 하는 판단을 스스로 한다는 거죠. 쉽지 않죠? 쉽지 않지만 처음엔 연극하듯이 한두 달만 노력해 보세요. 굉장히 소통이 좋아질 수 있습니다.

또는 아이가 집에 돌아와서는 "학교에서 선생님께 꾸지람 들었어요"라고 합니다. 그러면 대개 부모들은 벌써 속에서부터 화가 치밀어 올라 이렇게 말합니다. "도대체 무슨 짓을 해서 야단맞은 거냐? 기껏 야단맞으라고 엄마 아빠가 개고생해서 학교에 보내는 줄 아니?" 이렇게 말하기 쉽습니다. 그러면 아이가 얼마나 비참하게 느껴지겠어요? 그럴 때 등을 두드려주면서 "아이고 우리 보배, 많이 속상하지? 애들 앞에서 그랬으니 좀 창피하기도 했겠다. 자존심 상했겠구나" 하면 금세 얼굴이 밝아집니다. 아이 입장에서는 자기가 잘했든 잘못했든 '부모님은 언제나 내 편'이라는 생각이 들어 든든한 거죠. 그런 마음이 기본으로 들어야 부모가 뭔가를 가르쳐줘도 아이가 진지하게 받아들입니다.

그래서 저는 인간관계에서 '존·경·신'을 강조하고 싶습니다. 존중, 경청, 신뢰의 약자인데, 이 세 가지가 핵심이라고 생각하기 때문입니다. 전혀 새로운 얘기는 아니지요. 아이를 믿어주면 오히려 아이도 스스로 반성해 고칠 것은 고친다는 거예요. 부모가 일일이 지적하면 오히려 반발해서 튀어나가 버립니다. 아주 단순한 건데 실제로는 잘 안 되는 거죠. 잘 아는 것도 중요하고 잘 실천하는 것도 중요합니다. 이 메시지는 아이들과의 소통에서만 통하는 게 아니라 친구들이나 선후배 사이, 동료들이나 직장 상사 및 부하와의 관계 등 모든 인간관계에 공통으로 적용할 수 있는 논리가 아닌가 생각합니다.

혹시 아이가 횡단보도가 아닌 곳에서 길을 건너다가 사고가 날 뻔했다고 생각해 봅시다. 그 순간 어른은 화가 납니다. "횡단보도로 건너야 되는 것도 모르니? 지금 여기가 어디라고 함부로 길을 건너니? 신호등 있는 데서 길 건너야 하는 것도 몰라? 바보같이!" 이렇게 하면 곤란합니다. 이런 식의 빈정거림이나 비난 혹은 위협은 절대 금물입니다. 그러지 말고 "많이 놀랐지? 저쪽으로 조금만 가면 횡단보도가 있잖아"라고만 얘기해도 아이가 모두 다 느낍니다. 자존감도 상하지 않고 말이죠.

우리 어른들은 성급하게 판단하지 말고 상황을 객관화시키는 힘이 필요해요. 그렇게 말하면 아이는 "맞아요, 제가 잘못했네요" 그러면서 '다음엔 서두르지 말고 조심해서 저기로 가야지' 하고 생각합니다. 그리고 동시에 '부모님이 나를 존중해 주고 있구나'라는 느낌을 받지요. 앞선 말처럼 아이를 무시하는 말을 하면 정말 비참해집니다. 열등감도 커져서 자율성이 자라기 어려워요. 이게 바로 자존감의 토대거든요.

사실 우리 사회가 비뚤어지는 이유 중 하나가 바로 끊임없이 재생산되는 열등감 때문입니다. 그래서 저는 교육에 대한 글을 쓸 기회가 날 때마다 이렇게 말합니다. "가능하면 시험을 줄이자고요. 특히 초등학교에서는 시험을 안 쳤으면 좋겠습니다. 중·고교에서는 시험은 치더라도 등수를 안 매겼으면 좋겠고요. 그리고 시험을 치더라도 아이들이 꼭 알아야 할 내용은 70점 정도만 받으면 된다, 그 이상만 되면 모두 합격이다, 이렇게 하자는 거죠."

왜 모든 아이를 1등에서 꼴찌까지 줄을 세워 대부분의 아이들 마음속에 열등감을 심어주고 그로 인해 평생을 고생하게 하느냐는 겁니다. 이게 핵심입니다. 그렇게 하면 아이들에게 발전이 없을 것 같지만, 오히려 그렇게 해야 아이들이 정말 자기가 좋아하는 것을 자율적으로 할 수 있는 분위기가 생깁니다. 그렇게 되면 훨씬 더 다양하고 개성 있고 실력 있는 사회가 될 수 있다는 게 제 생각입니다. 실제로 유럽의 선진 국가들이 보여주고 있지 않습니까? 덴마크, 스웨덴, 노르웨이, 핀란드 같은 나라들이 그렇거든요. 《북유럽에서 날아온 행복한 교육 이야기》(다산에듀, 2012)나 《핀란드 교육혁명》(살림터, 2010) 같은 책을 보면 정말 그 나라 사람들은 아이나 어른이나 우리와는 전혀 다르게 살고 있는 것 같아요.

어른들끼리 소통에서도 상대방 입장을 헤아리며, 가능한 한 주관적 가치판단보다는 객관적 정보만 줌으로써 스스로 판단하게 하는 것이 좋은 방법이라고 봅니다. 흔히 배우자끼리 운전을 배우고 가르칠 때 이혼하기 쉽다고 하죠? 예컨대 운전을 배우는 부인이 정지신호를 못 보고 지나가려다 충돌 사고가 날 뻔했다고 해봐요. 그러면 남편이 "눈은 어디다 둔 거야! 잘하면 사람도 죽이겠네?" 이런 식으로 말하기 쉽죠. 거의 이혼 직전에 가는 거예요. 그럴 때 "아, 신호등을 잘못 봤구나. 큰일 날 뻔했네." 이렇게 말하면 상대방이 금세 알아듣습니다. 그런데 이게 쉽지 않습니다. 힘듭니다. 우리가 소통하는 방법을 어릴 적부터 제대로 배우지 못해서 그렇습니다. 반복해서 말하지만, 이게 처음엔 쉽지 않습니다. 기억해서 노력해야 합니다. 처음엔 연극이다, 생각하고 연습하다 보면 조금씩 달라집니다.

이 모든 소통방식을 '비폭력 대화'(Non-Violent Communication)라 할 수 있습니다. 줄여서 NVC라고 하는데, 크게 보면 4~5가지 요소로 이뤄집니다. ①관찰하고, ②느낌을 보고, ③욕구를 파악하고, ④부탁하고, ⑤감사하라. 우리가 대화할 때 이렇게 하면 서로 평화롭고 발전적인 대화가 된다는 이야기입니다.

우선 관찰한다는 것은 보고 들은 것을 성급하게 판단해서 말하지 말고 일단은 유심히 살펴보라는 말입니다. 앞의 부부 운전 사례에서 보면, "아, 신호등을 놓쳤네! 큰일 날 뻔 했어"라고 말하는 식이죠. 또 그 관찰의 내용에 대해 자기의 느낌도 중요하지만 그것을 바로 표현하기보다 상대방의 느낌을 잘 살펴야 해요. 앞 사례에서는 "괜찮아? 많이 놀랐지?"라고 하는 게 좋겠지요. 그래서 상대방의 욕구나 감정을 잘 읽고 적절히 반응하는 것이 중요합니다. "오늘 모임에 빨리 가고 싶었구나!"라고 말해도 좋겠네요. 그런 다음 자신이 원하는 걸 적절히 요청하거나 부탁합니다. '다음엔 이렇게 하면 참 좋겠네' 하는 식으로요. 앞 사례에서는 "좀 늦어도 되니까 천천히 마음 편하게 가자" 이렇게 말합니다. 아마도 이 말에 상대방은 안심이 될 것입니다. 자기 잘못도 편하게 시인하겠지요? 그러면 서로가 서로에게 감사한 마음을 갖게 됩니다.

비폭력 대화란 결국, 앞에서 말한 '존·경·신', 즉 존중, 경청, 신뢰를 실천하는 과정이라고 할 수 있습니다. 여기서 한 가지 보탤 것은 감사를 표시할 때 과도한 칭찬이나 평가하는 식의 말은 하지 않는 게 좋다는 것입니다. 의사소통에서 감사의 핵심은 직접적인 행위나 대상 그 자체를 있는 그대로 인정하는 것이거든요.

예를 들어, 자녀에게 '너는 이런 것 저런 것 모두 잘하니 정말 천재 같구나'라고 말하면 안 되는 거예요. 그렇게 되면 아이는 부담을 느낍니다. 조금이라도 실수하면 큰일 나겠다고 생각하게 되죠. 그래서 예컨대 "엄마가 부탁한 걸 깔끔하게 잘해줘 고마워" 이런 정도로 말하면 부담도 없고 기분도 좋습니다. 인정을 받았으니까요. 그런데 '천재'니 '만물박사'니 이렇게 말하면, 오히려 기분이 이상야릇해지지요.

사람과 자연의 소통

이제 세 번째는 사람과 자연의 소통입니다. 사람이 사는 지구에 햇빛도 내리쬐고 비도 내립니다. 비가 오면 땅속으로 비가 스며들죠. 흙 속에 스며들었던 물이 정화작용을 거쳐 낮은 데로 흘러갑니다. 또 나뭇가지에, 뿌리에 맺혀 있다가 한 방울씩 흘러내립니다. 이 작은 물방울들이 티끌 모아 태산이듯 모이고 모여서 작은 실개천이 됩니다. 또 이게 모여 개울이 되고 큰 강으로 흘러들어가고 마침내 바다가 되는 거죠. 어떤 사람이 이걸 거꾸로 추적해 봤다고 해요. 바다에서부터 도대체 이 물이 어디서 나오는가 하고. 낙동강이고 한강이고 끝까지 추적해 보니 결국은 산골 높은 곳의 나무뿌리에서 한 방울씩 나오더라는 거죠. 감동적입니다. '천릿길도 한 걸음부터'라는 말이 참 맞습니다.

1960~1970년대까지만 해도 우리는 전기 없이 호롱불을 켜고 군불을 때면서 살았습니다. 집집마다 나무를 자르니까 그때는 벌거숭이산이 문제가 돼서 초등학생부터 식목일만 되면 나무를 심었지요. 그래서 수십 년 지난 지금 벌거숭이산을 면했는데, 다행이죠.

여기서 핵심은, 인간과 자연이 부단히 주거니 받거니 순환한다는 것입니다. 이게 바로 생태적 소통 과정 아닐까요? 하늘에서 비가 내려 땅을 적셔주어야 작물이 자라고, 우리는 그걸 먹습니다. 그리고 사람들은 강 주변에 모여 마을을 이뤄 살고요. 사람이 제대로 살아가려면 곡식과 과일, 채소를 길러야 하니까 천지인(天地人)이 모두 필요합니다. 흙과 땅이 비와 햇빛의 힘, 그리고 사람의 힘과 모두 협동을 해서 작품을 만든 게 우리 밥상이 되는 거죠.

그런데 지난 50년 이상 동안 경제개발 과정에서 보다 잘살기 위해 산업화를 추진했는데, 이런 자연과 인간의 생태적 순환고리들이 많이 깨졌습니다. 우리가 지나간 것을 모두 되돌릴 수는 없지만, 앞으로는 반성하며 갈 필요가 있습니다. 특히 물 오염과 공기 오염, 흙의 오염은 지금 굉장히 심각한 상황입니다. 황사나 미세먼지가 문제가 되고 있지요? 중국에서 오는 황사도 그저 바람 때문에 사막의 모래가 날려서 온다고만 여기기보다, 왜 땅들이 모두 푸석푸석해져서 사막화가 진행되는지 하는 질문이 필요합니다.

크게 두 가지 뿌리가 있다고 해요. 하나는 숲의 나무를 무자비하게 베는 문제죠. 종이를 많이 쓰기 때문일 수도 있고, 나무젓가락을 엄청 쓰기 때문일 수도 있지요. 일회용컵 같은 걸 포함해서요. 두 번째는 농사짓는 데 화학비료나 농약(살충제), 제초제 등을 끊임없이 뿌려대니까 그 속에서 살아야 할 미생물들이 죽어버리는 거예요. 농사엔 미생물이 핵심이라고 해요. 흙 한 숟가락 안에도 수억 마리의 미생물이 살아서 꿈틀거려야 좋은 흙이 된다고 해요. 지렁이 똥을 포함해 미생물이 많이 살아 있어야 좋은 흙이 되어 건강한 작물이 자란다는 거죠. 그래야 우리도 건강한 음식을 먹을 수 있고요. 물론 그런 걸 먹어야 좋은 똥도 눠서 퇴비도 좋아지죠. 그렇게 '밥이 똥이고 똥이 밥이 되는' 생태순환형 살림살이가 되는 것입니다. 근데 화학비료나 농약, 제초제가 듬뿍 들어 있는 음식을 값이 싸다는 이유로 오랫동안 지속적으로 섭취했을 때 이르면 40대, 더 이르면 10대 때도 암에 걸릴 확률이 높아진다고 합니다. 그래선 안 될 일이죠.

물론 우리가 생활비용을 아끼는 것은 매우 중요합니다. 절약하고 아끼는 게 살림살이의 기본이니까요. 그런데 비용의 관점에서 보더라도 30~40년을 악착같이 아끼며 음식물도 싼 것만 주로 섭취했는데, 그걸로 인해 큰 병이 걸려서 마지막 10년 동안 가산을 탕진하고 친척들에게까지 돈을 빌려서 암 수술하고 가는 게 나을까요? 아니면 평소에 텃밭 재배를 하든지 아니면 생협 회원이 되어 유기농 농민과 직거래 등 순환적 네트워크 속에서 상대적으로는 비싸지만 제값 주고 건강한 음식을 먹고 죽을 때까지 건강하게 사는 게 나을까요? 이런 질문이 필요합니다.

사실 저는 유기농 농산물이 결코 비싸다고 생각하지 않습니다. 손바닥만 한 텃밭 농사를 지으면서 제가 느끼는 건, 생협에서 사 먹는 농산물도 싼 게 아닌가 하는 생각입니다. 직접 한번 해보세요. 작물 하나에도 손이 몇번 가는지 몰라요. 그렇게 고생하는 것 치고 농산물 가격은 그리 높지 않습니다. 특히 유기농법으로 사람을 생각하면서 땅과 하늘과 사람이 함께 살겠다는 마음으로 농사지은 분의 농산물 가격이 그 정도면 오히려 싸죠. 고마운 거예요, 그렇게 고생한 걸 돈 주고 쉽게 사 먹을 수 있는 게 오히려 미안하게 느껴질 정도입니다.

저는 이런 마음이 제 자신과의 소통이라고 생각합니다. 특히 우리의 자녀들 역시 건강한 음식을 먹어야 정서적으로나 지적으로도 더 건강해집니다. 일회용 패스트푸드나 몸에 안 좋은 것들이 들어간 음식을 많이 먹으면 집중력이나 창의력도 떨어지고 과잉행동장애(ADHD), 아토피나 피부염 같은 병에도 쉽게 노출됩니다. 심지어 어린 아이가 당뇨에 걸리는 소아당뇨병은 정말 옛날엔 생각지도 못한 병 아닙니까? 그런 게 다 연결되어 스트레스와 질병 치료비용도 많이 들고, 병으로 인해 진짜 해야 하는 다른 걸 하지 못하는 기회비용도 크지요. 그런 것까지 다 고려하면 어느 것이 더 바람직한지 금세 드러납니다. 이런 식으로 생각하는 것이 궁극적으로는 나 자신과의 소통이라 할 수 있습니다. 우리 본심, 진심과의 대화인 셈이지요.

인간과 자연과의 관계도 결국은 순환적인 관계를 맺어야 합니다. 저는 아침마다 생태 뒷간에 똥을 누고 "똥아, 잘 나와줘 고맙다"고 인사합니다. 똥오줌을 변기에 그냥 버리는 것도 아깝고 물을 오염시키는 것 같아서 저는 생태 뒷간에 볼일을 봅니다. 수세식 변기는 물을 한 번 내릴 때마다 10리터의 물이 소비된다고 합니다. 1리터짜리 물을 열 개나 버리는 거예요. 전기도 써야 하고요. 반면 생태 뒷간은 그런 낭비도 없고 오히려 퇴비가 생겨서 좋습니다. 조금 귀찮은 것만 감수하면 엄청 좋은 거죠. 저는 밥상에서도 "밥이 똥이고 똥이 밥이다"라고 강조하면서 아이 셋을 키웠습니다. 이런 게 생태 순환의 살림살이라고 생각해요. 그 옛날 제 아버지를 포함해 어르신들은 똥오

줌도 아까워하며 거름으로 삭혀 텃밭에 뿌리고, 거기서 나오는 채소로 아이들을 길렀지요. 이렇게 보면 우리는 모두 똥의 자손이에요. 저는 지금도 그렇게 삽니다. 그렇게 살면서 자연과 사람이 이렇게 소통하며 살아가는 게 가장 건강한 살림살이라는 생각이 듭니다.

누군가 이렇게 물을 수도 있겠지요. 대학 선생이나 하는 사람이 휘익 차 타고 시장이나 대형 마트에 가서 좋은 걸 얼마든지 쉽게 사 먹을 수 있을 텐데 왜 그렇게 힘든 일로 시간을 낭비하느냐, 호미 들고 밭에 가서 일하면서 굳이 왜 쓸데없는 일을 할까라고 말이지요. 하지만 저는 생각이 좀 다릅니다. 돈이나 시간만 따지면 그 말이 맞아요. 그러나 호미 들고 밭에서 일할 때 저는 그 자체를 통해 제 스스로 치유하는 느낌이 들어요. 흙이나 자연 속에 동화되는 느낌, 그간의 번뇌도 일시적이나마 내려놓을 수 있고, 그 무엇보다 제 내면과 접촉하는 것 같아 좋습니다. 고슬고슬한 흙의 냄새도 너무 좋죠. 안 들리던 새소리도 잘 들리고요. 밭에서 일하는 시간이 저는 참 행복합니다.

이런 개인적인 실천도 중요하지만, 나라 정책이 유기농 농사짓는 분들이 생계 걱정을 하지 않도록 하는 것이 더 중요하다고 생각합니다. 저는 공립학교 선생님들처럼 유기농 농부들도 공무원 대접을 해서 매월 얼마씩 주면 좋겠다고 생각해요. 유기농법 내지 순환농법 자체가 자연과 인간의 소통을 사회적으로 실천하는 기본이 아니겠어요? 그래서 이런 일에 종사하는 분들을 정책적으로 도와주는 일이 필요하다고 생각합니다. 그렇게 되면 우리가 후손에게 물려줄 땅이 건강하게 보존되고 우리도 보다 건강하게 살 수 있지 않겠어요. 평범한 일반 시민들도 그런 관점을 가지는 게 중요하다고 봅니다. 예를 들어, 우리가 아이들에게 1억이나 10억을 물려주는 것보다 그런 돈이 없어도 누구나 사람답게 살 수 있는 사회를 물려주는 게 더 좋다, 이런 가치관을 공유하면 좋겠습니다.

인간과 우주의 소통

끝으로 인간과 우주와의 소통 부분을 살펴보죠. 사실 우주라고 하면 너무 거창하게 들립니다. 그런데 따지고 보면, 인간이 살아가는 시간과 공간을 모두 우주라고 해요. 원래 한자로 우주가 집 우(宇), 집 주(宙)인데, 여기서 우(宇)는 사방상하(四坊上下), 즉 공간을 가리키고, 주(宙)는 고왕금래(古往今來), 즉 시간을 가리킨다고 해요. 그러니 우주는 결국 모든 공간과 시간을 아우르는 개념입니다. 사실 우리 인간 존재도 결국은 일정한 시간과 공간, 그리고 일정한 관계 속에 존재하지요. 현재 우리는 1900년대를 지나 2010년대를 살고 있고, 또 우리 각자는 아무리 오래 살아도 80년 내지 100년 사는 존재입니다. 좀 슬픈 이야기지만 언젠가 우리는 삶을 마감해야 해요. 아무리 잘나고 아무리 떠들어도 일정한 시간이 지나면 결국 사라지는 존재일 뿐이지요. 그러나 바로 이런 한계 때문에 우리는 바로 지금 이 순간을 더 알차고 뜻 깊게 살 필요를 느낍니다. 시간적 한계가 있어서 절망적이라기보다는 오히려 그런 한계를 정직하게 인정함으로써 지금 여기서의 삶을 더 잘 살아갈 수 있다는 역설, 이것이 참 중요한 깨달음이 아니겠어요?

공간의 차원은 어떨까요? 지금 우리는 미우나 고우나 한반도의 남쪽 대한민국에 살고 있고, 좀더 크게 확장하면 아시아에 살고 있고, 더 크게 확장하면 지구 안에 살고 있습니다. 마하트마 간디 선생님이 말씀하셨지요. "인간의 필요를 위해서는 지구 하나도 충분하지만 인간의 탐욕을 위해선 지구가 몇 개가 있어도 모자란다"고요. 사실 우리가 먹고 사는 데 그렇게 어마어마한 자원이 필요하진 않습니다. 하루에 밥 세끼 먹고 가끔 차 한 잔씩 마시고, 일주일에 한두 번 술 한잔 하거나 한 달에 한두 번 좋은 영화 보고 책 몇 권 읽고 한두 번 여행할 정도면 족하지 않을까요? 여행도 꼭 해외여행일 필요가 없어요. 강원도 감자바우길이나 제주 올레길 걷는 것도 참 좋아요. 이 정도면 어마 무시하게 많은 돈이 필요한 거 아니죠? 그래서 가능한 한 내가 하고 싶은 일을 하면서 살아야 됩니다. 자기 마음과의 소통도 필요한 거죠. 그렇게 살아가면서 뭔가 사회에 문제가 있어 함께 고쳐야 한다면 온라인 오프라인 가리지 않고 토론하고 참여하면서 살면 더 좋겠지요. 그것이 우리가 사는 이 공간을 더 살기 좋은 곳으로 만드는 길입니다.

공간과 관련해 하나 더 강조하고 싶은 것은, 우리가 사는 이 땅과 사람들이 소중한 건 사실이지만 그렇다고 다른 나라 땅이나 다른 나라 사람을 우리보다 못하게, 다시 말해 우리만 최고인 것처럼 생각하면 곤란하다는 것입니다. 우리 땅, 우리 사람이 소중한 정도로 다른 나라, 다른 사람도 모두 같이 소중하다고 보면 됩니다. 그렇게 어려운 일 아니죠? 그런데 참 어렵습니다. 왜냐면 우리는 우리도 모르는 사이에 외세 침략이다, 전쟁이다 해서 상처도 받고 열등감도 주입된 상태기 때문에, 무의식중에 우리 자신을 억지로 높이려 하는 경향이 있습니다. 그래서 모든 존재를 수평적으로 보기가 어렵습니다. 특히 외국인 같은 경우, 이중의 시선으로 바라봅니다. 미국이나 유럽 등 선진국에서 오면 괜스레 높이 보는 경향이 있고, 중국이나 동남아에서 온 사람들은 낮춰 보려는 경향이 있지요.

　또 다른 한편 외국인들이 우리나라에 와서 일도 하고 결혼까지 해서 아이도 낳고 합니다. 그러면 흔히 '야, 쟤네들이 우리 땅에 들어와 슬슬 점령을 하네? 이런 식으로 가다간 모두 빼앗기겠어' 이렇게 생각하기 쉽습니다. 그러나 제 생각은 다릅니다. '누가' 이 땅에 살든 살아가는 방식과 관계가 중요하지 그 국적과 외형은 중요한 것이 아니기 때문입니다. 일례로, 일제가 (중국이나 동남아를 포함해) 우리나라를 식민지로 만들고 수많은 사람을 억압하고 착취한 관계가 문제일 뿐이지, 일본의 선량한 시민들은 아무 죄가 없다는 거죠. 유럽이나 미국도 마찬가지입니다. 유럽인이나 미국인 중에는 인권과 민주주의를 위해 노력하는 사람도 많지만 무기를 팔아먹으려고 하거나 특정한 관계 속에서 자기들만의 이익을 취하려는 자들도 꽤 많습니다.

우리나라도 마찬가지입니다. 중국이나 동남아와 관계를 맺을 때, 그곳 사람들과 수평적 교류를 통해 상호 발전을 도모하는 경우도 있지만, 저임금 노동력을 착취하고 상품을 팔아 돈만 벌려는 사람도 많습니다. 바로 이런 점을 생각하며 저는 이렇게 외칩니다. "이 세상의 모든 사람은 지구의 주인이자 손님이다." 여기서 주인이라는 것은 내가 사는 곳이 어디건 그 땅을 소중하게 여기는 주인의식을 가져야 한다는 뜻이고, 손님이라는 것은 내가 일정한 시간 동안 살고 나면 떠나야 하기 때문에 아끼고 조심스럽게 살아야 한다는 뜻입니다.

우리는 시간적 존재, 공간적 존재임과 동시에 관계적 존재입니다. 이것은 서로 분리되지 않고 하나의 모습 속에 모두 섞여 있습니다. 우선 인간과 지구와의 관계는 이렇게 정리할 수 있어요. 앞에서도 얼핏 말씀드렸지만, 이 광대한 우주에서 인간 내지 나라고 하는 존재는 아주 작은 티끌에 불과합니다. 동시에 우리 각자는 이 세상의 그 무엇과도 바꿀 수 없을 정도로 귀한 존재이지요. 사람을 포함해 모든 생명체가 하나하나 작은 우주입니다. 그렇다고 절대로 오만해져서는 안 되고 늘 겸손해야 한다는 이 역설적인 두 얼굴이 우리 안에 동시에 들어 있는 것입니다. 우리 스스로 모두가 소중한 존재임과 동시에 먼지나 티끌 같은 존재이기에 겸손해야 한다는 걸 잘 인지한다면 이 세상은 훨씬 아름다운 곳으로 변할 수 있지 않을까 생각합니다.

'인드라망'이라는 말을 들어 본 적 있는지요? 불교에서 말하는 건데,《화엄경》에 나오는 제석천 궁전엔 투명한 구슬망이 한가득 드리워져 있다고 합니다. 이걸 인드라(Indra)의 망(網)이라고 한대요. 구슬 그물망이지요. 이 구슬들은 제각기 투명해서 서로가 서로를 비추고 있어요. 그러면서도 서로 연결된 구슬들이라는 거죠. 우리가 다른 사람을 사랑할 때 서로의 눈을 보며 "네 눈 속에 내가 있어"라고 말하죠? 아니면, 자식을 무척 사랑하는 부모는 '눈에 넣어도 아프지 않다'라고 말합니다. 바로 이 '서로 이어짐'의 원리야말로 불교나 기독교 등 모든 종교의 핵심이고, 그 본질은 역시 사랑이 아닌가 싶습니다. 이걸 '영성'이라고 부를 수도 있겠지요. 인드라망과 영성이 서로 통하네요. 저는 바로 이것이 '생태적 의사소통'에서 가장 핵심이 되는 내용이라고 생각해요. 이 세상 모든 존재는 서로 연결되어 있다, 그러니 어느 것도 함부로 할 수 없다, 이런 결론입니다.

쉽게 말하면 모든 존재가 더불어 잘 살아야 하는 것입니다. 바로 이런 인드라망의 마음, 영성의 마음이 인간과 우주가 생태적으로 소통하는 관계에서 핵심이지만, 오늘날 인간의 모습은 어떤가요? 솔직히 그런 모습으로 가기에는 너무 많이 와버렸어요. 가장 대표적인 게 무엇입니까? 오늘날 우리는 땅을 '어머니 대지'로 보는 게 아니라 '돈 되는 부동산'으로 봅니다. 땅의 입장에서는 '부동산'이라는 말이 너무나 치욕적이죠. 땅을 모독하는 말입니다.

여기서 중요한 것은 오늘날 우리가 잃어버린 영성을 회복하기 위해 발버둥치지 않고 그냥 지금처럼 물질주의로만 달려가면 결국 공멸의 낭떠러지로 추락할 것이라는 점입니다. 한꺼번에 모두 할 수 없다고 해도 '나부터' 할 수 있는 것이라도 하나씩 바꿔 나가야 한다는 말입니다.

더불어 숲

'세상에 공짜는 없다'란 말이 있습니다. 그 옛날에 어느 왕이 신하들에게 이렇게 말했대요. "이 세상의 모든 책을 다 읽고 그것을 단 한 페이지로 요약해 봐라."

아이고, 신하들이 죽을 맛이죠. 몇 년 몇 달에 걸쳐 잠을 설치며 세상의 책을 다 읽고 그걸 힘겹게 한 페이지로 요약해 들고 갔어요. 그런데 왕이 다시 말했어요. "이걸 다시 한 줄로 요약하라."

신하들은 또 날밤을 샜죠. 그 결론이 바로 '세상에 공짜는 없다'라고 해요. 저도 어느 방송에서 들었어요. 곰곰 생각해 보면 참 맞는 말입니다. 우리가 지금 자신과의 소통, 타인과의 소통, 자연이나 우주와의 소통을 얘기하는데, 우리나라 사람을 포함해 인류가 물질문명을 발달시켜 오는 가운데 생태적 영성이나 소통하는 마음을 대체로 잊어버리거나 잃어버렸잖아요. 이런 것이 필요하다고 하면 오히려 '별 쓸데없는 말을 한다'고 비난할지도 모르지요. '돈이 안 된다'고 하면서요.

우리가 보통 "공짜라면 독약도 먹는다"고 하는데, 그러면 정말 곤란합니다. 물론 오늘날 공짜에 가깝게 싸다고 하면서 농약을 친 채소나 과일을 마구 먹어대는 걸 보면, 이게 이미 현실이긴 해요. 공짜라면 독약도 먹는다? 이거, 안 되는 일입니다. 오히려 역발상을 하는 게 좋아요. '어떻게 하면 공짜를 얻을 것인가'보다 오히려 '내가 살아 있는 동안 친구를 위해, 옆에 있는 사람을 위해 밥을 한 끼 더 사주어야겠다, 죽기 전에.' 이런 마음을 먹어야지요. 그래야 세상에 평화가 옵니다. 물론 서로 주고받으면 더 좋지요. 그런데 맨날 '어떻게 하면 공짜로 얻을까?'만 생각하며 살면 당장은 어떨지 몰라도 별로 행복해지기는 어려울 것 같습니다.

제가 우리 학교 선생님들에게 밥을 한번 샀더니 "강 선생, 무슨 좋은 일 있나 본데, 무슨 일이죠?" 하더라고요. 그래서 제가 "아이고 선생님들, 발상을 좀 전환하자고요. 무슨 좋은 일이 있어 밥을 사는 게 아니라, 제가 먼저 밥을 사면 저절로 기분이 좋아지거든요." 그랬더니 모든 선생님들이 "아, 진짜 그러네!" 하시는 거죠. 그러면서 다음에 서로 밥을 사려고 앞을 다투어요. 성공한 거죠, 제가. 그래서 제 기분도 진짜 좋아졌습니다. 이렇게 발상을 전환하면 인생이 달라집니다.

"북경의 나비가 너풀거리는 날갯짓이 뉴욕에 폭풍우를 부른다"는 말도 있습니다. 좀 과장이라고 할 수도 있지만, 영 근거 없는 말도 아닙니다. 앞서 보았듯이 세상 만물은 모두 연결되어 있거든요. 이걸 우리의 관점으로 가져오면, 나의 작은 변화가 의외로 세상에 큰 변화를 가져올 수 있다는 것입니다. 숲 해설가를 예로 들어 볼까요. 숲 해설가가 많은 시민들과 함께 숲을 거닐면서 단순히 나무나 야생화의 이름과 특성만 말해 주는 게 아니라 사람과 자연의 관계, 인간과 우주의 관계 같은 걸 생각하며 사람과 사람의 관계, 경우에 따라서는 나 자신과 내면의 관계까지 '생태적 소통'의 관점에서 이야기하면 어떨까요? 이렇게 보면 들꽃 하나, 풀 한 포기, 벌레 한 마리도 예사로 보이지 않지요. 모든 게 작은 우주로 보이고, 모든 존재가 인드라망의 구슬로 보이니까요. 이렇게 우리의 눈이 넓어지면 세상이 진짜 아름답게 보입니다. 참 소중하기도 하고요. 그러니 함부로 할 수 없죠. 혹시 함부로 하는 자가 있다면, "아니오, 그렇게 해선 안 돼요!"라고 말할 용기도 생기고요.

"나 스스로 건강한 나무 한 그루로 성장하되 더불어 아름다운 숲을 만들자." 이건 《더불어 숲》(랜덤하우스코리아, 2003)이란 책도 내신 신영복 선생님의 메시지이기도 해요. 저는 가끔 이렇게 얘기합니다. '나는 정말 하잘것없는 존재야. 내가 이 세상에 무슨 좋은 일을 하겠어?' 하는 사람들조차 아주 훌륭한 일을 할 수 있다고요. 바로 나무 한 그루를 심어 가꾸는 일입니다.

여기서 제가 말하는 나무 한 그루는 두 가지 의미가 있어요. 첫째는, 우리가 알고 있는 묘목을 진짜 한 그루만 골라 심고 이걸 평생 잘 가꾸는 일입니다. 나무 한 그루라도 20~30년만 잘 키워보세요. 튼실한 나무가 됩니다. 보기만 해도 든든하지요. 5000만 명이 한 그루씩만 잘 가꾸어도 5000만 그루가 될 테니 선진국 부럽지 않은 울창한 숲을 만들 수 있겠네요.

두 번째 의미는, 우리 스스로를 나무라 치고 내 인생의 나무를 잘 가꾸자는 뜻이기도 해요. 그래서 더운 여름을 지나고 가을이 되어 아름다운 열매를 맺을 수 있는 그런 멋진 나무로 만들어보자는 거죠. 그 열매가 과일이든 솔방울이든, 먹을 수 있든 없든 관계없이 인생의 나무 한 그루씩 정말 멋지게 잘 길러서 다른 나무들과 함께 아름다운 숲을 이루자는 겁니다. 그 과정에서 우리 사회 전체의 정치나 경제, 교육과 문화 같은 것을 어떻게 디자인해야 멋진 숲이 될 수 있을지 공부하고 토론과 대화를 많이 나눠도 좋겠지요. 그러면 나중엔 정말 멋진 사회로 발전하지 않겠어요?

그것을 우리 후손들에게 물려주는 게 정말 멋진 유산이라고 생각합니다. 그렇게 되면 우리 후손들은 아름다운 숲에서 산책도 하고 그림도 그리고 숨바꼭질도 하며 즐겁고 행복하게 살 수 있겠지요. 정말 멋지지 않습니까?

오늘 행복을 내일로 미루지 말라

우연찮게도 저희 아이 셋은 다 대안 학교를 다녔습니다. 큰 아이
는 고등학교 과정만 다녔고, 둘째와 셋째는 중·고등학교 과정을 다
녔습니다. 실은 대안 학교는 단기적인 자구책이었습니다.

큰 아이가 1988년생 아들인데, 초등학교는 과천과 청주를 거쳐 조
치원에서 졸업을 했습니다. 제가 1994년에 독일 유학을 마치고 돌아
와 약 2년 가까이 당시 서울 한국노동연구원에서 연구하다가 1997
년 3월부터 고려대 지방 캠퍼스로 가게 되어 결국 직장 때문에 그렇
게 이사를 한 셈이지요. 물론 당시 초등학교 교사였던 아내와 의논한
끝에 시골에서 아이들을 키우기로 결심한 거였습니다. 아내도 서울
에서 대전으로 전출을 신청했고요. 그렇게 해서 큰 아이가 초등학교

를 졸업하고 일반 중학교를 다녔는데, 중 2 때인가 약간 진지하게 말하는 거예요.

"아빠, 꿈이 생겼어요."

"응, 그래? 그게 뭐냐?"

"중학교 교장 선생님이요."

"진짜? 멋지네? 근데 왜 중학교 교장 샘이 되고 싶은 거냐?"

"아이들이 학교 좀 늦게 온다고 종아리 때리지 않고요. 또 머리 좀 길다고 바리캉으로 빡빡 밀지 않는 학교를 만들고 싶어서요."

그래서 제가 금방 눈치를 챘지요. 이건 꿈이라기보다는 아이가 느끼는 스트레스를 표현한 거다, 아이가 진짜 속이 많이 상하는구나, 이렇게 본 거죠. 그래서 슬슬 이야기를 하다 보니, 선생님 말을 잘 안 듣거나 좀 이상하게 행동하는 아이들은 수시로 선생님들에게 꾸지람을 당하거나 주먹으로 툭툭 맞는다는 거예요. 자기도 맞은 적이 있겠지만 매일 친구들이 맞는 모습을 보고 마음이 불편해서 견디기가 힘들었던 거죠. 사실 제 자신도 그렇게 컸긴 합니다만, 그 시절에야 다 그런 분위기라 그냥 참고 넘어가는 분위기였죠. 크게 보면 권위주의 군사독재 시절의 분위기가 학교에도 그대로 반영되었던 것이지요.

그러나 지금이 어떤 시대입니까? 이미 1980년대 민주화 운동을 통해 권위주의적인 억압의 분위기도 상당히 없어지고, 특히 전교조 같은 선생님들 조직이나 인간교육을 하자고 학부모회 등 교육 운동이 큰 물결을 이뤄 나가던 때 아니겠어요? 저는 특별한 조직 운동을 하는 입장은 아니었지만, 우리나라 정치제도와 더불어 일상의 문화를 진짜 자유롭게 바꾸는 게 중요하다고 생각하던 터라 아이의 마음을 금세 읽을 수 있었습니다. 아내와 그 이야기를 나누면서 우리는 같은 마음이 되었습니다. '그래, 네가 교장 샘이 되고 싶다는 그런 꿈을 갖게 된 것은 결국 네 아픔도 아픔이지만 친구들의 아픔을 예사롭게 보지 않는 네 마음 때문이구나. 그런 네 생각이 참 고맙구나.' 이런 말을 직접 한 건 아니지만 그런 생각을 했지요. 그래서 좀 고민하다가 당시 관심 깊게 보고 있던 산청 간디학교란 데를 보다 구체적으로 보게 되었습니다. 약간의 후원도 하고 있었고요. 그래서 아이에게 "아빠가 아는 대안 학교가 있는데, 거기 한번 견학을 가볼래?" 하니 아이가 "그게 뭔데요?" 하는 거죠. 그래서 여름방학 때 4박 5일 체험학교 프로그램에 다녀오게 했습니다. 아이가 거기에 갔다 오더니 손뼉을 치며 좋아하더군요. "우와, 제가 만들고 싶은 학교가 바로 거기에 있었어요."

정확히 기억나는 건 아니지만 그 정도로 아이가 좋아했어요. 그래서 우리 부모도 결심했죠. "중학교 마치고 나면 그 고등학교에 가서 놀면서 공부해 봐라." 사실 놀면서 공부하고 공부하면서 노는 게 아이들에겐 최고 아니겠어요?

발상을 바꾸면 행복이 보인다

바로 이 부분에서 짚고 넘어갈 게 있어요. 우선은 지금 돌이켜 생각해 보더라도 아이가 하는 말을 무시하지 않고 진지하게 수용하고, 그 위에서 또 다른 아이디어를 내보는 게 중요하다는 점입니다. 대개 우리는, 어른들은 옳고 아이는 아무것도 모른다고 생각하는데, 그게 아니에요. 아이도 나름 고민을 하면서 발버둥을 칩니다. 그래서 아이의 말을 함부로 넘기면 안 된다는 생각입니다.

다음으로 중요한 건, 그런 상황에 잘 대처하기 위해서라도 부모가 늘 준비되어 있어야 한다는 거예요. 여기서 가치관의 측면과 다양한 경험의 측면이 중요합니다. 가치관의 측면이란 부모 자신이 살아온 바와 동일한 길을 아이에게 가라고 할 것인가 아니면 아이에게는 아이 나름의 길이 있다고 볼 것인가에 대해서입니다. 저와 아내는 후자의 길을 선택한 거죠. 살아보니, 사랑하는 사람 만나서 토끼 같은 아이들 낳고 알콩달콩 재미있게 사는 것, 그게 행복이라 느낀 거죠. 사람이 만든 제도에 고통 받으며 살 필요가 없다는 생각이었습니다. 물론 고통을 주는 제도가 아니라 행복을 증진시키는 제도를 만드는 것도 중요해요. 그래서 가치관을 바로 세워야 하지요.

두 번째로는 다양한 경험입니다. 국내외에서 '다르게' 사는 사람들, '다른' 제도를 가진 나라나 그런 걸 보여주는 책들에 대해 관심을 갖고 일단은 직·간접적 경험을 많이 하는 것이 중요합니다. 저는 대학 시절부터 그냥 대학 졸업장을 따는 게 중요한 것이 아니라 그와 무관하게 어떻게 사느냐가 중요하다는 경험을 했습니다. 또 독일 유학 시절 독일 사람들이 아이들을 자유롭게 키우는 모습을 보았고, 나중엔 발도르프 학교나 섬머힐 학교라는 대안 학교를 책을 통해 접하면서 정말 다양한 대안이 가능하다는 생각을 하게 되었습니다. 그래서 어느 날 갑자기 아이가 무슨 얘기를 해도 당황하지 않고 차분하게 길 안내를 할 수 있었죠. 부모들이 먼저 부단히 공부도 하고 토론도 하면서 살아가야 하고 다양한 대안적 사례들에 관심을 가질 필요가 있다고 생각합니다.

그렇게 해서 아이가 대안 고등학교에 가서 잘 지내게 되었어요. 저희도 나름 학교 일에 열심히 참여했고요. 놀면서 공부하는 모습에 만족하기도 하고 약간 불안하기도 했지만 대체로 아이가 만족하니 우리도 만족했지요. 이미 대학 진학 문제를 우선시하지는 않겠다는 생각을 갖고 있었기에 크게 불안하지는 않았습니다.

특히 저는 아이가 고 3이던 시절 학부모회장과 운영위원장까지 겸하게 되었어요. 마을 이장도 하고 있던 중이었죠. 그것도 건설자본과 치열하게 투쟁하는 이장 말이죠. 좀 힘들긴 했지만, 대안 학교에 가서 좋은 부모들도 많이 만나고, 그러다 보니 평생을 같이 갈 친구들을 한꺼번에 만나게 되었어요. 졸업을 한 지금도 1년에 네 번 정도 정기모임을 하면서 올레길이나 둘레길도 같이 걷고 라오스 공정여행도 같이 하면서 재밌게 살고 있지요. 대안 학교가 저희에겐 인생에서 참 소중한 계기를 만들어준 것 같아요. 아이 덕에 어른들이 행복해진 거죠. 고마운 일입니다. 이렇게 발상을 바꾸면 행복이 보입니다. 또 대안을 만들어가는 일에 열심히 참여하는 것만큼 행복한 일들이 많이 생깁니다. 결국 행복도 같이 모여서 만들어 나가는 거죠.

그렇게 해서 대안 학교를 졸업하게 되었는데, 졸업 전 아이에게 물었지요.

"졸업하고 뭘 하고 싶으냐?"

"재즈 피아노가 하고 싶어요."

"엥? 피아노는 안 친 지 오래되었는데?"

"학교 음악실에서 피아노 소리가 나올 때마다 이상하게 끌려 들어갔어요. 그냥 뚱땅거리고 놀았죠."

"그래? 하기야 초등 4학년 때까진가 피아노를 배운 적이 있었지."

그래서 음악 선생님을 만났습니다.

"선생님, 한결이가 재즈 피아노를 배우고 싶다는데, 아이가 어때요?"

"예사롭지 않아요."

혹시 천재성이라도 있나 해서 또 물었죠.

"…뭐가요?"

"실력은 아니고요, 의지가 예사롭지 않아요."

"아, 그럼 그렇죠…."

바로 여기서 저는 아내와 의논도 하며 생각을 했습니다. 생각해 보니, 다행이었습니다. 의지만 확실하면 실력이야 시간을 갖고 계속 배우면 되거든요. 선생님께 여쭌 결과 재즈 피아노를 배우려면 일단은 대학로에 있는 '서울재즈아카데미' 같은 학원에서 1년 이상 열심히 해야 한다는 거죠. 그냥 들어가는 것도 어려우니 레슨을 받아야 했어요. 선생님이 많이 도와주셨습니다. 고마운 일입니다. 이렇게 선생님의 조언과 격려가 한 아이의 인생행로에 정말 중요하지요. 저도 그랬거든요. 대학을 졸업하고 취업과 대학원 진학 사이에서 갈등할 때, "산 입에 거미줄 치지 않는다"며 격려해 주신 어느 선배님 덕에 제가 오늘 학자가 될 수 있었습니다.

하여간 그렇게 재즈 공부를 시작한 아이는 정말 밤낮을 가리지 않고 열심히 하더라고요. 자기가 선택하고 결정한 일이니 열심히 할 수밖에요. 저와 아내는 그저 격려해 주고 필요한 학비만 대주면 되었습니다. 그러다 중간에 군대도 다녀오고 좀 시간이 흘렀지만 나중에 얘가 "엄마 아빠, 합격했어요"라고 해요.

"뭐가?" 그랬더니, "버클리 음대에요." 그러는 거예요.

사실 저는 잘 모르는데, 싸이가 다니던 학교라고 제법 유명한가 봐요. 재즈 음악을 배우려는 사람들이 곳곳에서 몰려든다는 곳이죠. 저는 "우와, 정말 장하다"라고 하면서도 한편으로 "등록금이 안 비싸냐?" 하며 걱정을 했지요. 제 월급의 상당 부분이 아이 학비로 들어가지만, 아이가 열심히 하니 장학금도 받고 해서 그럭저럭 잘 해나가고 있습니다. 한결이는 마침내 2015년 5월에 버클리 음대를 졸업하고 9월부터는 뉴욕으로 옮겨 대학원 과정을 밟습니다. 아이의 직업적 전망이 정해진 건 없지만, 그저 충실하게 자기가 좋아하는 걸 열심히 하다 보면 자연스럽게 일자리도 나오지 않을까 생각하고 터벅터벅 걸어갈 뿐이지요. 물론 매순간 인생을 음미하면서 말이죠.

여기서 또 하나 짚을 점은, 부모가 자녀를 돕는다고 할 때 돈보다 가치관이 중요하다는 점, 또 학비 지원보다 중요한 게 마음 지원이라는 점입니다. 우리나라 부모는 마음 지원은 별로 않고 학비 지원만 해주려고 합니다. 몸과 마음이 망가지면서도 학비 지원을 잘 해서 학군 좋은 학교나 일등 학원에 보내기만 하면 저절로 좋은 대학에 가고 성공한다는 잘못된 믿음을 갖고 있어요. 이것만 바꿔 생각하면 지금보다 훨씬 좋아질 수 있습니다. 재정 지원은 형편 닿는 만큼 하되 마음 지원, 즉 아이의 꿈에 대한 격려와 지지는 돈도 들지 않으니 무한대로 해주라, 이 말을 꼭 기억하면 좋겠습니다.

그런데 아이 꿈을 밀어주고 싶은데, 아이가 꿈을 잘 모를 수도 있습니다. 그렇죠. 요즘 세상에 꿈꿀 시간조차 없다 보니 아이들이 꿈을 갖기 힘듭니다. 저 자신도 가만히 보면, 학자가 되겠다는 꿈을 대학 졸업할 무렵에야 비로소 정했거든요. 그 이후 꾸준히 노력해서 제가 하고 싶은 공부를 하면서도 큰 불편 없이 고만고만하게 살아가고 있지요. 그런데 혹시 시간이 주어지더라도 아이가 꿈을 찾기란 정말 어렵습니다. 저는 그 한 요인이 아이들이 어릴 때부터 자신의 내면에서 느끼는 바를 있는 그대로 느끼고 말하는 기회를 봉쇄당해 왔기 때문이라 봅니다. 아이들이 호기심을 드러내거나 이상한 질문을 하는 경우 어른들은 "쓸데없는 것에 관심 갖지 말고 공부나 열심히 해라" 하는 식으로 말하지요. 이런 게 몇 번 거듭되다 보면 이제 아이들은 부모와 대화하지 않아요. 말해 봤자 소용없거든요. 그리고 나중에는 자기 자신이 느끼는 것을 '아무 소용없다'고 생각하기 시작하고 심지어 '나는 왜 쓸데없는 생각만 하고 있을까?'라고 자신을 나무라게 됩니다. 바로 이런 과정들이 아이의 꿈의 싹을 잘라버리는 행위라고 봅니다. 지금부터라도 아이가 느끼거나 말하는 것을 잘 살피고 들어야 합니다. 경청이죠. 그냥 말로만 경청이 아니라 온힘을 다해 마음으로 듣는 경청이 필요합니다.

물론 그런 경청이 가능하기 위해서라도 부모가 먼저 가치관의 전환을 해야 합니다. 공부 잘해서 1등을 하고, 일류 대학에 간 뒤 일류 직장을 잡아야 성공이고 출세라는 가치관을 버려야 하는 거죠. 그게 아니라, 네가 진짜 하고 싶은 공부를 충실히 하다 보면 좋은 스승도 만나고, 그래서 최대한 네 실력을 키우다 보면 자연스럽게 먹고사는 길도 열릴 것이다, 이런 가치관이 필요합니다. 그러면서도 네가 먹고 사는 게 좀 나아지기 위해서라도 우리 부모들부터 사회 구조를 바꾸는 일에 관심을 기울이고 열심히 참여해 만들어볼 테니 나중에 너도 커서 같이 더 좋은 사회를 만들어보자꾸나. 이런 식의 가치 전환이 필요한 거죠.

철학 있는 실력자가 되기 위해 달려온 길

이쯤 되면 아마 이런 궁금증이 드실지도 모르겠습니다. "도대체 저 친구는 어린 시절을 어떻게 자라온 건가? 무엇이 사람을 저렇게 만들었을까?" 이런 식의 질문이죠. 그래서 잠시 제 어린 시절 이야기를 하려고 합니다. 그걸 아시면 이 책의 내용들을 훨씬 이해하기 쉬울 겁니다.

제가 태어난 1961년은 사회 전체적으로도 그랬지만 제 부모님 역시 막노동과 텃밭 농사 정도로 겨우 먹고 살았습니다. 지금은 아파트가 들어섰지만 당시는 널빤지로 만든 마산 중앙동 판자촌에서 태어난 거죠. 어린 시절에 좁디좁은 판자촌 골목길을 걷던 기억이 희미하게 나는 듯해요. 1968년, 초등학교 입학 때 제 손을 잡고 가신 어머니(당시 42세인데도)가 너무 늙어 보여 선생님이 "수돌이는 왜 할머니랑 같이 왔지?" 하실 정도였죠. 부모님은 먹고사느라 바빠 학교 행사엔 한 번도 못 오셨지요. 당시에 좀 사는 애들은 담임 선생님한테 과외도 받고 했는데 저는 그런 것도 모르고 컸어요. 오로지 숙제만 성실히 했죠.

판자촌을 떠나 '달동네'로 이사를 가서도 가난은 여전했는데, 초등 4학년 무렵부터 공부에 재미를 붙였어요. 수업 때 선생님 말씀만 열심히 들어도 시험 점수가 잘 나왔죠. 저는 과외도 안 했으니 애들이 비결을 물어댔지요. 중학교를 추첨 때문에 창원으로 가게 되자,

어머니께서 "가까운 학교는 놔두고 왜 멀리 되었느냐, 차비가 아까우니 중학교 가지 마라" 하시며 부엌에서 불을 때다가 저를 안고 우셨어요. 그때 저는 속으로 "어머니, 공부를 잘해서 차비 값을 할게요"라고 결심했지요. 이 대목만 생각하면 지금도 목이 멥니다. 당시 어머니는 텃밭 농사에서 나온 채소 같은 걸 가까운 시장에 내다 팔아 한푼 두푼 모아 제 차비나 학용품비를 주셨죠. 아버지는 막노동을 해도 그날 저녁에 막걸리 집에서 다 털어버리는 스타일이고 집에 오시면 술주정을 하던 시절이라 저에겐 별 관심이 없었지요. 폭언과 폭행이 아버지에 대한 이미지였고요.

지금 생각하면 1919년에 태어난 아버지도 힘든 시절을 겪으며 좌절에 좌절을 거듭한 나머지 늘 내면이 불안하게 사셨던 것 같아요. 하여간 저는 채소 팔아 차비를 주시던 어머니를 늘 생각하며 열심히 했어요. 그래서 중학교와 고등학교에서 제법 공부 잘한다는 평을 받게 되었지요. 중학교와 고등학교 선생님들께서 저희 집 형편을 아시고 부모님으로부터 받지 못한 사랑까지 다 챙겨주셨어요. 물론 '공부' 면에서만요. 당시 학교의 일반적인 문화는 좀 폭력적이고 군사적이었죠. 그러나 공부를 잘하는 애들은 특별 취급을 받은 거죠. 저도 그런 풍토에 나도 모르게 길들여져 더 열심히 한 것 같아요.

대체로 한국 사회가 대학을 잘 가야 인생이 활짝 피는 구조였기에 저도 그런 흐름을 무비판적으로 받아들인 거죠. 지금 찬찬히 정리해보니, 당시 저의 태도는, 공부를 위해 놀고 싶은 마음을 억압하고 속으로 스트레스를 받으면서도 좋은 성적과 장학금, 칭찬, 어머니 은혜 갚기 같은 외적 보상이 내면적 억압을 다 상쇄한다고 생각한 거죠. 그래서 저는 고3 때 늘 "잠 좀 실컷 잤으면 좋겠다"라는 말을 입에 달고 살았어요. 그래서 그런지, 지금도 제 아이들이 잠을 많이 자는 것에 대해선 전혀 간섭하지 않아요. '2박 3일'을 계속 자도 좋다고 하는 거죠. 너 자고 싶은 만큼 원 없이 자라고 해요.

그런데 제가 1979년 말 예비고사를 어느 정도 잘 쳤는데 1980년 1월 본고사에선 낙방을 했어요. 그때의 실망과 좌절이란 이루 말할 수 없죠. 지나고 보니 그게 다 '비 온 뒤에 땅이 굳는' 과정과 통하더라고요. 1980년 봄은 박정희 암살 이후라 서울역 광장에서의 민주화 운동과 5월 광주 민주 항쟁으로 채워진 해인데, 저는 서울 종로학원 재수생으로 살면서 그런 문제에 대한 관심은 일단 대학 이후로 미뤄뒀지요. 재수 생활은 어느 은사님 부부가 숙식을 도와주셔서 좀 편하게 했어요. 고향의 친부모님 형편과는 대조적이었죠. 서울에서 중산층이었으니까요. 나중에 결혼하면서 독립할 때까지 7년 간 저를 경제적으로나 심리적으로 지원해 주셨어요. 그 은혜는 평생 잊지 못합니다.

대학에 들어가서는 세상을 보는 눈이 넓어지고 깊어졌어요. 개인적 성공과 출세는 사회적 모순에 비하면 아무것도 아니란 생각이 들었어요. 중산층 선배님의 성공조차 판자촌 고향과 대비되면서 전체 사회경제의 뒤틀림이 보이기 시작했지요. 당시 텔레비전에 '달동네'라는 드라마가 나왔는데, 저는 속으로 바로 저게 우리 동네야, 라고 외쳤죠. 정치와 경제가 바로 잡히지 않으면 불평등과 가난이 늘 우리를 괴롭힐 거라 생각하게 된 거죠. 반독재 데모도 참여하고 토론도 많이 하고 심지어 대학 3학년 때는 학생 대표도 했어요. 잡혀갈 뻔도 하고 테러도 당했지만 용케 잘 살아 지금에 오게 되었지요. 생각 깊은 선배들은 데모 주동 이후에 군대로 끌려가거나 아예 학적을 포기하고 공장 노동자가 되어 노동운동으로 뛰어들었어요. 저는 솔직히 그런 용기는 없었어요. 겁이 났죠.

그래서 4학년 졸업 이전에 여러 고민을 하다가 '학문의 길'을 걸어야겠다고 결심했어요. 기업 경영을 연구하되, 돈벌이 관점이 아니라 어떻게 하면 일하는 사람들도 잘살 수 있을까, 이런 관점으로 연구를 해서 일하는 사람들에게 희망이 되는 연구자가 되어야지, 이렇게 진로를 정한 거죠. 물론 취업이냐 진학이냐 하는 갈림길에서 고민할 때, 아까 말한 은사님께서 "산 입에 거미줄 안 친다"고 하시며 "가난한 부모님은 자네가 없어도 살아가시니 일단은 자네가 가고 싶은 길을 가라"고 하셨지요. 저는 그 말이 오늘의 저를 만들었다고 생각해요.

대학원에 진학을 하고 나니 교수님들이 "어? 수돌이도 대학원 왔니?"라고 하시는데, 약간 속이 상했죠. 저를 문제아로만 보셨던 것 같아요. 졸업 때 성적이 5등 안에 들었어요. 교수님들이 "와, 대단한대!"라고 할 정도였죠. 제가 하고 싶은 연구를 하니 자연스럽게 좋았던 거죠. 중·고 시절에는 좀 억지로 열심히 한 것이라면 대학원 공부는 자발적으로 한 거죠. 대학원에 다니면서 좀더 깊이 있는 공부를 위해선 독일 유학을 해야겠다고 결심하고 남산에 있는 독일문화원을 하루도 안 빠지고 다녔죠. 그 뒤에 결혼을 하고 군 복무 뒤 (갓 태어난 큰 아이를 제 가슴에 안고) 김포공항을 떠나 1989년부터 1994년까지 독일 유학을 했죠. 독일 사회의 다른 모습에 놀라기도 하고 지도교수님의 이론과 실천으로부터 감동을 받기도 했어요. 1994년 여름에 박사 논문을 모두 마치고 귀국해서 지금까지 연구자로 살고 있죠. 대학 졸업 이후로 약 30년이 흐른 셈이네요.

요약하자면, 저는 어릴 적에 가난을 탈출하기 위해 공부를 열심히 했는데, 개인적으로 성공한 케이스지만 이걸 절대 일반화할 수는 없다, 개인적 노력도 중요하지만 사회 구조가 더 근원적이다, 그리고 외적 보상을 위해 내면을 억압하는 것은 내 세대에서 그만 두자, 자기가 하고 싶은 공부를 해야 한다, 어머니의 사랑, 스승님의 사랑이 오늘의 나를 만든 밑거름이 아닌가, 그래서 내 아이들은 사랑으로 자유롭게 키우자, 스스로 생각하고 스스로 삶을 음미하면서 자라게 돕자, 그러면서도 사회적 모순이나 뒤틀림도 바로 잡아야 한다. 그래야 개인과 사회가 같이 살아난다. 그 속에서 각자는 '철학 있는 실력자'가 되는 게 중요하다, 그 철학은 자율성과 인간성, 공동체성이 핵심이다, 이렇게 정리되네요.

사실 지금 우리나라는 철학 '없는' 전문가가 너무 많아 탈이거든요. 그래서 철학 있는 전문가, 철학 있는 실력자들이 많이 나오고, 이

들에 대해 사회가 분야를 가리지 않고 차별 없이 잘 대우하는 것이
중요하다고 봅니다.

자율성 키우기

큰 애와 제 얘기 다음으로 이제 둘째 아이 얘기를 하려 합니다. 둘
째 아이는 딸인데, 이 아이는 1994년 더운 여름에 태어났어요. 둘째
아롬이가 초등학교에 다닐 때 큰 아이가 대안 고등학교에 다니고 있
었는데, 맨날 부모 따라 다니면서 보니 대안 학교가 좋아 보인 모양
이에요. 공부는 별로 안 하고 노는 곳 같으니 얼마나 좋아요? 이 아이
가 5~6학년 무렵 자기 동생(막내 한울이)이랑 이구동성으로 "우리는
중학교부터 대안 학교 갈래요" 하지 않겠어요? 그래서 결국 큰 아이
가 졸업하던 해에 둘째가 대안 중학교에 가게 되었습니다. 큰 아이는
산청인데, 둘째는 제천으로 가게 되었죠.
　둘째 아이는 어릴 때부터 무용을 재미있어 하며 열심히 배웠어요.
국·영·수 학원은 안 다니고 무용학원만 다닌 거죠. 자기가 좋아하
니까. 어릴 때 행복한 마음으로 성장하는 게 엄청 중요하거든요. 그
런데 중학교 들어갈 무렵까지만 해도 무용을 자기 미래의 꿈으로 여
겼는데, 대안 중학교에 가서 놀면서 배우다 보니 조금씩 생각이 바뀌
더라고요. 그리고 고등학생 나이가 되니 점점 빵 만들기에 관심을 가

져요. 학교에서도 동아리 '빵아저씨'에서 아이들끼리 빵이나 쿠키 같은 걸 잘 만들더라고요.

이 아이가 빵에 관심을 가지면서 자기 엄마와 얘기하다가 나중에 빵 전문학교에 가려면 중학교 학력이라도 필요하다고 느낀 모양이에요. 검정고시를 보더라고요. 몇달 열심히 하더니 중학교 검정을 통과하고, 또 나중엔 고교 검정도 그럭저럭 합격했어요. 믿고 격려하니 잘 해내더군요. 믿어주는 게 자율성을 키운다고 생각해요. 부모가 믿지 못해 초조할수록 아이도 잘 자라지 못합니다. 시행착오를 거치면서도 오히려 그런 과정에서 하나씩 배우고 깨치면서 내면에서 자기 인생 경험을 쌓는 게 중요하죠. 그 과정이야말로 자율성을 증진하는 과정입니다.

우리 부모님들은 아이를 위해 모두 다 해주려고만 하는데, 아이의 자율성을 죽이는 길입니다. 사실 아이를 믿고 기다려주면 시간이 좀 걸리고 시행착오도 있습니다. 그러나 오히려 부모는 편합니다. 반대로 불신해서 초조해하며 아이에게 모두 챙겨주려 하면 부모는 부모대로 힘들고 아이는 아이대로 자율성을 키울 기회가 없어지지요. 역설적이죠. 구호로 말하면, "다 해주면 죽이지만, 방목을 하면 살린다", 이렇게 말할 수 있어요. 물론 부모의 사랑이라는 책임성 아래에서의 방목이죠. 이걸 '책임성 있는 방목'이라 부릅니다. 아이가 저 혼자 해내도록 놓아주되, 멀리서 사랑의 마음으로 느긋하게 지켜보는 겁니다. 그러다 도움의 손길을 요구하거나 말을 걸면 적극 경청하고 지원하면 됩니다. 평소에도 마음의 지원은 듬뿍하고요.

둘째는 건강하고 맛있는 빵을 만들고 싶다며 빵 학교에 진학했습니다. 대안 학교 졸업 뒤에요. 저와 아내도 좋다고 했어요. 남들이 보기에는 일반 대학이 아니라 좀 어색하죠. 그러나 학교 이름이 중요한게 아니라 자기가 좋아하는 걸 할 수 있는 게 중요하다고 보기 때문에 지원해 주겠다고 했습니다. 아이가 아주 신이 나서 좋아해요. 게다가 나중이 아니라 당장 지금도 좋아요. 아이가 집에 오면 빵이고 쿠키고 케이크고 자꾸 만들더라고요. 재료비가 좀 비싸고 귀찮은 점도 있지만 그 정도는 이겨내야죠. 식구들 생일 때도 딸아이가 건강한 케이크를 만드니 정말 좋아요. 재미도 있고요. 계속 배워 나가 프로가 되면 저절로 먹고살 수도 있겠지요. 물론 보장된 건 없지만, 지금은 자기가 좋아하는 일에 실력을 천천히 쌓는 게 중요하다고 보는 거죠.

사회적 시선과 사회적 대우

바로 이런 점에서 저는 평소에 우리 인생의 지향점으로 일류 대학이나 일류 직장보다 '일류 인생'이 중요하다고 봅니다. 우선 우리 인생의 목적은 행복이라는 점, 그것을 위해서는 무조건 일류대나 일류 직장이 아니라 일류 인생의 세 가지 조건을 알아야 합니다. 그것은 첫째, 꿈의 발견, 둘째, 실력 증진, 셋째, 사회 헌신입니다. 요컨대 어릴 때부터 좋아하고 관심이 가는 걸 잘 찾아서 그 방향으로 실력을 꾸준히 쌓아라. 그 다음 그런 실력을 발휘할 수 있는 영역에서 일하며 먹고살기도 해야겠지만, 사회의 행복에도 기여하며 살아야 한다는 거죠. 그러면 삶의 보람과 기쁨이 커집니다. 자기 삶을 희생시켜 사회를 위해 살기보다, 물론 그것도 대단히 숭고하지만, 좀 보편적으로 말해 자기도 행복하게 살면서 자연스럽게 사회의 행복을 높이는 그런 삶이 훨씬 대중적이라고 봅니다. 이렇게 사는 걸 저는 '일류 인생'이라고 봅니다. 일류대나 일류 직장을 가진다고 해서 저절로 일류 인생이 오는 건 아니기 때문에 기본을 바로 잡아야 한다는 것이지요.

그런데 그렇게 살더라도 사회적 조건이 안 된다고 쉽게 굴복하지 말자는 말을 하고 싶어요. 사회적 조건을 적극적으로 바꿔야지요. 물론 말처럼 하루아침에 되지는 않아요. 저는 아이들 입장에서 가장 중요한 게, 자기가 좋아하는 분야에서 열심히 배워 사회에 나오면 일할 기회가 많고, 또 무슨 일을 하든 사회적 대우가 비슷한 그런 사회 구조라고 봐요. 그래서 제가 늘 '고교 평등화—대학 평등화—직업 평등화'를 외치는 거죠.

언젠가 천안에 있는 전문계 고교에 가본 적이 있는데, 아이들이 미용도 배우고 애니메이션도 배우고 디자인도 배우더라고요. 자기 취향대로 배우는 거죠. 그래서 "여러분이 자기 하고 싶은 걸 마음껏 배울 수 있는 학교가 있어 참 다행이에요"라고 했는데, 아이들 표정이 그리 밝지 않아요. 왜 그렇죠? 두 가집니다. 하나는 사회적 시선이

죠. 사람들 시선이 부러워하거나 어깨를 두드려주는 분위기가 아닌
거예요. 속으로 '아이고 바보들, 공부를 좀더 잘하지…' 이런 식인 걸
아는 거죠. 이런 분위기를 바꿔야 합니다. 최소한 부모라도 그렇게
보면 안 됩니다. 둘째는 사회적 대우입니다. 그런 기술을 배워 사회
에 나가면 아이들이 자기 권리를 누리면서도 차별대우 받지 않고 사
회 구성원으로서 자부심을 느끼도록 해야지요. 바로 이게 저는 사회
적으로 매우 중요하다고 봅니다. 이것이 정치적 의제가 되고 사회적
·교육적 의제가 되어야 합니다. 그래야 아이들이 아무 두려움 없이
자기만의 꿈을 꿀 수 있습니다.

아이들에게 한편에서는 인문계 공부만 하라고 하고, 다른 편에서
는 기술 분야에 일하러 오라고 해도 일할 사람이 나서지 않는다며 앞
뒤가 맞지 않는 언행을 해서는 안 되는 거죠. 아이들이 인문계든 기
술계든 자기 적성에 맞게 진학해 아무 거리낌 없이 자부심을 느끼
며 살 수 있는 여건을 하루빨리 만들어야 합니다. 그게 곧 '고교 평등
화―대학 평등화―직업 평등화'입니다.

우열 프레임을 넘어 자존 프레임으로

여기서 한 가지 또 지적할 것은 '거리낌'에 대해서입니다. 일종의
열등감이죠. 패자가 된 느낌, 좀 꿀리는 느낌입니다. 사실 한국 교육

은 우등과 열등으로 나누는 교육입니다. 소수의 승자는 우월감을 느끼지만 대다수의 패자는 열등감에 빠져 살아요. 얼핏 보면 우월감이 좋은 것 같지만, 실은 우월감이든 열등감이든 둘 다 좋지 않습니다. 모든 사람은 우월감이나 열등감의 프레임을 떠나 인간적 자부감, 자존감을 갖고 살아야 해요. 우열 프레임은 사람을 갈라놓지만 자존 프레임은 모든 개인을 소중히 여기면서도 서로 존중하므로 자연스럽게 공동체적으로 갈 수 있습니다. 이게 결정적인 것입니다.

사실 한국 사회 전체를 보더라도 개인만이 아니라 기업이든 정부 조직이든 나라 전체든 우열 프레임에 빠져 '1등'만 외쳐댑니다. 그러니 외형만 그럴 듯하게 꾸밀 줄 알지 내실을 갖추지 못해요. 시간과 돈만 낭비하는 거죠. 개인들은 일류대만 진학하면, 또는 성형수술만 하면 인생에 장미꽃이 핀다는 식으로 생각합니다. 기업도 대기업이 되고 재벌만 되면 최고라고 생각해요. 무엇을 만들어 사회적으로 어떻게 기여할 것인가 하는 본질적 고민은 별로 없습니다. 그런 고민을 해야 진짜 일류 기업이 되는데 말이죠.

정부도 마찬가집니다. 선거에서 1등만 하려고 했지, 그래서 정권만 잡으면 된다고 생각하지, 무슨 정책으로 어떤 구조를 어떻게 바꿔야 제대로 사회의 진보에 기여할 수 있을까 하는 고뇌가 없어요. 나라 전체도 수출 많이 하고 달러 많이 벌고 1인당 국민소득만 높이면 최고 나라가 된다고 외치지만, 해외에 나가 보세요. 한국에서 왔다고 하면 어디 아프리카 구석에 있는 이름도 잘 모르는 나라처럼 취급하는 게 우리의 객관적 위상이에요. 물론 중국과 일본 사이에 끼인 덕에 그보다는 좀 낫지만요. 일본과 중국에 대한 동경과 관심은 좀 큰 편이거든요. 이게 우리의 실상입니다. 그런데도 빌딩만 최고층으로 짓고 외형적으로 그럴듯한 것만 많이 하면 1등 나라가 될 것처럼 거품을 일으키는 건 하루빨리 내버려야 할 잘못된 습관이죠. 어떤 나라를 만들어야 진정으로 민초들이 행복해질 것인가, 어떤 나라가 되어야 진정으로 세계평화에 기여할 것인가, 이런 고민을 해야 진짜 아름다운 나라가 됩니다.

사회적 의미 찾기

요즘 제가 '사회적 부모'라는 개념을 자주 쓰는데요. 내 새끼만 챙기지 말고 우리 모든 아이들을 내 새끼처럼 함께 기르자는 얘기입니다. 우리가 개별적 부모를 넘어서서 사회적 부모로 거듭나야지만, 내 아이도 제대로 살리고 사회도 제대로 살리는 길이 나옵니다. 모든 사람을 평등하게 대우하는 사회가 되면 우리 아이가 무얼 배워도 아무 걱정이 없잖아요? 그렇게 언젠가 내 아이에게 혜택이 오겠지만, 더 중요한 것은 모든 아이들이 처음부터 좀더 인간다운 조건 속에서 살면서 자기 인생을 마무리할 때에도 큰 회한 없이 갈 수 있는 사회 구조를 만드는 것입니다. 하루아침에 될 일이 아니지만, 불가능한 일도 아니지요.

우리가 보통 복지 선진국, 교육 선진국으로 북유럽을 많이 주목합니다. 스웨덴뿐만 아니라 핀란드, 덴마크, 노르웨이 등 북유럽 이야기를 보면 참 부럽지요. 실제로 이상적인 실천을 하고 있거든요. 교실에선 아이들이 등수나 점수 경쟁을 하지 않고 협동학습을 한다든지, 수업이 일찍 끝나서 오후엔 악기를 연주하거나 그림을 그린다든지 자기가 하고 싶은 일을 합니다. 이들 나라엔 학원도 없고 과외도 거의 없어요. 남의 눈치 안 보고 자기가 하고 싶은 걸 선택해 진로를 결정합니다. 진로 결정이 안 되면 1~2년간 쉬면서 '진로탐색 기간'을 갖기도 하고요. 여행을 많이 하는 편이지요. 그러다 보면 자연스레 자기 길을 찾게 됩니다. 사회에 나가도 차별대우가 심하지 않으니 각자 자부심을 누리면서 사는 편이에요. 물론 그런 나라들도 고칠 점이 또 많겠지만요.

하고 싶은 것을 하는 힘

여기서 막내 얘기도 좀 해야겠네요. 막내도 아들인데, 누나보다 한 살 반이 어려요. 누나 도움을 받으며 자란 셈인데, 자기들끼리 잘 노는 친구이기도 해요. 막내도 누나를 따라 '공부 않고 잘 노는' 대안학교에 갔어요. 학교에 가더니 맨날 축구만 해요. 그 시절엔 대체로 축구가 좋은가봐요. 큰 아이도 축구를 밥만큼 좋아했는데…. 그리고 언젠가부터 드럼에 관심을 갖더니 요즘엔 밴드 활동도 열심히 해요. 학교 동아리 수준이지만 간간이 형들이 하는 홍대 앞 밴드에도 가죠.

그런데 이 아이는 농사에도 큰 관심을 기울였어요. 그것도 유기농 농사에요. 중학교에서 고등학교 과정으로 올라갈 때 일종의 논문 비슷한 걸 쓰는데, '대안 양념'(천연 조미료)에 대해 연구를 하더라고요. 그러면서 유기농 농사에 관심을 기울이게 된 것 같아요. 어려서부터 먹을 것에 관심이 많았는데… 결국은… 유기농 농사, 자급 자립 등에 관심이 많으니 참 좋은 일이지요. 다른 아이들과 달리 대학 진학은 아직 생각이 없다고 해요. 이것도 존중해 주었죠. 사실 대학보다 더 중요한 게 농사라고 생각하거든요. 저는 말로만 그렇게 생각하는 편인데, 이 아이는 아예 농사나 농업에 바로 뛰어드는 게 좋겠다고 느끼는 것 같아요. 보통 일이 아니에요. 보통 아이가 아니죠. 저보다 더 훌륭한 것 같아요.

셋째 한울이는 2014년 초에 대안 고등학교를 졸업하고, 2014년 1년 동안 제주에서 농사를 지었습니다. '언니네 텃밭'이라는 유기농 중심의 여성 농민들이 도와주셨어요. 제주를 선택한 이유는 경치가 좋고 매력적이라 꼭 거기서 살아보고 싶다고 해서 아는 분을 통해 연결을 해주었습니다. 농사짓겠다는 청년이 오니 거기 여성 농민들도 기특하다고 잘 도와주셨어요. 참 고마운 일입니다. 2015년 6월에 군대 입대를 했는데, 군 복무를 마친 뒤 농사를 계속 지을지 어떨지는 저도 알 수 없어요. 한울이 인생은 한울이가 알아서 결정해야지요. 아이의 결정에 저와 아내는 단지 후원자가 될 뿐이라고 생각합니다. 실제로 한울이가 농사꾼이 된다면 정말 멋진 농군이 되기를 바랄 뿐이죠.

이렇게 세 아이들이 모두 자기 하고 싶은 걸 찾아가고 있으니 저희는 부모로서 은근히 기쁩니다. 자기 꿈을 가진다는 건 황홀한 일이거든요. 아무 꿈도 없이 무조건 책상에 앉아서 야간자율학습한답시고 핏기 없이 공부하는 것보다 훨씬 나아요.

그러나 이제 제가 부모로서 아이들에게 굳이 욕심을 부리자면, 자기가 하고 싶은 일을 하더라도 그게 '사회적 의미'를 지닐 수 있도록 그런 사회적 가치를 좀 생각하면서 하라는 말을 해주고 싶어요. 그게 '사회 헌신'이거든요. 자기가 좋은 걸 하면서도 사회에 유익하거나 가치 있는 걸 하게 되면, 진짜 좋은 일 아니겠어요? 그러면 결국 자기 인생이 멋지게 구성될 것이라고 생각해요.

제가 하는 공부도 그래요. 경영학을 하되, 사회적으로 좀 의미가 있는 게 무엇일까 고민하다가 돈벌이 경영학이 아니라 '살림살이 경영학'을 하자, 사람을 연구하더라도 어떻게 해야 사람들이 즐겁게 일하고 행복하게 살 수 있을까 하는 관점에서 하다 보니, 30년이 흐른 지금 제가 조금은 사회 기여를 하면서 살고 있다고 생각합니다. 나름대로 자부심을 느끼고요.

날마다 행복하게

이렇게 저와 아내가 아이들 교육을 조금 색다르게 할 수 있었던 바탕에는 근본적인 철학적 성찰이 있었어요. 큰 아이를 초등학교에 처음 입학시키러 갔을 때가 1995년이었어요. 1994년에 독일에서 공부를 마치고 막 돌아온 다음 해였지요. 보통 우리가 생각하기에 초·중·고·대·대학원 석사와 박사까지 마치고 왔으면, 공부 사이클에서 한 코스를 다 마쳤다고 생각할 수 있지요. 맞아요. 그런데 제 인생에서 그 한 코스가 끝나고 나니 이제 2세를 그 코스에 집어넣어야 하는 거예요. 그런데 제가 공부는 좀 했지만 사실 시험과 시험의 연속, 이건 정말 큰 고통이었거든요. 특히 대학 준비를 하던 중·고교 시절이 힘들었어요.

그런 고생을 이 아이에게 또 시켜야 하나? 그런 의문이 들었습니다. 그래서 아이를 입학식에 데려가는데, 이상하게 '도살장에 송아지를 끌고간다'는 생각이 언뜻 드는 거예요. 처음으로 학부형이 되면 설레는 마음이 더 커야 되는데 무슨 큰 쇳덩어리가 제 머리 뒤를 누르는 기분이 든 거죠.

왜 그럴까 생각해 보니, 결국은 두 가지 이유였습니다. 하나는 제가 초·중·고·대·대학원 한 코스를 도는 동안 기쁨도 있었지만 스트레스가 충만했던 과정이었던 것입니다. 그런데 이 코스를 얘가 또 밟아야 되나? 갑자기 중간고사, 기말고사, 월말고사, 월초고사, 주

말고사, 주초고사까지 막 떠오르고 수만 개 수십만 개 문제집들이 뱅글뱅글 돌면서 '이건 아니다'라는 생각이 들었습니다.

둘째는, 내가 학교 다니던 시절에 비해 지금 아이가 처한 상황이 열 배나 힘들다, 그러니 아이를 경쟁의 늪으로 몰아넣을 수는 없다, 게다가 너도 나도 경쟁력 높이기 시합을 하면 갈수록 모든 아이들이 죽을 지경이 될 것이다, 경쟁게임을 가능한 덜 하는 쪽을 택하자, 이런 생각을 한 거죠. 그래서 아내와 의논한 끝에 '우리는 아이들을 다르게 키우자' 그리하여 '아이들이 좀 다르게 살도록 돕자' 이렇게 결론이 나게 되었습니다. 그래서 우리 아이들 교육의 기준은 ①몸과 마음이 행복하게 키우자, ②친구들과 잘 지내는 게 중요하다, ③자기가 좋아하는 걸 찾게 해주자, 입니다. 이렇게 정한 것이 지금까지 세 명의 아이들을 조금 다르게 키운 바탕이었다고 할 수 있습니다.

그러나 이렇게 말한다고 해서 저희가 꼭 성공적이고 꼭 잘했다고 말하는 건 아닙니다. 많은 내용이 이미 2003년에 나온 《나부터 교육혁명》(그린비)에 있기도 하고, 그 이후의 변화나 제 생각을 좀더 가다듬은 내용을 담아 2015년엔 《더불어 교육혁명》(삼인)도 펴냈습니다.

우리가 이제까지 인생에 대해 생각해 온 방향만 길인 건 아닙니다. 얼마든지 다르게 갈 수 있습니다. 그런 길 가운데 하나를 저와 아내, 그리고 제 아이들이 걸은 것이고, 그렇게 다양한 길을 더 많은 사람들이 가려면 각자 나름의 뚜렷한 주관을 가지고 일관성 있게 가는 것도 중요하지요. 동시에, 전체 사회가 좀더 인간다운 사회로 갈 수 있도록 우리 모두가 힘을 합쳐 교육만이 아니라 정치경제, 사회문화 등을 모두 바꾸어 나가야 할 것입니다. 결국 사회적 연대감의 회복이 대단히 중요합니다. 그런 연대감 위에 꾸준한 실천력이 담보되어야 겠지요. 실천엔 정치적 실천과 더불어 일상적 실천이 있을 것입니다. 사회 구조의 변화와 더불어 우리의 사고방식과 행동방식도 바뀌어야 합니다.

오늘도 내일도 멋지고 행복하게 살되, 보다 큰 사회적 행복을 생각하며 살면, 그것이 바로 잘 사는 인생입니다. 그리고 마지막 순간에, "크게 보면 순간에 불과한 이 세상살이, 정말 알차게 살았다. 별 후회 없다, 하고 싶은 걸 했으니, 뭘 또 원하겠는가? 얘들아, 너희도 나처럼 날마다 행복하게 살아라" 이렇게 마무리하기를 바랍니다. 오늘 설거지는 내일로 미뤄도 되지만, 절대로 오늘 행복을 내일로 미루지 마시길 바랍니다. 고맙습니다.

'버킷 리스트'와 행복한 삶

　최근에 어느 은행에 갔더니 유난히 눈에 띄는 것이 하나 있었습니다. 제목은 '은퇴 이후 해야 할 버킷 리스트'였습니다. 원래 '버킷 리스트'란 버킷(물통) 위에 올라간 사람이 높은 곳에 끈으로 목을 매단 상태에서 누군가 버킷을 차버리면 목숨을 잃게 된다는 것에서 온 말로, 누구든 죽기 전에 꼭 해야 할 일의 목록을 말합니다. 2008년 미국 롭 라이너Rob Reiner 감독의 영화 〈버킷 리스트The Bucket List〉에는 자동차 정비사와 재벌 사업가가 우연히 병원에서 서로 환자로 만나, 각자 죽음만 기다릴 게 아니라 함께 버킷 리스트를 실행하고 죽자며 신나게 여행을 떠나는 장면이 나옵니다. 감동과 재미가 있는 영화입니다.

　그런데 냉정한 경제 논리가 작동하는 공간에서, 다시 말해 이자와 이윤으로 돈을 버는 은행에서 '버킷 리스트'를 손님들에게 제공하고 있으니 흥미롭게 느껴지지 않을 수 없었지요. 그 리스트는 모두 열두 가지였는데, 그 속에 이런 게 들어 있었습니다. 가족을 위해 할 수 있는 특별 요리 배우기, 내 마음을 담은 시나 노랫말 써 보기, 구체적인 분야를 정해 봉사하기, 피아노를 배워 대중 앞에서 발표하기, 서해에서 동해까지 해변만 걸어 전국 일주하기, 내가 아는 사람들에게 감사 편지 쓰기, 어린 시절 당시의 놀이를 손자나 손녀에게 가르쳐주기, 농번기에 농촌에 가서 일손 돕기 등입니다. 멋지지요?

그렇습니다. 그동안 우리는 '먹고사느라' 진짜 해보고 싶은 일들을 제쳐놓고 살았습니다. 심지어 가장 사랑하는 가족과도 살갑게 정겨운 시간을 나누지도 못하며 대체로 건성으로 살고 있습니다. 만나고 싶은 친구나 친지조차 맨날 전화만 하다가 '죽어서야' 비로소 만나는 비극도 종종 일어납니다. 행복을 찾고자 살면서도 정작 행복한 삶은 뒤로 미루며 살아 왔지요.

굳이 은행에서 '버킷 리스트'를 주지 않더라도, 요리 배우기, 마음을 담은 시 한 편 써 보기, 피아노 배워 발표하기, 걸어서 일주하기, 감사 편지 쓰기, 놀이 가르치기, 농촌봉사 등은 정말 죽기 전에, 아니 일상적으로 행하면 좋겠습니다. 피아노가 아니면 어떻습니까? 아무 악기 하나라도 맛깔스럽게 다룰 줄 알면 얼마나 행복하겠습니까? 주로 설거지만 하는 저 같은 경우에도, 아내를 위해 한 가지 요리라도 해낼 수 있다면 얼마나 좋을까 싶습니다.

문제는, 당장이라도 하면 되는데 그게 잘 안 된다는 점이지요. 그러면서 매일 하는 변명이, 다른 급한 일이 많아서…인데, 그렇다면 '진짜' 할 마음이 없다는 말이 아닐까 싶기도 합니다.

그런데 한편으로는 이런 생각도 듭니다. 어차피 우리는 '사회적 동물'인데, 사회적 조건이 그렇게 우호적이지 않은 상태에서 '개인적으로' 버킷 리스트만 소리 높여 외치면 뭐하나 싶은 것입니다. 일례로 최근 '임금피크제'니 '저성과자 일반해고'니 하는 논란에서도 보듯이, 이른바 '5060 신노년층' 내지 베이비부머 세대의 본격적인 은퇴가 시작되었지요.

세계적인 경쟁 격화 속에서 기업들은 위기가 아니라 호기에도 '상시적' 구조조정을 해야 한다고 강조합니다. '마른 수건도 짜는' 방식의 경영을 하겠다는 것이지요. 게다가 주거·교육·의료·노후 등 사람이라면 누구나 누려야 하는 기본 생활권이 사회적으로 보장되지 않은 채, 오로지 일을 해서 돈을 벌어 해결하라는 식이니, 대부분의 사람들이 '돈벌이'에 목을 매는 것은 필연적입니다.

이런 상황에서 '버킷 리스트'는커녕 '인생이모작지원센터' 같은 데서 제공하는 교육이나 봉사 프로그램에도 관심을 갖기 힘들지요. 오히려 한 푼이라도 더 벌기 위해 비정규직으로라도 재취업을 하거나 '아직' 그래도 살 만하니 창업을 하겠다고 나서기도 합니다. 대체로는 있는 돈조차 까먹기 쉽습니다. 심지어 경로당조차 노후에 다양한 친구들과 함께 친교를 나누고 조용히 소일하는 그런 공간이 아니라, '뭔가' 생산적이고 경제적인 일을 할 수 있는 공간으로 변모하는 실정입니다.

일례로 어느 지역에서는 참여 노인들에게 특별한 교육을 제공한다고 해요. '경로당 코디네이터' 교육이라고 하는데, 이들은 소정의 활동비를 받으며 지역의 경로당에 가서 미술활동을 주도하거나 환경지킴이 내지 동아리 활동을 이끌게 된다고 합니다. 은퇴 노인의 '자원화' 사업인 셈이지요!

물론 아무 하는 일 없이 무기력하게 노후를 보내는 것도 문제지만, 이런 식으로 노인을 '자원화' 해서 끊임없이 뭔가를 하도록 만드는 것도 문제가 아닐까 싶습니다. 이것이야말로 유치원 아이들부터 시작한 학습 노동이 대학생의 취업준비 노동을 거쳐 (심신이 소진될 때까지 이어지는 노동자들의) 돈벌이 노동과 그 이후에 은퇴 노인들의 노후 노동으로 이어지는 '노동사회'의 완성판이 아닐까 싶습니다. 이제 여유롭게 행복을 추구하는 것은 과연 무덤 속에서만 가능할까요?

그렇다면 물어야 합니다. 과연 우리는 일하기 위해서 사는가, 살기 위해 일하는가, 하는 질문 말입니다. 살기 위해 일한다면 뭔가 근본적으로 좀 달라져야 하지 않을까요? 그래서 아이들은 하고 싶은 공부를 즐겁게 하고, 어른들은 자기가 좋아하는 일을 해도 생계 걱정을 하지 않으며, 50~60대에 자발적으로 퇴직을 하더라도 연금을 받으며 진짜 노후를 즐길 수 있는, 그리하여 진짜 '나만의 버킷 리스트'를 충분히 실행한 뒤 아름다운 마무리를 할 수 있는 그런 사회는 불가능할까요?

아이들은 아무 두려움 없이 꿈을 키울 수 있고, 어른들은 아이 낳고 기르는 데 별 걱정 없는 세상, 이런 세상이 좋은 세상이겠지요.

과연 이런 생각을 가진 대통령, 국회의원, 장관, 도지사, 시장과 군수는 왜 그리도 찾기 어려운 것일까요? 무엇보다 일반 시민 모두가 매일 이런 꿈을 꾼다면, 그 현실화 가능성은 더욱 높아지지 않을까요?

지금 여기서, 바로 당신부터, 그런 행복한 삶을 살아가시기를 진심으로 소망합니다. 고맙습니다.

행복한 삶을 위한 인문학

©강수돌